思想的・睿智的・獨見的

經典名著文庫

學術評議

丘為君　吳惠林　宋鎮照　林玉体　邱燮友
洪漢鼎　孫效智　秦夢群　高明士　高宣揚
張光宇　張炳陽　陳秀蓉　陳思賢　陳清秀
陳鼓應　曾永義　黃光國　黃光雄　黃昆輝
黃政傑　楊維哲　葉海煙　葉國良　廖達琪
劉滄龍　黎建球　盧美貴　薛化元　謝宗林
簡成熙　顏厥安（以姓氏筆畫排序）

策劃　楊榮川

五南圖書出版公司 印行

經典名著文庫

學術評議者簡介（依姓氏筆畫排序）

- 丘為君　美國俄亥俄州立大學歷史研究所博士
- 吳惠林　美國芝加哥大學經濟系訪問研究、臺灣大學經濟系博士
- 宋鎮照　美國佛羅里達大學社會學博士
- 林玉体　美國愛荷華大學哲學博士
- 邱燮友　國立臺灣師範大學國文研究所文學碩士
- 洪漢鼎　德國杜塞爾多夫大學榮譽博士
- 孫效智　德國慕尼黑哲學院哲學博士
- 秦夢群　美國麥迪遜威斯康辛大學博士
- 高明士　日本東京大學歷史學博士
- 高宣揚　巴黎第一大學哲學系博士
- 張光宇　美國加州大學柏克萊校區語言學博士
- 張炳陽　國立臺灣大學哲學研究所博士
- 陳秀蓉　國立臺灣大學理學院心理學研究所臨床心理學組博士
- 陳思賢　美國約翰霍普金斯大學政治學博士
- 陳清秀　美國喬治城大學訪問研究、臺灣大學法學博士
- 陳鼓應　國立臺灣大學哲學研究所
- 曾永義　國家文學博士、中央研究院院士
- 黃光國　美國夏威夷大學社會心理學博士
- 黃光雄　國家教育學博士
- 黃昆輝　美國北科羅拉多州立大學博士
- 黃政傑　美國麥迪遜威斯康辛大學博士
- 楊維哲　美國普林斯頓大學數學博士
- 葉海煙　私立輔仁大學哲學研究所博士
- 葉國良　國立臺灣大學中文所博士
- 廖達琪　美國密西根大學政治學博士
- 劉滄龍　德國柏林洪堡大學哲學博士
- 黎建球　私立輔仁大學哲學研究所博士
- 盧美貴　國立臺灣師範大學教育學博士
- 薛化元　國立臺灣大學歷史學系博士
- 謝宗林　美國聖路易華盛頓大學經濟研究所博士候選人
- 簡成熙　國立高雄師範大學教育研究所博士
- 顏厥安　德國慕尼黑大學法學博士

經典名著文庫152

大邏輯 下
Wissenschaft der Logik

〔德〕黑格爾 著
（Hegel）

先剛 譯

經 典 永 恆 • 名 著 常 在

五十週年的獻禮 • 「經典名著文庫」出版緣起

　　五南，五十年了。半個世紀，人生旅程的一大半，我們走過來了。不敢說有多大成就，至少沒有凋零。

　　五南忝為學術出版的一員，在大專教材、學術專著、知識讀本已出版逾七千種之後，面對著當今圖書界媚俗的追逐、淺碟化的內容以及碎片化的資訊圖景當中，我們思索著：邁向百年的未來歷程裡，我們能為知識界、文化學術界作些什麼？在速食文化的生態下，有什麼值得讓人雋永品味的？

　　歷代經典‧當今名著，經過時間的洗禮，千錘百鍊，流傳至今，光芒耀人；不僅使我們能領悟前人的智慧，同時也增深加廣我們思考的深度與視野。十九世紀唯意志論開創者叔本華，在其〈論閱讀和書籍〉文中指出：「對任何時代所謂的暢銷書要持謹慎的態度。」他覺得讀書應該精挑細選，把時間用來閱讀那些「古今中外的偉大人物的著作」，閱讀那些「站在人類之巔的著作及享受不朽聲譽的人們的作品」。閱讀就要「讀原著」，是他的體悟。他甚至認為，閱讀經典原著，勝過於親炙教誨。他說：

　　　「一個人的著作是這個人的思想菁華。所以，儘管
　　一個人具有偉大的思想能力，但閱讀這個人的著作
　　總會比與這個人的交往獲得更多的內容。就最重要

的方面而言，閱讀這些著作的確可以取代，甚至遠
遠超過與這個人的近身交往。」

為什麼？原因正在於這些著作正是他思想的完整呈現，是他所
有的思考、研究和學習的結果；而與這個人的交往卻是片斷
的、支離的、隨機的。何況，想與之交談，如今時空，只能徒
呼負負，空留神往而已。

　　三十歲就當芝加哥大學校長、四十六歲榮任名譽校長的赫
欽斯（Robert M. Hutchins, 1899-1977），是力倡人文教育的
大師。「教育要教真理」，是其名言，強調「經典就是人文教
育最佳的方式」。他認為：

　　「西方學術思想傳遞下來的永恆學識，即那些不因
　　時代變遷而有所減損其價值的古代經典及現代名
　　著，乃是真正的文化菁華所在。」

這些經典在一定程度上代表西方文明發展的軌跡，故而他為
大學擬訂了從柏拉圖的《理想國》，以至愛因斯坦的《相對
論》，構成著名的「大學百本經典名著課程」。成為大學通識
教育課程的典範。

　　歷代經典・當今名著，超越了時空，價值永恆。五南跟業
界一樣，過去已偶有引進，但都未系統化的完整鋪陳。我們決
心投入巨資，有計劃的系統梳選，成立「經典名著文庫」，希
望收入古今中外思想性的、充滿睿智與獨見的經典、名著，包
括：

- 歷經千百年的時間洗禮,依然耀明的著作。遠溯二千三百年前,亞里斯多德的《尼克瑪克倫理學》、柏拉圖的《理想國》,還有奧古斯丁的《懺悔錄》。
- 聲震寰宇、澤流遐裔的著作。西方哲學不用說,東方哲學中,我國的孔孟、老莊哲學,古印度毗耶娑(Vyāsa)的《薄伽梵歌》、日本鈴木大拙的《禪與心理分析》,都不缺漏。
- 成就一家之言,獨領風騷之名著。諸如伽森狄(Pierre Gassendi)與笛卡兒論戰的《對笛卡兒『沉思』的詰難》、達爾文(Darwin)的《物種起源》、米塞斯(Mises)的《人的行為》,以至當今印度獲得諾貝爾經濟學獎阿馬蒂亞·森(Amartya Sen)的《貧困與饑荒》,及法國當代的哲學家及漢學家余蓮(François Jullien)的《功效論》。

梳選的書目已超過七百種,初期計畫首為三百種。先從思想性的經典開始,漸次及於專業性的論著。「江山代有才人出,各領風騷數百年」,這是一項理想性的、永續性的巨大出版工程。不在意讀者的眾寡,只考慮它的學術價值,力求完整展現先哲思想的軌跡。雖然不符合商業經營模式的考量,但只要能為知識界開啟一片智慧之窗,營造一座百花綻放的世界文明公園,任君遨遊、取菁吸蜜、嘉惠學子,於願足矣!

最後,要感謝學界的支持與熱心參與。擔任「學術評議」的專家,義務的提供建言;各書「導讀」的撰寫者,不計代價地導引讀者進入堂奧;而著譯者日以繼夜,伏案疾書,更

是辛苦，感謝你們。也期待熱心文化傳承的智者參與耕耘，共同經營這座「世界文明公園」。如能得到廣大讀者的共鳴與滋潤，那麼經典永恆，名著常在。就不是夢想了！

總策劃　楊榮川

二〇一七年八月一日

目　錄

第二部分　主觀邏輯

第三卷　概念論

第一部分 客觀邏輯

第二卷 本質論

[13]

存在的眞理是本質

　　存在是直接的東西。當知識想要認識存在**自在且自為地**所是的那個眞相（das Wahre），它就不是停留於直接的東西及其各種規定，而是深入其中，同時預先設定了〔兩點〕：首先，這個存在的**幕後**還有某種不同於存在本身的東西；其次，這個幕後根據構成了存在的眞理。這個認識是一種經過中介的知識，因爲它不是直接達到本質並置身於其中，而是從一個他者，亦即從存在出發，開闢出一條先行的道路，即一條超越存在之路，或更確切地說，一條深入存在之路。只有當知識從直接的存在那裡**深入內核或回憶起自身**[1]，才會透過這個中介活動找到本質。——透過「存在」（sein）這個動詞的完成時（gewesen），德語把過去時間的本質（Wesen）保留下來了。因爲本質是已經過去的存在，但這個「過去」與時間無關。

　　如果我們把這個運動看作是一條知識之路，那麼存在的這個開端，以及那個揚棄存在而達到作爲經過中介者的本質的推進過程，看起來就是一種認識活動，但這種認識活動對存在而言是外在的，根本沒有觸及它的獨特本性。

　　但這個進程是存在自身的運動。在存在那裡，我們發現，它

---

[1] 這裡及隨後的幾處「深入內核」（sich erinnert, Erinnerung），從字面上來看，同時也有「回憶起自身」的意思。這個語義雙關的術語在《精神現象學》裡面已經多次出現。參閱黑格爾《精神現象學》（先剛譯，人民出版社 2013）第463、502 頁。——譯者注

透過自己的本性就深入內核或回憶起自身，並透過這個內化活動
（Insichgehen）而成為本質。

因此，如果說絕對者最初被規定為**存在**，那麼它現在則是被規
定為**本質**。總的說來，認識活動不可能止步於紛亂雜多的**定在**，但
也不可能止步於**純粹的存在**。這裡直接出現了一個反映，即這個**純
粹的存在**，一切有限者的**否定**，預先設定了一個**深入內核或回憶起自
身**的運動，後者已經把直接的定在淨化為純粹的存在。在此之後，
存在被規定為本質，亦即這樣一個存在，在它那裡，全部規定性
和有限者都遭到否定。因此本質是一個**無規定的**、單純的統一體，
已經以一個**外在的方式**被剝奪了規定性；對這個統一體而言，規定
性本身曾經是一個外在的東西，如今被剝奪之後，也仍然與統一體
保持對立；也就是說，規定性並非自在地就遭到揚棄，而是相對
地，僅僅在與這個統一體的關聯中，遭到揚棄。——此前我們已經
指出，當純粹本質被規定為**全部實在性的總括**，這些實在性仍然服
從於規定性和抽離式反映的本性，而這個總括則是歸結為一種空洞
的單純性。在這種情況下，本質僅僅是產物，是一個製造出來的東
西。**外在的**否定，亦即抽象，僅僅**撬走**存在的各種規定性，然後把
遺留下來的存在本身當作本質；實則這些規定性只不過是換了一個
地方而已，但從頭至尾都存在著。在這種情況下，本質既不是**自在
的**，也不是**自為的**；之所以不是自在的，因為它是**透過一個他者**（即
那個外在的抽離式反映）而存在著，之所以不是自為的，因為它是
為著一個他者（即抽象，以及全部始終與本質保持對立的存在者）
而存在著。因此按照這個規定，本質是一個內在死去的、空洞的無
規定性。

但在這裡，由存在轉變而來的本質卻不是透過一個陌生的否定
性，而是透過自己的運動，透過存在的無限運動，成為它所是的那

[14]

個東西。本質是**自在且自為的存在**，—— 是一個絕對的**自在存在**，因為它和存在的全部規定性都漠不相關，從而完全揚棄了他者的存在（異在），揚棄了與他者的關聯。但它也並非僅僅是這樣一個單純的自在存在，否則它只不過是純粹本質的一個抽象罷了。毋寧說，它在本質上同樣是一個**自為存在**；它本身就是這個否定性，即異在和規定性的自身揚棄。

[15]　　　　如此，本質作為存在的完滿的自身回歸，首先是未規定的本質；存在的各種規定性在本質之內被揚棄了；誠然，本質**自在地**包含著各種規定性，但並沒有**在自身那裡**把它們設定下來。作為這樣的單純東西，絕對的本質**不具有任何定在**。但是它必須過渡到定在，因為它是**自在且自為的存在**，也就是說，它把它**自在地**包含著的各種規定**區分開**；正因為它是一個**否定的**自身關聯，自己排斥自己，與自己漠不相關，所以它設定自己與自己相對立，並且只有當它在它的這個自身區別中保持自身統一，它才是一個無限的自為存在。—— 因為，這個規定活動在本性上不同於存在層面上的規定活動，而相比存在的各種規定性，本質的各種規定也具有另一個特性。本質是自在存在和自為存在的絕對統一體，因此它的規定活動始終侷限在這個統一體之內，既非轉變，亦非過渡，正如各種規定本身既不是嚴格意義上的**他者**，也和**他者**沒有關係。這些規定是獨立的，但與此同時，這些獨立的規定只能共存於它們的統一體裡面。—— 由於本質首先是一個**單純的**否定性，所以它必須在**自己的**層面上設定它僅僅**自在地**包含著的規定性，以便賦予自己以定在，隨之賦予自己以自為存在。

作為一個整體，本質曾經是存在層面上的**量**，和界限絕對地漠不相關。但量按照其**直接的**規定而言同樣與界限漠不相關，而它那裡的界限是一個直接外在的規定性，因此量**過渡到**定量；外在的界

限對量來說是必然的，並且在量那裡**存在著**。反之，規定性在本質那裡並未**存在著**；規定性僅僅是由本質自身所**設定的**，因此不是自由的，而是只能與本質的統一體**相關聯**。── 本質的否定性是**反映**，而規定則是一些**經過反映的**、由本質自身所設定的、在本質裡面作為被揚棄的東西而保留下來的規定。

本質處於**存在**和**概念**之間，構成了二者的中項，而它的運動則是構成了從存在到概念的**過渡**。本質是**自在且自為的存在**，但又被規定為自在存在；因為本質的普遍規定在於，它來自於存在，或者說是**存在的第一個否定**。本質的運動在於，在自身那裡把否定或規定設定下來，以便透過這個方式賦予自己以**定在**，並且使自己的自在存在成為一個無限的自為存在。於是本質賦予自己一個與它的自在存在**相等同**的定在，而它自己則是轉變為**概念**。因為概念是這種意義上的絕對者，即它在自己的定在中是絕對的，或者說是自在且自為的。但本質賦予自己的定在尚且不是一個自在且自為的定在，*毋寧說*，正因為這個定在是本質**賦予自己的**，是**被設定的**，所以仍然有別於概念的定在。

第一，本質**在自身內映現**（scheint in sich selbst），或者說是**反映**；第二，本質**顯現出來**（erscheint）；第三，本質**啟示自身**。本質在其運動中把自己設定到如下幾個規定之內：

第一，作為**單純的**、自在存在著的本質，侷限於它自身內部的各種規定；

第二，來到自身之外，進入定在，或者說按照它的實存和**現象**而出現；

第三，作為與它的現象合為一體的本質，**作為現實性**。

[16]

第一篇　本質作爲自身內反映

[17]　　　　　本質來自於存在。就此而言，它不是直接自在且自爲的，而是那個運動的一個**結果**。換言之，本質首先被看作是一個直接的本質，這時它是一個已規定的定在，與另一個定在相對立；它僅僅是**本質性的**定在，與**非本質性的**定在相對立。但本質是一個自在且自爲地已揚棄的存在；與之相對立的僅僅是**映像**（Schein）。唯有映像才是本質自己的設定活動。

　　　　第一，本質是**反映**。反映規定自己；它的各種規定是一個已設定的存在，同時是一個自身內反映（Reflexion-in-sich）；

　　　　第二，必須考察這些**反映規定**或**本質性**（Wesenheiten）；

　　　　第三，本質作爲規定活動的自身內反映，轉變爲**根據**，隨之過渡到**實存**和**現象**。

第一章　映像

本質來自於存在，映現為與存在相對立。**首先**，這個直接的存在是**非本質性的東西**。

其次，但本質不止是非本質性的存在，而是無本質的存在，即**映像**。

第三，這個映像不是一個外在的東西，不是本質的他者，而是本質自己的映像。本質的自身內映現是**反映**。

A 本質性的東西和非本質性的東西　　　　　　　[18]

本質是**已揚棄的存在**。它是單純的自身等同性，並在這個意義上是對整個存在層面的**否定**。如此，本質與直接性相對立，後者作為本質的發源地，在這個揚棄活動中保全了自己，並且保留下來。按照這個規定，本質本身是一個**存在著的**、直接的本質，而存在僅僅是一個與本質**相關聯**的否定者，不是自在且自為的。因此，本質是一個**已規定的**否定。在這種情況下，存在和本質重新表現為一般意義上的**他者**，彼此漠不相關，因為**雙方都具有一個存在或一個直接性**，並且就這個存在而言具有同樣的價值。

但與此同時，存在作為本質的對立面，是**非本質性的東西**；存在作為本質的對立面，被規定為已揚棄的東西。因此一般而言，存在僅僅表現為本質的一個他者，於是本質也不是真正意義上的本質，毋寧只是另一個已規定的定在，即**本質性的東西**。

本質性東西和非本質性東西的區別使本質重新落入**定在**的層

面，因爲本質首先被規定爲一個直接的存在者，隨之被規定爲一個僅僅與存在相對立的**他者**。這樣一來，定在的層面就被置於根基處，至於「這個定在裡的存在是一個自在且自爲的存在」，則是一個外在於定在本身的進一步的規定，正如反過來看，本質只有在一個**特定**的情況下，即相對於一個他者而言，才是一個自在且自爲的存在。── 所以，當定在那裡區分出一個**本質性的東西**和一個非**質性的東西**，這個區分是一個外在的設定，即讓一個部分脫離另一個部分，同時並未觸及定在本身，── 是一種落入**第三者**的分離。

[19]　這裡並未規定什麼東西是本質性的或非本質性的。這個區分來源於一個外在的視角或考察，因此同一個內容有時候被看作是本質性的，有時候被看作是非本質性的。

　　仔細看來，本質之所以成爲一個完全與非本質性東西相對立的本質性東西，只是因爲本質被當作是一個已揚棄的存在或定在。而在這種情況下，本質僅僅是**最初的**否定或**否定本身**，即這樣一種**規定性**，它使存在僅僅轉變爲定在，或使定在僅僅轉變爲一個**他者**。但本質是存在的絕對否定性；它就是存在本身，這個存在不是僅僅被規定爲一個**他者**，而是把自己作爲直接的存在和直接的否定（即與一個他者存在糾纏不清的否定）加以揚棄。這樣一來，存在或定在就不是作爲一個他者，而是作爲本質，保留下來，至於那個仍然有別於本質的直接東西，也不是一個單純的非本質性的定在，而是一個**自在且自為地**虛無的直接東西；它僅僅是一個**非本質**，即**映像**。

B 映像

　　1. **存在是映像**。映像的存在僅僅基於「存在已經被揚棄」這一事實，基於存在的虛無性；存在在本質之內具有這種虛無性，而在

它的虛無性或本質之外，沒有映像。映像是一個被設定為否定者的
否定者。

　　映像是存在層面遺留下來的全部殘餘。但它看起來仍然具有一
個獨立於本質的直接方面，並且是本質的一般意義上的**他者**。總的
說來，「**他者**」概念包含著兩個環節，即定在和非定在。由於非本
質性的東西不再具有一個存在，所以對它而言，異在始終只是一個
純粹的環節，即**非定在**；按照規定，存在只有在與他者相關聯的時
候才具有定在，或者說只有在它的非定在中才具有定在，因此映像 [20]
就是這種**直接的**非定在，一個非獨立的、僅僅依賴於它的否定的東
西。在這種情況下，映像只剩下**直接性**這一純粹的規定性；但這是
一個**經過反映的**直接性，也就是說，這個直接性僅僅以它的否定為
中介而存在著，並且相對於它的**中介活動**而言無非是「非定在的直
接性」這一空洞的規定。

　　在這個意義上，**映像**就是**懷疑論**所說的「現象」（Phänomen）
或唯心主義所說的「現象」（Erscheinung），即這樣一個**直接性**，
它既不是某東西，也不是物，更不可能是一個漠不相關的存在，彷
彿可以脫離其規定性，與主體毫無關係。懷疑論不允許說「現象**存
在著**」；近代的唯心主義則不允許把認識看作是關於自在之物的知
識；前者所說的「現象」根本不應當以一個存在作為根基，後者所
說的「認識」也不應當包容自在之物。與此同時，懷疑論容許那
個映像具有豐富多姿的規定，或更確切地說，容許映像以整個豐
富多姿的世界為內容。唯心主義所說的現象同樣把這些豐富多姿的
規定性完全包攬在自身之內。也就是說，映像和現象被**直接**規定為
豐富多姿的東西。這些內容並不是建立於任何存在、物或自在之
物之上；它們本身就是其所是的東西；它們只不過是從存在轉移
到映像，而且映像在其自身內部就具有那些豐富多姿的規定性，

即各種直接的、存在著的、彼此相互對立的規定性。換言之，映像本身是一個**直接地**已規定的東西，能夠具有這個或那個內容；至於究竟具有哪個內容，這不是由它自己設定的，而是它直接獲致的。無論是萊布尼茲的、康德的、費希特的唯心主義，還是唯心主義的其他形式，都和懷疑論一樣，沒有超越作爲規定性的存在，沒有超越這種直接性。懷疑論認爲它所說的映像的內容是**給定的**；對懷疑論而言，映像無論具有什麼內容，都是**直接**如此的。萊布尼茲的**單子**從自身之內發展出它的各種表象；但它並不是一種創造性的連繫力量，毋寧說，那些表象僅僅像氣泡一樣在單子裡面冒出來；它們彼此之間漠不相關，直接擺在那裡，對單子自身來說也是如此。**康德**所說的現象同樣是一種**給定的**知覺內容；他預先設定了各種刺激（Affektionen），而這些主體規定無論對主體自身而言還是對彼此而言都是直接的。誠然，**費希特**的唯心主義所說的「無限阻礙」不是基於什麼自在之物，因此這完全是自我自身之內的一個規定性。自我使這個規定性成爲自己的規定性，從而揚棄了它的外在性，但它對自我而言同時是一個**直接的**規定性，是對於自我的一個**限制**；自我能夠超越這個限制，但限制本身具有一個漠不相關的方面，而從這個方面來看，限制雖然位於自我之內，但卻包含著自我的一個**直接的**非存在。

2. 因此映像包含著一個直接的預先設定，一個獨立於本質的方面。就它有別於本質而言，我們不能表明它揚棄了自身並返回到本質之內；因爲映像是自在的虛無東西；我們只能表明：首先，那些將它和本質區分開的規定是本質自身的規定；其次，**本質的這個規定性**就是映像，並且在本質自身之內遭到揚棄。

非存在的直接性恰恰造成了映像；但這個非存在無非是本質自身的否定性。存在是本質之內的非存在。它的自在的**虛無性**是本質

自身的否定本性。但這個非存在所包含的直接性或漠不相關性，卻
是本質自己的絕對的自在存在。本質的否定性就是本質的自身等
同性，亦即本質的單純的直接性和漠不相關性。存在在本質之內
保留下來，因為本質在它的無限的否定性裡具有這種自身等同性；　　[22]
這樣一來，本質本身就是存在。直接性在映像那裡具有一個與本質
相對立的規定性，因此它無非是本質自己的直接性；但這不是一個
存在著的直接性，而是一個完全經過中介或反映的直接性，即映
像，——存在不是作為存在而與中介活動相對立，而是僅僅作為存
在的規定性而與之相對立；在這裡，存在是一個環節。

　　這兩個環節，即「虛無性」（但相當於持存）和「存在」（但
相當於環節），或者說「自在存在著的否定性」和「經過反映的直
接性」，構成了**映像的全部環節**，隨之也是**本質自身的全部環節**：但
這並不是說，本質**那裡**有存在的一個映像，或存在**那裡**有本質的一
個映像；毋寧說，本質之內的映像不是一個他者的映像，而是**自在
的映像**，即**本質自身的映像**。

　　當本質本身被規定為存在，就是映像。換言之，當本質在自身
內**接受規定**，隨之與它的絕對統一體區分開，它就具有一個映像。
但這個規定性在其自身同樣已經被完全揚棄。因為本質是獨立的東
西，一個透過它的否定（這個否定就是它自己）而**存在著**的東西，
一個以自身為中介的東西；也就是說，它是絕對否定性和直接性
的同一個統一體。——否定性是自在的否定性；它是它的自身關
聯，因此是一個自在的直接性；但它是一個否定的自身關聯，一個
帶有排斥性的自身否定，因此自在存在著的直接性就成了與它相對
立的否定者或**已規定的東西**。但這個規定性本身是絕對的否定性，
而這個規定活動作為一個直接的規定活動，揚棄自身，返回到自身
之內。

[23]
映像是一個存在著的否定者，同時存在於一個他者（亦即它的否定）之內；映像是一種非獨立性，一種在其自身即被揚棄的、虛無的非獨立性。就此而言，它是一個回歸自身的否定者，一個本身就非獨立的東西。否定者或非獨立性的這個**自身關聯**就是它的**直接性**，一個不同於它自身的**他者**；這個自身關聯是否定者的與自身相對立的規定性，亦即對於否定者的否定。但對於否定者的否定就是一個僅僅與自身相關聯的否定性，是對於規定性本身的絕對揚棄。

因此，**規定性**作為本質之內的映像，是一個無限的規定性；它僅僅是一個**與自身融合**的否定者；它作為這樣的規定性，本身來說是獨立性，並且是未經規定的。—— 反過來，獨立性作為一個與自身相關聯的**直接性**，同樣是絕對的規定性和環節，並且僅僅是一個與自身相關聯的否定性。—— 這個與直接性同一的否定性，同理，這個與否定性同一的直接性，就是**本質**。因此，映像就是本質本身，但具有一個規定性，而由於這個規定性僅僅是本質的一個環節，所以本質是一種自身內映現。

在存在的層面裡，非存在也是**作為一個直接的東西產生出來**，與**直接的**存在相對立，而它們的真理就是轉變。在本質的層面裡，首先是本質與非本質性東西的對立，然後是本質與映像的對立，——在這裡，非本質性東西和映像相當於存在的殘餘。進而言之，這兩個東西及其與本質的區別之所以出現，只是因為本質首先被看作是一個**直接的**本質，而不是被看作自在的本質，也就是說，這個直接性並沒有被看作是純粹的中介活動或絕對的否定性。就此而言，最初的那個直接性僅僅是直接性的**規定性**。所以，為了揚棄本質的這個規定性，唯一的辦法就是指出：非本質性的東西僅僅是映像，更重要的是，本質在自身之內就包含著映像，把它當作自身之內的一

[24]
個無限運動，這個運動把本質的直接性規定為否定性，把本質的否

定性規定爲直接性，從而是本質的自身內映現。本質在它的這個自身運動中就是**反映**。

C 反映

映像（Schein）和**反映**（Reflexion）是同一個東西；但映像作爲反映，是一個**直接的**反映；因此對於那個已經內化到自身之內，在這裡已經擺脫了自己的直接性的映像，我們借用外來語言的一個詞彙，將其稱作**反映**。

本質是反映；這個運動是一種在自身內持續進行著的轉變和過渡，其中區分開的東西完全被規定爲自在的否定者，即映像。——在存在的轉變裡，規定性以存在爲根基，與**他者**相關聯。與此相反，作爲他者的反映運動乃是一個**自在的否定**，而這個否定只有作爲一個與自身相關聯的否定才具有一個存在。換言之，由於這個自身關聯恰恰是對於否定的否定，這裡就呈現出**作爲否定的否定**，即一個在遭到否定時才存在著的東西，或者說映像。因此在這裡，他者不是一個**遭到否定**或限制的**存在**，而是一種**否定之否定**。至於那個與他者相對立的**最初東西**，即直接的東西或存在，僅僅是一個自身等同的否定，一個遭到否定的否定，即絕對的否定性。所以，這個自身等同性或**直接性**既不是一個作爲開端並過渡到其否定的**最初東西**，也不是一個存在著的，僅僅透過反映而推動自身的基體；毋寧說，直接性僅僅是這個運動本身。

所以，本質之內的轉變，或者說本質的反映運動，是一個**從無到無，隨之返回自身的運動**。過渡或轉變在這個過程中揚棄了自己；至於那個在過渡中發生轉變的他者，並不是一個存在的非存在，而是一個無的無，因此只要否定了無，就構成了存在。——當存在僅 [25]

僅作爲從一個從無到無的運動，就是本質；本質並非**在自身之內具有**這個運動，毋寧說，本質就是這個運動，就是絕對映像本身，或這樣一個純粹的否定性，它不是把它所否定的東西放在自身之外，而是僅僅否定了它自己的那個僅僅存在於否定中的否定者本身。

這個純粹的絕對反映，作爲一個從無到無的運動，進一步規定自己。

第一，它是**進行設定的反映**。

第二，它把**預先設定的直接東西**當作**開端**，因此是一個**外在的**反映。

第三，它揚棄了這個預先設定，而當它在揚棄預先設定的**同時**又進行預先設定，它就是**進行規定的**反映。

a 進行設定的反映

映像是一個虛無的或無本質的東西；但虛無的或無本質的東西不是在它映現的一個**他者**那裡具有其存在，毋寧說，它的存在是它自己的自身等同性；否定者的這個自身更替把自己規定爲本質的絕對反映。

這個與自身相關聯的否定性是一個自身否定。因此一般而言，它不但是一個否定性，更是一個**已揚棄的**否定性。換言之，它本身就是否定者，是一個單純的自身等同性或直接性。也就是說，否定性在於**既是它自己也不是它自己**，而且在**同一個**統一體中就是如此。

反映首先是一個從無到無的運動，從而是一個與自身融合的否定。一般而言，這個自身融合是一個單純的自身等同性或直接性，但這並不意味著從否定過渡到它的**異在**（即自身等同性），毋寧說，反映作爲過渡，同時也揚棄了過渡；因爲它是否定者的直接的**自身**融合；就此而言，**首先**，這個融合是一個自身等同性或直接

[26]

性，**其次**，這個直接性是**否定者的**自身等同性，從而是一個自身否定的等同性；自在地看來，直接性就是否定者或自身否定，即作為它所不是的那個東西而存在。

否定者的自身關聯意味著否定者返回自身；這個自身關聯作為直接性，乃是對於否定者的揚棄；但從根本上來說，直接性只能是這樣一個關聯，即**從一個他者那裡返回自身**，因此這是一個自身揚棄的直接性。——這就是**已設定的存在**（Gesetztsein），一個單純作為**規定性**的直接性，或自身內反映的直接性。就這個直接性僅僅意味著否定者**返回**自身而言，它就是之前所說的那個直接性，後者構成了存在的規定性，並且看起來開啟了一個反映運動。但我們不能把這個直接性當作開端，因為它只有作為回歸或反映本身才是直接性。換言之，反映是這樣一個運動，它只有在返回的時候才是開端者或返回者。

反映是**設定活動**，因為它只有作為一種回歸才是直接性；也就是說，沒有一個它由之出發或返回到那裡的他者；它僅僅是自身回歸或自身否定。進而言之，這個直接性是已揚棄的否定和已揚棄的自身回歸。反映作為對於否定者的揚棄，是對於**它的他者**亦即直接性的揚棄。因此，既然它作為直接性乃是否定者的一種自身回歸或自身融合，那麼它同樣也是對於作為否定者的否定者的否定。在這種情況下，它是**預先設定**（Voraussetzen）。——換言之，直接性作為回歸，僅僅是一個自身否定，即不再作為直接性而存在；但反映是對於自身否定的揚棄，是一個自身融合；於是它揚棄了自己的設定活動，又因為它是在進行設定時揚棄設定活動，所以它是預先設定。——在預先設定裡，反映把自身回歸規定為自身否定，而本質就是對於這種自身否定的揚棄。本質是一種自身對待，但卻是把自己當作自身否定來對待；只有在這種情況下，它才是一個保 [27]

持在自身之內，與自身相關聯的否定性。一般而言，直接性僅僅作為回歸而出現，並且是一個否定者，而這個否定者是那個透過回歸而被否定的開端的映像。因此本質的回歸是它對於它自己的排斥。換言之，自身內反映在本質上就是預先設定某個東西，從那裡返回自身。

正是由於揚棄了自己的自身等同性，本質才達到了自身等同性。它預先設定自己，同樣也是它自己揚棄了這個預先設定；反過來，對於預先設定的揚棄本身就是預先設定。 —— 也就是說，反映**面對著**一個直接的東西，將其超越並返回到自身之內。但這個回歸首先是預先設定了某個面對著的東西，這個東西只有在**被放棄**的時候才**產生出來**；它的直接性是一個已揚棄的直接性。 —— 反過來，已揚棄的直接性就是自身回歸，即本質**來到**自己身邊，成為一個單純的、自身等同的存在。因此所謂來到自己身邊，就是揚棄自身，成為一個自己排斥自己、預先設定自己的反映，而當它排斥自己的時候，就來到自己身邊。

就此而言，反映運動必須被看作是一個返回自身的**絕對排斥**（absoluter Gegenstoß）。因為本質**來源於**自身回歸，且只有作為這種自身回歸才**存在著**，而對於自身回歸的預先設定只能是基於回歸本身。反映開始於直接的東西，唯其如此，對於直接東西的超越才是一種超越；所謂超越直接的東西，就是來到這個東西身邊。運[28]動作為一種推進，在自身內直接反轉，而且只有在這種情況下才是一個自身運動，即一個從自身出發的運動，因為**進行設定的**反映就是**作出預先設定**的反映，**作出預先設定**的反映也是絕對地**進行設定的**反映。

所以，反映既是它自己，也是它自己的非存在；只有當它是它自己的否定者，它才是它自己，因為只有在這種情況下，對於否定

者的揚棄才同時是一個自身融合。

反映作為揚棄，預先設定了直接性，因此從根本上說，直接性僅僅是一個**已設定的存在**，一個**自在地**已揚棄的東西，這個東西與自身回歸沒有任何區別，本身僅僅是這種自身回歸。但它同時被規定為**否定者**，與某個東西（一個他者）直接**對立**。因此反映是**已規定的**；按照這個規定性，反映**具有**一個預先設定，並且是從它的他者（直接東西）出發，因此它是一個**外在的反映**。

b 外在的反映

反映作為絕對反映是一個在自身內映現的本質，並且僅僅把自己預先設定為映像或一個已設定的存在；直接地看來，它作為進行預先設定的反映，只是進行設定的反映。但外在的或實在的反映把自己預先設定為已揚棄的東西，即它自己的否定者。在這個規定裡，反映是雙重的：從一方面來看，它是預先設定的東西或自身內反映，是一個直接的東西，從另一方面來看，它是一個否定的自身關聯的反映，即把自己當作它自己的非存在而與之相關聯。

首先，外在的反映預先設定了一個存在。但這並不是指它的直接性僅僅是已設定的存在或一個環節，而是指這個直接性是一和自身關聯，只有規定性才是一個環節。反映與它的預先設定相關聯，這個預先設定是反映的否定者，但在這種情況下，這個否定者**作為**否定者已經被揚棄了。——反映在進行設定時直接揚棄了它的設定活動，因此它具有一個直接的預先設定。也就是說，它所**面對的**設定活動是這樣一個東西，它首先從這個東西出發，然後才返回自身，否定了它的這個否定者。至於這個預先設定的東西究竟是一個否定者抑或一個已設定的東西，這是無關緊要的；這個規定性僅僅屬於進行設定的反映，但在進行預先設定的時候，已設定的存在僅 [29]

僅是已揚棄的東西。就此而言，外在的反映在直接的東西那裡加以
規定和設定的東西，是一些位於直接東西之外的規定。——在存在
的層面裡，外在的反映就是無限者；有限者被認為是首要的、實在
的東西，是位於根基處且始終位於根基處的東西，是一切的開端，
而無限者則是與之相對立的自身內反映。

　　外在的反映是一個推論，其兩個端項分別是直接的東西和自身
內反映；二者的中項是它們的關聯，即已規定的直接東西，而在這
種情況下，其中一部分（即直接性）僅僅歸屬於一個端項，另一部
分（即規定性或否定）僅僅歸屬於另一個端項。

　　其次，細看之下，外在的反映行動就是設定一個直接的東西，
使之成為否定者或已規定的東西；但它同時也是對於它的這個設定
活動的揚棄；因為它**預先**設定了直接的東西；它在作出否定時否定
了它的這個否定。也就是說，外在的反映**設定了**它的否定的直接東
西，同時直接將其揚棄；後者作為一個陌生東西看起來是外在的反
映的出發點，但只有在其真正由之出發的時候才存在。透過這個方
式，直接的東西不僅**自在地**是直接的東西（對我們而言，或在外在
的反映裡，這個情況和反映是**同一回事**），而且是**被設定為**直接的
東西。也就是說，直接的東西被反映規定為反映的否定者或他者，

[30]　但反映又否定了這個規定，因此就是直接東西本身。——這樣一
來，那與直接的東西相對立的反映的外在性就被揚棄了；反映的
設定活動自己否定自己，這意味著反映與它的否定者（即直接的東
西）融合，而這個融合是本質上的直接性本身。——因此現在的情
況是，外在的反映並非外在的，毋寧同樣是直接性本身的內在的反
映，換言之，那透過進行設定的反映而得出的東西，是自在且自為
地存在著的本質。這就是**進行規定的反映**。

注釋

　　人們通常是在主觀的意義上把反映當作是判斷力的運動，即超越一個給定的直接表象，為其尋找一些普遍的規定，或用它們來進行比較。康德把「反映的判斷力」[②]與「規定的判斷力」對立起來（《判斷力批判》導論，第一版，第 XXIII 頁以下）。他把判斷力一般地定義為一種**把特殊東西當作包含在普遍者之下而加以思考**的能力。如果**普遍者**（規則、原則、規律）**被給定**，這時判斷力就是**進行規定**，即把特殊東西歸攝在普遍者之下。但如果只是特殊東西被給定，**判斷力應當為其找到普遍者**，這時判斷力就是單純**進行反映**。因此在這裡，反映同樣意味著超越一個直接東西而走向普遍者。一方面，特殊東西只有在與它的普遍者相關聯時才被規定為特殊東西，但單獨看來僅僅是一個個別東西或一個直接的存在者；另一方面，與之相關聯的是它的普遍者（規則、原則、規律），簡言之，一個返回自身，與自身相關聯的東西，即本質或本質性的東西。

　　這裡所說的，既不是意識的反映，也不是知性的更具體的反映（即那種把特殊東西和普遍者當作自己的規定的反映），而是一般意義上的反映。很顯然，康德所說的那種反映，即為給定的特殊東西找出其普遍者，同樣僅僅是**外在的**反映，一個把直接東西當作給定的東西而與之相關聯的反映。──但其中也包含著「絕對反映」這一概念，因為反映透過作出規定而達到的普遍者（原則或規則和規律）被看作是那個直接東西的本質，被看作是出發點，反之直接 [31]

[②] 康德學界把這個概念譯為「反思的判斷力」。但在黑格爾的《大邏輯》裡，因為「sich reflektieren」這個術語並不具備黑格爾所說的那種「主觀的意義」，不是指「反思」或「思考」，所以我們為行文一致起見，將其改譯為「反映的判斷力」。──譯者注

的東西則被看作是虛無的東西。唯其如此，反映作出的規定，即從直接的東西那裡返回自身，才是按照這個東西的真正的存在而將其設定下來。也就是說，反映在直接的東西那裡所做的事情，還有那些來源於反映的規定，都不是位於直接的東西之外，而是這個東西的真正的存在。

　　曾經有一段時間，近代哲學對反映口誅筆伐，把反映及其規定看作是絕對的考察方式的阻礙和死敵。這些指責雖然針對的是指一般意義上的反映，但也針對著外在的反映。實際上，當思維著的反映表現為一個外在的反映，也同樣完全是從一個給定的，對它而言陌生的直接東西出發，把自己看作是一個單純形式化的行動，即從外部接收內容和質料，而它自己僅僅是一個以這些內容和質料為條件的運動。—— 此外，如果我們仔細考察那個進行規定的反映，就會立即發現，**經過反映的規定**和存在的單純而直接的規定屬於不同的類型。後者更容易被看作是一種飄忽不定的、單純相對的，與他者相關聯的規定，反之前者在形式上卻是一個自在且自為的存在；經過反映的規定把自己確立為**本質性的**規定，不是過渡到其相反的規定中，而是顯現為絕對的、自由的、彼此漠不相關的規定。因此[32] 它們固執地反抗自己的運動；它們的**存在**就是它們在其規定性中的自身同一性，按照這個規定性，它們雖然預先設定彼此，但在這個關聯中卻是作為絕對分離的東西而保留下來。

c 進行規定的反映

　　一般而言，進行規定的反映是**進行設定的**反映和**外在的**反映的統一體。對此必須有進一步的考察。

　　1. 外在的反映以直接的存在為開端，**進行設定的**反映則是以無為開端。當外在的反映作出規定，就設定了一個他者（亦即本

質），並以之取代了已揚棄的存在；所謂設定，不是指用自己的規定去取代他者；它沒有預先設定什麼東西。但正因如此，這不是一個完滿的、進行規定的反映；相應地，它所設定的規定**僅僅**是一個已設定的東西；它是直接的東西，但不是作為自身等同性，而是作為自身否定，並且與自身回歸有著絕對的關聯；它僅僅存在於自身內反映之內，但不是這個反映本身。

已設定的東西是一個**他者**，但與此同時，反映的自身等同性完全保留下來；因為已設定的東西僅僅是已揚棄的東西，與自身回歸相關聯。—— 在**存在的層面**裡，**定在**是一個本身包含著否定的存在，而存在則是這個否定的直接的基礎和要素，所以否定本身是直接的。在**本質的層面**裡，那與定在相對應的，是**已設定的存在**。後者同樣是一個定在，但它的基礎卻是作為本質的存在，或者說作為純粹否定性的存在；它作為一個規定性或否定，不是存在著，而是直接遭到揚棄。「**定在僅僅是已設定的存在**」—— 這個命題指出了定在的本質。已設定的存在一方面與定在相對立，另一方面又與本質相對立，因此它必須被看作是一個使定在與本質相結合，反過來[33]又使本質與定在相結合的中項。—— 就此而言，當人們說「規定**僅僅是一個已設定的存在**」，這句話就有可能包含著雙重的意思，即要麼指規定與定在相對立，要麼指規定與本質相對立。在前一個意義上，定在被認為高於已設定的存在，後者歸屬於外在的反映，歸屬於主觀方面。但實際上，已設定的存在才是更高級的東西，因為已設定的存在就是定在，而且是定在自在地所是的東西，即一個完全僅僅與自身回歸相關聯的否定者。正因如此，**只有**相對於本質而言，已設定的存在才是一個已設定的存在，即對於自身回歸的存在的否定。

2. 已設定的存在尚且不是反映規定；它作為規定性，僅僅是

一般意義上的否定。但設定和外在的反映是一個統一體；在這個統一體裡，外在的反映是一個絕對的預先設定，亦即反映的自身排斥，或把規定性設定為**反映本身**。所以，已設定的存在本身就是否定；但作為預先設定的東西，它已經返回自身。在這種情況下，已設定的存在是**反映規定**（Reflexionsbestimmung）。

反映規定不同於存在的規定性或質；質是與一般意義上的他者的直接關聯；雖然已設定的存在也是與他者相關聯，但在這裡卻是與一個已經返回自身的存在相關聯。否定作為質乃是**存在著的**否定；存在構成了它的根據和要素。與此相反，反映規定卻是把那個已經返回自身的存在當作自己的根據。已設定的存在之所以固定下來成為規定，原因恰恰在於，反映是在它的遭到否定的存在中保持自身等同；所以它的遭到否定的存在本身就是自身內反映。在這裡，規定不是基於存在，而是基於它自己的自身等同性。正因為那個承載著質的存在不同於否定，所以質在自身之內不同於自己，隨之是一個過渡性的、消失在他者之內的環節。與此相反，反映規定
[34] 作為已設定的存在乃是一個**否定**，這個否定把遭到否定的存在當作自己的根據，因此在自身之內並非不同於自己，從而是一個**本質性的**而非過渡性的規定性。正因為**反映的自身等同性**把否定者僅僅當作否定者，當作已揚棄的東西或已設定的東西，所以它才賦予否定者以持存。

正是**基於這個自身內反映**，反映規定才顯現為一些自由的、在虛空裡飄蕩的、彼此既不吸引也不排斥的**本質性**。在它們裡面，規定性透過自身關聯而得以鞏固，並且無限地固定下來。已規定的東西恰恰在自身之內掌握著它的過渡和單純的已設定的存在，或者說把它的他者內反映（Reflexion-in-Anderes）翻轉為自身內反映。透過這個方式，這些規定構成了已規定的映像，亦即本質之內的映

像，或者說本質性的映像。正因如此，**進行規定的反映**是一個來到自身之外的反映；本質的自身等同性消失在占據支配地位的否定中。

反映規定包含著兩個立即可以區分開來的方面。**首先**，它是已設定的存在，即作為否定的否定；**其次**，它是自身內反映。從前一個方面來看，它是作為否定的否定；就此而言，這個否定已經是它的自身統一。但它起初僅僅**自在地**是這個否定，換言之，它作為直接的東西，自己揚棄自己，成為自己的他者。—— 在這個意義上，反映是一個始終位於自身之內的規定活動。與此同時，本質並未來到自身之外；各種區別是絕對地**已設定的**，並且被收回到本質之內。但從後一個方面來看，各種區別並不是已設定的，而是已經返回自身；否定**作為**否定返回到自身等同性，而不是返回到它的他者，不是返回到它的非存在。

3. 由於反映規定既是經過反映的自身關聯，也是已設定的存在，所以它的本性更清楚地呈現出來。作為已設定的存在，它是作為否定的否定，即一個與他者相對立的非存在，也就是說，它與絕對的自身內反映或本質**相對立**。但作為自身關聯，它已經返回自身。—— 它的這個反映和那個已設定的存在是不同的；確切地說，它的已設定的存在是它的已揚棄的存在；但它的已經返回自身的存在卻是它的持存。就已設定的存在同時是自身內反映而言，反映規定性是**一個在自身那裡與異在的關聯**。—— 這不是一個存在著的、靜態的，與一個他者相關聯的規定性，以至於被關聯的東西和它的關聯是彼此不同的，彷彿被關聯的東西是一個內化存在者，一個某東西，把它的他者和他者關聯從自己那裡排除出去。毋寧說，反映規定本身就是一個**已規定的方面**，並且是這個已規定的方面的**關聯**，即與它的否定的關聯。—— 質透過其關聯過渡到他者；在這個關聯裡，它開始發生變化。與此相反，反映規定已經把它的異在收回

[35]

到自身之內。它是**已設定的存在**，是一個把他者關聯翻轉過來指向自身的否定，一個自身等同的，把它自己和它的他者統一起來的否定；唯其如此，它才是**本質性**。也就是說，它是已設定的存在，是否定，但作爲自身內反映，它同時揚棄了這個已設定的存在，成爲一個無限的自身關聯。

第二章　本質性或反映規定

反映是已規定的反映；相應地，本質是已規定的本質，或者說是**本質性**。

反映是**本質的自身內映現**。本質作為無限的自身回歸不是一個直接的單純性，而是一個否定的單純性；這是一個貫穿不同環節的運動，一個絕對的自身中介活動。但本質映現在它的諸環節之內；因此它們本身是一些反映回自身之內的規定。 [36]

第一，本質是單純的自身關聯本身，是純粹的**同一性**。這是它的規定，但按照這個規定，它毋寧是一種無規定性。

第二，真正的規定是**區別**，它有時候指外在的或漠不相關的區別，即一般意義上的**差異性**，有時候指相反的差異性，即**對立**。

第三，作為**矛盾**，對立反映回自身之內，返回到它的**根據**。

注釋

反映規定通常被納入到**命題形式**中，據說可以**適用於一切東西**。這些命題被看作是**普遍的思維規律**，是全部思維的根基；據說它們本身是絕對的和不可證明的，任何思維只要把握了它們的意義，就會直接不容反駁地承認並且接受它們是真實的。

比如**同一性**的本質性規定就在這個命題中陳述出來：**一切東西都是自身等同的**；A＝A。或者否定的說法是：A 不可能同時是 A 和非 A。

首先，我們不明白為什麼只有這些單純的反映規定應當獲得這

些特殊形式，其他範疇以及存在層面裡的全部規定性卻不能獲得這個待遇。在後面這種情況下，就會有「一切東西**存在著**」、「一切東西都具有一個**定在**」、「一切東西都具有一個**質和量**」等命題。因為存在、定在等等作為一般意義上的邏輯規定乃是一切東西的**述詞**。根據詞源學和亞里斯多德的定義，「範疇」（Kategorie）是用來敘述存在者的東西。——然而存在的規定性在本質上是一個向著對立面的過渡；每一個規定性的否定和這個規定性本身一樣都是必然的；它們作為直接的規定性，每一個都和另一個直接對立。所以，如果這些範疇被納入到上述命題中，那麼相反的命題同樣會顯露出來；兩種命題都帶著同樣的必然性，並且作為直接的主張至少具有同樣的權利。每一方都需要透過一個證明來反駁對方，既然如此，這些主張在本性上就不可能是一種直接真實的、不容反駁的思維命題。

[37]

　　與此相反，反映規定不屬於質的類型。它們是自身關聯的，因此同時被剝奪了與他者相對立的規定性。再者，就它們作為規定性是一個自在的**關聯**而言，已經在自身之內包含著命題形式。因為命題和判斷的區別主要在於，在命題那裡，**內容構成了關聯本身**，換言之，命題是一個**已規定的關聯**。反之判斷卻是把內容放置到述詞裡面，後者作為一個普遍的規定性乃是獨立的，並且與它的關聯（即單純的**繫詞**）區分開來。如果要把命題轉化為判斷，那麼動詞裡的已規定的內容就應當轉化為分詞，以便透過這個方式使規定本身擺脫與一個主詞的關聯。與此相反，反映規定作為反映回自身之內的已設定的存在，更接近於命題形式。——關鍵在於，當它們作為普遍的**思維規律**被陳述出來時，還需要一個與它們相關聯的主詞，這個主詞要麼是「**一切東西**」，要麼是一個意味著一切東西和每一個存在的「A」。

一方面看來，命題形式是某種多餘的東西；反映規定必須作為自在且自為的東西得到考察。另一方面看來，這些命題是偏頗的，即把「**存在**」、「**全部某東西**」當作主詞。在這種情況下，它們重新喚醒了存在，用「同一性」等反映規定來敘述某東西，彷彿它們是某東西本身就具有的一個質，── 這個做法缺乏思辨的意義，因為它把某東西當作一個始終具有這樣一個質而**存在著**的主體，殊不知某東西已經過渡到同一性，以之為它的真理和它的本質。[38]

最後，反映規定雖然在形式上是自身等同的，從而與他者沒有關聯並且沒有對立面，但我們透過仔細考察就會發現 ── 或者說，它們作為同一性、差異性、對立等等本身就表明 ──，它們是**相互規定的**；因此就它們的反映形式而言，它們並沒有擺脫過渡和矛盾。細看之下，那些作為**絕對的思維規律**而提出來的諸多命題是**相互對立乃至相互矛盾的**，它們揚棄了彼此。── 假如一切東西都是自身**同一的**，那麼它們就不是**有差異的**，不是**相互對立的**，也沒有什麼**根據**。又或者，假設**不存在兩個相同的事物**，也就是說，假設一切東西都是彼此**有差異的**，那麼 A 就不同於 A，A 也不是與什麼東西相互對立，如此等等。只要假設了這些命題中的任何一個，就不允許假設別的命題。── 無思想的考察**依次**列舉這些命題，讓它們看起來彼此無關；這種做法僅僅意識到命題的自身內反映的存在，卻沒有注意到它們的另一個環節，即**已設定的存在**或它們的嚴格意義上的**規定性**，殊不知正是這個規定性驅趕著命題走向過渡，走向它們的否定。

A 同一性

1. 本質作為單純的直接性乃是已揚棄的直接性。它的否定性

[39]
是它的存在；它的自身等同性是基於它的絕對否定性，透過這種否定性，異在和他者關聯自在地完全消失在純粹的自身等同性之中。也就是說，本質是單純的自身**同一性**。

自身同一性是一個**直接的**反映。它作為自身等同性，不是單純的**存在**或單純的**虛無**，而是把自己建立為統一體，不是從一個他者那裡重建自身，而是完全從自身出發並且在自身之內建立統一體。這是**本質上的**同一性。就此而言，它不是**抽象的**同一性，也不是透過一個相對的否定而產生出來，彷彿否定是在它之外發生的，然後從它那裡僅僅區分出某種東西並分割出去，使之留在它外面，和從前一樣**存在著**。毋寧說，存在以及存在的全部規定性都不是相對地，而是自在地已經揚棄自身；自在地看來，存在的這個單純的否定性就是同一性本身。

因此一般而言，同一性和本質仍然是同一個東西。

注釋一

當思維堅持外在的反映，以為除了外在的反映之外沒有別的思維，就不可能認識到剛才所說的意義上的同一性或本質（二者是同一個東西）。這種思維始終只能看到抽象的同一性，以及那個位於同一性之外和旁邊的區別。它以為，理性無非是一臺織布機，在上面先鋪上經紗（比如同一性），然後再鋪上緯紗（比如區別），如此以外在的方式將它們交織在一起 —— 要不然就是以分解的方式先把同一性抽取出來，**然後重新**把差別放在其**旁邊**，先設定等同，然後**重新設定**不同， —— 所謂設定等同，就是把區別**抽離**，所謂設定不同，則是把等同**抽離**。 —— 人們必須把這些關於理性的行為舉止的主張和意見完全放在一邊，因為它們在某種程度上僅僅屬於**歷史**

學。實際上，當我們考察一切存在著的東西時，它們**本身**就表明，　　[40]
它們一方面在其自身等同性中是不同於自身的、自相矛盾的，另一
方面在其差異性或矛盾中是自身同一的，而且它們本身就是從某一
個規定過渡到另一個規定的運動，而這是因為，每一個規定在其自
身就是它自己的反面。從概念上看，同一性是一個單純的與自身相
關聯的否定性，但這個概念不是外在的反映的產物，而是來自於存
在本身。與此相反，那種位於區別之外的同一性，還有那種位於同
一性之外的區別，都是外在的反映和抽象的產物，因為這些做法是
以隨意的方式固守在漠不相關的差異性這一點。

　　2. 這種同一性首先是本質本身，而非本質的規定；它是完整
的反映，而非反映的區分出來的一個環節。作為絕對的否定，它是
一個直接否定了自身的否定，──是一個非存在，一個在產生的同
時消失的區別，或者說，一種沒有區分任何東西，而是直接回落到
自身之內的區分活動（Unterscheiden）。區分活動意味著把非存在
設定為他者的非存在。但他者的非存在意味著揚棄他者，隨之揚棄
區分活動本身。就此而言，擺在這裡的區分活動是一個與自身相關
聯的否定性，是這樣一個非存在，它是它自身的非存在，並且不是
在一個他者那裡，而是在自身那裡就具有自己的非存在。因此這是
一個與自身相關聯的，經過反映的區別，或者說一個純粹的、**絕對
的區別**。

　　換言之，同一性是一個自身內反映，而自身內反映只有作為內
在的排斥才是如此；這種排斥作為自身內反映，是一種直接把自己
收回自身的排斥。也就是說，同一性之所以是同一性，在於它是一
個自身同一的區別。但區別之所以是自身同一的，僅僅因為它不是　　[41]
同一性，而是絕對的非同一性。非同一性之所以是絕對的，是因為
它並非包含著它的他者，而是僅僅包含著它自己，換言之，因為它

是絕對的自身同一性。

　　因此同一性在其自身就是絕對的非同一性。但反過來，按照其規定而言，它也是同一性。因爲作爲自身內反映，它把自己設定爲它自己的非存在；它是整體，但作爲反映，它又把自己設定爲它自己的一個環節，設定爲已設定的存在，從那裡返回自身。就此而言，它只有作爲它自己的一個環節才是嚴格意義上的同一性，即按照其規定而言，作爲單純的自身等同性而與絕對的區別相對立。

注釋二

　　在這個注釋裡，我將仔細考察作爲同一性命題（同一律）的同一性，因爲這個命題通常被看作是第一條思維規律。

　　首先，這個命題的肯定表述，「A＝A」，無非是一個空洞的恆真句的說法。所以人們已經正確地指出，這條思維規律沒有內容，無法進行推論。有些人對這種空洞的同一性愛不釋手，不但認爲它本身是某種眞實的東西，而且不厭其煩地宣稱：同一性不是差異性，同一性和差異性是有差異的，如此等等。他們沒有注意到，當他們說「同一性和差異性是有差異的」，這本身就指出同一性是一個有差異的東西。由於人們必須同時承認這是同一性的本性，所以這意味著，同一性並非外在地，而是在其自身，按照其本性而言，就是有差異的。——再者，當他們堅持這種靜止不動的，與差異性相對立的同一性時，同樣沒有意識到，這個做法已經使同一性成爲一個片面的規定性，一個就其自身而言不眞實的東西。他們承認，
[42]　同一律僅僅表達出了一個片面的規定性，僅僅包含著形式化的眞理，即一個抽象的、不完整的真理。——這個正確的判斷直接包含著一個意思，即真理只有在同一性和差異性的統一體中才是完整的，從而

僅僅存在於這個統一體之中。當人們主張那種同一性是不完整的，總體性（它作為尺度判定同一性是不完整的）就作為一個完滿的東西浮現在思想中；另一方面，由於人們堅持認為同一性和差異性是絕對分離的，而且在這個分離中是一個本質性的、有效的、真實的東西，所以在這些相互矛盾的主張裡，我們唯一看到的是一個缺陷，即沒有能力把「同一性作為抽象的同一性是本質性的」和「同一性就其自身而言同樣是不完滿的」等思想整合在一起，——這是意識在面對否定的運動時的缺陷，因為在這些主張裡，同一性本身就呈現為這個否定的運動。—— 又或者，當人們說「同一性**作為本質上的同一性**和差異性是**分離的**，或**存在於和差異性的分離中**」，這同樣直接說出了同一性的真理，即同一性在於作為嚴格意義上的**分離**而存在，或同一性**在分離中**是本質性的，換言之，同一性**不是什麼孤立的東西**，而是**分離的一個環節**。

　　至於另外一些信誓旦旦的關於**同一律**的絕對**真理**的說法，其實是以**經驗**為基礎，因為每一個人在聽到「Ａ 是 Ａ」、「一棵樹是一棵樹」之類命題時，都可以訴諸經驗。於是他們直接認可這些命題，並對此心滿意足，因為它們是透過自身就直接清楚明白的，不需要別的論證和證明。

　　一方面，像這樣訴諸經驗，說每一個人都普遍承認這個命題，這完全是一句廢話。因為它的意思並不是說，每一個人都已經用「Ａ＝Ａ」這一抽象命題做過實驗。就此而言，這並不是嚴肅地訴諸現實的經驗，毋寧僅僅是一個**保證**，即假若人們投身經驗，就會得出一個普遍承認的結果。—— 但如果這裡不是指抽象的命題本身，而是指**具體應用**中的命題（只有具體應用才會**發展出**那個抽象命題），那麼當人們主張命題的普遍性和直接性，就等於說，每一個人，乃至於他的每一個行為舉止，都是以這個命題**為根基**，或命 [43]

題蘊含在每一個人的行爲舉止中。但**具體東西**和**應用**恰恰是單純的**同一性東西**與**一個**與它**有差異的東西的關聯**。假若作爲命題來表述，那麼具體東西首先是一個綜合命題。誠然，抽象活動能夠透過分析而從具體東西本身或它的綜合命題裡提煉出同一性命題，但在這樣做的時候，它實際上並沒有讓經驗保持原樣，而是**改變了**經驗，因爲經驗包含著統一體與差異性的同一性，而這就**直接反駁了**那個主張，即把抽象的同一性本身當作某種眞實的東西；眞實的情況恰恰相反，即同一性只有在與差異性結合的情況下才會出現在每一個經驗中。

另一方面，人們熱衷於用純粹的同一性命題來解釋經驗，而這種經驗清楚地表明，它所包含的眞理是什麼樣子。比如，針對「植物是什麼？」這個提問，如果人們回答「植物是植物」，那麼任何審查過這樣一個命題的眞理的人都會表示認可，同時異口同聲地說，這沒有說出**任何東西**。如果某人開了口，許諾闡述上帝是什麼，卻聲稱「上帝是上帝」，那麼人們的期望就破滅了，因爲他們期待的是一個**有差異的規定**；假若這個命題竟然是絕對眞理，那麼這種絕對的廢話是根本得不到尊重的；人世間最無聊和最讓人厭煩的事情，莫過於一種反覆咀嚼同一事物的談話，而且這種言論竟然以眞理自居！

[44]

仔細考察這類眞理的無聊效果，可以看出，「植物是……」這一開端擺出了要說出**某些東西**的架勢，彷彿要給出一個進一步的規定似的。但由於只有同一事物的重複，所以事實正相反，即它**沒有說出任何東西**。因此這種**同一性的**言論是**自相矛盾的**。所以，同一性本身並不是眞理和絕對眞理，毋寧是相反的東西；它不是一個靜止不動的單純東西，而是超越自身，走向自身的瓦解。

命題形式表達出了同一性，但這個形式包含著比單純的、抽象

的同一性**更多的東西**；這裡面有一個純粹的反映運動，即他者僅僅作爲映像，作爲一種直接的消失而浮現出來；「A 是……」是一個開端，向著前面一個有差異的東西走出去；但它達不到這個東西；A 是非 A；差異性僅僅是一種消失；運動返回到自身之內。——命題形式可以被看作是一種隱蔽的必然性，即必須把那個運動裡的多出來的東西附加到抽象的同一性身上。——比如必須附加一個 A，一株植物或任意一個基體，哪怕這個基體作爲無用的內容不具有任何意義；但這個內容畢竟構成了差異性，一種看起來偶然地附加進來的差異性。如果它不是指 A 或任何一個別的基體，而是指同一性本身——所謂「同一性是同一性」——，那麼同樣也必須承認，它可以不是指同一性，而是指任何一個別的基體。所以，如果人們訴諸現象所表現的東西，那麼現象所表現的就是，在同一性的運算式裡也直接出現了差異性，——或根據以上所述更明確地說，這種同一性是無，是否定性，是一個絕對的自身區別。 [45]

　　同一性命題的另一個表述，「**A 不能同時是 A 和非 A**」，具有否定的形式。這就是**矛盾命題**（矛盾律）。通常說來，人們並沒有論證，**否定的形式**（它使矛盾命題與同一性命題區分開來）如何達到同一性。——這個形式意味著，同一性作爲一個純粹的反映運動乃是一個單純的否定性，這個否定性明確地包含在命題的上述第二個表述式裡面。它說出了 A 和非 A，即 A 的純粹他者；後者之所以出現，只是爲了消失。因此在這個命題裡，同一性表現爲否定之否定。A 和非 A 是區分開的，這些區分開的東西與同一個 A 相關聯。也就是說，同一性在這裡呈現爲**同一個關聯中區分出來的 A 和非 A**，或者說呈現爲 A 和非 A 在其自身的一個單純區別。

　　由此可見，同一性命題本身，尤其是矛盾命題，在本性上並不是單純的**分析**命題，而是**綜合**命題。因爲矛盾命題在其運算式裡

不是僅僅包含著一種空洞的、單純的自身等同性，而是不但包含著這種自身等同性的**一般意義上的他者**，而且包含著一種**絕對的非等同性**，即**自在的矛盾**。但正如前面已經指出的，同一性命題本身包含著一個反映運動，也就是說，同一性意味著異在的消失。

以上考察得出的結果就是：**首先**，如果同一性命題或矛盾命題僅僅把那個與區別相對立的抽象同一性表述為**真相**，那麼它們並不是思維規律，毋寧是其反面；**其次**，這些命題包含著比它們的**意謂更多的東西**，也就是說，它們包含著自身的反面，即絕對區別本身。

[46]

B 區別

a 絕對區別

區別（Unterschied）是反映在自身內具有的一個否定性，是一個透過同一性言論而說出來的無，是同一性本身的一個本質性環節，而同一性則是把自己規定為自己的否定性，同時把自己與區別區分開。

1. 這個區別是**自在且自為的**區別，**絕對的**區別，或者說**本質的**區別。——作為自在且自為的區別，它不是由一個外在東西造成的區別，而是一個**與自身相關聯的**，亦即**單純的**區別。——把絕對區別理解為**單純的**區別，這一點是至關重要的。在 A 和非 A 相互的絕對區別裡，**單純的**「非」本身就構成了這個區別。區別本身是一個單純的概念。人們說，**在概念中**，兩個事物**區分開**，如此等等。——所謂「**在概念中**」，指站在同一個角度，立足於同一個規定根據。這是**反映的區別**，而不是**定在的異在**。一個定在和另一個定在被設定

爲彼此外在的；在這兩個相互規定的定在裡，每一方本身就具有一個**直接的存在**。與此相反，**本質的他者**是自在且自爲的他者，不是另一個位於它之外的東西的他者，因此這是一個單純的、自在的規定性。定在的層面裡也有異在，而且這個規定性在本性上是一個單純的規定性，意味著同一性的對立；但這個同一性僅僅表現爲從一個規定性到另一個規定性的**過渡**。在這裡，在反映的層面裡，區別表現爲一個經過反映的區別，這個區別已經被設定爲它自在地所是的樣子。

　　2. 自在的區別是一個自身關聯的區別；就此而言，它是它自己的否定性，不是與一個他者區分開，而是**與它自己**區分開；它不是它自己，而是自己的他者。但那個與區別區分開的東西是同一性。因此區別既是它自己，也是同一性。二者構成了區別；區別既是整體，也是它自己的一個環節。—— 同樣也可以說，區別作爲單純的區別並不是區別，而是只有在與同一性相關聯的時候才是區別；確切地說，它作爲區別，同時包含著同一性和這個關聯本身。—— 區別既是整體，也是它自己的一個**環節**，正如同一性同樣既是整體，也是它自己的一個環節。—— 這一點必須被看作是反映的根本特性，它是**全部總體性和自身運動的已規定的原初根據**。——區別和同一性都把自己當作**環節**或**已設定的存在**，因爲它們作爲反映乃是一種否定的自身關聯。 [47]

　　因此**自在地看來**，區別作爲它自己和同一性的統一體，**本身**是一個**已規定的**區別。它不是過渡到一個他者，不是與一個外在於它的他者相關聯，而是本身就具有它的他者，即同一性；相應地，當同一性進入區別的規定，也不是把區別當作它的他者並消失在其中，而是在其中保留下來，成爲區別的自身內反映和一個環節。

　　3. 區別具有兩個要素，即同一性和區別；就此而言，二者都

是一個已設定的存在或一個規定性。但在這個已設定的存在裡，每一方都是一個自身關聯。其中一方（同一性）本身直接地是自身內反映這一環節，但另一方（區別或者說自在的區別）同樣是一個經過反映的區別。當區別具有的這兩個要素本身都是自身內反映，區別就是差異性（Verschiedenheit）。

b 差異性

[48]
1. 同一性在其自身就分裂為差異性，因為它作為絕對區別在自身內把自己設定為它自己的否定者，而同一性的這兩個環節，即同一性本身及其否定者（它的自身內反映），是與自身同一的；換言之，這是因為同一性直接揚棄了它的否定，並在它的規定中反映回自身之內。區分開的東西作為彼此漠不相關的、有差異的東西存在著，因為它是自身同一的，而且它的根基和要素是由同一性構成的；換言之，有差異的東西只有在它的反面亦即同一性裡才是有差異的東西。

差異性構成了反映的嚴格意義上的異在。定在的他者把直接的存在當作自己的根據，並透過這個方式使否定者具有持存。而在反映裡，卻是自身同一性（即經過反映的直接性）構成了否定者的持存及其漠不相關性。

區別的兩個環節分別是同一性和區別本身。當二者反映回自身之內，與自身相關聯時，它們是有差異的東西；按照同一性的規定，它們僅僅與自身相關聯；同一性與區別無關，區別也與同一性無關；因此，當這兩個環節都僅僅與自身相關聯時，它們就沒有被規定為彼此對立。——如此看來，因為它們在其自身並未區分開，所以區別對它們來說是外在的。這些有差異的東西相互之間不是同一性與區別的關係，毋寧說，它們僅僅是一般意義上的有差異的東

西，不但彼此漠不相關，而且與它們各自的規定性也漠不相關。

　　2. 一般而言，當差異性指一種漠不相關的區別，其中的**反映**就
是**外在的**；區別僅僅是一個**已設定的存在**，或者說一個已揚棄的區
別，但它本身是完整的反映。—— 確切地說，正如之前規定的，同
一性和區別都是反映；每一方都是它自己和它的他者的統一體；每
一方都是整體。但這樣一來，「**單純作為同一性而存在**」或「**單純
作為區別而存在**」這一規定性就被揚棄了。在這種情況下，它們不　　[49]
是質，因為它們透過自身內反映而獲得的規定性同時僅僅是一個否
定。因此這裡有雙重的東西，一個是嚴格意義上的**自身內反映**，另
一個是作為否定的規定性或**已設定的存在**。已設定的存在是一個外
在於自身的反映；它是作為否定的否定，—— **自在地看來**，這雖然
是一個與自身相關聯的否定和自身內反映，但僅僅自在地是如此；
它是把自己當作一個外在的東西而與自己相關聯。

　　就此而言，「自在的反映」和「外在的反映」是區別的兩個
環節（即同一性和區別）分別獲得的規定。當它們相互規定，就成
了這樣兩個環節。—— **自在的反映**是同一性，但被規定為與區別漠
不相關，這不是指它根本不具有區別，而是指它相對於區別而言表
現為自身同一的東西；它是**差異性**。它是一個已經反映回自身之內
的同一性，但真正說來，它僅僅是兩個環節中的**一個**自身內反映；
二者都是自身內反映。同一性是二者中的一個反映，它把區別僅僅
當作它本身具有的一個漠不相關的區別，因此是一般意義上的差異
性。—— 與此相反，**外在的反映**是它們的**已規定的**區別，不是作為
一個絕對的自身內反映，而是作為一個與自在存在著的反映漠不相
關的規定；在這種情況下，區別的兩個環節（即同一性和區別本
身）是被設定為外在的規定，不是自在且自為地存在著的規定。

　　現在，這個外在的同一性就是**等同**（Gleichheit），而外在

的區別則是**不同**（Ungleichheit）。—— **等同**雖然是同一性，但它僅僅是一個已設定的存在，一個並非自在且自爲地存在著的同一性。—— 同樣，**不同**雖然是區別，但它是一個外在的區別，不是自在且自爲的區別，而是不同事物本身的一個區別。至於這個東西和那個東西是等同的還是不同的，這對前者和後者都毫無影響；雙方都僅僅與自身相關聯，自在且自爲地是其所是；只有從一個位於它們之外的第三者的角度來看，才有作爲等同的同一性或作爲不同的非同一性。

[50]

　　3. 外在的反映使有差異的東西與等同和不同相關聯。這個關聯，即**比較**，從等同走向不同，又從不同走向等同，如此來回往復。但對等同和不同之類規定本身來說，這個來回往復的關聯是外在的；而且它們也不是相互關聯的，毋寧說，每一方僅僅獨自與一個第三者相關聯。在這個更替中，每一方都是獨自直接出現。—— 外在的反映本身就是外在的；**已規定的**區別是遭到否定的絕對區別；因此它不是單純的區別，不是自身內反映，而是在自身之外具有自身內反映；相應地，它的各個環節四散分離，並且作爲彼此外在的環節與那個與它們相對立的自身內反映相關聯。

　　因此，在這個自身異化的反映裡，等同和不同是作爲彼此無關的東西而出現的；當這個反映透過各種**情況**、**方面**和**角度**使二者**與同一個東西相關聯**時，就導致了二者的**分離**。有差異的東西是同一個東西，與等同和不同都相關聯，因此它們**從一個方面來看**是彼此等同的，**從另一個方面來看**是彼此不同的，而且它們是在彼此等同的**情況**下彼此不同。**等同僅僅與自身相關聯**，同樣地，**不同僅僅是不同**。

　　但透過它們相互之間的這個分離，它們僅僅揚棄了自身。當人們說一個東西和另一個東西在**一個角度下是等同的**，但在**另一個角度**

下是不同的，這本來是爲了讓它們免於矛盾和瓦解，但像這樣把等同和不同割裂開來，恰恰導致了它們的毀滅。因爲二者都是區別的規定；它們相互關聯，這一方是那一方所不是的東西；等同不是不同，不同不是等同，二者在本質上具有這個關聯，並且離開這個關聯就不具有任何意義；二者作爲區別的規定，每一方都是其所是，與它的他者**區分開**。但由於它們彼此漠不相關，所以等同僅僅與自身相關聯，同樣地，不同也是一個自足的角度和自身內反映；就此而言，每一方都是自身等同的；區別已經消失了，因爲等同和不同並不具有相互對立的規定性；換言之，每一方在這種情況下都是等同。 [51]

　　於是這個漠不相關的角度或外在區別揚棄自身，成爲一種自在的自身否定性。這種否定性在進行比較的時候附加到比較者上面。比較者從等同走向不同，又從不同返回等同，它使一方在另一方裡消失，因此實際上是**二者的否定統一體**。這個統一體首先超出了比較者，進而超出了比較的各個環節，是一個主觀的、落於它們之外的行動。但實際上，正如我們看到的，這個否定的統一體是等同和不同的本性本身。正因爲每一方都是一個獨立的角度，所以這個角度是一個自身關聯，不但揚棄了它們的區分性，而且揚棄了它們本身。

　　從這個方面來看，等同和不同作爲外在反映的彼此外在的環節，消失在它們的等同中。進而言之，它們的這個否定的統一體在它們自身那裡就**已經設定下來**；也就是說，它們是在自身之外具有一個**自在存在著的**反映，換言之，它們是**一個第三者**（即它們本身的一個他者）的等同和不同。所以，等同者不是它自身的等同者，反之不同者本身就是等同者，因爲它不是與它自身不同，而是與一個不同於它的東西不同。因此等同者和不同者都是**其自身的不同者**。

每一方都是這樣一個反映：等同既是等同，也是不同，不同既是不同，也是等同。

[52]　　　　一方面，等同和不同構成了**已設定的存在**，而在與之相對立的另一方面，比較者或有差異的東西把自己規定爲一個**自在存在著的**反映。但是，相對於等同和不同而言，有差異的東西同樣失去了自己的規定性。等同和不同作爲外在反映的規定，是一個僅僅自在存在著的反映，而這個反映本來應當成爲嚴格意義上的有差異的東西，成爲其純粹未規定的區別。**自在存在著的**反映是一種與否定無關的自身關聯，一種抽象的自身同一性，隨之恰恰是已設定的存在本身。── 單純有差異的東西於是透過已設定的存在而過渡到否定的反映。有差異的東西是單純已設定的區別，即一個不是區別的區別，因此在其自身就是它自己的否定。在這種情況下，等同和不同本身，即已設定的存在，透過漠不相關性或自在存在著的反映而返回到一個否定的自身統一體，返回到這樣一個反映之內，即它在其自身就是等同和不同的區別。當差異性的**漠不相關的**各個方面全都僅僅是一個否定統一體的**諸環節**，差異性就是**對立**（Gegensatz）。

注釋

　　差異性和同一性可以分別透過一個自足的命題表達出來。此外，這兩個命題始終處於彼此漠不相關的差異性中，以至於每一方在不考慮對方的情況下本身就是有效的。

　　「**一切事物都是有差異的**」，或者說「**沒有兩個彼此等同的事物**」。── 這個命題實際上是與同一性命題相對立的，因爲它宣稱：A 是一個有差異的東西，即 A 不是非 A；換言之，A 不同於另一個東西，因此它不是一般意義上的 A，而是一個已規定的 A。在

同一性命題裡，A 可以用任何一個別的基體來代替，但 A 作為不同 [53]
者卻不再能夠用任何一個別的東西來替換。誠然，它不應當是一個
與自己有差異的東西，而是僅僅**與他者**有差異；但這個差異性是它
自己固有的規定。A 作為自身同一的東西是未規定的；但作為已規
定的東西，它是前者的反面；它不再僅僅具有一種自身同一性，而
是也具有一種否定，隨之在其自身就具有它自己與自己的差異性。

　　「全部事物都是彼此有差異的」這一命題完全是一句廢話，
因為事物的複數形式已經直接包含著多樣性和整個未規定的差異
性。——與此相反，「沒有兩個彼此完全等同的事物」這一命題就
表達出了更多的東西，即一種**已規定的**差異性。兩個事物不是單純
的「2」——數目的多樣性完全是千篇一律的——，毋寧說，它們
透過一個規定而是有差異的。「沒有兩個彼此相同的事物」這一命
題是不難想像的，而根據一則宮廷軼事，當宮女們聽到萊布尼茲說
出這個命題之後，都去尋找是否有兩片相同的樹葉。——這是形
而上學的幸運時光，人們在宮廷裡從事形而上學研究，除了拿樹葉
來做比較之外，不需要付出別的努力去檢驗形而上學命題！正如之
前所述，「沒有兩個彼此完全等同的事物」這一命題之所以引人注
目，是因為「**2**」或數目的多樣性尚未包含著**已規定的**差異性，而
且嚴格意義上的差異性作為一個抽象的東西，首先與等同和不同是
漠不相關的。當想像也過渡到規定，就把這兩個環節本身當作彼此
漠不相關的東西接受下來，以為其中一方（事物的**單純等同**）無需
另一方（事物的**不同**）就足以成為規定，或者說以為事物只要是數
目上的多，就是有差異的，哪怕它們只是一般意義上的有差異的東
西，而不是彼此不同的。與此相反，差異性命題指出，首先，事物 [54]
是透過彼此不同才是有差異的，其次，事物同時具有等同和不同這
兩個規定，因為只有二者合在一起才構成已規定的區別。

現在，「全部事物都具有『不同』這一規定」這個命題還需要一個證明；它不可能作爲一個直接的命題提出來，因爲通常的認識活動要求，在一個綜合命題裡，必須證明各個規定是可以結合的，或者說必須揭示出一個將它們串聯起來的第三者。這個證明必須呈現出從同一性到差異性的過渡，以及從差異性到已規定的差異性（即不同）的過渡。但這一點通常是很難做到的，由此導致的結果是，差異性或外在的區別其實是一個反映回自身之內的區別，一個在其自身的區別，至於有差異的東西的漠不相關的持存，僅僅是一個已設定的存在，隨之不是一個外在的、漠不相關的區別，而是兩個環節的**同一個**關聯。

這裡也蘊含著**差異性命題**的瓦解和虛無性。兩個事物不是完全等同的；這樣看來，它們同時是等同的和不同的；所謂等同，指它們都是事物，或者說是一般意義上的兩個東西，因爲每一方和對方一樣，都是一個事物，都是一個單一體，所以雙方是同一個東西；但它們又被假定爲不同的。因此這裡有一個規定，即等同和不同這兩個環節**在同一個東西裡**是有差異的，換言之，那個落於彼此之外的區別同時是同一個關聯，於是這個規定過渡到**對立設定**（Entgegensetzung）。

誠然，兩個述詞的「**同時**」是透過**情況**而彼此分開的：在兩個事物等同的**情況**下，它們不是不同的，或者說它們從一個**方面**和**角度**來看是等同的，但從另一個**方面**和**角度**來看卻是不同的。這樣一來，事物就擺脫了等同和不同的統一體，至於它自己固有的反映（即等同和不同的自在的反映），則被堅持看作是一個外在於事物的反映。正是這個反映**在同一個活動裡**區分出等同和不同這兩個方面，因此是在**同一個**活動裡包含著二者，讓其中一方映現或折射在另一方之內。——通常對待事物的溫情做法只關心一點，即事物不

[55]

應當陷入自相矛盾，但它在這裡和別的地方都忘了，這樣並沒有消解矛盾，毋寧只是把矛盾推到別處，推到一個主觀的或外在的反映裡；而且它忘了，這個反映實際上包含著兩個環節，它們透過這種清除和推移被陳述爲純粹的**已設定的存在**，實則已經遭到揚棄，並且在**同一個**統一體裡相互關聯。

c 對立

在對立裡，區別作爲**已規定的反映**得以完成。它是同一性和差異性的統一體；它的各個環節在**同一個**同一性裡是有差異的；因此它們是**被設定爲對立的**環節。

同一性和**差異性**是區別在其自身內部堅持著的兩個環節；它們是區別的統一體的**經過反映的**環節。反之**等同**和**不同**卻是一種已經外化的反映；它們的自身同一性意味著，每一方不僅與那個與它有差異的東西漠不相關，而且與嚴格意義上的自在且自爲的存在漠不相關，因此這種自身同一性是與反映回自身之內的同一性相對立的；換言之，這是一種並未反映回自身之內的**直接性**。所以，當外在反映的兩個方面作爲已設定的存在，就是一個**存在**，而作爲未設定的存在，則是一個**非存在**。

仔細看來，對立的兩個環節其實是一個反映回自身之內的已　　[56]
設定的存在，即一般意義上的規定。已設定的存在是等同和不同；當二者都反映回自身之內，就構成了對立的規定。它們的自身內反映在於，每一方在其自身都是等同和不同的統一體。等同僅僅立足於一個用不同來進行比較的反映，因此是以它的另一個漠不相關的環節爲中介；同樣地，不同也僅僅立足於等同所在的同一個反映關聯。──每一方在其規定性裡都是一個整體。之所以是一個整體，因爲每一方也包含著它的另一個環節；但那個環節是一個漠不相關

地**存在著的**環節；因此，每一方在自身內都與它的非存在相關聯，僅僅是一個自身內反映，換言之，每一方都是一個在本質上與它的非存在相關聯的整體。

　　這個反映回自身之內的自身**等同**，在自身之內與不同相關聯，是**肯定者**；相應地，那個在自身之內與自己的非存在（等同）相關聯的**不同**，是**否定者**。—— 換言之，二者都是已設定的存在；現在，區分出來的規定性被看作是已設定的存在所區分出來的、**已規定的自身關聯**，於是對立作爲**已設定的存在**，一方面反映回它的自身**等同**，另一方面反映回它的自身不同，而這就是**肯定者和否定者**。—— **肯定者**是一個反映回自身等同的已設定的存在；但已設定的存在是經過反映的東西，即作爲否定的否定；所以這個自身內反映按其規定而言就與一個他者相關聯。**否定者**是一個反映回不同的已設定的存在；但已設定的存在就是不同本身；所以這個反映是不同的自身同一性，是一個絕對的自身關聯。—— 也就是說，反映回自身等同的已設定的存在本身就包含著不同，而反映回自身不同的已設定的存在本身也包含著等同。

[57] 　　因此，肯定者和否定者是對立的兩個已然獨立的方面。它們是獨立的，因爲它們在自身內都是**整體**的反映；它們又是隸屬於對立的，因爲**規定性**作爲整體已經反映回自身之內。基於其獨立性，它們構成了**自在地**已規定的對立。每一方都是它自己和它的他者，因此每一方都不是在一個他者那裡，而是**在其自身**具有**自己的規定性**。—— 每一方的自身關聯都僅僅是他者關聯。這件事情具有兩面性：一方面，每一方在與它的非存在相關聯時，都在自身內揚棄了這個異在，因此它的非存在僅僅是它自身內的一個環節；但另一方面，已設定的存在是一個存在，而且已經轉變爲一個漠不相關的持存，所以每一方在自身內所包含著的他者也是整體的非存在（而它

本應作爲一個環節包含在這個整體裡）。就此而言，只有當每一方的**非存在存在著**，每一方才**存在著**，而且是存在於一個同一性關聯中。

因此，那些把肯定者和否定者建構起來的規定在於，**首先**，肯定者和否定者是對立的絕對**環節**；它們的不可分割的持存是同一個反映；透過一個中介活動，每一方的存在都是基於它的他者的非存在，隨之是基於它的他者，或基於它自己的非存在。——這樣，它們是一般意義上的**相互對立者**；換言之，**每一方**都僅僅是他者的對立面，在這裡，並非一方是肯定的而另一方是否定的，毋寧說，二者對彼此而言都是否定的。**第一**，一般而言，每一方都**在他者存在著的情況下**存在著；它透過它的他者或透過它自己的非存在而是其所是；它僅僅是一個已設定的存在。**第二**，每一方都**在他者不存在的情況下**存在著；它透過他者的非存在而是其所是；它是一個**自身內反映**。——以上兩種情況是一般意義上的對立的**同一個**中介活動，而總的說來，肯定者和否定者在這個中介活動中都僅僅作爲**已設定的東西**而存在著。

其次，一般而言，這個單純的已設定的存在已經反映回自身之內；從**外在的反映**這一環節來看，肯定者和否定者與最初那個以它們爲環節的同一性**漠不相關**；換言之，由於最初的反映是肯定者和否定者自己固有的自身內反映，而且每一方在其自身就是它自己的已設定的存在，所以雙方都漠不相關地反映回自己的非存在，毫不理會自己的已設定的存在。因此這兩個方面僅僅是有差異的，而由於它們的規定性（即分別作爲肯定者和否定者而存在）相互構成了它們的已設定的存在，所以雙方都不是在其自身就被規定爲這個樣子，毋寧只是一般意義上的規定性；誠然，雙方要麼獲得肯定者的規定性，要麼獲得否定者的規定性，但這些規定性是可以替換的，所以每一方都既可以被認爲是肯定的，也可以被認爲是否定的。

[58]

　　　　第三，肯定者和否定者並非僅僅是一個已設定的東西或一個純粹漠不相關的東西，毋寧說，它們的**已設定的存在**或**它們在一個異於它們的統一體中的他者關聯**已經被**收回**到各方之內。每一方在其自身就是肯定的和否定的；肯定者和否定者是一個自在且自為的反映規定；只有在相互對立的存在這一自身內反映中，每一方才是肯定的和否定的。肯定者在其自身就具有一個他者關聯，並透過這個關聯而被規定為肯定者；相應地，否定者不是在與他者相對立時才是否定者，毋寧說，它同樣在自身之內具有一個使它成為否定者的規定性。

　　　　所以，每一方都是一個獨立的、自為存在著的自身統一體。誠然，肯定者是一個已設定的存在，但對它而言，這個已設定的存在僅僅是一個已經遭到揚棄的東西。它是**非對立面**，一個已經遭到揚棄的對立，但這是對立本身的一個方面。—— 誠然，某東西在與一個異在相關聯時被規定為肯定者，但它在本性上並不是作為一個已設定的東西而存在著；它是一個否定著異在的自身內反映。但它的他者，否定者，本身不再是一個已設定的存在或一個環節，而是一個獨立的**存在**；這樣一來，肯定者的否定式自身內反映的規定性就在於，把它的這個**非存在**從自身那裡**排除**出去。

[59]

　　　　因此，作為絕對反映的否定者不是一個直接的否定者，而是一個自在且自為的否定者，它作為遭到揚棄的已設定的存在，以肯定的方式立足於自身。作為自身內反映，它否定了自己與一個他者的關聯；它的他者是肯定者，一個獨立的存在；—— 它與肯定者的否定關係在於把後者從自身那裡排除出去。否定者是一個自為持存著的對立面，而與之相對的肯定者是已揚棄的對立這一規定，—— 否定者是一個立足於自身的**完整對立**，而它的對立面則是一個自身同一的已設定的存在。

　　就此而言，肯定者和否定者不僅**自在地**，而且自在且自為地就是肯定的和否定的。之所以**自在地**是如此，因為它們與他者的排斥性關聯已經被抽離了，僅僅按照其規定來理解。只要某東西不是僅僅針對**一個他者**而被規定為肯定的或否定的，它就**自在地**是如此。但是，如果肯定者和否定者不是已設定的存在，隨之不是相互對立的東西，那麼每一方都是一個直接的東西，即**存在**和**非存在**。實際上，肯定者和否定者是對立的兩個環節，它們的自在存在僅僅構成了它們的反映回自身之內的存在的形式。某東西**自在地**是肯定的，與否定者無關；同樣，某東西**自在地是否定的**，與否定者無關；這個規定僅僅堅持「反映回自身之內的存在」這一抽象環節。然而**自在存在著的**肯定者或否定者在本質上意味著，相互對立既不是一個單純的環節，也不隸屬於比較，而是對立的兩個方面**固有的**規定。因此它們不是在與他者無關的情況下**自在地**是肯定的或否定的，毋寧說，**這個關聯**，作為排斥性關聯，構成了它們的規定或自在存在；唯其如此，它們才同時是自在且自為的。

注釋　　　　　　　　　　　　　　　　　　　　　　　　[60]

　　這裡必須討論**算術**裡面出現的**肯定者**（正）和**否定者**（負）的概念①。這個概念在算術裡被假定為眾所周知的，但因為它並沒有在其明確的區別中得到理解把握，所以深陷於不可解決的困難和麻煩之中。前面除了得出肯定者和否定者的「相互對立」這一單純的概念之外，還得出了它們的兩個**實在的**規定。也就是說，**一方面，**

───────────────

① 在這一章節裡，我們根據不同的語境把 das Positive 譯為「肯定者」或「正」，把 das Negative 譯為「否定者」或「負」。──譯者注

相互對立的根基是一個僅僅有差異的、直接的定在，後者的單純的
自身內反映與其已設定的存在（相互對立本身）是區分開的；就此
而言，相互對立並非自在且自為地存在著，而是依附於有差異的東
西，以至於每一方都是一般意義上的對立面，同時又漠不相關地、
自為地持存著，而在這兩個相互對立的有差異的東西裡面，無論哪
一方被看作是肯定的抑或否定的，都是同一回事。── **另一方面，**
肯定者本身是自在的肯定者，否定者本身是自在的否定者，因此有
差異的東西不是與這個情況漠不相關的，毋寧說，這是它的自在且
自為的規定。── 肯定者和否定者這兩個形式同時出現在最初的一
些規定裡，並在算術中得到應用。

　　首先，+a 和 −a 是**一般意義的相互對立的大小**；a 是位於二者的根
基處的一個**自在存在著的統一體**，一個與相互對立本身漠不相關的東
西，它在這裡無需任何概念就充當著一個僵死的根基。−a 和 +a 雖
然分別標示著否定者和肯定者，但**雙方都同樣僅僅是一個對立面**。

　　其次，a 並非僅僅是一個**單純的**，位於根基處的統一體，毋寧
說，它作為 +a 和 −a 乃是這兩個對立面的自身內反映；這裡有**兩個**

[61]　**有差異的** a，至於其中哪一方應當標示著肯定抑或否定，這是無關
緊要的；二者都具有一個特殊的持存，都是肯定的。

　　按照上述第一個方面，+y − y = 0；或者說在 −8 + 3 裡，正 3 在
8 裡是負的。這兩個對立面在其結合中揚棄了自身。向東走一個小
時，再回過頭向西走一個小時，就揚棄了起初走過的路程；欠了多
少債務，就少了多少資產，有多少資產，就揚棄多少債務。向東的
一小時路程不是自在的正路程，向西的一小時路程也不是自在的負
路程，毋寧說，這些方向與正負對立的規定性是漠不相關的；只有
一個落於它們之外的第三者的角度才把其中一個方向看作是正，把
另一個方向看作是負。同理，債務並非自在且自為地就是負；它們

只有在與債權人相關聯時才是負；對債權人而言，它們是他的正資產；它們是一筆錢或具有一定價值的東西，僅僅從外在的角度來看才是債務或資產。

　　相互對立的雙方雖然在其關聯中揚棄自身，以至於結果等於零，但這裡也有**它們的同一性關聯**，與對立本身漠不相關；於是它們構成「**某一**」（Eines）。比如，剛才提到的那筆錢僅僅是**某一筆錢**，在 +a 和 −a 裡，a 也僅僅是**某一個** a；路程僅僅是**某一段路程**，而非兩段路程（一段向東，另一段向西）。同理，縱座標線 y 在橫座標線的這條邊或那條邊上面是同一個東西；在這種情況下，$+y-y=y$；y 僅僅是**縱座標線本身**，正和負僅僅是它的**某一個**規定和規律。

　　再者，相互對立的雙方不僅是**某一個**漠不相關的東西，而且是**兩個漠不相關的東西**。也就是說，它們作為相互對立的東西也反映回自身之內，隨之作為有差異的東西而持存著。

　　因此一般而言，在 $-8+3$ 裡有 11 個統一體（單位）；+y 和 [62] −y 是橫座標線的相互對立的兩條邊上面的縱座標線，其中每一方都是一個與這個界限及其對立漠不相關的定在；在這種情況下，$+y-y=2y$。── 向東的路程和向西折回的路程也是一個雙重努力的總和，或者說兩個時間週期的總和。同理，在國民經濟裡，一定數量的金錢或價值也並非僅僅是單方面的一定數量的生計手段，而是一個雙重性的東西；無論對債權人還是對債務人來說，它都是生計手段。我們在計算國家資產的時候，不會僅僅將其看作是現金以及國家現有的其他不動產和動產的價值的總額，更不會將其看作是正資產扣除負資產之後的餘額，毋寧說，雖然資本的正帳和負帳相加也歸結為零，但**首先**，資本始終是正資本，即$+a-a=a$，**其次**，由於資本以繁複的方式成為負的、借來借去的，所以在這種情況

下，它成了一筆極爲繁複化的資金。

相互對立的大小一方面僅僅在一般的意義上相互對立，另一方面也是實在的或漠不相關的東西。進而言之，雖然定量本身是一個漠不相關的受限的存在，但在它那裡畢竟出現了自在的正和自在的負。比如，當 a 沒有符號，同時又被拿來計算，就被看作是 +a。假若它只應當是一個一般意義上的對立面，那麼也可以被看作是 −a。但正號是被直接給予它的，因爲「正」本身是直接東西的眞正意義，即作爲自身同一的東西，與對立相對立。

再者，當正量和負量相加或相減，它們被認爲本身就是正的和負的，而不是僅僅透過相加或相減的關聯，以這種外在的方式成爲正的和負的。在 8−(−3) 裡，第一個減號與 8 是**相互對立的**，但第二個減號（−3）卻被認爲是**自在的**對立面，位於這個關聯之外。

[63]

這個情況在乘法和除法裡有著更明確的體現；在這裡，正在本質上被看作是**非對立面**，反之負被看作是對立面，也就是說，兩個規定並非以同樣的方式僅僅被看作是一般意義上的對立面。教科書在證明這兩個計算方式裡的符號的關係時，止步於一般意義上的「相互對立的大小」這一概念，因此這些證明是不完整的，深陷於各種矛盾之中。——但在乘法和除法裡，加號和減號獲得了自在的正和負的更確定的意義，因爲那裡面的因素（單位和數目）必須是相互對立的東西，這個關係不像在加法和減法那裡一樣，僅僅是增加和減少的關係，毋寧說，這是一個質的關係，而加和減也因此獲得了正和負的質的意義。——如果沒有這個規定，單是從「相互對立的大小」這一概念出發，那麼很容易得出一個錯誤的推論，即從 $-a \times +a = -a^2$ 反過來得出 $+a \times -a = +a^2$。由於前一個因素意味著數目，後一個因素意味著單位，且前者通常具有優先地位，所以「$-a \times +a$」和「$+a \times -a$」這兩個運算式的區別在於，在前者那裡，

+a 是單位，−a 是數目，而在後者那裡則正相反。關於前一個運算式，通常的說法是，如果我想要 +a 的 −a 倍，那麼我不僅用 a 乘以 +a，而且同時採用了那個與它相互對立的方式，用 +a 乘以 −a；由於那裡有一個加號，所以我必須把它看作是負的，而乘積就是 −a²。但在第二種情況下，如果我想要 −a 的 +a 倍，那麼同樣不應當用 −a 乘以 −a，而是應當在與它相互對立的規定裡，用 +a 乘以 −a。因此根據第一個情況的推理可以得出，乘積必須是+a²。──在除法那裡同樣也是如此。

　　只要加和減僅僅被看作是一般意義上的相互對立的大小，上述結論就是必然的；在前一種情況下，減被賦予一種去改變加的力量；但在後一種情況下，加卻不應當具有這種凌駕於減的力量，哪怕它和減一樣，都是一個**相互對立的**大小規定。實際上，加之所以不具有這種力量，原因在於，它在這裡必須按照其質的規定而與減對立，而且這兩個因素相互之間是一種質的關係。在這種情況下，負是一個自在的、嚴格意義上的對立面，而正卻是一個一般意義上的未規定的、漠不相關的東西；它確實也是負，但並非在其自身就是負，毋寧只是他者的負。──因此規定作為否定，僅僅來自於負，而不是來自於正。[64]

　　同理，之所以−a×−a＝+a²，也不是因為負 a 僅僅是一個單純的對立面（否則這裡就是用它與 −a 相乘），而是因為它本身就應當是負的。於是負負得正（否定之否定即肯定）。

C 矛盾

　　1. 一般意義上的**區別**把自己的兩個方面當作**環節**包含在自身之內；在**差異性**裡，它們**漠不相關地**四散分離；在嚴格意義上的**對立**

裡，它們是區別的兩個方面，一方僅僅由另一方所規定，隨之僅僅是環節；但它們同樣在其自身就是已規定的，彼此漠不相關，相互排斥：它們是一些**獨立的反映規定**。

　　一方是**肯定者**，另一方是**否定者**，但前者是在其自身的肯定者，後者是在其自身的否定者。當每一方在其自身就與它的另一個環節相關聯，本身就獲得了一種漠不相關的獨立性；就此而言，每一方都是一個完整的封閉在自身之內的對立。—— 作為整體，每[65]一方都是**透過它的他者**而達到自身中介，並且**包含著**他者。除此之外，每一方也透過**它的他者的非存在**而達到自身中介；在這種情況下，它是一個自為存在著的統一體，把他者**排斥在外**。

　　獨立的反映規定在同一個角度看來既包含著相反的規定，隨之成為獨立的，也把相反的規定排斥在外，既然如此，它就是作為獨立的東西而把自己固有的獨立性排斥在外；因為獨立性意味著，在自身之內包含著相反的規定，從而不是與一個外在的東西相關聯，—— 與此同時，獨立性同樣意味著作為它自己而存在，把那個否定著它的規定排斥在外。在這種情況下，獨立性就是**矛盾**（Widerspruch）。

　　一般意義上的區別已經是**自在的**矛盾；因為它是那些僅僅存在著（即**沒有成為單一體**）的東西的**統一體**，—— 是那些僅僅**在同一個關聯中**分離存在著的東西的**分離**。但肯定者和否定者卻是**已設定的**矛盾，因為它們作為否定的統一體，本身就自己設定自己，同時又揚棄自己，設定自己的反面。—— 它們使進行規定的反映成為**排斥性的**反映；正因為排斥是**同一個**區分活動，而且這些區分出的東西每一方作為排斥者本身就是整個排斥活動，所以每一方在自身內都排斥自己。

　　如果單獨考察這兩個獨立的反映規定，可以說肯定者作為**已設**

定的存在已經反映回**自身等同**，這個已設定的存在與他者無關，因此當它**遭到揚棄並被排斥在外**，肯定者就是一種持存。這樣一來，肯定者就使自己**與一個非存在**，與一個**已設定的存在**發生關聯。——這種肯定者是矛盾，即它作為自身同一性，透過**排斥**否定者而把自己設定為某個東西（即它所排斥在外的他者）的**否定者**。他者作為被排斥在外的東西，被設定為獨立於排斥者，隨之反映回自身之內，也進行排斥活動。就此而言，排斥性反映就是把肯定者設定為一個排斥著他者的東西，於是這個設定活動直接設定了肯定者的他者，即它所排斥的東西。

[66]

這是肯定者的絕對矛盾，但它同時也是否定者的絕對矛盾；二者的設定是**同一個**反映。——單獨看來，與肯定者相對立的否定者作為已設定的存在，已經反映回**自身不同**，是作為否定者的否定者。但否定者本身就是不同者，即一個他者的非存在，因此與其說它反映回自身不同，不如說這是它的自身關聯。——**一般意義上的**否定是作為質的否定者，或一個**直接的**規定性；但**作為否定者**的否定者卻是與它自己的否定者（它的他者）相關聯。如果我們僅僅把它和前者看作是同一個東西，那麼它和前者一樣都僅僅是直接的；在這個意義上，由於它不是與他者相對立，所以不再是否定者；歸根結底，否定者不是一個直接的東西。——進而言之，由於雙方現在是同一個東西，所以不同者的這個關聯同樣是它們的同一性關聯。

因此，否定者的矛盾和肯定者的矛盾是同一個矛盾，即一個作為自身關聯的已設定的存在或否定。但肯定者僅僅**自在地**是這個矛盾；反之否定者卻是**已設定的**矛盾；因為後者的自身內反映在於，作為一個自在且自為的否定者或嚴格意義上的否定者而達到自身同一，但與此同時，它被規定為非同一的東西或對同一性的排斥。也就是說，**透過反對同一性而達到自身同一**，隨之透過它的排斥性反映

而把自己從自己那裡排斥出去。

因此，否定者是一個完整的，作爲相互對立而基於自身的相互對立，一個**與他者無關**的絕對區別；它作爲相互對立，把同一性從自己那裡排除出去，隨之也把自己排斥出去；因爲作爲**自身關聯**，它把自己規定爲它所排斥的同一性本身。

[67]

2. 矛盾自行瓦解。

在剛才考察的那個自己排斥自己的反映裡，肯定者和否定者在各自的獨立性中分別揚棄自身；每一方都完全是一個過渡，或更確切地說，每一方都把自己轉移到它的對立面。對立雙方的無休止的消失過程是透過矛盾而確立的**緊接著的統一體**；這個統一體就是**零**。

但矛盾不但包含著**否定者**，而且包含著**肯定者**；換言之，那個排斥自身的反映同時是一個**進行設定的**反映；矛盾的結果不僅僅是零。——肯定者和否定者構成了獨立性的**已設定的存在**；但它們的自身否定又揚棄了獨立性的**已設定的存在**。這才是矛盾中眞正消滅的東西。

透過自身內反映，對立雙方都成爲獨立的自身關聯，但它們的這個獨立性首先是**區分開的**環節的獨立性；就此而言，它們僅僅**自在地**是這個獨立性，因爲它們仍然是相互對立的，而且它們的**自在存在**恰恰構成了它們的已設定的存在。但它們的排斥性反映揚棄了這個已設定的存在，使它們成爲這樣一種自爲存在著的獨立東西，即並非僅僅**自在地**具有獨立性，而是透過其否定的他者關聯而具有獨立性；透過這個方式，它們的獨立性也被設定下來。但緊接著，它們又透過這個設定活動而使自己成爲一個已設定的存在。**它們走向消滅**，因爲當它們把自己規定爲自身同一者時，卻把自己規定爲否定者，規定爲一個與他者相關聯的自身同一者。

然而仔細看來，這個排斥性反映並非僅僅是一個形式上的規

定。它是**自在**存在著的獨立性，同時揚棄了這個已設定的存在，並且只有透過這個揚棄，才成為一個自為存在著的，事實上獨立的統一體。誠然，即使揚棄異在或已設定的存在，也仍然面臨著已設定的存在，即一個他者的否定者，但實際上，這個否定不再是最初的直接的他者關聯，因為它雖然是一個已設定的存在，但已經不再是被揚棄的直接性，而是被揚棄的已設定的存在。當獨立性的排斥性反映進行排斥，就使自己成為已設定的存在，同時又揚棄了它的已設定的存在。它是一個進行揚棄的自身關聯，在這個過程中**首先**揚棄了否定者，**然後把自己設定為否定者**，而這個否定者恰恰是它所揚棄的那個否定者；在揚棄否定者時，它同時設定和揚棄了否定者。透過這個方式，**排斥性規定本身就成為自己的他者**，並且是這個他者的否定；所以，在揚棄這個已設定的存在之後，雖然還是面臨一個已設定的存在，但這已經不再是一個他者的否定者，而是一種自身融合，一個肯定的自身統一體。就此而言，獨立性是一個透過**自己固有的**否定而返回自身的統一體，因為它是透過否定**自己的**已設定的存在而返回自身。它是本質的統一體，因為它不是透過否定一個他者，而是透過否定它自己而達到自身同一。

3. 對立中的獨立性作為排斥性反映，使自己成為已設定的存在，同時將其揚棄，不再是已設定的存在；從這個肯定的方面來看，對立不僅**消滅了**，而且已經**返回到自己的根據中**[2]。──獨立的對立的排斥性反映使對立僅僅成為一個否定者或一個已設定的存在，並藉此把它的原本獨立的**規定**（肯定者和否定者）降格為**單純的規定**，而在這種情況下，當已設定的存在成為已設定的存在，就

[68]

---

[2] 德語的「消滅」（zugrunde gehen）在字面上的意思是「走向根據」。── 譯者注

完全返回到它的自身統一體之內；它是**單純的本質**，但卻是作為**根據**的本質。透過揚棄本質的這些自相矛盾的規定，本質得以重建，
[69] 但仍然被規定為一個排斥性反映，——這個單純的統一體把自己規定為否定者，同時在這個已設定的存在中直接與自身等同，與自身融合。

　　也就是說，獨立的對立首先透過自己的矛盾而**返回**到根據中；這個對立是最初的、直接的、作為開端的東西，與此相反，已揚棄的對立或已揚棄的已設定的存在本身是一個已設定的存在。因此，**本質作為根據乃是一個已設定的存在，一個轉變而成的東西**。但反過來，這裡所設定的情況僅僅是，對立或已設定的存在只有作為已設定的存在才是一個已揚棄的東西。本質作為根據乃是一個排斥性反映，也就是說，它使自己成為一個已設定的存在，至於此前那個被當作開端和直接東西的對立，則是本質的單純已設定的、已規定的獨立性，而且對立僅僅是一個在其自身就揚棄自己的東西，反之本質卻是在其規定性中反映回自身之內。本質作為根據，把**自己**從自己那裡排斥出去，它設定**自己**；它的已設定的存在——即被排斥出去的東西——僅僅是已設定的存在，即否定者的自身同一性。這個獨立的東西是否定者，**被設定**為否定者；這是一個自相矛盾的東西，因此直接保留在本質中，把本質當作自己的根據。

　　已瓦解的矛盾是根據，而當它作為肯定者和否定者的統一體，則是本質。在對立中，規定發展為獨立性；但根據就是這個已完成的獨立性；否定者在其中是一個獨立的本質，但畢竟是否定者；在這種情況下，它作為一個在否定性中保持自身同一的東西，同樣是一個肯定者。因此在根據中，對立及其矛盾既是已經被揚棄的，也保留下來。根據作為本質乃是一種肯定的自身同一性，但這種同一性同時把自己當作否定性而與之相關聯，隨之把自己規定為一個

被排斥出去的已設定的存在；但這個已設定的存在是整個獨立的本
質，而本質作為根據，是一個在它的這種否定中保持自身同一的肯　　[70]
定者。也就是說，自相矛盾的、獨立的對立原本就已經是根據，只
不過後來才獲得「自身統一體」這一規定；這個規定之所以出現，
是因為獨立的對立雙方分別揚棄自己，把自己當作自己的他者，隨
之在走向毀滅（返回根據）的同時，與自身融合，因此確切地說，
只有在它們的過渡中（亦即在它們的已設定的存在或否定中），才
有一個反映回自身之內的、自身同一的本質。

注釋一

　　肯定者與否定者是同一個東西。這個表述屬於**外在的反映**，因為
它在這兩個規定之間進行**比較**。但無論是在這兩個規定之間，還是
在別的範疇之間，都不應當進行外在的比較，毋寧說，我們必須就
它們本身進行考察，亦即去考察它們自己固有的反映是什麼。這個
反映已經揭示出，每一方在本質上都是它自己在他者中的映像，並
且每一方都把自己設定為他者。

　　即使人們只是想像著肯定者和否定者，不去考察它們自在且自
為的樣子，也能夠透過比較而發現，這些區分開的，通常被認為誓
不兩立的東西是站不住腳的。反映式思維只需要一點點經驗就已經
注意到，當某東西被規定為肯定的，以此為根基繼續前進，同一個
東西眨眼之間直接翻轉為否定者，反之否定者則是翻轉為肯定者；
正因如此，反映式思維在這些規定裡變得紊亂不堪，自相矛盾。
只要不了解這些規定的本性，就會以為這個混亂是某種沒道理的、
不應當出現的東西，隨之將其歸咎於一個主觀的錯誤。實際上，即　　[71]
使人們沒有意識到轉換的必然性，這個過渡也仍然是一個單純的紊

亂。—— 就連外在的反映透過一個簡單的考察也發現，首先，肯定者不是一個直接的同一者，毋寧說，一方面看來，它是否定者的對立面，而且只有在這個關聯中才有意義，因此**它的概念**本身就包含著否定者，另一方面看來，肯定者在其自身就是一個與自身相關聯的否定（其否定的是單純的已設定的存在或否定者），因此在自身之內就是一個**絕對的否定**。—— 同理，那個與肯定者相對立的否定者也只有在與它的這個他者相關聯時才有意義，因此**它的概念**包含著肯定者。但否定者在與肯定者無關的情況下也具有一個**自足的持存**；它是自身同一的；就此而言，否定者本身就是肯定者本來應當所是的那個東西。

　　人們通常認爲，肯定者和否定者的對立意味著，前者（其在字面上已經指「**已定位的存在**」[3]或「**已設定的存在**」）應當成爲一個客觀的東西，反之後者應當成爲一個主觀的東西，這個東西僅僅屬於一個外在的反映，與自在且自爲地存在著的客觀東西毫無關係，對它來說根本不存在。實際上，假若否定者無非意味著一個抽象的主觀任性或一個進行規定的外在比較，那麼它對於客觀的肯定者來說當然不存在，也就是說，肯定者並非在其自身就與這樣一個空洞的抽象東西相關聯；但這樣一來，「它是肯定者」這一規定對它來說就同樣是外在的。—— 這裡不妨從這些反映規定的固定對立中舉一個例子：一般而言，**光**被看作是純粹的肯定者，**黑暗**則被看作是純粹的否定者。但光作爲一個無限擴張的東西，作爲一種帶來啓示和生命的力量，其在本性上是一種絕對的否定性。反之，黑暗作爲非雜多的東西或一個未在自身內進行區分的子宮，是單純的自身同一者，即一個肯定者。只有當黑暗作爲光的完全缺失，對光

[72]

---

③ 德語的 Position 既有「肯定」的意思，也有「位置」的意思。—— 譯者注

來說根本不存在，只有在這個意義上，它才是否定者，—— 也就是說，由於光在與黑暗相關聯時不是與一個他者相關聯，而是純粹與自身相關聯，所以黑暗只能在光面前消失。但眾所周知，光是透過黑暗而變得陰沉，成為灰色；除了這個單純的量的變化之外，光也經歷了質的變化，即透過其與黑暗的關聯而被規定為顏色。——同理，**美德**離不開爭鬥，毋寧說，它是最高的，已完成的爭鬥；就此而言，它不但是肯定者，而且是絕對的否定性；它也不是僅僅透過與惡習的**比較**才成為美德，毋寧說，它在其自身就是對立和抗爭。反過來，**惡習**也並非僅僅是美德的**欠缺** —— 天真無邪也算這種欠缺 ——，並非僅僅對於一個外在反映而言才與美德區分開，毋寧說，它在其自身就是美德的對面，就是**惡**。惡在於依據自身而與善相對抗；它是一種肯定的否定性。天真無辜作為善和惡的欠缺，與這兩個規定都是漠不相關的，既不是肯定的，也不是否定的。但與此同時，這個欠缺也可以說是一個規定性，它一方面被看作是某東西的肯定的本性，另一方面與一個對立面相關聯，把全部自然存在者都逐出它們的天真無辜，使之脫離其漠不相關的自身同一性，透過自身而與它的他者相關聯，隨之走向消滅，或在肯定的意義上說，返回它們的根據。—— **真理**作為一種與客體相符合的知識，也是肯定者，但它僅僅是這個自身等同，因為知識以否定的態度對待他者，貫穿客體，將其當作一種否定而加以揚棄。**謬誤**作為一種並未觸及自在且自為的存在者的意謂，是肯定者，因為它對自己瞭若指掌，而且立場堅定。反之，無知要麼是一種與真理和謬誤漠不相關的東西（這時它既不是肯定的，也不是否定的，因此這個規定屬於外在的反映），要麼是一個客觀的東西，即自然存在者本身固有的規定，而在後面這種情況下，它是一個指向自身的衝動，一個在自身內包含著肯定方向的否定者。—— 最重要的認識之一，就是要

[73]

洞察並掌握以上所考察的反映規定的這個本性，也就是說，它們的真理僅僅立足於它們的相互關聯，換言之，每一方在其概念中本身就包含著另一方；假若沒有這個認識，人們在哲學裡面眞的是寸步難行。

注釋二

「相互對立」這一規定同樣已經被改造爲一個命題，即所謂的**排中命題**（排中律）。

某東西要麼是 A，要麼是非 A：沒有第三者。

首先，這個命題意味著，一切東西都是一個**對立面**，要麼是一個肯定的**已規定的東西**，要麼是一個否定的**已規定的東西**。──這個重要的命題之所以是必然的，是因爲同一性過渡到差異性，而差異性又過渡到相互對立。但人們並不是在這個意義上理解它，而是通常這樣來理解，即在一切述詞裡，只能要麼是這一個述詞，要麼是這一個述詞的非存在，歸屬於某一事物。對立面在這裡意味著單純的欠缺，或更確切地說，意味著**無規定性**；這個命題是如此之無關緊要，根本不值一提。如果人們用「甜」、「綠」、「四角」等規定──而且這裡可以用全部述詞──來敘述精神，指出它要麼是甜的，要麼不是甜的，要麼是綠的，要麼不是綠的，如此等等，那麼這根本就是一種無所謂的廢話。規定性或述詞與某東西相關聯；當命題進行敘述，某東西就得到規定；命題在本質上應當包含著一點，即規定性必須進一步規定自身，使自己成爲**自在的**規定性，成爲相互對立。如若不然，在那種無聊的意義上，命題就僅僅從規定性過渡到規定性的一般意義上的非存在，返回到無規定性。

其次，排中命題和之前考察過的同一性命題或矛盾命題的區別

[74]

在於，矛盾命題主張：**不存在什麼同時是 A 和非 A 的東西**，而排中
命題則是主張：**不存在什麼既不是 A 也不是非 A 的東西**，不存在與對
立漠不相關的第三者。但實際上，後面這個命題自身之內就**存在著**
與對立漠不相關的第三者，即其中的 A 本身。這個 A 既不是 +A 也
不是 –A，同樣既是 +A 也是 –A。 —— 如果某東西要麼是+A，要
麼是非 A，那麼它和+A 和非 A 都是相關聯的；反過來，當它與 A
相關聯時，就**不應當**與非 A 相關聯，而當它與非 A 相關聯時，則
不應當與 A 相關聯。因此，某東西本身就是那個應當被排除的第三
者。由於相互對立的規定在某東西裡既是被設定的，也在這個設定
中遭到揚棄，所以第三者（它在這裡的形態是一個僵死的某東西）
在更深的層次上指反映的統一體，即相互對立返回到其中的根據。

注釋三

　　現在，如果「同一性」、「差異性」和「相互對立」等最初的
反映規定已經在一個命題中建立起來，那麼**矛盾**作為它們的歸宿和
真理，就更應當用這樣一個命題來把握和表述：「一切事物自在地
就是自相矛盾的。」也就是說，這個命題比其餘的命題更準確地表
述出了事物的真理和本質。 —— 矛盾出現在相互對立中，僅僅是已
展開的無，這個無包含在同一性裡面，曾經透過「同一性命題**沒有**
說出任何東西」這一表述而體現出來。這個否定接下來把自己規定
為差異性和相互對立，而這現在是一個已設定的矛盾。　　　　　[75]

　　迄今的邏輯和通常觀念的基本成見之一，就是以為矛盾不像同
一性那樣，是一個本質性的、內在的規定；假若要在這兩個規定之
間分個高下，堅持認為它們是分離的東西，那麼我們必須承認矛盾
是更深層次的、更本質性的。因為那個與之對立的同一性僅僅是單

純的直接東西或僵死的存在的一個規定，反之矛盾卻是全部運動和
生命的根源；只有當某東西在自身內包含著矛盾，它才推動自己，
才具有衝動和活動。

　　通常的情況下，人們一方面把矛盾從一般意義上的事物、存在
者和真相身上清除出去，主張**不存在矛盾的東西**，另一方面把矛盾
歸咎於主觀的反映，認為它是透過後者的關聯和比較而被設定的。
還有一些人認為，主觀的反映裡同樣沒有矛盾，因為**矛盾的東西**既
不可能**被想像**，也不可能**被思考**。總之，無論在現實東西裡還是在
思維反映裡，矛盾都被看作是偶然的，彷彿是一個例外狀態或一種
暫時的疾病發作。

　　對於「矛盾**不存在**」或「矛盾不是現實的」之類主張或保證，
我們不需要去關心；本質的絕對規定必須出現在全部經驗裡，出現
在全部現實的東西以及每一個概念裡。此前談到作為**無限者**的矛盾
在存在的層面裡的表現時，我們已經作出了同樣的提醒。但普通經
驗本身就表明，至少**存在著一定數量的**矛盾事物和矛盾結構，它們
[76] 的矛盾不是僅僅位於一個外在的反映中，而是位於它們自身之內。
此外，矛盾也不應當被看作是一個僅僅出現在這裡或那裡的例外狀
態，毋寧說，矛盾是一個具有本質規定的否定者，是全部自主運動
的本原，而自主運動無非是立足於矛盾的呈現。外在的感性運動本
身就是矛盾的直接定在。某東西之所以推動自身，不是因為它於這
一個「這時」在這裡，於另一個「這時」在那裡，而是僅僅因為它
於同一個「這時」既在這裡又不在這裡，或在同一個「這裡」既存
在，同時又不存在。我們必須承認古代辯證法家揭示出的運動中的
各種矛盾，但不能由此得出「運動不存在」的結論，毋寧說，運動
是**定在著**的矛盾本身。

　　同樣，內在的、真正意義上的自主運動，即一般意義上的**衝**

動（Trieb）——單子的欲望或張力，絕對單純的本質的隱德萊希——無非意味著從同一個角度來看，某東西**在其自身之內既是它自己**，也是一個欠缺，即**它自己的否定者**。抽象的自身同一性尚且不是生命，毋寧說，自在地看來，肯定者本身就是否定性，從而來到自身之外，把自己設定在變化中。因此，只有當某東西在自身內包含著矛盾，並且成為一種在自身內把握和容忍矛盾的力量，它才是有生命的。反之，如果一個實存者不能在其肯定規定中同時統攝它的否定規定，不能在一方中堅持另一方，不能在自身之內具有矛盾，它就不是活生生的統一體本身，不是根據，而是在矛盾中走向消滅。——**思辨的思維**僅僅在於，思維堅持矛盾並在矛盾中堅持自身，而不是和表象活動一樣受矛盾支配，隨之其各種規定透過矛盾而僅僅瓦解為另一些規定或無。

在運動、衝動之類東西裡，矛盾對表象活動而言是掩蓋在這些規定的**單純性**之下，反之在**對比關係規定**裡，矛盾直接呈現出來。最常見的那些例子——上和下、右和左、父親和兒子，如此以至無限——全都包含著同一個東西裡的對立。上**是**那**不是**下的東西；上只有在被規定為**不是**下的時候才**是**上，而且只有當某東西是下，上在這種**情況**下才是上，反之亦然；同一個規定包含著自己的反面。父親是兒子的他者，兒子也是父親的他者，每一方都僅僅是對方的這個他者；與此同時，這一規定僅僅存在於與另一規定的關聯中；它們的存在是**同一個**持存。父親在與兒子無關的情況下，本身也是某東西；但這樣他就不是父親，而是一個一般意義上的男人；同理，上和下、右和左在反映回自身之內並且彼此無關的情況下，也是某東西，但這時它們僅僅是一般意義上的地點。——當對立雙方在同一個角度下以否定的方式彼此關聯或**相互揚棄**，彼此**漠不相關**，這時它們就包含著矛盾。當表象過渡到這些規定的**漠不相關**

[77]

性這一環節，就忘記了它們的否定統一體，隨之把它們僅僅當作一般意義上的有差異的東西而保留下來，而在這個規定中，右不再是右，左不再是左，如此等等。但由於表象實際上又注意到右和左〔的差異〕，就認為這些規定是相互否定的，其中一方在另一方中，但與此同時，它們在這個統一體中並不相互否定，而是每一方都漠不相關地自為存在著。

　　所以，表象活動雖然任何時候都把矛盾當作自己的內容，卻沒有意識到矛盾；表現活動始終是一個外在的反映，它從等同過渡到不同，或從否定的關聯過渡到區分出的東西的反映回自身之內的存在。這個外在的反映堅持認為上述兩個規定是外在地相互對立的，而且它**僅僅注意到它們**，卻沒有注意到**過渡**，不知道後者才是本質性東西，並且在自身內包含著矛盾。── 這裡不妨指出，**機智的**反映反而理解並且說出了矛盾。誠然，這種反映沒有表達出事物的**概念**及其關係，並且僅僅把表象規定當作自己的材料和內容，但它畢竟把它們置於一個關聯之中，這個關聯包含著表象規定的矛盾，並透過矛盾而讓**它們的概念映現出來**。── 但真正說來，是**思維著的**理性把有差異的東西的模糊區別（即表象的單純雜多性）變得尖銳起來，成為**本質性的**區別，成為**對立**。雜多東西只有被推到矛盾的頂端之後，才對彼此而言是活潑生動的，才會在矛盾中獲得否定性，而這種否定性乃是自主運動和生命力的內在脈搏。

　　關於**上帝存在**的**本體論論證**，我們已經指出，其依據的是「**全部實在性的總括**」這一規定。就這個規定而言，人們通常總是首先表明它是**可能的**，因為它不包含**矛盾**，而實在性僅僅被看作是沒有限制的實在性。我們曾經指出，在這種情況下，那個總括就成了一個單純的未規定的存在，或者說，如果實在性在事實上被理解為諸多已規定的東西，那麼總括就成了全部否定的總括。如果再仔細

[78]

考察實在性的區別，那麼區別就從差異性轉變為對立，隨之轉變為矛盾，而「全部實在性的總括」則是轉變為一個絕對的自身矛盾。正如自然界害怕虛空，通常說來，表象式的、非思辨的思維也**害怕**矛盾，從而拋棄了上述結論；換言之，它總是駐足於一種片面的考察，只看到矛盾**瓦解為無**，卻沒有看到矛盾的肯定方面，而從這個方面來看，矛盾已經轉變為**絕對活動**和絕對根據。

　　一般而言，人們在考察矛盾的本性時已經發現，即使一件事情 [79] 身上的矛盾被揭示出來，這本身還不能說是事情的損失、欠缺或過錯。毋寧說，每一個規定，每一個具體東西，每一個概念，在本質上都是可區分的和不可區分的環節的一個統一體，這些環節透過**已規定的、本質性的區別**而轉變為相互矛盾的環節。這個矛盾絕不會瓦解，而是返回到自己的否定統一體之內。現在，物、主體、概念恰恰就是這個否定的統一體本身；這是一個自在的矛盾，但同樣是一個**已瓦解的矛盾**；它是**根據**，包含並承載著自己的各種規定。物、主體或概念在自己的層面裡反映回自身之內，從而是其自己的已瓦解的矛盾，但它們的整個層面也重新成為一個**已規定的、有差異的層面**；因此這是一個有限的層面，而有限的層面就叫做**矛盾的層面**。它本身並不是這個更高的矛盾的瓦解，而是把一個更高的層面當作它的否定統一體，當作它的根據。因此一般而言，那些漠不相關的、雜多的有限事物自在地就是一個矛盾，即**在自身之內碎裂並返回到它們的根據之內**。── 將來的考察還會表明，從有限的偶然東西到絕對必然的本質的真正推論不在於把前者當作**一個位於根基處且始終位於根基處的存在**，而是在於，不管那個直接的**偶然東西**是什麼，都僅僅把它當作一個正在崩潰的、**自在地自相矛盾的存在**，由此出發推到一個絕對必然的東西，或更確切地說，偶然的存在自在地就返回到自己的根據之內，在其中揚棄自身，── 除此之外，

它只有把自己改造爲一個已設定的東西，才透過這種返回而設定根據。在通常的推論裡，有限者的**存在**都是顯現爲絕對者的根據；正因爲有限者**存在著**，所以絕對者才存在著。但眞理卻是，正因爲有限者是一個自在地自相矛盾的對立，正因爲它**不存在著**，所以絕對者才存在著。在前一種意義上，推論命題是這樣表述的：「有限者的**存在**是絕對者的存在。」而在後一種意義上，它是這樣表述的：「有限者的**非存在**是絕對者的**存在**。」

[80]

第三章　根據

本質把自己規定為根據（Grund）。

正如**無**首先和**存在**處於一個單純的、直接的統一體中，同樣在這裡，本質的單純同一性也是首先和它的絕對否定性處於一個直接的統一體中。本質僅僅是它的這個否定性，而這個否定性是純粹的反映。本質只有作為存在的自身回歸才是這個純粹的否定性；就此而言，它只是**自在地**或對我們而言**被規定為**根據，即存在瓦解的地方。但這個規定性不是**由本質自身**所設定的；換言之，正因為本質不曾親自設定它自己的這個規定性，所以它不是根據。然而本質的反映恰恰在於把自己**設定和規定為**其**自在地**所是的東西，即把自己設定和規定為一個否定者。肯定者和否定者構成了本質性規定，而本質則是把這個規定當作對它的否定，迷失在其中。這些獨立的反映規定揚棄自身，只有那個消滅的（已經走向根據的）規定才是本質的真實規定。

所以，**根據**本身是本質的**諸多反映規定之一**，但這是最後的規定，或更確切地說，這個規定僅僅是一個已揚棄的規定。當反映規定消滅或走向根據，就獲得了自己的真實意義，即成為一個絕對的、內在的自身排斥，也就是說，本質所獲得的已設定的存在僅僅是一個遭到揚棄的已設定的存在，反過來，只有那個揚棄自身的已設定的存在才是本質的已設定的存在。本質在把自己規定為根據時，也把自己規定為一個未規定的東西，而它的規定活動僅僅在於揚棄它的已規定的存在。——在這個已規定的存在或這個自己揚棄自己的存在中，本質不是來自於他者，而是一個在它的否定性中達 [81]

到自身同一的本質。

　　如果把規定當作最初的直接東西，由此出發走向根據（透過那個自行毀滅或走向根據的規定本身的本性），那麼根據首先是由那個最初的東西所規定的。但一方面，這個規定活動，作為規定活動的揚棄，僅僅是本質的重建的、經過淨化的或啓示出來的同一性（這是**自在的**反映規定）；——另一方面，這個否定運動作為規定活動，僅僅設定了那個反映規定性，後者曾經顯現為直接的反映規定性，但僅僅是由根據的自身排斥的反映所設定的，從而只是被設定為一個已設定的或已揚棄的東西。——就此而言，當本質把自己規定為根據，只不過是來到自身之外。因此它是作為**根據**而把自己**設定為本質**，而且它的規定活動就在於把自己設定為本質。換言之，設定是本質的反映，而反映在其**規定活動**中**揚棄**自身，從那個方面來看是**設定**，從這個方面來看是**本質的設定**，因此二者位於同一個行動中。

　　反映是一般意義上的**純粹中介活動**，而根據是本質的**實在的自身中介活動**。前者是無經過無而返回自身的一個運動，是在一個**他者**裡的**自身**映現；但這個反映裡的對立仍然不具有獨立性，正因如此，那個最初的東西（映現者）還不是一個肯定者，它在其中映現的**他者**也還不是一個否定者。二者都是基體（Substrate），真正說來僅僅是想像力的產物；它們尚且不是一些與自身相關聯的東西。純粹中介活動僅僅是**純粹關聯**，沒有相關聯者。進行規定的反映雖然設定了一些自身同一的關聯，但與此同時，它們僅僅是一些**已規定的關聯**。反之根據卻是一個實在的中介活動，因為它所包含的反映是已揚棄的反映；根據是一個**透過其非存在而返回自身並設定自身**的本質。從「已揚棄的反映」這一環節來看，已設定的東西包含著**直接性**的規定，而直接性是一個位於關聯之外（或者說位於其映

[82]

像之外）的自身同一者。這個直接東西是透過本質而得以重建的**存在**，即反映的非存在，而本質卻是透過它而達到自身中介。本質作為否定者返回到自身之內；於是它的自身回歸包含著一個規定性，正因如此，這個規定性是一個自身同一的否定者，是一個遭到揚棄的已設定的存在，隨之既是一個**存在著的東西**，也是本質的自身同一性，即根據。

第一，根據是**絕對的根據**，本質在這裡首先是根據關聯（Grundbeziehung）的一般意義上的**根基**（Grundlage）；確切地說，根據把自己規定為**形式**和**質料**，並且賦予自己以一個**內容**。

第二，它是**已規定的根據**，即一個已規定的內容的根據；由於根據關聯在得以實現時總是來到自身之外，所以過渡到**作條件的**（bedingende）中介活動。

第三，根據預先設定了條件；但條件同樣預先設定了根據；無條件者是它們的統一體，是**自在的事情**，它透過作條件的關聯的中介活動而過渡到實存。

注釋

根據和其他反映規定一樣，可以用這樣一個命題表述出來：「一切東西都有自己的充足根據。」——通常而言，這個命題的意思無非是說：**存在著的東西**不應當被看作是**存在著的直接東西**，而是必須被看作是**已設定的東西**；它不應當止步於直接的定在或一般意義上的規定性，而是應當從這裡返回到自己的根據之內，而在這個反映裡，它作為已揚棄的東西，獲得其自在且自為的存在。因此在根據命題（根據律）裡，自身內反映的本質性是作為單純存在的反面而被陳述出來。——至於說根據是「**充足的**」，其實是一個完 [83]

全多餘的補充，因為這是不言而喻的事情；假若某東西的根據是不充足的，那麼它根本就沒有根據，但一切東西都應當有一個根據。只有萊布尼茲才對充足理由原則無比重視，甚至把它當作他的整個哲學的原理，但這樣一來，他就突破了人們的常規做法，把這個原則與一個更深刻的意義和一個更重要的概念連繫在一起，因為人們通常僅僅拘泥於命題的直接表述；誠然，這個命題指出，一般意義上的、直接的存在是非真實的東西，在本質上已設定的東西，反之根據才是真正的直接東西；單是在這個意義上，已經可以說這個命題是非常重要的。但萊布尼茲的關鍵做法，卻是把根據的**充足性**與嚴格意義上的因果性（即機械的作用方式）對立起來。因為一般而言，因果性是一個外在的，就其內容而言被限制在**某一個**規定性之上的活動，所以那些透過它而被設定的規定就以**外在的**、**偶然的**方式進入到一個**連繫**中；這些局部規定可以透過它們的原因而得到理解把握；但它們的**關聯**雖然構成了一個實存的本質性東西，卻沒有包含在機械性的原因之內。這個關聯，這個作為本質性統一體的整體，僅僅位於**概念**或**目的**之內。對這個統一體而言，機械原因是不充足的，因為它們不是立足於作為規定統一體的目的。由此看來，萊布尼茲所理解的「充足根據」是這樣一個東西，它對這個統一體而言也是充足的，因此在自身內不僅包攬了單純的原因，而且包攬了**目的因**。然而根據的這一規定不屬於這裡的討論範圍，因為**目的論**根據專屬於**概念**以及一個貫穿概念的中介活動，而這個活動就是理性。

A 絕對的根據 [84]

a 形式和本質

　　當反映規定返回到根據之內，就是一般意義上的最初的、直接的定在，就是一個開端。但定在僅僅意味著已設定的存在，並且在本質上**預先設定了**一個根據，—— 但實際上，定在並沒有**設定**根據，毋寧說，這個設定是它的自身揚棄，唯其如此，直接的東西才是已設定的東西，而根據卻是未設定的東西。很顯然，這種預先設定是一種反彈到設定者身上的設定；根據作爲一個遭到揚棄的已規定的存在，不是未規定的東西，而是一個受自己規定的本質，但這個本質卻是**未規定的**，或者說僅僅**被規定為**一個遭到揚棄的已設定的存在。**根據是一個在其否定性中達到自身同一的本質。**

　　就此而言，本質的**規定性**作爲根據，成爲一個雙重的規定性，即「**根據**」和「**有根據的東西**」。**首先**，它是根據，**被規定為本質或未設定的存在**，與已設定的存在相對立。**其次**，它是有根據的東西，一個並非自在且自爲地存在著的直接東西，或者說是嚴格意義上的已設定的存在。後者同樣是自身同一的，但這是否定者的自身同一性。現在，自身同一的否定者和自身同一的肯定者是**同一個同一性**。因爲根據是肯定者的自身同一性，或者說其本身也是已設定的存在的自身同一性；有根據的東西是嚴格意義上的已設定的存在，但它的這個自身內反映是根據的同一性。—— 也就是說，這個單純的同一性本身不是根據，因爲根據是**已設定的**本質，同時作爲未設定的東西，**與已設定的存在相對立**。單純的同一性作爲這個已規定的同一性（即根據的同一性）和否定的同一性（即有根據的東西的同一性）的統一體，是**一般意義上的本質**，同時區別於本質的**中介活動**。

[85]　　　　如果我們拿這個中介活動和它的來源（即那些先行的反映）進行比較，那麼它**起初**並不是純粹的反映，因爲後者與本質沒有區分開，只是一個否定者，隨之本身尚未具有規定的獨立性。但在根據（作爲已揚棄的反映）裡，這些規定具有一種持存。　——　它也不是一個進行規定的反映，因爲後者的規定具有本質上的獨立性；換言之，進行規定的反映在根據裡已經消滅，而在根據的統一體裡，那些規定僅僅是已設定的規定。　——　所以，根據的這個中介活動是純粹的反映和進行規定的反映的統一體；它們的規定或已設定的東西具有一種持存，反過來，規定的持存本身又是一個已設定的東西。正因爲它們的這種持存本身是一個已設定的東西或具有規定性，所以它們區別於它們的單純的同一性，並構成與本質**相對立的形式**。

　　本質**具有**一個形式以及形式的各種規定。只有作爲根據，它才具有一種堅實的直接性，或者說才是一個**基體**。嚴格意義上的本質與它的反映是合爲一體的，並且與這個反映的運動本身沒有區別。所以，本質既未貫穿運動，也不是運動的最初開端。這個局面使得一般意義上的反映很難呈現出來，即人們根本不能說**本質**返回到自身之內，也不能說**本質**在自身內映現，因爲本質不是**先於**它的運動或**處於**它的運動**中**，而運動也不具有一個可以依託的根基。只有在根據裡，緊接著「已揚棄的反映」這一環節，才會出現一個與此相關聯的東西。但本質作爲被關聯在一起的基體，乃是已規定的本質；由於這個已設定的存在的緣故，本質在本質上本身就具有一個形式。　——　與此相反，如今的形式規定是一些**依附於本質**的規定；**本質作爲它們的根據**，是無規定的東西，一個在其規定中與它們漠不相關的東西；它們在本質那裡具有它們的自身內反映。諸反映規

[86]　定本身就應當是一種持存的獨立東西；但它們的獨立性就是它們的瓦解；就此而言，它們是在一個他者那裡具有它們的獨立性；與此

同時，這個瓦解本身就是它們的自身同一性，是持存的根據，而這個根據是它們自己給予自己的。

　　一般而言，全部**已規定的東西**都屬於形式，都是一個形式規定，因為它是一個已設定的東西，隨之區別於**另一個東西**（它是這個東西的形式）；規定性作為**質**，與它的基體（即存在）是合為一體的；存在是直接地已規定的東西，一個與它的規定性尚未區分開的東西——或者說一個在規定性裡尚未反映回自身之內的東西，正如規定性是一個存在著的規定性，尚且不是一個已設定的規定性。——進而言之，本質的形式規定作為反映規定性，按照其更具體的規定性而言，就是剛才考察過的反映的兩個環節，即**同一性**和**區別**，——後者有時候表現為差異性，有時候表現為**對立**。再者，**根據關聯**也屬於形式，因為根據關聯雖然是一個已揚棄的反映規定，但恰恰因此成為本質，同時是一個已設定的東西。與此相反，根據在自身內具有的那種同一性並不屬於形式，也就是說，「已揚棄的已設定的存在」和「嚴格意義上的已設定的存在」——**根據**和**有根據的東西**——是**同一個**反映。這個反映構成了本質，使之成為**單純的根基**，成為形式的**持存**。關鍵在於，這個持存是在根據裡面**被設定的**；換言之，這個本質本身在本質上是一個已規定的本質；於是它又成為根據關聯和形式的一個環節。——這是形式和本質的絕對的交互關聯，也就是說，本質是根據和有根據的東西的單純統一體，同時其本身又是一個已規定的東西或一個否定者，再者，它作為根基區別於形式，同時本身又成為形式的根據和環節。

　　所以，形式是反映的已完成的整體；形式也包含著反映的一個規定，亦即是一個已揚棄的形式；就此而言，形式既是它的規定活動的統一體，也**與它的已揚棄的存在或一個他者相關聯**，這個 [87] 他者本身不是形式，毋寧說，只有當**依附於他者**，形式才是形式。

形式作為一個**本質性的**、自身關聯的否定性，與這個單純的否定者相對立，因此它是**設定者**和**規定者**；反之單純的本質卻是一個未規定的、**不活動的**根基，只有在它那裡，諸形式規定才具有持存或自身內反映。—— 外在的反映通常都是止步於本質和形式的這個區分；這個區分是必然的，但區分活動本身就是它們的統一體，正如這個根據統一體是這樣一個本質，它自己排斥自己，使自己成為已設定的存在。形式是絕對的否定性本身，或者說是一個否定的、絕對的自身同一性，正因如此，本質不是存在，而是本質。抽象地看，這個同一性就是與形式相對立的本質，正如抽象地看，否定性是已設定的存在，是個別的形式規定。但很顯然，真正的規定是一個整全的，與自身相關聯的否定性，後者作為同一性，本身就是一個單純的本質。所以，形式是基於它自己的同一性而成為本質，正如本質是基於它自己的否定本性而成為絕對的形式。就此而言，人們不應當提出「**形式如何添附到本質身上？**」之類問題，因為形式僅僅是本質的自身內映現，是本質固有的內在於自身的反映。同理，形式本身就是一個正在返回自身的反映或一個同一性本質；在它的規定活動中，形式使規定成為嚴格意義上的已設定的存在。—— 也就是說，所謂形式規定著本質，不是指形式彷彿真的是一個預先設定的，與本質分離的東西，否則形式就成了一個非本質性的、不斷消滅的（走向根據的）反映規定；毋寧說，形式本身就是它的揚棄活動的根據，或者說是它的各種規定的同一性關聯。因此，所謂形式規定著本質，其真正的意思是，形式在進行區分時揚棄了這個區分，成為自身同一性，而這個自身同一性作為規定的持存，就是本質；它是一個矛盾，即一方面在其已設定的存在中被揚棄，另一方面透過這個已揚棄的存在而具有持存，—— 而這就是根據，即一個在其已規定的或已否定的存在中達到自身同一的本質。

[88]

簡言之，這兩個區分開的東西，形式和本質，僅僅是單純的形式關聯本身的**環節**。但它們還需要得到進一步的考察和規定。進行規定的形式把自己當作已揚棄的已設定的存在而與之相關聯，因此，當它與自己的同一性相關聯時，就是與一個他者相關聯。它把自己設定為已揚棄的東西；這意味著，它**預先**設定了自己的同一性；從這個環節來看，本質是無規定的東西，而形式是它的一個他者。在這種情況下，本質不再是那樣一個本質（其本身就是一個絕對的反映），而是**被規定為**一個無形式的同一性；它是**質料**。

b 形式與質料

1. 當本質的反映自己規定自己，把本質當作一個無形式和無規定的東西來對待，本質就成為質料。因此質料是一個單純的、未區分的同一性，其作為本質，註定是形式的他者。就此而言，質料是形式的真正意義上的**根基**或基體，因為它構成了諸形式規定的自身內反映，或者說構成了一個獨立的東西，而形式規定則是把這個東西當作它們的肯定持存而與之相關聯。

如果抽離某一個東西的全部規定和全部形式，就只剩下無規定的質料。質料是一個**絕對抽象的東西**（人們看不見、摸不著質料；人們看見和摸著的，是一個**已規定的質料**，即質料和形式的一個統一體）。質料來自於抽象，但這個抽象僅僅是一種**外在的**知覺活動，並且是對於形式的揚棄，而正如我們看到的，形式是透過它自己而還原到這個單純的同一性。

再者，形式**預先設定**了一個質料，並與之相關聯。但正因如 [89] 此，二者不是以外在的和偶然的方式**相遇**；質料和形式都不是出自於自身，換言之，二者都不是**永恆的**。質料是一種與形式漠不相關的東西，但這個漠不相關性是自身同一性的**規定性**，而形式恰恰是

把這個規定性當作自己的根基而返回到其中。形式預先**設定**了質料，而這恰恰是因為，它把自己設定為已揚棄的東西，從而把它的這個同一性當作一個他者而與之相關聯。反過來，形式是由質料所預先設定的，因為質料作為一個單純的本質，並非本身直接地就是一個絕對的反映，而是被規定為一個肯定者，也就是說，質料僅僅相當於一個已揚棄的否定。—— 但從另一方面來看，因為形式只有在揚棄自身時才把自己設定為質料，從而是**預先設定**了質料，所以質料也被規定為一種**無根據的**持存。同理，質料不是被規定為形式的根據，毋寧說，當質料把自己設定為已揚棄的形式規定的抽象同一性，它就不再是根據意義上的同一性，於是形式相對於它而言就是無根據的。因此從形式和質料的規定來看，二者都不是由對方所設定的，彼此都不是對方的根據。毋寧說，質料是根據和有根據的東西的同一性，是與這個形式關聯相對立的根基。漠不相關性是它們的共同規定，因此也是嚴格意義上的質料的規定，並且構成了二者的相互關聯。同理，形式的規定（即成為區分開的東西的關聯）也是二者的相互關係的另一個環節。—— 質料被規定為一種漠不相關的東西，是**被動者**，而與之對立的形式則是**主動者**。形式作為一個與自身相關聯的否定者，是一個內在的矛盾，一個自行瓦解的、自己排斥自己並規定自己的東西。它與質料相關聯，**被設定為**這樣一個東西，即把它的這個持存當作一個他者而與之相關聯。與此相反，質料被設定為一個僅僅與自身相關聯，與他者漠不相關的東西；但它**自在地**也與形式相關聯，因為它包含著已揚棄的否定性，且只有透過這個規定才是質料。質料之所以把形式當作一個**他者**而與之相關聯，原因僅僅在於，形式不是在質料那裡被設定的，形式僅僅**自在地**是形式。而質料之所以把形式封閉起來包含在自身之內，成為形式的絕對容器，原因僅僅在於，它在自身之內絕對地具

[90]

有形式，而這是它的自在存在著的規定。就此而言，**質料必須形式化，形式必須質料化**，以便在質料那裡賦予自身以一個自身同一性或持存。

2. 所以，形式規定著質料，質料是由形式所規定的。── 正因為形式本身是一個絕對的自身同一性，隨之在自身內包含著質料，同樣，正因為質料在其純粹抽象或絕對否定性中在自身之內就具有形式，所以形式對於質料的主動規定其實只不過是**揚棄**了它們的**漠不相關性**和區分性這一**映像**。就此而言，這個基於規定活動的關聯意味著，每一方透過自己固有的非存在而達到自身中介，──但這兩個中介活動是**同一個**運動，即重建它們的原初同一性，──讓它們的外化活動深入內核（Erinnerung）。

第一，形式和質料**預先設定了**彼此。正如我們看到的，這件事情意味著：**同一個**本質性統一體，作為一個否定的自身關聯，分裂為本質性同一性（作為一個漠不相關的根基）和本質性區別或否定性（作為進行規定的形式）。本質與形式作為形式和質料是相互對立的，而它們的統一體是一個**規定著**自身的**絕對根據**。當它把自己當作一個有差異的東西，關聯就透過那個位於差異性的根基處的同一性而成為相互的預先設定。

第二，形式作為獨立的東西始終是一個揚棄著自身的矛盾；但它是被設定為這樣一個矛盾，因為它是獨立的，同時在本質上與一個他者相關聯；── 於是它揚棄自身。但由於它本身是雙重性的，所以這個揚棄也具有雙重的方面：**首先**，形式揚棄了**自己的獨立性**，使自己成為一個**已設定的東西**，一個依附於他者的東西，而它的這個他者就是質料。**其次**，形式揚棄了它與質料相對立的規定性以及它與質料的關聯，隨之揚棄了它的**已設定的存在**，藉此賦予自身以一種**持存**。就形式揚棄了自己的已設定的存在而言，它的這 [91]

個反映是它自己固有的同一性，而它只不過是過渡到其中；但就它同時外化了這種同一性並將其當作質料而與之對立而言，已設定的存在的那個自身內反映就意味著與質料結合，於是形式在質料那裡獲得持存；也就是說，在這個結合裡，形式既把質料**當作一個他者**而與之融合——按照第一個方面，形式把自己當作一個已設定的東西——，也**與它自己固有的同一性**融合。

　　形式的活動規定著質料，而這個活動是立足於形式的一種自身否定。但反過來，形式也是對於質料的否定；關鍵在於，質料之受到規定同樣是形式自己的運動。這個運動獨立於質料，但它揚棄了它的這種獨立性；實際上，它的獨立性就是質料本身，因為它是在質料那裡具有自己的本質性同一性。因此，當形式把自己當作一個已設定的東西，也就把質料當作一個已規定的東西，這兩件事情是同一回事。——但從另一方面來看，形式自己固有的同一性同時也外化自身，而質料就是它的他者；就此而言，即使形式揚棄了自己固有的獨立性，質料也並未因此得到規定。關鍵在於，質料只有在與形式對立時才是獨立的；當否定者揚棄自身，肯定者也就揚棄自身。也就是說，一旦形式揚棄自身，質料的規定性也就消失了，因為質料只有在與形式相對立時才具有這個規定性，即成為一種無規定的持存。

　　進而言之，那顯現為**形式的活動**的東西，同樣是**質料自己固有的運動**。質料的**自在**存在著的規定或「應當」是它的絕對否定性。透過這個絕對否定性，質料不僅完全把形式當作一個他者而與之相關聯，而且這個外在東西就是形式，即質料將其封閉起來而包含在自身之內的形式。自在地看來，質料和形式所包含的矛盾是同一個矛盾，而且這個矛盾和它的瓦解一樣，僅僅是**同一個**矛盾。質料是自相矛盾的，因為它作為無規定的自身同一性，同時是絕對否定性；

[92]

所以它在其自身就揚棄了自己，而它的同一性則是在它的否定性中
發生分裂，使否定性在同一性那裡獲得其持存。因此，當形式作為
一個外在的東西規定著質料，質料就獲得了自己的規定，至於它們
的外在關係，無論對形式還是對質料而言，都是基於這個事實，
即雙方（確切地說，它們的原初統一體）的設定同時是一種**預先設
定**，而這樣一來，自身關聯就是同時把自己當作一個已揚棄的東西
或他者而與之相關聯。

　　第三，透過形式和質料的這個運動，它們的原初統一體一方面
被製造出來，另一方面從此是一個**已設定的**統一體。質料自己規定
自己，這個規定對它而言也是一個外在的、來自於形式的行動；反
過來，形式同樣只有在針對一個他者而作出規定時，才自己規定自
己，或者說才在自身那裡具有那個由它所規定的質料；二者（即形
式的行動和質料的運動）是同一個東西，只不過前者是一個行動
（這意味著，否定性是已設定的否定性），後者是一個運動或轉變
（這意味著，否定性是**自在存在著的**規定）。因此結果就是自在存
在和已設定的存在的統一體。質料被規定為真正意義上的質料，或
者說必然具有一個形式，而形式完全是一個質料性的、持存著的　　[93]
形式。

　　形式把質料當作它的他者而將其預先設定，在這種情況下，它
是**有限的**。它不是根據，毋寧只是一個主動者。同理，質料也把形
式當作它的非存在而將其預先設定，在這種情況下，它是**有限的質
料**；它不是它和形式的統一體的根據，毋寧只是形式的根基。但無
論是這個有限的質料，還是那個有限的形式，都不具有真理；每一
方都與對方相關聯，換言之，只有它們的統一體才是它們的真理。
這兩個規定返回到統一體裡面，在其中揚棄了它們的獨立性，而透
過這個方式，這個統一體表明自己是它們的根據。在這種情況下，

質料只有在不是作為嚴格意義上的質料，而是作為本質和形式的絕對統一體時，才是它的形式規定的根據；同理，形式只有在本身是這個統一體時，才是它的各種持存著的規定的根據。但這個統一體作為絕對否定性，或更確切地說，作為一個排斥性的統一體，是在其反映中進行預先設定；換言之，**同一個**行動，既在進行設定時把自己當作已設定的東西而保留在統一體中，也把自己從自己那裡排斥出去，既把自己當作自己而與之相關聯，也把自己當作一個他者而與之相關聯。簡言之，所謂質料受形式規定，就是本質作為根據在一個統一體裡既透過自身也透過自身否定而達到自身中介。

現在，形式化的質料或持存著的形式不但是根據的絕對的自身統一體，而且是一個**已設定的**統一體。在剛才考察的這個運動裡，絕對根據已經表明，它的各個環節相互揚棄，同時都是已設定的。換言之，重建的統一體在其自身融合中同時自己排斥自己，自己規定自己；因為，它們的統一體既然是透過否定而確立下來的，就同樣是一個否定的統一體。因此這是形式和質料的統一體，是它們的根基，但這是它們的**已規定的根基**，即一個已經形式化的質料，它[94] 與形式和質料漠不相關，把它們全都當作已揚棄的東西和非本質性東西。這個質料就是**內容**（Inhalt）。

c 形式和內容

形式首先與本質相對立；在這種情況下，形式是一般意義上的根據關聯，把根據和有根據的東西當作它的規定。隨後它與質料相對立，這時它是進行規定的反映，把反映規定本身及其持存當作它的規定。最後，它與內容相對立，而在這種情況下，它重新把它自己和質料當作它的規定。之前所說的自身同一者首先是根據，然後是一般意義上的持存，最後是質料，隨之處於形式的支配之下，重

新成為形式的各種規定之一。

　　首先，內容具有一個形式和一個質料，它們屬於內容，是本質性東西，而內容是它們的統一體。但由於這個統一體同時是一個**已規定的**或者說**已設定的**統一體，所以內容與形式相對立；形式構成了**已設定的存在**，且相對於內容而言是非本質性東西。就此而言，內容與形式是漠不相關的；形式既包含著嚴格意義上的形式，也包含著質料，因此內容具有一個形式和一個質料，並且構成了它們的根基，而它們對它而言僅僅是已設定的存在。

　　其次，內容是形式和質料裡的自身同一者，以至於它們彷彿只是一些漠不相關的外在規定。它們是一般意義上的已設定的存在，但已設定的存在在內容裡已經返回到自己的統一體或根據。所以，內容的自身同一性有時候是一個與形式漠不相關的同一性，有時候是**根據**的統一體。根據起初在內容裡已經消失了；但內容同時是各種形式規定的一個否定的自身內反映；它的統一體起初只是一個與形式漠不相關的統一體，因此也是形式化的統一體，或者說是嚴格意義上的**根據關聯**。內容把這個根據關聯當作自己的**本質性**形式，而根據反過來具有一個**內容**。　[95]

　　也就是說，根據的內容是一個已經返回到其自身統一體中的根據；根據起初是一個在其已設定的存在中達到自身同一的本質；作為一個與它的已設定的存在有差異的和漠不相關的東西，根據是無規定的質料；但作為內容，它同時是一個形式化的同一性，而這個形式之所以成為根據關聯，是因為它的對立規定在內容裡也被設定為已經遭到否定的東西。——除此之外，內容在其自身就是**已規定的**，不但是一般意義上的漠不相關的質料，而且是形式化的質料，以至於形式的各種規定具有一種質料性的、漠不相關的持存。一方面，內容是根據在其已設定的存在中達到的本質性自身同一性，另

一方面，它是與根據關聯相對立的已設定的同一性；這個已設定的存在，作爲一個依附於同一性的形式規定，與那個自由的已設定的存在（即形式，作爲根據和有根據的東西的完整關聯）相對立；這個形式是一個整全的正在返回自身的已設定的存在，而那個形式僅僅是一個直接的已設定的存在，即嚴格意義上的**規定性**。

這樣一來，根據已經完全轉變爲已規定的根據，而規定性本身是雙重性的：首先是形式的規定性，其次是內容的規定性。前一個規定性是根據自己的規定性，它使根據位於那個與這個關聯漠不相關的內容之外。後一個規定性是根據所具有的內容的規定性。

[96] # B 已規定的根據

a 形式化的根據

根據具有一個已規定的內容。正如我們看到的，內容被規定爲形式的**根基**，一個與形式的**中介活動**相對立的、單純的**直接東西**。根據是一個以否定的方式與自身相關聯的同一性，於是同一性轉變爲一個**已設定的存在**；這個同一性以否定的方式與**自身**相關聯，因爲它在它的這個否定性中是自身同一的；這個同一性是根基或內容，而在這種情況下，內容構成了根據關聯的漠不相關的或者說肯定的統一體，成爲根據關聯的**中介者**。

在這個內容裡，首先，根據和有根據的東西的相互對立的規定性已經消失了。其次，中介活動是一個否定的統一體。否定者依附於那個漠不相關的根基，是根基的**直接規定性**，而根據因此具有一個已規定的內容。但這樣一來，否定者就是形式的否定的自身關聯。一方面，已設定的東西揚棄自身，返回到它的根據中；另一方

面，根據作為本質上的獨立性，以否定的方式與自身相關聯，使自己成為已設定的東西。根據和有根據的東西的這個否定的中介活動是嚴格意義上的形式的獨特的中介活動，即**形式化的中介活動**。現在，因為形式的兩個方面相互過渡到對方，所以它們**在同一個同一性裡**共同把自己設定為已揚棄的東西；就此而言，它們同時**預先設**定了這個同一性，後者是已規定的內容，於是形式化的中介活動把它當作一個肯定的自身中介者而與之相關聯。內容是雙方的同一性因素，而當雙方相互區分開，同時在其區別中與對方相關聯，它就是它們的持存，是**完整的每一方本身**。

由此可見，已規定的根據裡面存在著如下情況：**首先**，一個已規定的**內容**可以從**兩個方面**來考察，即要麼被設定為**根據**，要麼被設定為**有根據的東西**。內容本身與這個形式是漠不相關的；它從兩個方面來看都僅僅是**同一個**規定。**其次**，根據本身既是形式的一個環節，也是一個由根據所設定的東西；這就是上述二者**從形式來看的同一性**。至於這兩個規定裡，哪一個充當開端，是作為已設定的東西過渡到對方（根據），還是作為根據過渡到對方（已設定的東西），這是無關緊要的。單獨看來，有根據的東西是一種自身揚棄；在這種情況下，它一方面使自己成為已設定的東西，另一方面設定了根據。嚴格意義上的根據也是這樣一個運動，它使自己成為已設定的東西，隨之成為某東西的根據，也就是說，它在這個運動中既是現成已有的已設定的東西，也是現成已有的根據。根據之所以存在著，是因為有已設定的東西，於是反過來也可以說，根據是已設定的東西。中介活動既可以從這方面開始，也可以從那方面開始，每一方都既是根據，也是已設定的東西，每一方都是整個中介活動或整個形式。——進而言之，這整個形式本身作為自身同一者就是「根據」和「有根據的東西」這兩個規定或兩個方面的**根基**；

[97]

因此形式和內容本身就是同一個同一性。

鑑於根據和有根據的東西的這個同一性，無論從內容還是從形式來看，根據都是**充足的**（現在只談這個關係裡的充足）；**一切包含在根據裡的東西也包含在有根據的東西裡，正如一切包含在有根據的東西裡的東西也包含在根據裡**。當人們追問一件事情的根據時，希望看到**同一個**規定（即**內容**）的**雙重性**，即就形式而言，一方面把它看作是一個已設定的東西，另一方面把它看作是一個已經反映回自身之內的定在，即本質性。

[98]　在已規定的根據裡，根據和有根據的東西都是整個形式，它們的內容雖然是一個已規定的內容，但卻是同一個內容；在這種情況下，根據在自己的兩個方面都還沒有獲得實在的規定，這兩個方面的內容也沒有差異；規定性仍然是單純的，尚且不是一個已經過渡到兩個方面的規定性；現有的只是一個位於其純粹形式中的已規定的根據，即**形式化的根據**。—— 正因為內容僅僅是這個單純的規定性，本身不具有根據關聯的形式，所以它是一個自身同一的內容，與形式漠不相關，並且把形式當作外在的東西；它是形式的他者。

注釋

在涉及到某些已規定的根據時，如果反思執著於根據此前得出的那個形式，那麼其關於根據的說明就是一種單調的形式主義或空洞的恆真句，也就是說，這種恆真句透過自身內反映或本質性的形式而表達出的內容，和那個在直接的，被看作是已設定的定在的形式中已經出現的內容，是同一個內容。正因如此，這種關於根據的說明和那種遵循同一性命題的言論具有同樣的空洞性。科學，尤其是物理科學，充斥著這類恆真句，以至於恆真句彷彿成了科學的

特權。——比如在談到行星圍繞太陽運轉時，把地球和太陽相互之間的**引力**當作根據。就內容而言，它所說出的無非是那些包含在現象裡的東西，即這些天體在其運動中是相互關聯的，只有就形式而言，它才把這個關聯當作一個已經反映回自身之內的規定，即力。如果人們問「引力究竟是怎樣一種力」，那麼答覆是，這是那種使地球圍繞太陽運轉的力；也就是說，這個答覆就內容而言和定在完全是同一個東西，而它本來應當是定在的根據；從運動的角度看，地球和太陽的關聯是根據和有根據的東西的同一性根基。——如果人們這樣解釋結晶形態，即其根據在於分子相互之間的特殊組合，那麼定在著的結晶就是這個組合本身，只不過後者被宣稱為根據罷了。在日常生活裡，科學掌握有特權的這種原因學（Ätiologie）被恰如其分地看作是一種恆真句的、空洞的廢話。對於「這個人為什麼到城裡旅遊」這一問題，如果宣稱其根據在於城裡有一種促使他到那裡去的引力，那麼這類答覆同樣是無聊之舉，哪怕它在科學裡是得到認可的。——**萊布尼茲**指責**牛頓**所說的引力是經院學者在解釋事物時慣常使用的那種隱祕的質。實則人們應當這樣反過來指責引力，即它是一種**太過於眾所周知的**質，因為它的唯一內容不是別的，只是現象本身。——這種解釋方式之所以被廣為採納，因為它是極為清楚易懂的，試想，還有什麼比「植物的根據在於一種植物性的力（即一種催生植物的力）」之類說法更為清楚易懂的東西呢？——力只有在這個意義上才可以被稱作「**隱祕的質**」，即根據具有一個與有待解釋者**不同的內容**；只有當這樣一個內容沒有被指出來，那種用於解釋事物的力才是一個隱祕的根據，即一個應當被認識，但還**沒有**被指出來的根據。這種形式主義沒有解釋任何東西，正如「植物是一株植物」或「植物的根據在於一種催生植物的力」之類說法同樣不能讓人認識到植物的本性。正因如此，哪怕這

[99]

些命題是無比清楚的，人們也可以稱其爲一種極爲**隱祕的**解釋方式。

[100]　　　　其次，**從形式來看**，這種解釋方式裡面出現了**根據關聯**的兩個**相反的方向**，但人們並沒有認識到它們的已規定的關係。一方面，根據是根據，即有根據的定在的已經反映回自身之內的內容規定，另一方面，根據是已設定的東西。定在應當透過根據而得到理解把握；但**反過來**也可以**從定在推論到根據**，即透過定在去理解把握根據。也就是說，這個反思的主要工作是從定在中找出一些根據，亦即把直接的定在轉移到經過反映的存在的形式裡；但這樣一來，根據不再是一個自在且自爲的獨立東西，而是成了已設定的東西和推導出的東西。按照這個做法，因爲根據是遵循現象而建立起來的，而且它的各種規定都是立足於現象，所以現象當然是極爲順利地從它的根據那裡流溢出來。但這個做法根本不能帶來一絲認識；認識在形式的區別裡面兜圈子，而這個做法本身已經翻轉和揚棄了這個區別。由於這個做法在科學裡面占據著支配地位，所以科學研究面臨的主要困難之一就在於這種位置的顛倒，即把那種事實上是推導出來的東西預先當作根據，而且總是先得出一些結論，然後才在事實上說出那些真正應當是根據的東西的根據。科學從闡述各種根據開始，把它們當作是一些懸在空中的原則和初始概念；這是一些單純的規定，根本不具有任何自在且自爲的必然性；但結論應當以它們爲根據。所以，誰願意鑽研這類科學，就必須從牢記那些根據開始，——這對理性來說是一件苦差事，因爲這等於逼著它把無根據的東西當作根基。這方面最如魚得水的是那樣一種人，他們不假思索地把**給定的原則**接受下來，從此把這些東西當作他們的基本知

[101]　性規則而加以使用。假若沒有這個方法，他們就無法開始；同樣，沒有這個方法，他們也寸步難行。這個進程的障礙在於，它遭遇到了方法的反噬，即它原本是希望在結論裡展示那些推導出來的

東西，但這些東西實際上才是那些前提的根據。再者，因爲結論表
現爲一個定在，並從中推導出根據，所以當人們這樣展示現象時，
就沒法讓人信任其關於現象的闡述；因爲現象不是明確表現爲一個
直接的東西，而是表現爲根據的證據。但因爲根據是從現象中推導
出來的，所以人們要求看到一個直接的現象，以便能夠由之出發對
根據進行評判。在這樣一類闡述裡，當眞正的根據作爲推導出來的
東西而出現，人們就不知道如何處理根據和現象。不確定性還會增
加，——尤其是當某個論述並未採取嚴格澈底的方式，而是更帶有
坦然相告的意味——，因爲任何地方都透露出現象的痕跡和情景，
而它們所意指的不是僅僅包含在原則裡的東西，而是更多的、經常
完全不同的東西。最後，如果那些經過反思的、單純猜想式的規定
與現象本身的直接規定混淆在一起，如果前者說起來彷彿屬於直接
的經驗，那麼這還會造成更大的混亂。誠然，有些帶著誠摯信念去
從事這類科學研究的人可能會認爲，既然分子、虛空的間隙、離心
力、乙太、單束光線、電磁**質料**以及諸如此類的大堆東西都可以作
爲直接的定在規定來討論，那麼按照同樣的方式，它們實際上就
是一些存在於**知覺中**的事物或關係。人們把它們當作其他東西的最 [102]
初根據，宣稱它們是現實的東西，心安理得地使用它們；人們還
不知道這些規定其實是從它們本應加以論證的一個東西那裡推導出
來的，是從一種無批判的反思裡引申出來的假想和臆想，就帶著善
良的信念認它們爲有效的。但實際上，人們陷入了一個魔圈，在其
中，根據和有根據的的東西、現象和幻影擠作一團，相互糾纏，享
受著同等的地位。

　　刨根問底的解釋方式是一件形式化的事務，而在這裡，且不
說一切解釋都是依據那些眾所周知的力和質料，還有一種觀點認
爲，我們**不認識**這些力和質料的**內在本質**本身。這個說法等於坦率

承認，這種論證方式本身完全是不充分的，其本身所要求的是某種完全不同於這些根據的東西。既然如此，我們就不明白這種煞費苦心的解釋究竟有什麼用處，為什麼不去尋找別的東西，或至少是把這種解釋拋到一邊，乾脆停留在單純的事實上面。

b 實在的根據

正如我們看到的，根據的規定性一方面是**根基**或內容規定的規定性，另一方面是**根據關聯**自身之內的異在，即根據關聯的內容和形式的區分性；根據和有根據的東西的關聯作為一個依附於內容的外在形式消失了，這兩個規定與內容漠不相關。——但實際上，這兩個規定並不是彼此外在的，因為內容應當是**有根據的東西裡面的根據與根據裡面的有根據的東西**的自身同一性。正如我們看到的，根據本身是一個已設定的東西，而有根據的東西本身是一個根據；每一方在其自身都是整體的這個同一性。但因為它們同時屬於形式，並且構成了它們的已規定的區分性，所以每一方**在其規定性中**都是整體的自身同一性。就此而言，每一方都具有一個與對方**有差異的內容**。——或者從內容方面來看，因為內容的同一性指的是**根據關聯**的自身同一性，所以它在本質上本身就具有這個形式區別，而作為根據，它是不同於有根據的東西的另一個內容。

[103]

現在，正因為根據和有根據的東西具有一個有差異的內容，所以根據關聯不再是一個形式上的關聯；「回歸根據」和「從根據出發走向已設定的東西」也不再是一個恆真句；**根據**實在化了。所以，當人們追問一個根據的時候，其實是希望知道根據的另一個內容規定，而不是他們追問其根據的那個內容規定。

這個關聯進一步自己規定自己。也就是說，就它的兩個方面是有差異的內容而言，二者是彼此漠不相關的；每一方都是一個直接

的、自身同一的規定。接下來，當它們作爲根據和有根據的東西相
互關聯，根據就是這樣一個東西，它把異在當作自己的已設定的存
在，並在其中反映回自身之內；因此，根據一方具有的內容同樣包
含在有根據的東西之內；有根據的東西作爲已設定的東西，僅僅在
這個內容裡具有它的自身同一性和持存。但從現在起，有根據的東
西除了具有根據的這個內容之外，也具有自己的獨特內容，從而是
一個具有**雙重**內容的**統一體**。誠然，這個統一體作爲區分開的東西
的統一體，乃是它們的否定的統一體，但因爲它們是一些彼此漠不
相關的內容規定，所以統一體僅僅是它們的空洞的、本身無內容的
關聯，而不是它們的中介活動，—— 僅僅是一個**單一體**或**某東西**，
作爲它們的外在連繫。

　　因此在實在的根據關聯裡，有一個雙重性東西：**一方面**，內容
規定是根據，它在已設定的東西裡建構自身，成爲根據和有根據的 [104]
東西的單純同一性；這樣一來，有根據的東西就在自身內完全包含
著根據，二者的關聯是一種無區別的、本質上的充實性。那在有根
據的東西裡附加到這個單純**本質**身上的東西，僅僅是一個非本質性
的形式，一些外在的內容規定，其本身就獨立於根據，是一種直接
的雜多性。也就是說，那個本質性東西既不是這個非本質性東西的
根據，也不是二者在有根據的東西裡的相互**關聯**的根據。它是一個
肯定的同一性因素，寓居於有根據的東西之內，但並未因此把自己
設定在任何形式區別中，毋寧說，它作爲一個自身關聯的內容，乃
是一個漠不相關的、肯定的**根基**。**另一方面**，那在某東西之內與這
個根基連繫在一起的，是一個漠不相關的內容，但卻是作爲非本質
的方面。事情的關鍵在於根基和非本質的雜多性的**關聯**。因爲相互
關聯的規定是一個漠不相關的內容，所以這個關聯也**不是根據**；誠
然，其中一方被規定爲本質性內容，另一方僅僅被規定爲非本質性

內容或已設定的內容，但這個形式作爲一個與自身相關聯的內容，對二者來說都是外在的。**單一的某東西**構成了它們的關聯，但它並不因此是一個形式關聯，毋寧僅僅是一個外在的紐帶，沒有把雜多的非本質性內容作爲**已設定的**內容而保留下來；因此這個東西同樣僅僅是**根基**。

由於內容的差異性構成了根據的實在性，所以，當根據把自己規定爲實在的根據，就隨之分裂爲一些外在的規定。兩個關聯，即**本質性內容**（作爲根據和有根據的東西的單純**直接的同一性**）和**某東西**（作爲區分開的內容的關聯），是**兩個有差異的根基**；根據自身同一的形式使同一個東西有時候是本質性東西，有時候是已設定的東西，但這個形式已經消失了；而在這種情況下，根據關聯本身已經成爲**外在的**。

[105]　　　所以，現在是一個外在的根據把有差異的內容連繫在一起，規定其中一個內容爲根據，另一個內容是由其設定的東西；但這個規定沒有包含在雙方的內容自身之內。所以，實在的根據是一個**他者關聯**，一方面是一個內容與另一個內容的關聯，另一方面是根據關聯本身（形式）與他者的關聯，而這個他者是一個**直接的東西**，不是由它所設定的。

注釋

對於根據和有根據的東西而言，形式上的根據關聯僅僅包含著**同一個**內容；這個同一性包含著它們的必然性，同時也包含著它們的恆眞句。實在的根據包含著一個有差異的內容；但這樣一來，根據關聯就表現爲偶然的和外在的東西。一方面，某個東西被看作是本質性東西，隨之被看作是根據規定，但它不是其他那些與它連繫

在一起的規定的根據。另一方面，不能確定的是，在一個具體事物的諸多內容規定裡，哪些應當被看作是本質性內容規定，哪些應當被看作是根據；這裡面的選擇是自由的。比如，在前一個角度下，房屋的根據是房屋的根基；根基之所以是根據，在於一種寓居於感性質料之內的**重力**，即一種在根據和有根據的東西裡始終保持自身同一的東西。至於在有重量的質料那裡又區分出根基和一個與之不同的變異，並因此構成一棟住宅，這與重物本身是毫不相干的；對重物而言，它與目的的其他內容規定、房屋的結構等等的關聯是外在的；也就是說，它雖然是根基，但不是那些內容規定的根據。重力既是房屋屹立不倒的根據，也是石頭墜落的根據；石頭在自身內具有這個根據（重力）；至於它還具有進一步的內容規定，從而不僅僅是一個重物，而是一塊石頭，這對於重力來說是外在的；再者，石頭首先要離開它墜落於其上的那個物體，這是由一個他者設定的，正如時間和空間以及它們的關聯（即運動）也是一些與重力有所不同的內容，而且（如人們常說的那樣）可以脫離重力而被設想，所以在本質上不是由重力設定的。——當一發炮彈構成一個與自由落體相對立的拋物線運動，也是以重力為根據。——很明顯，既然許多有差異的規定都以重力為根據，那麼這裡還需要有一個他者，是它使重力成為這個或那個規定的根據。 [106]

當人們說「**自然界是世界的根據**」，一方面，所謂的「自然界」和世界是**合為一體**的，世界無非就是自然界本身。但另一方面，它們是區分開的，因此自然界主要指一種無規定的東西，或者說僅僅指世界的自身同一的本質，即一個在普遍的區別（即規律）中已規定的東西，而為了成為世界，自然界還需要獲得諸多外在的規定。但這些規定的根據並非位於嚴格意義上的自然界之內；毋寧說，自然界把它們當作偶然的東西，與之漠不相關。——同理，說

「**上帝是自然界的根據**」，也是同樣的情形。上帝作爲根據乃是自然界的本質，自然界在自身內包含著這個本質，和它是同一個東西；但自然界還具有一種與根據本身區分開的雜多性；雜多性作爲**第三者**，把這兩個有差異的東西連繫在一起；那個根據既不是這種與它有差異的雜多性的根據，也不是它與自然界的連繫的根據。所以，不能說自然界是來源於作爲根據的上帝，因爲否則的話，上帝就將僅僅是自然界的普遍本質，而不是把自然界當作已規定的本質和自然界而包含在自身之內。

[107]　　　　鑑於根據的這種內容差異性，或眞正說來，鑑於根基和那在有根據的東西裡與根據相結合的東西的內容差異性，當人們給出各種實在的根據時，這既是一種形式主義，也是形式上的根據本身。在後者這裡，自身同一的內容與形式漠不相關；在實在的根據裡，也是同樣的情形。這樣一來，根據本身並不能決定，在諸多規定裡面，哪些規定應當被看作是本質性規定。**某東西**是一個具有諸多規定的**具體東西**，這些規定在它那裡同等地、持久地、穩定地展現出來。每一個規定都可以成爲根據，即**本質性**規定，於是相比之下，其他規定僅僅是一種已設定的東西。這就和之前所述連繫在一起，也就是說，即使一個規定在這種情況下被看作是另一個規定的根據，也不能由此得出，另一個規定在另一種情況下或在任何情況下都是由前一個規定所設定的。── 比如，**刑罰**具有諸多規定：它首先是一種報復，然後是一個威懾性例子，既是一個用法律來進行威懾的恐怖東西，也是一個促使罪人反思和改過自新的東西。這些有差異的規定，每一個都被看作是**刑罰的根據**，因爲每一個都是本質性規定，而在這種情況下，其他與之區分開的規定就僅僅被規定爲偶然的東西。然而那個被當作根據的規定尚且不是整個刑罰本身；這個具體的東西也包含著那些僅僅與之連繫在一起的規定，

哪怕它們並不是以那個規定為自己的根據。── 又比如，一個**官員**具有公務上的技能，作為個體有很多親屬，與這人或那人熟識，有一個特殊的性格，能夠在各種場景和機會下表現自己等等。在這些特性裡面，每一個都可以是或者被看作是他之所以擁有這一職位的根據；它們是一種有差異的內容，在一個第三者裡結合在一起；至於形式，即它們中間究竟哪一個被規定為本質性東西，哪一個被規定為已設定的東西，這對於內容來說是外在的。對官員而言，這裡的每一個特性都是本質性的，因為他是透過這個特性而成為他所是的那個特定個體；就職位能夠被看作是一個外在設定的規定而言，每一個特性都可以被規定為它的根據，但這件事情本身也可以反過來看，即這些特性是被設定的，而職位是它們的根據。至於**在現實中**，亦即在個別情況下，事情是怎樣的，這是一個位於根據關聯和內容本身之外的規定；這個規定是一個第三者，是它把根據或有根據的東西的形式分配給它們。

[108]

　　因此一般而言，每一個定在都可以具有各種根據；它的每一個內容規定作為自身同一的東西，滲透具體的整體，隨之被看作是本質性東西；對那些位於事情本身**之外的角度**（亦即規定）而言，由於連繫方式的偶然性，大門是無限敞開的。── 正因如此，一個根據是否帶來這個或那個**後果**，這同樣是一件偶然的事情。比如，道德動機誠然是倫理本性的**本質性規定**，但與此同時，它們所帶來的後果卻是一種與它們有差異的外在性，既可以說是它們的後果，也可以說不是；只有透過一個第三者，後果才添附到那些規定身上。確切地說，**如果**道德規定是根據，那麼當它導致一個後果或一個有根據的東西，這件事情**不是**偶然的，但它究竟是不是被當作根據，這卻是偶然的。關鍵在於，哪怕它被當作是根據，那個作為其後果的內容在本性上也是一個外在的東西，有可能直接被另一個外在的

東西推翻。也就是說，一個道德動機可以導致，也可以不導致一個行動。反過來，一個行動可以具有各種根據；它作為一個具體的東西，包含著諸多本質性規定，因此其中每一個都可以拿出來作為根據。**推理**（Räsonnement）主要在於搜尋並羅列各種根據，因此這是一種無窮無盡的周旋，並不包含最終的規定；對於全部東西和每

[109]

一個東西，人們都既可以指出一個或多個好的根據，也可以指出相反的根據，而且很多根據有可能根本不會帶來任何後果。蘇格拉底和柏拉圖所說的「**詭辯**」，無非就是從各種根據出發進行推理；在柏拉圖看來，與此相對立的是對理念的考察，即對自在且自為的或在其**概念**中的事情本身的考察。根據僅僅來源於**本質性的**內容規定、關係和角度，而每一件事情和它的反面都具有很多這樣的內容規定、關係和角度；在它們的本質性形式裡，每一個規定都是有效的；但因為每一個規定都沒有包含著事情的整個範圍，所以每一個都是片面的根據，而且其他特殊方面也只是包含著特殊的根據，以至於沒有一個根據能夠窮盡事情本身，即那個構成了諸規定的**連繫**並將它們全部包含在自身內的東西；沒有哪一個根據是**充足的**，也就是說，沒有哪一個根據是概念。

c 完整的根據

1. 在實在的根據裡，根據無論是作為內容，還是作為關聯，都僅僅是**根基**。內容僅僅**被設定為**本質性東西或根據；關聯是**某個有根據的東西**，即一個有差異的內容的無規定的基體，或者說是這個內容的一個連繫，它不是內容自己的反映，而是一個外在的反映，隨之僅僅是一個**已設定的**反映。所以，實在的根據關聯作為根據而言，其實是一個已揚棄的根據；這樣一來，它其實是構成了**有根據的東西**或已設定的存在這一方面。現在，根據本身作為已設定的

存在，已經返回到自己的根據中；現在它是一個有根據的東西，具有**另一個根據**。在這種情況下，這另一個根據獲得如下規定：**首先**，它與實在的根據（即一個有根據的東西）**達成同一**；按照這個規定，雙方具有同一個內容；這兩個內容規定及其在某東西裡的連繫同樣立足於一個新的根據。但是，**其次**，新的根據已經在自身內揚棄了那個僅僅已設定的外在連繫，它作為它們的自身內反映，乃是兩個內容規定的**絕對關聯**。 [110]

　　實在的根據本身已經返回到自己的根據之內，但在它那裡，根據和有根據的東西的同一性或形式上的根據重建自身。由此產生出來的根據關聯是一個**完整的**關聯，它在自身內同時包含著形式上的根據和實在的根據，並且在後者那裡將彼此直接的內容規定溝通起來。

　　2. 於是根據關聯獲得了如下進一步的規定。**首先**，某東西具有一個根據；它包含著**內容規定本身**（即**根據**），以及由這個根據**所設定的第二個**內容規定。但作為漠不相關的內容，前者本身並不是根據，後者本身也不是基於前者的有根據的東西，毋寧說，這個**關聯**在直接的內容裡是一個已揚棄的或已設定的關聯，並且就其自身而言是以**另一個**關聯為自己的根據。後一個關聯僅僅在形式上不同於前一個關聯，並且具有同樣的內容（即那兩個內容規定），但它是兩個內容規定的**直接的**連繫。儘管如此，由於連繫在一起的畢竟是有差異的內容，隨之是彼此漠不相關的規定，所以後一個關聯不是它們的真正的絕對關聯，彷彿一個規定在已設定的存在中達到了自身同一，而另一個規定僅僅是這個自身同一的東西的已設定的存在；毋寧說，有一個某東西承載著它們，構成了它們的未經反映的、純粹直接的關聯，而這個關聯相對於另一個某東西之內的連繫而言，僅僅是一個相對的根據。因此，**兩個某東西**是內容自身產生出來的兩個不同的關聯。它們處在形式的同一性根本關聯中；它們

是同一個**完整的內容**，即兩個內容規定及其關聯；只有透過不同的關聯方式，即在其中一方裡是直接的關聯，而在另一方裡是已設定的關聯，它們才彼此區分開，也就是說，雙方僅僅**在形式上**區分爲根據和有根據的東西。——**其次**，這個根據關聯不僅是形式上的，而且是實的。正如我們看到的，形式上的根據已經過渡到實在的根據；形式的諸環節反映回自身之內；它們是一種獨立的內容，根據關聯也包含著兩個獨特的**內容**，一個是**根據**，另一個是**有根據的東西**。內容首先構成形式上的根據的兩個方面的**直接**同一性，因此雙方具有同一個內容。但內容本身也具有形式，因此是一種雙重的**內容**，表現爲根據和有根據的東西。所以，在那兩個某東西的兩個內容規定裡面，其中一方不僅按照外在比較來說是二者共有的，而且是它們的同一性基體和它們的關聯的根基。它作爲本質性東西，是另一個內容規定的根據，後者因此是某東西裡的已設定的內容規定，而這個某東西的關聯是一個有根據的關聯。在作爲根據關聯的前一個某東西裡，這第二個內容規定也是直接的，並且**自在地**與第一個內容規定連繫在一起。但後一個某東西僅僅**自在地**包含著第一個內容規定，並且在其中與前一個某東西達到同一，至於它所包含的第二個內容規定，則是已設定的內容規定。第一個內容規定是第二個內容規定的根據，因爲它在前一個某東西裡**原初地**與第二個內容規定連繫在一起。

所以，在後一個某東西裡，兩個內容規定的**根據關聯**是透過前一個某東西的第一種自在存在著的關聯而**達成中介**。這個推論就是：因爲在前一個某東西裡，規定 B 與規定 A 自在地連繫在一起，所以，在後一個某東西（它僅僅直接具有規定 A）裡，B 也與之連繫在一起。在後一個某東西裡，不僅這第二個規定是間接的，而且「它的直接規定是根據」這件事情也是經過中介的，亦即依賴

[111]

於這個規定與前一個某東西裡的 B 的原初關聯。就此而言，這個 [112]
關聯是根據 A 的根據，至於後一個某東西裡的**整個**根據關聯，則是
一個已設定的東西或有根據的東西。

3. 實在的根據表現為根據的**外在反映**；根據的完整的中介活動
就是根據的自身同一性的重建。但由於這個同一性同時已經獲得實
在的根據的外在性，所以當形式上的根據關聯親自和實在的根據形
成一個統一體，就既是一個設定著自身的根據，也是一個**揚棄著**自
身的根據；根據關聯**透過自己的否定**而達成自身中介。首先，根據
作為**原初關聯**，是那些直接的內容規定相互之間的關聯。根據關聯
作為本質性形式，把那些已揚棄的內容規定或環節當作自己的不同
方面。所以，根據關聯作為那些**直接的**規定的形式，是一個自身同
一的關聯，同時也與**它的否定**相關聯；因此它作為根據而言，不是
自在且自為的，而是與**已揚棄的**根據關聯相關聯。—— 其次，已揚
棄的關聯，或者說直接的東西（它在原初關聯和已設定的關聯裡是
同一個**根基**），作為實在的根據而言，同樣不是自在且自為的，而
是透過那個原初連繫才被設定為根據。

所以，總體意義上的根據關聯在本質上是一個**進行預先設定的**
反映；形式上的根據預先設定了**直接的**內容規定，後者作為實在的
根據又預先設定了形式。因此根據作為形式而言，是一個直接的連
繫；但在這種情況下，它自己排斥自己，預先設定了一種直接性，
把它當作一個他者而與之相關聯。這個直接的東西就是內容規定，
即單純的**根據**；但這個根據作為根據而言，同樣自己排斥自己，並
把自己當作一個他者而與之相關聯。—— 這樣一來，總體意義上的
根據關聯已經把自己規定為**作條件的中介活動**。

C 條件

a 相對的無條件者

1. 根據是直接的，而有根據的東西是經過中介的。根據是進行設定的反映；作爲這種反映，它使自己成爲已設定的存在，因此是一個進行預先設定的反映；透過這個方式，它把自己當作一個已揚棄的東西（一個直接的東西）而與之相關聯，藉此達到自身中介。正如我們看到的，這個中介活動，作爲從直接東西到根據的推進過程，不是一個外在的反映，而是根據自己的活動，換言之，根據關聯作爲一個進入自身同一性的反映，在本質上同樣是一個外化自身的反映。當根據把直接的東西當作其本質上的預先設定而與之相關聯，這個直接的東西就是**條件**（Bedingung）；所以，實在的根據在本質上是有條件的。它所獲得的規定性，是它自己的異在。

因此，**第一**，條件是一個直接的、雜多的定在。**第二**，這個定在與一個他者亦即根據相關聯，但根據不是這個定在的根據，而是從另一個角度看來的根據；因爲定在本身是直接的，沒有根據。按照那個關聯，定在是一個**已設定的東西**；直接的定在不應當是自己的條件，毋寧應當是他者的條件。但與此同時，「定在是他者的條件」這件事情本身僅僅是一個已設定的存在；定在是一個已設定的東西，這個情況已經在它的直接性中被揚棄了，因此一個**定在是否成爲條件，這是漠不相關的**。**第三**，條件是這樣一個直接的東西，即它構成了根據的**預先設定**。按照這個規定，條件是根據的已經返回到自身同一性中的形式關聯，隨之是這個形式關聯的**內容**。但嚴格說來，內容僅僅是根據在形式裡的漠不相關的統一體，——沒有形式，就沒有內容。根據仍然獨立於形式，因爲根據關聯在**完整的**根

據裡轉變爲一個相對於其同一性而言的外在關聯，於是內容獲得了

直接性。所以，只要根據關聯在條件那裡具有自身**同一性**，就構成了條件的內容；但因爲內容與這個形式漠不相關，所以它僅僅**自在地**是形式的內容，即一個**應當**成爲內容的東西，隨之構成了根據的**材料**（Material）。按照第二個環節，定在一旦被設定爲條件，就必須失去它的漠不相關的直接性，成爲他者的一個環節。它是由於自己的直接性而與這個關聯漠不相關；但當它進入這個關聯，就構成了根據的**自在存在**，對根據來說是一個**無條件者**。爲了成爲條件，定在必須把根據當作它的預先設定，因此它本身是有條件的；但這個規定是外在於它的。

2. 某東西不是透過它的條件而存在著；它的條件不是它的根據。對根據而言，條件是「無條件的直接性」這一環節，但它本身不是運動，不是那樣一個設定活動，即以否定的方式與自身相關聯，並使自己成爲已設定的存在。所以，條件是與**根據關聯**相對立的。某東西除了有條件之外，還有一個根據。──根據是一個空洞的反映運動，因爲這個運動預先設定了自身之外的一種直接性。但它是整個形式，是獨立的中介活動，因爲條件並不是它的根據。這個中介活動作爲設定活動，與自身相關聯，因此從這個方面來看，它同樣是一個直接的東西和**無條件者**；它雖然預先設定了自身，但這是一種已經外化的或者說已經遭到揚棄的設定活動；另一方面，從它自己的規定來看，它又是一個自在且自爲的東西。──所以，只要根據關聯是一個獨立的自身關聯，並且本身具有反映的同一性，它就具有一個相對於條件的內容而言**獨特的內容**。這個獨特的內容是根據的內容，因此在本質上具有形式，反之條件的內容僅僅是一種直接的材料，這種材料不僅構成了根據的自在存在，而且與根據的關聯一樣，都是外在的；就此而言，它是兩個內容的混合物，其中一個內容是獨立的，與根據規定的內容無關，另一個內容 [115]

進入到根據規定中，應當作爲其材料而成爲其環節。

　　3. 整體的兩個方面，**條件和根據**，首先是彼此**漠不相關的和無條件的**，—— 前者是無關聯者，即使在某個關聯中成爲條件，這個關聯對它來說也是外在的；後者是關聯或形式，對它來說，條件的已規定的定在僅僅是一種材料，一個被動的東西，其本身具有的形式是一個非本質性的形式。其次，二者也是**經過中介的**。條件是根據的**自在存在**；它是根據關聯的本質性環節，甚至可以說是根據的單純的自身同一性。但這個局面也被揚棄了；這個自在存在僅僅是一個已設定的東西；直接的定在無所謂是不是一個條件。條件是根據的**自在存在**，這件事情構成了條件的一個方面，從這個方面來看，條件是經過中介的。同理，根據關聯作爲獨立的東西也具有一個預先設定，並且在自身之外具有其自在存在。—— 這樣一來，雙方都是漠不相關的直接性和本質性中介活動的**矛盾**，雙方都處在**同一個**關聯中，—— 換言之，這個矛盾在於，雙方既是獨立的持存，也被規定爲僅僅是一個環節。

b 絕對的無條件者

　　這兩個相對的無條件者，每一方首先都映現在對方之內，—— 條件作爲直接的東西，映現在根據的形式關聯之內，而形式關聯則是映現在直接的定在之內，把它當作根據的已設定的存在；每一方都是他者的映像，但除此之外，每一方本身都是獨立的，並且具有其獨特的內容。

　　[116]

　　條件首先是一個直接的定在；它的形式有兩個環節：一個是**已設定的存在**，就此而言，定在作爲條件乃是根據的材料和環節，另一個是**自在存在**，就此而言，定在構成了根據的本質性或根據的單純的自身內反映。形式的兩個方面對直接的定在來說都是外在的，

因爲這是一個已揚棄的根據關聯。 ── 但是，**首先**，定在本身僅僅
是一個必須在其直接性中揚棄自身並消滅的東西。總的說來，**存在**
僅僅是一個向著本質的**轉變**；它的本性就在於使自己成爲已設定的
東西，成爲那樣一種同一性，即透過自身否定而成爲一個直接的東
西。所以，「已設定的存在」、「自身同一的自在存在」等形式規
定，還有形式本身（它使直接的定在成爲條件），都不是位於存在
之外，毋寧說，存在就是這個反映本身。**其次**，存在作爲條件，如
今也被設定爲它在本質上所是的那個東西，也就是說，它既是他者
的一個環節，同時也是他者的自在存在；但**自在地看來**，存在僅僅
立足於自身否定，亦即立足於根據以及根據的揚棄自身，隨之預先
設定自身的反映；就此而言，存在的自在存在僅僅是一個已設定的
東西。條件的這個自在存在有兩個方面，即它一方面是條件的本質
性（即根據的本質性），另一方面是條件的定在的直接性。或更確
切地說，這兩方面是同一回事。定在是一個直接的東西，但直接性
在本質上是經過中介的，亦即以那個揚棄自身的根據爲中介。定在
作爲這種以揚棄自身的中介活動爲中介的直接性，同時是根據的自
在存在，是根據的無條件者；但這個自在存在本身同樣只是一個環
節或一個已設定的存在，因爲它是經過中介的。 ── 所以，條件
是根據關聯的整個形式；它是根據關聯的預先設定的自在存在，因
此本身是一個已設定的存在，而它的直接性就在於使自己成爲已設 [117]
定的存在，並且自己排斥自己，以至於它一方面走向消滅（走向根
據），另一方面本身就是根據（這個根據使自己成爲一個已設定的
存在，進而成爲一個有根據的東西），而這兩個方面是同一回事。

　　同樣，在有條件的根據那裡，自在存在不僅僅是一個他者在它
那裡的映現。這個根據是設定活動的獨立的，亦即與自身相關聯的
反映，從而是一個自身同一的東西，換言之，這個根據在自身之內

就是它自己的自在存在和它自己的內容。但與此同時，它是一個進行預先設定的反映；它以否定的方式與自身相關聯，把它的自在存在當作它的他者而與之相對立，至於條件，無論從自在存在這一環節來看，還是從直接的定在這一環節來看，都是根據關係自己的環節；直接的定在在本質上僅僅基於它的根據，是它自己（作為預先設定活動）的一個環節。所以它的根據同樣是整體本身。

因此一般而言，這裡只有**形式**的**一個**整體，但同樣只有**內容**的**一個**整體。也就是說，條件的獨特內容僅僅是一個本質性內容，因為它是反映在形式裡的自身同一性，換言之，這個直接的定在本身是根據關聯。進而言之，只有透過根據預先設定的那個反映，直接的定在才是條件；它是根據的自身同一性，或者說是根據的內容，與根據本身相對立。就此而言，定在不是根據關聯的單純無形式的材料，毋寧說，因為它本身就具有這個形式，所以它是一個已經獲得形式的質料，同時也是內容，即一個在與形式的同一性中與形式漠不相關的東西。最後，定在和根據所具有的內容是同一個內容，因為它作為形式關聯裡的自身同一的東西，恰恰是內容。

因此，整體的兩個方面，條件和根據，是**同一個**本質性統一體，既作為內容，也作為形式。二者透過自身而過渡到對方之內，換言之，它們是一些反映，因此把自己設定為已揚棄的東西，與[118]它們的這個否定相關聯，並且**預先設定彼此**。但與此同時，這僅僅是雙方的**同一個**反映，所以它們的預先設定也僅僅是同一個預先設定；或更確切地說，透過預先設定彼此，它們把它們的**同一個**同一性預先設定為它們的持存和它們的根基。這個同一性，即雙方的同一個內容和形式統一體，是**真正的無條件者**，即**自在的事情本身**。——正如剛才指出的，條件僅僅是相對的無條件者。所以人們經常把它看作是一個有條件者，去追問一個新的條件，從而引入通

常那個從條件到條件的**無限演進過程**。為什麼要在一個條件那裡追問一個新的條件呢？換言之，為什麼條件被看作是一個有條件者呢？因為它是某個有限的定在。但這是條件的進一步的規定，並未包含在其概念之內。關鍵在於，條件本身之所以是一個有條件者，是因為它是已設定的自在存在；也就是說，它在絕對的無條件者裡被揚棄了。

　　絕對的無條件者把條件和根據這兩個方面當作它的環節而包含在自身之內；它是它們返回到其中的那個統一體。這兩個方面合在一起構成了絕對的無條件者的形式或已設定的存在。無條件的事情是二者的條件，而且是絕對的條件，也就是說，這個條件本身就是根據。──現在，它作為**根據**乃是一個否定的同一性，已經把自己排斥到那兩個環節之內，──**首先**在形態上是一個已揚棄的根據關聯，一種直接的、未統一的，外在於自身的雜多性，這種雜多性把根據當作它的一個他者而與之相關聯，同時構成了根據的自在存在；**其次**在形態上是一個內在的、單純的形式，這個形式就是根據，它把自身同一的直接東西當作一個他者而與之相關聯，把直接東西規定為條件，也就是說，把它的這個自在體（Ansich）規定為它自己的一個環節。──這兩個方面**預先**設定了總體性，而總體性又是它們的設定者。反過來，因為它們**預先設定**了總體性，所以總體性看起來又是以它們為條件，彷彿事情是從它的條件和它的根據那裡產生出來的。但由於這兩個方面都已經表現為自身同一的東西，所以條件和根據的關係消失了；它們降格為一個**映像**；絕對的無條件者在進行設定和預先設定時，僅僅是這樣一個運動，即這個**映像**在其中揚棄自身。事情的活動就在於為自身提供條件，並且把它的諸條件當作根據而與之相對立；但它的關聯，作為諸條件與根據的關聯，是一種**自身內**映現，而它與諸條件的關係就是**它的自身融合**。

[119]

c 事情顯露到實存之內

　　絕對的無條件者是一個與它的條件達到絕對同一的根據，即直接的事情作為眞正的本質性事情。作為**根據**，事情以否定的方式與自身相關聯，使自己成為已設定的存在，但正如事情的概念已經表明的那樣，這個已設定的存在在事情的各個方面都是一個完整的反映，是一個在各個方面都達到了自身同一的形式關聯。所以，這個已設定的存在**首先**是已揚棄的根據，是作為無反映的直接東西那樣的事情，——即條件的方面。這個方面是事情的條件的**總體性**，——它是事情本身，但已經被拋到存在的外在性裡，成為存在的重建起來的範圍。在條件裡，本質把它的自身內反映統一體當作一個直接性釋放出去，而從現在起，直接性按照其規定來說是一個**作條件的**預先設定，並且在本質上僅僅構成了本質的各個方面之一。諸條件之所以是事情的整個內容，原因在於，它們是「無形式的存在」這一形式下的無條件者。但鑑於這個形式，它們除了是事情本身之內的內容的規定之外，還具有另一個形態。它們顯現為 [120] 一種未統一的雜多性，與本質之外的東西和另外一些情況攪和在一起，這些情況不屬於定在的範圍，因為定在構成了這個**已規定的事情**的條件。—— 對於絕對的、不受限制的事情而言，**存在的層面本身**就是條件。當根據返回到自身之內，就把絕對的事情設定為最初的直接性，把它當作自己的無條件者而與之相關聯。這個直接性作為已揚棄的反映，是存在這一要素裡的**反映**，因此存在本身就把自己塑造為一個整體；形式作為存在的規定性，持續不斷地生長，於是顯現為一個雜多的，與反映規定有差異的，與其漠不相關的內容。存在的層面本身包含著一個非本質性東西，並且在作為條件時將其拋棄；這個東西就是直接性這一規定性，即形式統一體所沉沒

的地方。這個形式統一體，作為存在的關聯，在存在那裡首先是作
為**轉變**，—— 即從存在的一個規定性過渡到另一個規定性。進而言
之，存在的轉變就是轉變為本質並返回到根據中。因此真正說來，
當定在構成條件時，並不是被一個他者規定為條件並被當作材料來
使用，而是透過它自己而成為他者的一個環節。—— 再者，它的轉
變也不是把自己當作真正的最初東西和直接東西而從自身開始，毋
寧說，它的直接性僅僅是一個預先設定的東西，而它的轉變運動是
反映本身的一個活動。所以，定在的真理就在於成為條件；它的直
接性僅僅立足於根據關聯的那個反映，即根據關聯親自把自己設定
為已揚棄的東西。就此而言，轉變和直接性一樣，僅僅是無條件者
的映像，因為無條件者預先設定自身，並因此具有形式，相應地，
存在的直接性在本質上僅僅是形式的一個**環節**。

　　無條件者的這個映像的另一個方面，就是根據關聯本身被規
定為形式，與那些直接的條件和內容相對立。但它是絕對事情的形 [121]
式，而絕對事情本身就具有它的形式與它自身的統一體，或者說具
有它的**內容**；當它把內容規定為條件，就在這個設定活動中揚棄了
內容的差異性，使之成為一個環節，正如反過來，當它作為這個自
身同一性裡的無本質的形式，就給予自身一種直接的持存。根據的
反映揚棄了直接的條件，使它們與事情統一體裡的諸環節相關聯；
但這些條件是無條件的事情本身所預先設定的東西；就此而言，
根據的反映揚棄了自己的設定活動，或者說它的設定活動同樣使自
己直接成為一種**轉變**。—— 所以，二者是**同一個**統一體；諸條件在
其自身那裡的運動本身就是一種轉變，即返回到根據之內，設定根
據；但根據作為已設定的（亦即已揚棄的）根據，是一個直接的東
西。根據以否定的方式與自身相關聯，使自己成為已設定的存在，
為條件提供根據；但是，只有當直接的定在被規定為一個已設定的

東西，根據才揚棄自身，才使自己成為根據。── 因此這個反映是無條件的事情透過它的否定而進行的自身中介活動。或更確切地說，首先，無條件者的反映是一個預先設定，但它的這個自身揚棄直接是一個進行規定的設定活動；其次，與此同時，它直接揚棄了預先設定，是一種自身規定；這樣一來，這個規定活動又是對於設定活動的揚棄，是一種自在的轉變。在這裡，中介活動作為透過否定而達到的自身回歸，已經消失了；如今它是一個單純的，在自身內映現著的反映，一種無根據的、絕對的轉變。事情的運動就在於**一方面**透過其條件而被設定下來，另一方面透過其根據而被設定下來，但這個運動僅僅是**中介活動的映像的消失**。就此而言，事情的設定是一種**顯露**（Hervortreten），即單純地把自己**凸顯到實存中**，而這是事情走向自身的一個純粹運動。

[122]　　　　**當一件事情的全部條件都已具備**，它就進入實存。事情**在實存著之前已經存在著**；也就是說，首先，事情作為**本質**或作為無條件者存在著；其次，它具有**定在**，或者說是已規定的，而這是依賴於之前考察過的雙重方式：一方面立足於事情的諸條件，另一方面立足於事情的根據。當立足於那些條件時，事情已經賦予自己「外在的、無根據的存在」這一形式，因為它作為絕對的反映，是一個否定的自身關聯，並且把自己當作自己的預先設定。因此這個預先設定的無條件者是一個無根據的直接東西，而它的存在無非意味著，它作為一個無根據的東西存在於那裡。因此，當事情的全部條件都已具備，也就是說，當事情的總體性被設定為一個無根據的直接東西，這種本身支離破碎的雜多性就**深入內核**（erinnert sich）。── 整個事情必須立足於它的諸條件而存在於那裡，換言之，全部條件都屬於事情的實存；因為**全部**條件構成了反映；也就是說，正因為定在是條件，所以它是受形式規定的，它的規定就是反映規定，

而且只要設定了一個規定，其他規定就在本質上也被設定了。——
諸條件的**深入內核**（Erinnerung）首先意味著直接的定在走向消滅
（走向根據），轉變爲根據。但在這種情況下，根據是一個已設定
的根據，也就是說，它既是根據，也作爲根據而被揚棄了，成了一
個直接的存在。因此，當事情的全部條件都已具備，它們就作為直
接的定在和預先設定揚棄自身，正如根據也揚棄了自身。根據僅僅
表現爲一個直接消失的映像；因此這個顯露是事情走向自身的一個
恆真句的運動，而事情透過諸條件和根據而進行的中介活動則是二
者的消失。就此而言，事情是直接顯露到實存中，而且這個顯露僅
僅以中介活動的消失爲中介。

　　事情從根據中顯露出來。它雖然是由根據所建立或設定的，但根
據並沒有停留在底層，毋寧說，這個設定活動就是根據凸顯出來走 [123]
向自身的一個運動，是根據的單純消失。根據透過與諸條件**聯合，**
獲得了外在的直接性和「存在」這一環節。但根據不是把它們當作
一個外在的東西，也不是透過一個外在的關聯而獲得它們；毋寧
說，作爲根據，它使自己成爲一個已設定的存在，而它的單純的本
質性在已設定的存在中與自身融合，於是透過這種自身揚棄，它與
它的已設定的存在的區別就消失了，而它則是成了一種單純的、本
質上的直接性。所以根據不是一個與有根據的東西始終有差異的東
西，毋寧說，有根據的東西的眞理在於，根據在其中與自身合爲一
體，於是它的他者內反映就是它的自身內反映。這樣一來，事情即
便是**無條件者**，也同樣是一個**無根據的東西**，而且只有當根據**走向消
滅**（走向根據），不再是根據，事情才從無根據的東西（亦即它自
己的本質上的否定性或純粹形式）那裡顯露出來。

　　這個以根據和條件爲中介，並透過揚棄中介活動而達到自身同
一的直接性，就是**實存**。

第二篇　現象

[124] # 本質必須顯現

　　存在是絕對的抽象；這個否定性不是一個外在於存在的東西，毋寧說，它是存在，除了作為這個絕對的否定性之外，不是別的什麼存在。由於這個否定性，存在無非是一個揚棄著自身的存在，是**本質**。但本質作為單純的自身等同性，反過來同樣是**存在**。存在論包含著第一個命題，「**存在是本質**」。第二個命題，「**本質是存在**」，構成了本質論第一篇的內容。但本質把自己造成的這個存在是一個**本質性存在**，即**實存**；這是一個從否定性和內在性裡凸顯出來的存在。

　　這樣，本質就**顯現出來**了。反映是本質的**自身內映現**。反映規定被封閉在統一體之內，完全只是作為一些已設定的、已揚棄的規定；換言之，反映是在其已設定的存在中直接達到自身同一的本質。但本質是根據，於是透過其揚棄著自身或返回到自身之內的反映把自己規定為實在的東西；接下來，當根據關聯的這個規定或異在在根據的反映裡揚棄自身，成為實存，形式規定就在這裡具有「獨立的持存」這一要素。

　　當形式規定的**映像**達到完整，就成為**現象**。

　　第一，當本質性推進到直接性，就是**實存**和實存者或**物**，——作為本質與其直接性的未區分的統一體。誠然，物包含著反映，但反映的否定性起初已經在物的直接性裡消失了；但因為物的根據在本質上是反映，所以它的直接性揚棄自身；物使自己成為一個已設定的存在。

　　因此，**第二**，物是**現象**。現象是自在之物所是的那個東西，或

者說是自在之物的眞理。但這個單純已設定的、反映到異在那裡的　　[125]
實存同樣在其無限性中超越自身；與現象世界相對立的，是一個反
映回自身之內、**自在存在著的世界**。

　　顯現著的存在和本質性存在處在絕對的相互關聯中。所以，**第
三**，實存是一種本質性**對比關係**；顯現者揭示出本質性東西，而本
質性東西存在於它的現象中。── 對比關係是他者內反映和自身內
反映的一個尚未完滿的聯合；二者的完滿交融是**現實性**。

第一章　實存

　　根據命題的表述是：「**一切存在者都具有一個根據，或者說是一個已設定的東西，一個經過中介的東西。**」既然如此，也必須提出一個實存命題，並這樣表述：「**一切存在者都實存著。**」存在的真理在於，它不是一個最初的直接東西，而是一個顯露到直接性之內的本質。

　　但是，假如還要進一步說：「**實存者具有一個根據，並且是有條件的**」，那麼同樣也必須說：「**實存者沒有根據，並且是無條件的。**」因為實存是這樣一種直接性，它透過揚棄那個以根據和條件為環節的關聯式中介活動而顯露出來，並且在顯露的時候恰恰揚棄了這個顯露過程本身。

　　既然這裡可以談談那些**關於**上帝的**實存**的證明，那麼必須預先提醒的是，除了(1)直接的**存在**和(2)**實存**（一種從本質裡顯露出來的存在）之外，還有(3)一種從概念裡顯露出來的存在，即**客觀性**。—— 證明始終是一種經過中介的認識。不同類型的存在要求或者說包含著各自特有的中介方式，因此無論從哪一個方式來看，證明的本性都是有差異的。**本體論證明**希望從概念出發；它把全部實在性的總括當作根據，然後把實存也歸攝到實在性下面。也就是說，這個中介活動是一個推論，而這個類型的中介活動暫時還不是我們的考察對象。此前〔上卷第 88 頁以下〕①我們已經考察並評論

[126]

---

① 參閱黑格爾《邏輯學 I》，先剛譯，人民出版社 2019 年版，第 66-69 頁。—— 譯者注

了康德對此的反對意見，即他把**實存**理解爲**已規定的定在**，而這樣
一來，某種東西就進入整個經驗的範圍之內，亦即進入「異在」這
一規定和**他者**關聯之內。在這種情況下，某東西作爲實存者是以他
者爲中介，而整個實存就是它的中介活動的一個方面。現在的問題
是，康德所說的「概念」，即那個僅僅單純地**與自身相關聯**的某東
西，或者說嚴格意義上的表象，並沒有包含著它的中介活動；在抽
象的自身同一性裡，對立被拋棄了。原本說來，本體論證明必須表
明，絕對的概念（即「上帝」概念）如何達到已規定的定在，達到
中介活動，或者說單純的本質如何以中介活動爲中介。這一點是透
過剛才所說的那個做法而實現的，即把實存歸攝到它的普遍者（即
實在性）下面，而實在性則被看作是一個中項，介於在其概念中的
上帝和實存之間。—— 我們說過，這裡不去討論這種具有推論形
式的中介活動。但迄今的闡述已經暗示出，本質的那個透過實存而
進行的中介活動，其真實的情況究竟是怎樣的。至於證明本身的本
性，必須在認識論中加以考察。這裡只需指出，什麼東西與一般意
義上的中介活動的本性有關。

那些關於上帝的定在的證明爲這個定在提出了一個**根據**。它不
應當是上帝的定在的一個客觀根據，因爲這個定在本身是自在且自
爲的。因此它僅僅是一個**對認識而言的根據**。在這種情況下，根據 [127]
同時表現爲這樣一個東西，它在對象裡**消失**了，而對象卻因此首先
顯現爲一個有根據的東西。現在，根據是取材於世界的偶然性，包
含著世界向著絕對本質的回歸；因爲偶然的東西本身是自在的**無根
據的東西**和揚棄著自身的東西。按照這個方式，絕對本質實際上是
從無根據的東西裡顯露出來的；根據揚棄了自身；這樣一來，上帝
曾經獲得的那個關係（即他是一個以他者爲根據的東西）的映像也
消失了。就此而言，這個中介活動是真正的中介活動。問題在於，

那個進行證明的反映不知道自己的中介活動的這個本性；它一方面把自己當作是一個單純的主觀東西，隨之把它的中介活動從上帝那裡拿走，另一方面因此不知道那個進行中介的運動實際上以及如何立足於**本質自身**。反映的真正關係在於，它是同一個東西的兩個方面，是嚴格意義上的中介活動，但同時確實是一個主觀的、外在的，亦即外在於自身的**中介活動**，而這個中介活動**在其自身又揚棄了自身**。但在剛才的闡述中，實存所獲得的卻是一個歪曲的關係，即僅僅顯現為**經過中介的東西**或已設定的東西。

因此另一方面，實存也不應當被僅僅看作是一個**直接的東西**。從直接性這一規定來看，上帝的實存被認為是某種不可證明的東西，而關於這個實存的知識也被說成是一種**純粹**直接的意識，一種**信仰**。據說知識應當達到這個結果，即它所知道的是**無**，也就是說，它又**放棄了**它的**進行中介的**運動和那些出現在其中的規定本身。這一點在之前所述中也已經體現出來；只不過我們必須補充道，正因為反映以揚棄自身作為終點，所以它並沒有把**無**當作結果，彷彿如今關於本質的肯定知識是與本質的一個**直接關聯**，

[128]　與那個結果**分離**，成為它自己的顯露，一個僅僅從自身開始的活動；毋寧說，這個終點本身，中介活動的**消滅**，同時是**根據**，而直接的東西就是從中顯露出來的。我們曾經指出，德語把「**沉淪**」（Untergang）和「**根據**」（Grund）這兩層意思結合在一起；人們說，上帝的本質對有限的理性而言是「**深淵**」（根據的缺失，Abgrund）。如果理性放棄自己的有限性，放棄進行中介的運動，那麼上帝的本質確實是深淵；但這個**深淵**，這個否定的根據，同時是存在者（即那個自在的直接的本質）之所以顯露出來的**肯定的**根據；中介活動是一個**本質性環節**。中介活動透過根據而揚棄自身，但並沒有讓根據留在下方，彷彿那從中顯露出來的是一個**已設定的**

東西，在別的地方（亦即在根據裡）具有其本質，毋寧說，這個根據作爲深淵乃是一個已經消失的中介活動；反過來，只有一個已經消失的中介活動才同時是根據，而且它只有透過這個否定才是一個自身等同的、直接的東西。

所以，實存在這裡不應當被看作是一個**述詞**或本質的一個**規定**，從而提出「本質實存著或**具有**實存」這樣的命題，毋寧說，本質已經過渡到實存；實存是本質的絕對外化，而本質不再是位於這個外化的彼岸。因此命題應當這樣表述：「本質是實存。」本質與它的實存沒有區別。—— 本質已經**過渡**到實存，因爲本質作爲根據，與它自己作爲有根據的東西不再有什麼區別，或者說那個根據已經揚棄自身。但這個否定在本質上同樣是它的肯定，或者說是它的絕對肯定的自身延續性；實存是**根據的**自身內反映，是根據在其否定中確立的自身同一性，亦即這樣一個中介活動，它已經把自己設定爲自身同一者，從而是直接性。

現在，正因爲實存在本質上是**一個自身同一的中介活動**，所以它 [129]**在自身那裡就具有**中介活動的**各種規定**，但這些規定同時是一些已經反映回自身之內的規定，具有一種本質性的、直接的持存。作爲一種透過揚棄而設定自身的直接性，實存是一個否定的統一體和內化存在（Insichsein）；於是它直接把自己規定爲一個**實存者**，規定爲**物**。

A 物及其特性

實存在本質上是一個否定的統一體，並在這個形式中被設定爲一個**實存者**。這個否定的統一體起初只是一個**直接的**規定，因此是一般意義上的單一的**某東西**。但實存著的某東西有別於存在著的某東西，前者在本質上是一個透過中介活動的自身內反映而產生出來

的直接性。就此而言，實存著的某東西是一個**物**。

　　物有別於它的**實存**，正如**某東西**有別於它的**存在**。物和實存者直接合為一體，是同一個東西。但因為實存不是最初的直接存在，而是本身具有中介活動的環節，所以當它被規定為物，同時又有別於物，這就不是一個過渡，毋寧其實是一個分析。嚴格意義上的實存在它的中介活動的環節裡包含著這個區分本身，—— 即**自在之物**和**外在**實存的區別。

a 自在之物與實存

　　1. **自在之物**是實存者，即一個透過已揚棄的中介活動而呈現出來的**本質性的直接東西**。因此中介活動對自在之物而言同樣是一個本質性東西；但這個區別在這個最初的或直接的實存中分裂為**一些漠不相關的規定**。其中一個方面，即物的中介活動，是它的**未經過反映的直接性**，因此是它的一般意義上的存在；這個存在因為同時被規定為中介活動，所以是一個**不同於**自身的，原本就**雜多的**和**外在的定在**。但它不僅是定在，而且與已揚棄的中介活動和本質上的直接性相關聯；所以它作為定在，是一個**非本質性東西**或一個**已設定的存在**。——（當物有別於它的實存，就是**可能的東西**，即表象或思想中的物，同時這個東西嚴格說來不應當存在。至於「可能性」這一規定以及物與它的實存的對立，後面再談。）—— 但自在之物和它的經過中介的存在都包含在實存之內，二者本身都是實存；自在之物實存著，是本質性實存，反之經過中介的存在是物的非本質性實存。

　　自在之物作為實存的單純的已經反映回自身之內的存在，不是非本質性定在的根據；它是一個不動的、無規定的統一體，因為它按照其規定而言是一個已揚棄的中介活動，所以僅僅是非本質性

定在的**根基**。既然如此，反映作為一個透過他者而達到自身中介的定在，也落於**自在之物之外**。自在之物本身不應當具有任何已規定的雜多性，所以只有當它**來到一種外在的反映面前**，才獲得這種雜多性，但始終與之漠不相關（自在之物只有來到眼睛面前才具有顏色，只有來到鼻子面前才具有氣味，如此等等）。它的差異性是一個他者採取的角度，是他者自行提出的與自在之物的已規定的關聯，而不是自在之物自己的規定。

2. 這個他者就是反映，並且被規定為外在的東西：**首先外在於自身**，是一個已規定的雜多性，**然後**外在於本質性實存者，把這個實存者當作其絕對的**預先設定**而與之**相關聯**。外在反映的這兩個環節，亦即它自己的雜多性以及它與那個不同於它的自在之物的關聯，是同一個東西。因為這個實存只有在把本質性同一性當作**一個他者**而與之相關聯時，才是外在的。因此，雜多性不是在自在之物的彼岸具有一種自足的、獨立的持存，毋寧說，它在與自在之物的必然關聯中僅僅是一個與之對立的映像，即一個從自在之物那裡折射回來的東西。因此，當前的差異性是一個他者與自在之物的關聯；但這個他者絕不是什麼自為的持存者，毋寧只是與自在之物的關聯；與此同時，他者僅僅是對於自在之物的排斥；因此它是一種內在的、無休止的自身排斥。 [131]

既然自在之物是實存的本質性同一性，那麼這個無本質的反映就沒有出現在自在之物身上，而是位於其之外，與自身融合。反映走向消滅（走向根據），隨之本身成為同一性本質性或自在之物。——這一點也可以這樣來看：無本質的實存在自在之物那裡具有其自身內反映；它起初是把自在之物當作它的**他者**而與之相關聯；但作為一個與自在存在者相對立的他者，這個實存僅僅是一種自身揚棄，是向著自在存在的轉變。這樣一來，自在之物和外在實

存達到了同一。

　　這一點在自在之物那裡是這樣呈現出來的：自在之物是一個**與自身相關聯的**本質性實存；它之所以是一種自身同一性，原因僅僅在於，它在自身內包含著反映的否定性；所以，那顯現為外在實存的東西，是自在之物自身內的一個環節。正因如此，它也是一個自己排斥自己的自在之物，即**把自己當作一個他者來對待**。但這樣一來，就有**多個**自在之物，它們透過外在反映而相互關聯。這個非本質性實存就是它們彼此作為他者相互之間的關係；但進而言之，它對它們來說本身是本質性的，——換言之，當這個非本質性實存與自身融合，就是自在之物，但**不同於**那個起初的自在之物，因為那個起初的自在之物是一個直接的本質性，而這個自在之物卻是一個從非本質性實存中顯露出來的本質性。關鍵在於，如今的這個自在之物僅僅是一般意義上的**另一個**自在之物，因為它作為一個自身同一的物，相較於之前的自在之物並不具有進一步的規定性；它和後者一樣都是非本質性實存的一個自身內反映。所以，相互差異的自在之物的規定性取決於外在反映。

　　3. 從現在起，這個外在反映是兩個自在之物的相互對待，是它們**作為彼此**的他者的**中介活動**。就此而言，這兩個自在之物是一個推論的端項，而推論的中項構成了它們的外在實存，透過這個實存，端項彼此是對方的他者，與對方區分開。它們的這個區別僅僅取決於**它們的關聯**；它們彷彿只是從自己的表面把一些規定輸送到關聯中，而它們本身作為一種絕對地反映回自身之內的東西，卻與這個關聯漠不相關。——這個關係構成了實存的總體性。自在之物與一個外在於它的反映相關聯，由此獲得其雜多的規定；這意味著，它把自身排斥到另一個自在之物裡面。這種排斥是一種自身排斥，因為每一方都只有在從他者那裡重新映現出來時，才是一個他

者；它不是在自身那裡，而是在他者那裡具有其已設定的存在，僅
僅是由他者的規定性所規定的；這個他者同樣僅僅是由前者的規定
性所規定的。然而這樣一來，由於這**兩個**自在之物不是在自身那裡
具有差異性，而是每一方都僅僅在他者那裡具有差異性，所以它們
並沒有區分開；一個自在之物應當把另一個自在之物當作另一個端
項來對待，因此前者是把後者當作一個與它區分開的東西來對待；
外在反映本來應當構成這兩個端項的中介關聯，實際上卻是自在之
物僅僅自己對待自己，或者說在本質上是它的自身內反映；在這種
情況下，外在反映就是一個自在存在著的規定性，或者說是自在之
物的規定性。因此自在之物既不是在與另一個自在之物的外在關聯 [133]
中，也不是在另一個自在之物與它的外在關聯中具有這個規定性；
規定性不再僅僅是自在之物的表面，而是自在之物藉助一個他者而
進行的本質性自身中介活動。—— 這兩個自在之物本來應當構成關
聯的端項，但它們**實際上合為一體了**；只有**同一個**自在之物，它在外
在反映裡自己對待自己，**把自己當作一個他者而與之相關聯**，而這恰
恰構成了它的規定性。

自在之物的這個規定性就是**物的特性**。

b 特性

質是某東西的**直接的**規定性，是否定者本身，透過它，存在是
某東西。同理，物的**特性**是反映的否定性，透過它，一般意義上
的實存是一個實存者，而當它作爲單純的自身同一性，則是**自在之
物**。但反映的否定性，即已揚棄的中介活動，在本質上本身就是
一個中介活動和關聯，它不像質那樣，僅僅與一般意義上的他者
相關聯（因爲質是一種未經過反映的規定性），而是把**自己當作
一個他者而與之相關聯**，換言之，這個**中介活動**直接地**同樣是自身**

同一性。抽象的自在之物本身就是這樣一種從他者那裡返回到自身之內的關係；因此它本身是**自在地已規定的**；但它的規定性是**狀況**（Beschaffenheit），而狀況嚴格說來本身是一個**規定**，它在對待他者的時候**沒有過渡**到異在，因此**免去了變化**。

　　一個物具有**各種特性**；**首先**，它們是物與**他者**的已設定的關聯；特性只有作為一種彼此對待的方式才存在著，因此是一個外在反映，是物的已設定的存在這一方面。但**其次**，物在這個已設定的存在裡是**自在的**；它在與他者的關聯中保持著自身；因此不管怎樣，它僅僅是一個表面，而伴隨著這個表面，實存屈從於存在的轉變和變化；與此同時，特性並沒有在這個過程中消失。所謂物具有特性，意思是它在他者那裡造成這個或那個作用，並且以一個特有的方式在它的關聯中外化自身。只有以另一個物的相應狀況為條件，才能證明這個特性，但特性同時是物所**特有的**（eigentümlich），是物的自身同一的根基；正因如此，這種經過反映的質叫做**特性**（Eigenschaft）。在這裡，當物過渡到一種外在性中，特性卻保留下來。物透過它的各種特性而成為原因，而「原因」的意思就是作為作用而保留下來。當然，這裡的物僅僅是一個靜止的具有許多特性的物，尚未被規定為一個現實的原因；它僅僅是它的各種規定的自在存在著的反映，本身還沒有把這些規定設定下來。

　　因此正如我們看到的，**自在之物**在本質上不僅是這樣的自在之物，即它的各種特性是一個外在反映的已設定的存在，而且它們是它自己的規定，透過這些規定，自在之物以已規定的方式對待自己；它並沒有位於它的外在實存的彼岸，不是一個無規定的根基，而是在它的各種特性裡作為根據而存在著，也就是說，它在它的已設定的存在中是一種自身同一性，——但與此同時，自在之物是一

[134]

個**有條件的**根據，也就是說，它的已設定的存在同樣是一個外在反映；它只有在作爲一個外在東西的情況下才是一個反映回自身之內的、自在的東西。—— 透過實存，自在之物進入外在關聯，而實存則是立足於這種外在性；實存是存在的直接性，因此物服從於變化；但實存也是根據的經過反映的直接性，因此物在它的變化中是**自在的**。—— 這裡提到根據關聯，意思並不是說，一般意義上的物被規定爲它的各種特性的根據；物性（Dingheit）本身嚴格說來就是一個根據規定，特性既沒有與它的根據區分開，也沒有僅僅構成已設定的存在，毋寧說，它是一個已經過渡到它的外在性中，隨之眞正反映回自身之內的根據；特性本身作爲這樣的東西就是根據，一個自在存在著的已設定的存在，換言之，根據構成了特性的自身**同一性**的形式；特性的**規定性**是根據的外在於自身的反映；整體是一個在進行排斥和規定時，在自己的外在直接性中與自身相關聯的根據。—— 因此**自在之物**在本質上**實存著**，反過來，「自在之物實存著」的意思是，實存作爲外在的直接性同時是一個**自在存在**。 [135]

注釋

此前〔上卷第 129 頁以下〕[2]在定在和自在存在的環節裡，我們已經提到**自在之物**，並且指出，它作爲這樣的東西無非是一種擺脫了全部規定性的空洞抽象。對於這個東西，人們確實**一無所知**，原因恰恰在於，它應當是一種擺脫了全部規定的抽象。—— 自在之物被預先設定爲無規定的東西，於是全部規定就都落在它之外，落

---

[2] 參閱黑格爾《邏輯學 I》，先剛譯，人民出版社 2019 年版，第 102-103 頁。——譯者注

入一個對它而言陌生的反映，而它和這個反映卻是漠不相關。對**先驗唯心論**而言，這個外在反映就是**意識**。由於這個哲學體系把事物的全部規定性無論就形式還是就內容而言都放置在意識中，所以從這個立場來看，一切都是取決於**我**，取決於主體，也就是說，是我看到樹葉不是黑的，而是綠的，太陽是圓的，不是方的，是我嘗到糖是甜的，不是苦的；是我規定鐘錶的第一次和第二次鳴響是前後相繼的，不是並列的，也是我規定第一次鳴響既不是第二次鳴響的原因，也不是其後果，如此等等。——主觀唯心論的這些強硬表述

[136]　直接與自由意識相矛盾，因為在後者看來，我其實知道自己是普遍者和無規定的東西，我把那些雜多的和必然的規定從我自己這裡割裂出去，認為它們是一種外在於我，僅僅歸屬於事物的東西。——自我在它的這個自由意識中是真正的、反映回自身之內的同一性，而這種同一性本來應當屬於自在之物。——我在別的地方已經指出，那種先驗唯心論並沒有超越自我所遭受的客體的限制，總的說來沒有超越有限的世界，毋寧說，限制對先驗唯心論而言始終是一個絕對者，只不過它的**形式**發生了改變，因為先驗唯心論只不過是把限制從客觀形態轉移到主觀形態之內，把通常意識認為僅僅屬於外在事物的雜多性和變化當作自我的規定性，然後把自我當作一個物，認為雜多性和變化就是那些規定性在自我內部顯露出來的紛亂更替。——在當前的考察裡，自在之物僅僅與那個起初外在於它的反映相對立；後者尚未把自己規定為意識，自在之物也尚未把自己規定為自我。從自在之物和外在反映的本性已經可以看出，這個外在東西把自己規定為自在之物，或反過來成為起初的那個自在之物自己的規定。先驗唯心論的立場之所以是站不住腳的，在於它堅持認為**抽象的自在之物**是一個**終極**規定，把反映，或者說把已規定的、雜多的特性與自在之物對立起來，但實際上，由於自在之物在

本質上本身就具有那個外在反映，並且把自己規定爲一個具有**特有的**規定亦即特性的東西，所以物的抽象（即作爲純粹的自在之物而存在）就表明自己是一個不眞實的規定。

c 物的交互作用

自在之物在本質上**實存著**；外在的直接性和規定性屬於它的自在存在或它的自身內反映。在這種情況下，自在之物成爲一個具有特性的物，相應地，存在著許多物，它們不是透過一個外在於它們的角度，而是透過它們自身而相互區分開。諸多有差異的物由於各自的特性而處於本質上的交互作用之中；特性是這個交互作用本身，而物離開交互作用就什麼都不是；相互規定是諸自在之物的中項，而這些自在之物作爲端項本來應當始終與它們的這個關聯漠不相關，但相互規定本身就是一個自身同一的反映，是一個應當成爲端項的自在之物。相應地，物性降格爲無規定的自身同一性的形式，這個形式只有在其特性中才具有它的本質性。所以，當談到一般意義上的不具有已規定的特性的一個物或一些物時，它們的區別僅僅是一個漠不相關的、量的區別。同一個東西既可以被看作是**一個物**，也可以被當作或看作是多個物；這是一個**外在的分離**或**聯合**。—— 一本書是一個物，它的每一頁紙也是一個物，紙的每一塊也是一個物，如此以至無限。至於那使得**一個物**僅僅是**這一個**物的規定性，則是完全依賴於它的各種特性。透過這個規定性，一個物區別於其他物，因爲特性是一個否定的反映，是一種區分活動；所以，物只有依賴於它的特性才在自身那裡具有與其他物的區別。特性是一個反映回自身之內的區別，透過這個東西，物在它的已設定的存在中，亦即在它與他者的關聯中，同時與他者，與它的關聯漠不相關。正因如此，對一個不具有各種特性的物而言，就只剩下一

[138]　個抽象的自在存在，一個非本質性的容器，一個外在的整合。眞正的自在存在是在其已設定的存在中的自在存在；而已設定的存在就是特性。這樣一來，**物性已經過渡到特性**。

　　　物本來應當表現爲自在存在著的端項，與特性相對立，而特性應當構成相互關聯的物的中項。但正是在這個關聯裡，物作爲**一種自己排斥自己的反映**而相互接觸，在其中既是區分開的，也是關聯在一起的。它們的這個區別和關聯是它們的**同一個**反映和**同一個**延續性。就此而言，物本身僅僅落入這個延續性（即特性）之中，並且作爲持存著的端項消失了，而它們本來應當在這個特性之外具有一個實存。

　　　特性本來應當構成獨立的端項的**關聯**，所以它就是**獨立者本身**。反之物卻是非本質性東西。物只有作爲一個既區分自身，又與自身相關聯的反映，才是一個**非本質性東西**；但區分和關聯就是特性。因此特性不是物裡面遭到揚棄的東西，或者說不是物的單純環節，毋寧說，眞正的物僅僅是那個非本質性的容器，後者雖然是一個否定的統一體，但就像單一的某東西那樣，僅僅是一個**直接的**單一體。如果說之前物被規定爲一個非本質性的容器，是因爲一個外在的抽象把特性從物那裡拿走，那麼從現在起，這個抽象卻是透過自在之物過渡到特性自身之內而發生的，但這件事情的價值正相反，也就是說，之前的那個抽象活動仍然認爲一個沒有特性的抽象物是本質性東西，而特性是一個外在的規定，但在這裡，卻是物本身就把自己規定爲特性的一個漠不相關的、外在的形式。—— 因此

[139]　從現在起，特性擺脫了無規定的、疲軟的**連繫**，而單一的物就是這樣一個連繫；特性是那個構成了物的**持存**的東西，是一個**獨立的質料**。—— 由於它是單純的自身延續性，所以它在自身那裡起初只是具有一個作爲**差異性**的形式；因此存在著**雜多的**這類獨立的質料，

而**物的持存就是基於這類質料**③。

B 物的持存基於各種質料④

從特性到一個**質料**或一個獨立的**質素**（Stoff）的過渡乃是化學在感性質料那裡提出的一個著名的過渡，因為化學企圖表明諸如顏色、氣息、味道之類**特性**是光質素、顏色質素、氣息質素，或酸的、苦的**質素**等等，要不然就乾脆假定其他特性是類似於**熱質素**或電的、磁的質料的東西，隨之堅信自己掌握了真正意義上的特性。——同樣流行的是另一個說法，即物的**持存**是基於不同的質料或質素。人們謹慎地不把這些**質料**或質素稱作**物**，儘管他們也承認，比如色素也是一個物；但我不知道，諸如光質素、熱質素或電質料等等是否也可以稱作物。人們區分物及其組成部分，卻沒有準確地指出，這些組成部分是否或在何等程度上也是物，或僅僅是「半物」之類東西；但不管怎樣，它們至少**實存著**。

特性必然過渡到質料，或者說真正的特性必然是質料；這個必然性基於一個事實，即特性是本質性東西，隨之是物的真正獨立者。——但與此同時，特性的自身內反映僅僅構成了整個反映的某一方面，即區別的揚棄和特性的自身延續性，而特性本來應當是對一個他者而言的實存。透過這個方式，物性作為一個否定的自身內反映，作為一個把自己從他者那裡排斥開的區分活動，就降格為一個非本質性環節；但與此同時，事情有了進一步的規定。**第一**，這個否定的環節**保留下來了**，因為只有當物的區別已經**揚棄**自身，特

[140]

---

③ 這句話的字面意思也可以翻譯為「物就是由這類質料組成的」。——譯者注

④ 這個標題同樣可以翻譯為「物由各種質料組成」。——譯者注

性才轉變爲一個自身延續的、獨立的質料；因此當特性延續到異在之內，這個延續性本身就包含著否定者的環節，與此同時，它的獨立性作爲這個**否定的統一體**，是物性的得以重建的**某東西**，—— 這是一種否定的獨立性，與質素的肯定的獨立性相對立。**第二**，在這種情況下，物已經從它的無規定性擴張到完滿的規定性。作爲**自在之物**，它是**抽象的**同一性，一個**單純否定的**實存，換言之，這個實存**被規定為一個無規定的東西**；再者，物是由它的各種特性所規定的，應當透過這些特性而與其他物區分開；但由於它透過特性毋寧延續到其他物那裡，所以這個不完滿的區別揚棄自身；透過這個方式，物已經返回到自身之內，如今被規定爲**已規定的東西**；它是**自在地已規定的**，或者說是**這一個物**。

但**第三**，這個自身回歸雖然是一個與自身相關聯的規定，但同時是非本質性的；自身延續的**持存**構成了獨立的質料，在其中，物與物的區別，即它們的自在且自爲地存在著的規定性，被揚棄了，成爲一個外在東西。物作爲**這一個**物雖然是完滿的規定性，但這是一個以非本質性爲要素的規定性。

從特性的運動這一方面來看，就是這個結果。特性不僅是一個**外在的**規定，而且是一個**自在存在著的**實存。外在性和本質性的這個統一體自己排斥自己，因爲它包含著自身內反映和他者內反映：[141] 一方面，它被規定爲一個**單純的**，以自身同一的方式與自身相關聯的獨立者，在自身內揚棄了否定的統一體（即物的單一體），另一方面，這個規定與他者相對立，或者說同樣是一個反映回自身之內的、自在地已規定的單一體，—— 也就是說，**質料**和**這一個物**是自身同一的外在性或反映回自身之內的特性的兩個環節。—— 特性曾經是一個應當把物區分開的東西，由於它已經擺脫了它的這個否定方面（即附著在一個他者身上），所以物也隨之擺脫了其他物爲

它規定的存在，從他者關聯那裡返回到自身之內；但與此同時，它僅僅是一個已經轉變為他者的自在之物，因為雜多的特性本身是獨立的，於是它們在物的單一體之內的否定關聯已經只是一個已揚棄的關聯；因此，物只有在與質料的肯定的延續性相對立時，才是一個自身同一的否定。

因此，「這一個」（das Diese）構成了物的完滿規定性，而這同時是一個外在的規定性。物的持存基於各種獨立的質料，這些質料與它們在物裡面的關聯漠不相關。所以這個關聯僅僅是質料的一個非本質性連繫，而一個物與其他物的區別就在於，是否有諸多特殊的質料或有多少質料出現在這個物之內。它們超越這一個物，延續到其他物那裡，它們雖然屬於這一個物，但這對它們而言並不是一個限制。再者，它們也不相互限制，因為它們的否定關聯僅僅是疲軟無力的「這一個」。所以，它們不會因為在這一個物裡面結合就揚棄自身；它們作為獨立者對彼此而言都是不可滲透的，它們在各自的規定性裡僅僅與自身相關聯，是持存的一種彼此漠不相關的雜多性；它們只能具有一個量的界限。—— 物作為這一個物就是它們的這個單純的量的關聯，一個單純的集合，即質料的「並且」（Auch）。物的持存基於某一定量的質素，並且基於另一定量的 [142] 質素，並且基於其他定量的質素；唯有物才構成這種不具有連繫的連繫。

C 物的瓦解

當這一個物把自己規定為獨立質素的一個單純的量的連繫，就是一個絕對可變化的東西。它的變化在於，一個或多個質料從這個集合裡清除出去或添附在這個「並且」上面，換言之，它們的數量

關係發生了變化。**這一個物**的產生或消滅是一種外在連繫的外在瓦解，換言之，這些連繫在一起的質素本來就無所謂是否連繫在一起。質素持續不斷地出入於**這一個物**，如此循環往復；物本身是一種絕對的多孔性（Porosität），不具備自己特有的尺度或形式。

因此，物按照其絕對的規定性而言，既是**這一個物**，也是絕對可瓦解的。這種瓦解是外在地已規定的，而物的存在也是如此；但物的瓦解，還有物的外在存在，都是這種存在的本質性因素；它僅僅是「**並且**」；它僅僅在這種外在性中持存著。但物也是基於其各種質料而持存著，它並不只是抽象的，嚴格意義上的**這一個物**，毋寧說，**整個這一個物**就是物自身的瓦解。也就是說，誠然，物被規定為獨立質料的一個外在集合，但這些質料不是物，不具有否定的獨立性，毋寧說，它們作為特性乃是一種獨立的東西，即一種本身已經反映回自身之內的已規定的存在。所以，質料雖然是單純的，並且僅僅與自身相關聯，但**它們的內容**卻是一個**規定性**；自身內反映僅僅是這個內容的**形式**，但內容本身並沒有反映回自身之內，而是按照其規定性而與一個**他者**相關聯。所以，物不僅是質料的「**並且**」——即彼此漠不相關的質料的關聯——，而且是它們的**否定關聯**；由於自己的規定性，質料本身就是它們的這個否定反映，即物的質點性（Punktualität）。質料按照其內容的規定性而言是相互對立的，一個質料是**什麼**，另一個質料就不是**什麼**；而按照它們的獨立性而言，一個質料**存在著**，另一個質料就不存在著。

[143]

因此，當物基於某些質料而持存著，物就是這些質料的相互關聯，於是在物裡面，一個質料和另一個質料**同時持存著**，但與此同時，只要一個質料**持存著**，另一個質料就不持存著。換言之，在物裡面，只要一個質料存在著，另一個質料就因此被揚棄了；但與此同時，物是「**並且**」，亦即另一個質料的持存。因此在一個質料

的持存裡，另一個質料既**不是**持存著的，**也是**持存著的，而且所有
這些有差異的質料相互之間都是如此。由於在同一個角度下，一個
質料和其他質料都持存著，而且它們的**同一個**持存就是物的質點性
或否定統一體，所以它們是完全相互**滲透的**；與此同時，由於物僅
僅是質料的「**並且**」，所以質料已經反映回它們的規定性之內，彼
此漠不相關，在其相互滲透中**互不接觸**。由此看來，質料在本質上
是**多孔的**，因此一個質料是在**孔隙**中持存著，或者說在其他質料的
非持存中持存著；但其他質料本身也是多孔的；在它們的孔隙中，
或者說在它們的非持存中，一個質料和所有別的質料也持存著；它
們的持存同時是它們的**已揚棄的存在**，是**其他質料**的持存，而其他質
料的這個持存同樣是它們的這個已揚棄的存在，是**前一個質料的持
存**，而按照同樣的方式，也是所有其他質料的持存。就此而言，物
是獨立的持存透過其對立面或否定而達到的一個自相矛盾的自身中
介，或者說，物是**一個獨立**的質料透過**另一個**質料的**持存**和**非持存**而
達到的一個自相矛盾的自身中介。── 實存在**這一個物**裡達到了自 [144]
己的完整性，也就是說，它**在同一個東西那裡**既是一個自在存在著
的存在或**獨立的**持存，也是一個**非本質性的**實存；所以，實存的真
理在於，在非本質性裡具有其自在存在，或在一個他者（而且是絕
對的他者）裡具有其持存，換言之，把**自己的虛無性**當作自己的根
基。所以，實存就是**現象**。

注釋

　　表象活動的最流行的規定之一認爲，**一個物的持存是基於許多
獨立的質料**〔一個物是由許多獨立的質料組成的〕。一方面，人們
認爲物具有各種**特性**，這些特性的**持存**就是**物**。但另一方面，他們

又認爲這些有差異的規定是質料，其持存並不是物，毋寧說正相反，**物的持存**是基於它們，而物本身僅僅是它們的外在連繫和量的界限。二者，特性和質料，是**同樣一些內容規定**，只不過在特性那裡，它們是一些環節，已經返回到它們的否定統一體中，並且把後者當作一個與它們本身區分開的根基（亦即**物性**），而在質料這裡，它們是一些獨立的有差異的東西，其中每一個都返回到其特有的自身統一體中。接下來，這些質料把自己規定爲獨立的持存；但它們也聚集在一個物裡面。物具有兩個規定，首先是**這一個物**，其次是「**並且**」。「**並且**」是那個在外在直觀裡作爲**空間廣延**而出現的東西；但**這一個物**，作爲否定統一體，是物的**質點性**。質料聚集在質點性裡，它們的「並且」或廣延在任何情況下都是這個質點性，因爲「並且」作爲物性在本質上也被規定爲否定統一體。所以，只要哪裡存在著這些質料之一，**在同一個點上**，也存在著別的質料；物不是在這個地方具有其顏色，在那個地方具有其嗅素，在第三個地方具有其熱素等等，而是在同一個點上是熱的，並且是有顏色的、酸的、電的等等。現在，因爲這些質素不是彼此外在的，而是聚集在同一個物裡面，所以它們被認爲是多孔的，以至於一個質料是在另一個質料的間隙中實存著。但那些置身於另一個質料的間隙中的質料本身也是多孔的，所以反過來，另一個質料也是在它們的孔隙中實存著；而且不只這另一個質料，第三個、第十個質料等等也是在其中實存著。全部質料都是多孔的，每一個質料的間隙中都包含著所有別的質料，正如它和其他質料一樣都置身於每一個質料的這些孔隙中。就此而言，它們是一些相互滲透的質料，而且那些進行滲透的質料同樣也被別的質料所滲透，而這樣一來，每一個質料又去滲透它自己的被滲透的存在。每一個質料都被設定爲它的否定，而這個否定是另一個質料的持存；但這個持存同樣也是另

[145]

一個質料的否定，是前一個質料的持存。

　　眾所周知，**表象活動**為了避免**諸多**質料**在同一個物裡**的**獨立**持存這一**矛盾**，或者說為了取消這些質料在其**相互滲透**中的**漠不相關性**，經常拿部分和孔隙的**微小性**當作遁辭。任何出現自在的區別、矛盾、否定之否定的地方，蓋言之，任何應當進行**概念把握**的地方，表象活動都墮落到一種外在的、**量的**區別中；每當談到產生和消滅時，它就以「逐漸性」為遁辭，而在談到存在時，又以「**微小性**」為遁辭，這樣一來，正在消失的東西降格為**注意不到的東西**，矛盾降格為一種混亂局面，而真正的關係則被投射到一種無規定的表象活動中，彷彿其模糊性可以拯救一個自身揚棄的東西。

　　但細看之下，這種模糊性本身就表現為矛盾，一方面是表象活動的主觀矛盾，另一方面是對象的客觀矛盾；表象活動本身完全包含著矛盾的各個要素。簡言之，表象活動所做的第一件事情 [146] 就是矛盾，即它一方面企圖堅守在**知覺**上面，只盯著事物的**定在**，另一方面卻把感性的定在歸之於**不可知覺的**，透過反映而被規定的東西；──它認為那些微小的部分或孔隙應當同時是一種感性的定在，並且在談論它們的時候，和談論顏色、熱量等等具有的**實在性**沒有什麼不同。此外，當表象活動仔細考察這團**對象式的雲霧**（即孔隙和微小的部分），就會發現其中不是只有一個質料**及其否定**，彷彿**在這裡**，質料**旁邊**是它的否定（即孔隙），而孔隙**旁邊**又是質料，毋寧說，它在**這一個物裡**會發現：(1)**獨立的**質料；(2)質料的**否定**或多孔性以及**同一個點上面的其他獨立的**質料，而且質料的這種多孔性和獨立的持存是**同一個物裡**的相互否定和滲透之滲透。──近代物理學在闡述大氣層空氣裡的水蒸氣和各種氣體的彌漫混合時，尤其明確地強調了這裡得出的關於事物本性的概念的一個方面，比如，一個容積無論是充滿大氣層空氣還是空的，都會容納同樣多的

水蒸氣；各種氣體在彌漫混合時，每一種氣體對別的氣體而言都完全是一個真空，至少它們相互之間不是處於一個化學連繫中，每一種氣體都持續不斷地透過別的氣體而保持著**自身延續性**，並且在**被其他氣體滲透時**仍然保持自身，與它們**漠不相關**。——但物的概念裡還有更進一步的環節，即**這一個物裡既有這一個質料，也有另一個質料**，滲透者在同一個點上也被滲透，或者說獨立者直接是一個他者的獨立性。這是矛盾的；但物無非是這個矛盾本身；因此它是現象。

[147]　　　在精神世界裡，當「**靈魂力**」（Seelenkräfte）或「**靈魂能力**」（Seelenvermögen）等觀念涉及這些質料時，也有類似的情況。精神是深刻得多的意義上的「**這一個**」，即一個否定統一體，它的各種規定在其中相互滲透。但當精神被想像為靈魂，就經常被當作一個物來對待。假若一般意義上的「人」的**持存**是基於靈魂和身體〔由靈魂和身體組成〕，而且靈魂和身體分別被看作是一個獨立的東西，那麼靈魂的持存就是基於一些所謂的「**靈魂力**」，其中每一個都具有一種自為地持存著的獨立性，或者說都是一個直接的，獨自按照其規定性而發揮作用的活動。在人們的想像中，知性在這裡獨自發揮作用，而想像力在那裡獨自發揮作用，他們對知性、記憶等每一種力單獨進行訓練，同時卻把別的力放到一邊，使之處於非活動狀態，直到它們或許會，或許不會派上用場的時候。這些力被放置到質料式的一單純的**靈魂物**裡面，而靈魂物作為單純的東西又應當是**非質料式的**，於是在這種情況下，各種能力雖然不是被想像為特殊的質料，但它們作為**力**，和那些質料一樣，被認為彼此之間是**漠不相關**的。物作為一個矛盾，瓦解自身，過渡到現象；但精神卻不是這樣的矛盾，毋寧說，它在其自身已經是一個返回到它的絕對統一體亦即概念之內的矛盾，在其中，各種區別不再是獨立的，而是只能被思考為主體（單純的個體性）之內的**特殊環節**。

第二章　現象

　　本質已經把自身重建爲存在的直接性，而這就是實存。**自在地看來**，這種直接性是本質的自身內反映。本質已經作爲實存而從它的根據中顯露出來，而根據本身已經過渡到實存。就實存本身是絕對否定性而言，它就是這種**經過反映的**直接性。從現在起，它也**被設定爲**絕對否定性，因爲它已經把自己規定爲**現象**。　　　　[148]

　　所以，現象起初是那個在其實存中的本質；本質直接出現在現象裡。至於現象不是一個直接的實存，而是一個**經過反映的**實存，這個情況構成了本質在現象那裡的一個環節；換言之，實存作爲**本質性的**實存乃是現象。

　　某東西**僅僅**是現象，——這句話的意思是，嚴格意義上的實存僅僅是一個已設定的東西，不是一個自在且自爲的存在者。這一點構成了實存的本質性，即實存本身就具有反映的否定性或本質的本性。這不是一種陌生的、外在的反映，彷彿其掌控著本質，然後透過對本質與實存進行比較而宣稱實存是現象。毋寧說，正如我們看到的，實存的這個本質性（即作爲現象而存在）乃是實存自己的眞理。這個情況是透過反映而造成的，而反映屬於實存本身。

　　但是，如果反過來理解「某東西**僅僅**是現象」這句話，彷彿**直接的實存**就是眞理，那麼不如說現象是更高的眞理，因爲現象是本質性的實存，反之直接的實存仍然是一種無本質的現象，因爲它本身僅僅具有現象的一個環節（即直接的實存），尚未具有其否定的反映。當**現象**被稱作「**無本質的**」，人們就想到它的否定性環節，彷彿直接的東西反而是肯定的和眞實的東西；但這個直接的東西本

身尚且不具有本質性的眞理。毋寧說，當實存過渡到現象，就不再是無本質的東西。

本質起初是在它自身之內，在它的單純同一性之內**映現**（scheint）；在這種情況下，它是一個抽象的反映，一個純粹的運動，即從無出發，經過無而返回到自身之內。現在，當本質**顯現出來**（erscheint），就是一個**實在的**映像，因爲映像的諸環節具有實存。正如我們看到的，現象就是物，即一個否定的自身**中介活動**；物所包含著的各種區別是**獨立的**質料，這些質料是一個矛盾，即一方面是一個直接的持存，另一方面只有在陌生的獨立性或者說它自己的獨立性的否定中具有其持存，且正因如此反過來只有在那個陌生的獨立性的否定或者說它自己的否定之否定中具有其持存。映像是同一個中介活動，但它的鬆散的環節在現象中具有「直接的獨立性」這一形態。與此相反，實存所具有的直接獨立性在它自己那方面已經降格爲環節。所以，現象是映像和實存的統一體。

[149]

現在，現象進一步規定自己。它是本質性的實存；實存的本質性與實存（作爲非本質性的實存）區分開，而這兩個方面是相互關聯的。——所以，**第一**，現象是單純的自身同一性，同時包含著各種內容規定，而它作爲這些內容規定的關聯，是一個在現象的更替中保持著自身等同的東西，——即**現象的規律**。

第二，這個具有差異性的單純規律過渡到對立；現象的本質性東西與現象本身相互對立，**自在存在著的世界**與**現象世界**相互對立。

第三，這個對立返回到自己的根據之內；自在存在者就在現象中，反過來，顯現者註定要被吸納到它的自在存在之內；現象轉變爲**對比關係**。

A 現象的規律

1. 現象是實存者，以它的**否定**為中介，而這個否定構成了它的**持存**。它的這個否定雖然是**另一個**獨立者，但後者同樣在本質上是一個已揚棄的東西。就此而言，實存者是透過它的否定並且透過它的這個否定之否定而達到的自身**回歸**；因此它具有**本質上的獨立性**；與此同時，它是一個直接地**已設定的存在**，把一個**根據**和一個他者當作它的持存。—— 所以，現象首先是實存及其本質性的統一體，是已設定的存在及其根據的統一體；但這個根據是**否定**，而另一個獨立者，即前一個獨立者的根據，同樣只是一個已設定的存在。換言之，實存者作為顯現者乃是一個他者內反映，並且把他者當作自己的根據，而他者本身同樣只是一個他者內反映。實存者是一個自身回歸，而且它的各個環節具有否定性，正因如此，它所獲得的**本質上的獨立性**是無經過無而達到的自身回歸；所以，實存者的獨立性僅僅是**本質上的映像**。由此看來，互為根據的實存者的連繫就在於這個相互否定，即一方的持存不是另一方的持存，而是其已設定的存在，而且唯有已設定的存在的這個關聯才構成了它們的持存。根據是現成的；至於真正的根據是作為第一位的東西而存在著，這僅僅是一件**預先設定的**事情。

以上情形構成了現象的**否定**方面。但這個否定的中介活動直接包含著實存者的**肯定的自身同一性**。因為實存者不是一個**與本質上的根據相對立的已設定的存在**，或者說**不是一個依附於獨立者的映像**，而是一個與**已設定的存在**相關聯的**已設定的存在**，或者說僅僅是**一個映像之內的映像**。它在它的這個否定或它的他者（這個他者本身是一個已揚棄的東西）裡與**自身**相關聯；因此它是一種自身同一的或肯

定的本質性。——這個自身同一的東西不是嚴格意義上的實存所具有的那種**直接性**，毋寧只是一個非本質性東西，必須在一個他者那裡具有自己的持存。確切地說，它是現象的**本質上的內容**，這個內容具有兩個方面：首先，它在形式上是**已設定的存在**或外在的直接性，其次，它作為已設定的存在是一個自身同一的東西。按照前一個方面，它是一個定在，但這個定在是偶然的、非本質性的，並且作為一個直接的東西從屬於過渡、產生和消滅。按照後一個方面，它是一個單純的，與那種更替無關的內容規定，一個在更替中**常駐不變的東西**。

　　一般而言，這個內容是**單純的、轉瞬即逝的**東西，除此之外，它也是一個**已規定的、自身內有差異的**內容。它是現象（否定的定在）的自身內反映，因此在本質上包含著規定性。但現象是**存在著的、繁複的差異性**，這個差異性四處投射為一種非本質性的雜多性；反之，現象的經過反映的內容是它的雜多性，被還原為**單純的區別**。更確切地說，已規定的、本質上的內容並非僅僅在一般的意義上是已規定的，毋寧說，它作為現象的本質性東西乃是完整的規定性，即「**某一**」及其「**他者**」。在現象裡，二者中的每一方都是在對方那裡具有自己的持存，同時僅僅取決於對方的**非持存**。這個矛盾揚棄自身，而且矛盾的自身內反映就是現象的兩個方面的持存的**同一性**，即**一方的已設定的存在**也是**另一方的已設定的存在**。它們構成了**同一個持存**，同時又是**有差異的、彼此漠不相關的**內容。因此，在現象的本質性方面，非本質性的內容的**否定因素**（即自身揚棄）返回到同一性之內；這個內容是一個漠不相關的**持存**，後者與其說是已揚棄的存在，不如說是**他者的持存**。

[152]

　　這個統一體是**現象的規律**。

　　2. 因此規律是顯現者的中介活動的**肯定因素**。現象起初作為實

存乃是一個**否定的**自身中介活動，即實存者透過**它自己的非持存**，透過一個他者，然後又透過**這個他者的非持存**而達到自身中介。其中**首先**包含著二者的單純映現和消失，即非本質性的現象，**其次**也包含著**常駐不變的東西**或**規律**；因為二者中的**每一個**都是透過揚棄他者而**實存著**，而它們的已設定的存在作為它們的否定性同時是二者的**同一的、肯定的**已設定的存在。

　　由此看來，現象在規律裡具有的這個常駐不變的持存，如其自身規定的那樣，**第一**與實存所具有的存在的**直接性**相對立。誠然，**自在地看來**，這個直接性也是經過反映的直接性，即一個已經返回到自身之內的根據，但如今在現象裡，這個單純的直接性已經有別於經過反映的直接性，雖然二者只有在物裡面才開始分離。實存著的物在瓦解的時候已經轉變為這個對立；這裡面的**肯定因素**就是顯現者作為已設定的存在在它的另一個已設定的存在裡達到的自身同一性。——**第二**，這個經過反映的直接性本身被規定為**已設定的存在**，與實存的存在著的直接性相對立。從現在起，這個已設定的存在是本質性東西和真正的肯定因素。德語的「**規律**」（Gesetz）一詞①同樣包含著這個規定。規律包含著區別的兩個方面，而這兩個方面的本質性**關聯**就位於這個已設定的存在裡面；它們是有差異的，對彼此而言直接的內容，而這又是因為它們是那個屬於現象的、隨時消失的內容的反映。作為本質上的差異性，這些有差異性的東西是一些單純的，與自身相關聯的內容規定。但與此同時，沒有哪一個內容規定單獨看來是直接的，毋寧說，每一個規定在本質上都是**已設定的存在**，換言之，每一個規定**只有當另一個規定存在著**　　　　　　[153]

---

① 德語的「規律」（Gesetz）也可以譯為「法則」，其在字面上的意思是「已設定的東西」。——譯者注

時才存在著。

　　第三，現象和規律具有同一個內容。規律是現象在自身同一性內的**反映**；在這種情況下，現象作為虛無的**直接東西**，與**經過自身內反映的東西**相對立，而且它們是按照這個形式而區分開來。這個區別是由現象的反映造成的，但這個反映也是現象本身和它的反映的本質性同一性，而這一般說來是反映的本性；反映是已設定的存在中的自身同一者，而且與那個區別漠不相關，後者是形式或已設定的存在，——也就是說，這是一個從現象那裡**延續到**規律之內的內容，即規律和現象的內容。

　　相應地，這個內容構成了現象的**根基**；規律就是這個根基本身，現象也是同樣的內容，但包含著更多的東西，即它的直接存在的非本質性內容。形式規定把嚴格意義上的現象與規律區分開來，但形式規定本身也是一個**內容**，並且是與規律的內容有區別的內容。也就是說，實存作為一般意義上的直接性，同樣是質料與形式的一個自身同一者，它與自己的各種形式規定漠不相關，因此是內容；它是物性連同其特性和質料。但它是這樣一個內容，其獨立的直接性同時僅僅是一種非持存。但內容在它的這個非持存中的自身同一性是另一個內容，即本質性內容。這個同一性（即現象的根基）構成了規律，它是它自己的一個環節；正是基於本質性這一肯定方面，實存才是現象。

[154]　　　　所以，規律不是位於現象的彼岸，而是在現象中直接地**存在於當前**（gegenwärtig）；規律王國是實存世界或現象世界的一幅**靜止的肖像**。確切地說，二者是**同一個總體性**，實存世界本身就是規律王國，後者作為單純的同一者，同時在已設定的存在或實存的自身瓦解的獨立性裡達到自身同一。實存既返回到規律之內，也返回到規律的根據之內；現象包含著這二者，一個是單純的根據，另一個

是現象宇宙的瓦解運動，而根據就是這個運動的本質性。

　　3. 因此規律是**本質性**現象；它是現象在已設定的存在裡的自身
內反映，是它自己和非本質性實存的**同一**內容。**第一**，規律與它的
實存的這個同一性起初只是**直接的**、單純的同一性，規律與它的實
存是漠不相關的；現象的內容仍然不同於規律的內容。前一個內
容誠然是非本質性的，已經返回到後一個內容之內，但它對於規
律而言卻是第一位的東西，不是透過規律而被設定的；所以，它作
爲內容是**外在地**和規律**連繫在一起**。現象是一系列更具體的規定，
它們屬於「**這一個**」或具體東西，並且不是包含在規律之內，而是
由一個他者所規定的。——**第二**，現象所包含的那個有別於規律的
東西，把自己規定爲一個肯定者或另一個**內容**；但這個東西在本質
上是一個否定者；它是形式及其嚴格意義上的運動，而這個運動屬
於現象。規律王國是現象的**靜止的**內容；現象也是同樣的內容，只
不過處於躁動不息的更替中，呈現爲一種他者內反映。現象作爲規
律乃是一個否定的、絕對變化著的實存，或這樣一個**運動**，即過渡
到對立面、揚棄自身、返回到統一體之內。躁動不息的形式或否
定性這一方面並未包含著規律；就此而言，現象是一種與規律相
對立的總體性，因爲它不但包含著規律，而且包含著更多的東西，　　［155］
即自身運動著的形式這一環節。——**第三**，這個缺陷在規律那裡的
表現是，規律的內容起初只是**一個有差異的**內容，隨之是一個與自
己漠不相關的內容，於是它的各方面的同一性起初只是一個**直接的**
同一性，隨之是一個**內在的**同一性，或者說還不是一個必然的同一
性。在規律裡，兩個內容規定在本質上連繫在一起（比如自由落
體運動規律裡的空間大小和時間大小；所經過的空間與已流逝的時
間的平方成正比）；它們在連繫中**存在著**；這個關聯起初只是一個
直接的關聯。因此它同樣起初只是一個**已設定的**關聯，正如在現象

裡，一般意義上的直接東西已經獲得「已設定的存在」的意義。規律的兩方面的本質性統一體應當是它們的否定性，也就是說，其中一方應當在其自身就包含著另一方；但這個本質性統一體尚未在規律身上顯露出來。（同理，「時間的平方與空間相對應」就沒有包含在「落體所經過的空間」這一概念裡。正因為下落是一個感性的運動，所以它是時間和空間的關聯；但是，首先，按照通常的「時間」觀念，時間的規定本身並沒有包含著時間與空間的關聯，反之亦然；據說人們能夠很輕鬆地想像一種沒有空間的時間和一種沒有時間的空間；也就是說，一方以外在的方式附加到另一方上面，這個外在的關聯就是運動。其次，空間和時間在運動裡遵循著怎樣的大小關係，這個更具體的規定是無關緊要的。相關規律是從經驗中認識到的；就此而言，它僅僅**直接地存在著**；它還需要一個**證明**，即為認識提供一個中介活動，以確保規律不是僅僅**有這回事**，而是**必然的**；但規律本身並未包含著這個證明及其客觀的必然性。）所

[156] 以，規律僅僅是現象的**肯定的**本質性，不是其否定的本質性，而按照這個否定的本質性，內容規定是形式的環節，它們本身就過渡到自己的他者那裡，並且本身就不是自己，而是自己的他者。因此在規律裡，雖然其中一方的已設定的存在就是另一方的已設定的存在，但雙方的內容與這個關聯是漠不相關的，而且內容本身並未包含著這個已設定的存在。簡言之，規律雖然是本質性形式，但還不是一個作為內容而反映到各個方面的形式，即實在的形式。

B 現象世界和自在存在著的世界

1. 實存世界靜靜地提升為規律王國；它的雜多定在的虛無內容在一個他者那裡具有其持存；因此它的持存就是它的瓦解。但在

這個他者裡，顯現者也**與自身**融合了；因此現象在其轉換中也是一種常駐不變，而它的已設定的存在就是規律。規律是現象的這個單純的自身同一性，因此是現象的根基，而非現象的根據；因為規律不是現象的否定統一體，毋寧說，它作為現象的單純同一性乃是一個直接的—抽象的統一體，在其**旁邊**，現象的另一個內容**也**有其地位。內容是「**這一個內容**」，是一個內在的連繫，或者說它在自身之內具有其否定的反映。內容反映到一個他者那裡；這個他者本身是現象的一個實存；顯現著的物以另外一<u>些</u>顯現著的物為自己的根據和條件。

　　但規律實際上也是**嚴格意義上的現象的他者**和現象的否定的反映（他者內反映）。現象的內容與規律的內容是有差異的，前者是一個實存者，以自己的否定性為自己的根據，或者說已經反映到自己的非存在那裡。但這個**他者**〔規律〕也是一個**實存者**，同樣已經反映到自己的非存在那裡；也就是說，規律和現象是**同一個東西**，實際上顯現者不是反映到一個他者那裡，而是**反映到自身之內**；已設定的存在的這個自身內反映恰恰是規律。但規律作為顯現者，在本質上已經**反映到自己的非存在那裡**，換言之，它的同一性本身在本質上同樣是它的否定性和它的他者。因此現象的自身內反映（即規律）不僅僅是現象的同一性根基，毋寧說，現象與規律相對立，而規律是它的否定統一體。 [157]

　　這樣一來，規律的規定在規律自身那裡已經發生了變化。它起初只是一個有差異的內容，是已設定的存在的形式上的自身內反映，即一方的已設定的存在是另一方的已設定的存在。但因為規律也是一個否定的自身內反映，所以它的兩個方面之間就不僅僅是一種差異關係，而且是一個否定的相互關聯。——換言之，如果只是單獨考察規律本身，那麼它的內容方面是彼此漠不相關的；但這些

方面同樣是透過它們的同一性而被揚棄的方面；一方的已設定的存在是**另一方**的已設定的存在；因此每一方的持存也是**它自身的非持存**。一方在另一方中的已設定的存在是它的否定統一體，而且每一方**不僅是它自身的已設定的存在，而且是另一方的已設定的存在**，或者說每一方本身就是這個否定統一體。它們在嚴格意義上的規律裡具有的肯定同一性起初只是它們的**內在的**統一體，這個否定統一體需要**證明**和**中介活動**，因為它尚未在它們那裡被設定下來。但是，由於規律的不同方面被規定為一些在其否定統一體中有差異的東西，或者說這樣一些東西，其中每一方在其自身就包含著它的他者，同時作為獨立的東西把它的這個異在從自身那裡排斥出去，所以從現在起，規律的同一性也是一個**已設定的**和**實在的**同一性。

[158]　　　在這種情況下，規律同樣獲得了它的兩個方面的否定形式這一欠缺的環節，即那個曾經屬於現象的環節；相應地，實存已經完全返回到自身之內，並且反映到它的絕對的、自在且自為地存在著的異在那裡。那曾經是規律的東西，不再僅僅是整體的**某一個**方面（另一個方面是嚴格意義上的現象），毋寧說本身就是整體。實存是現象的本質上的總體性，因此現在也包含著「非本質性」這一環節（這個環節以前屬於現象），但這是一種經過反映的、自在存在著的非本質性，即**本質上的否定性**。——規律作為直接的內容，總是**已規定的**，與另一些規律區分開，而且這些規律是數不勝數的。但現在，由於規律本身具有本質上的否定性，所以它不再包含著這樣一個純粹漠不相關的、偶然的內容規定；毋寧說，它的內容是全部規定性，並且處於一個本質上的，把自己當作總體性的關聯中。現在，這個反映回自身的現象就是一個**世界**，它作為一個**自在且自為地存在著的世界，顯露於現象世界之上**。

　　　規律王國僅僅包含著實存世界的單純的、無轉化的，但有差異

的內容。但是，由於規律王國是實存世界的總體反映，所以也包含
著後者的無本質的雜多性這一環節。「可變化性」和「變化」作為
一個反映回自身的、本質性的環節，是絕對否定性或真正嚴格意義
上的形式，但後者的各個環節卻是在自在且自為地存在著的世界裡
具有一個實在的、獨立的，但經過反映的實存；反過來，這個經過
反映的獨立性如今本身也具有形式，在這種情況下，它的內容不再
僅僅是雜多的內容，而是一個在本質上與自身相關聯的內容。

　　這個自在且自為地存在著的世界也叫做**超感性世界**，相應地，
實存世界被規定為**感性世界**，即一個為著意識的直接舉動（即直
觀）而存在著的世界。——超感性世界同樣具有直接性和實存，但 [159]
這是一個經過反映的、本質性的實存。**本質**尚且不具有定在；但它
存在著，而且具有比存在更深刻的意義；**物**是經過反映的實存的開
端；它是一個直接性，但這個直接性尚未**被設定為**本質上的或經過
反映的直接性；真正說來，它不是一個**存在著的**直接東西。只有當
物首先被設定為真正的實存，其次被設定為與存在者相對立的真
相，才是另一個世界亦即超感性世界裡的物；——人們承認它們那
裡有一種與直接的存在區分開的存在，即真正的實存。一方面，在
這個規定裡，感性表象被克服了，因為它只承認感覺到和直觀到的
直接存在具有實存；但另一方面，無意識的反思也被克服了，因為
它雖然也具有「**物**」、「**力**」、「**內在東西**」等等的表象，卻不知
道這樣一些規定不是感性的或存在著的直接東西，而是經過反映的
實存。

　　2. 自在且自為地存在著的世界是實存的總體性；這個世界之
外沒有任何東西。但由於它本身是絕對否定性或形式，所以它的自
身內反映是一個**否定的**自身**關聯**。它包含著對立，自己排斥自己，
分裂為本質世界和異在世界或現象世界。之所以如此，就是因為它

既是總體性，也僅僅是總體性的**其中一個方面**，並在這個規定裡構成了一個與現象世界有差異的獨立性。現象世界在本質世界中具有自己的否定統一體，在其中消滅，並把本質世界當作它的根據而返回到其中。進而言之，本質世界也是現象世界的進行設定的根據；因為本質世界在其本質性中包含著絕對形式，它的自身同一性揚棄自身，使自己成為已設定的存在，並且作為這個已設定的直接性就是現象世界。

[160]　　　再者，本質世界不僅是現象世界的一般意義上的根據，而且是其**已規定的**根據。本質世界作為規律王國已經是雜多的**內容**，亦即現象世界的本質性內容，而作為內容豐富的根據，它是**另一個**世界的**已規定的**根據，但僅僅就內容而言是如此；也就是說，現象世界的內容曾經不同於規律王國的內容，因為它仍然具有一個獨特的否定環節。但是，由於規律王國本身同樣具有這個環節，所以它是現象世界的內容的總體性，是現象世界的全部雜多性的根據。與此同時，本質世界是現象世界的否定者，因此是一個與後者**相對立的世界**。──簡言之，在兩個世界的同一性裡，其中一個就形式而言被規定為本質世界，另一個雖然是同一個世界，但被規定為已設定的、非本質性的世界。在這種情況下，雖然**根據關聯**得以重建，但與此同時，這是**現象的根據關聯**，也就是說，這既不是同一個內容的關聯，也不是單純有差異的內容的關聯（如同規律那樣），而是一個總體的關聯，或者說是**相互對立的內容**的否定同一性和**本質性關聯**。──規律王國不僅意味著一個內容的已設定的存在是一個他者的已設定的存在，而且正如我們看到的，這個同一性在本質上也是一個否定統一體；在規律的兩方面的否定統一體裡，每一方**在其自身都是它的另一個**內容；所以，他者不是一個籠統地未規定的他者，而是**其中一方**的他者，換言之，一方同樣包含著另一方的內容

規定；在這種情況下，兩方面是相互對立的。現在，由於規律本身具有這個否定環節和對立，隨之作為總體性自己排斥自己，分裂為一個自在且自為地存在著的世界和一個現象世界，所以雙方的同一性是**相互對立者的本質性關聯**。—— 嚴格意義上的根據關聯是一個在其矛盾中已經消滅的對立，而實存則是一個**與自身**融合的根據。但實存轉變為現象；根據在實存裡被揚棄了；根據作為現象的自身回歸，重建自身；但與此同時，它是一個已揚棄的根據，即相互對立的規定的根據關聯；這些規定的同一性在本質上是轉變和過渡，不再是嚴格意義上的根據關聯。 [161]

　　因此，自在且自為地存在著的世界本身是這樣一個世界，它透過自身之內的區別轉變為雜多內容的總體性；它是現象世界或已設定的世界的根據，就此而言和後者是同一的；但與此同時，它們的同一性連繫被規定為相互對立，因為現象世界的形式就是現象世界進入它的異在的反映，於是現象世界一方面與自在且自為地存在著的世界相對立，另一方面已經在後者那裡真正返回到自身之內。因此，關聯被規定為這樣一個關聯，即自在且自為地存在著的世界是現象世界的**顛倒**。

C 現象的瓦解

　　自在且自為地存在著的世界是現象世界的**已規定的**根據，而之所以如此，只是因為它在其自身就是一個否定的環節，從而是內容規定及其變化的總體性，這個總體性與現象世界吻合，同時又構成了現象世界的絕對對立面。因此，兩個世界的關係是這樣的：那在現象世界裡是肯定的東西，在自在且作為地存在著的世界裡是否定的，反過來，前者裡面的否定者在後者裡面是肯定的。現象世界

裡的北極**自在且自為地看來**是南極，反之亦然；正電**自在地看來**是負電，如此等等。現象世界裡的惡和不幸等等**自在且自為地看來**是善和幸運②。

[162]　　　實際上，恰恰在兩個世界的這個對立裡，**它們的區別消失了**，那個應當是自在且自爲地存在著的世界的東西，本身是現象世界，反過來，現象世界在其自身就是本質世界。——**現象世界**起初被規定爲一個進入異在的反映，即它的各種規定和實存是在一個他者那裡具有自己的根據和持存；但由於這個他者同樣是一個**反映到他者之內**的東西，所以那些規定和實存在這裡僅僅與一個揚棄著自身的他者相關聯，隨之**與自身**相關聯；由此看來，現象世界**在其自身**就是一個自身等同的規律。——反過來，自在且自爲地存在著的世界起初是一個自身同一的內容，與異在和更替無關；但因爲這個內容是現象世界完整的自身內反映，或者說，因爲它的差異性是一個反映回自身之內的絕對區別，所以它包含著否定的環節以及一個以自身爲異在的自身關聯；透過這個方式，它轉變爲一個自相對立的、自身顛倒的、無本質的內容。再者，自在且自爲地存在著的世界的這個內容也因此獲得了「**直接的實存**」這一形式。也就是說，它起初是現象世界的根據；但由於它本身是自相對立的，所以它同樣是一個已揚棄的根據和直接的實存。

　　　由此看來，現象世界和本質世界每一方在其自身都是總體性，其中既有自身同一的反映，也有他者內反映，或者說既有自在且自爲的存在，也有顯現活動。兩個世界都是實存的獨立整體；但每一

---

② 參閱《精神現象學》第二版，第 121 頁以下。——原編者注。譯者按，此處相關的中文原文參閱黑格爾《精神現象學》，先剛譯，人民出版社 2013 年版，第 101-102 頁。

方都在另一方那裡**延續**自身，因此本身就是這兩個環節的同一性。
如今呈現出來的就是這個總體性，它自己排斥自己，分裂爲兩個總
體性，一個是**經過反映的**總體性，另一個是**直接的**總體性。二者起
初都是獨立的，但它們只有作爲總體性才是獨立的，而爲了做到這
一點，每一方都必須在本質上把另一方當作自己的環節。現在，當　[163]
雙方分別被規定爲**直接的**總體性和**經過反映的**總體性，它們的區分
開的獨立性就被設定下來，即每一方都在本質上完全與另一方相關
聯，而且只有在**雙方的這個統一體**中才具有它的獨立性。

　　之前的出發點是**現象的規律**；這個規律是一個有差異的內容與
另一個內容的同一性，因此前者的已設定的存在就是後者的已設
定的存在。規律仍然包含著這個區別，也就是說，它的兩個方面的
同一性起初只是一個內在的同一性，而且這些方面本身尚且不具
有這個同一性；在這種情況下，一方面，那個同一性還沒有實在
化；規律的內容不是同一的內容，而是一個漠不相關的、有差異的
內容；——另一方面，這個內容僅僅是**自在地**已規定的，以至於一
方的已設定的存在就是另一方的已設定的存在；這個已設定的存在
尚未出現在內容那裡。但從現在起，**規律已經實在化了**；它的內在
的同一性同時是定在著的同一性，而反過來，規律的內容已經提升
爲理念性（Idealität）；也就是說，內容在其自身就是一個已揚棄
的、反映回自身之內的內容，因爲每一方本身就具有另一方，從而
眞正達到了與另一方和與自身的同一。

　　這樣一來，規律就是**本質性對比關係**。非本質世界的眞理起初
是一個**與它不同的**、自在且自爲地存在著的世界；但後一個世界是
總體性，因爲它既是它自己，也是前一個世界；就此而言，二者都
是直接的實存，從而既是一個進入異在的反映，也恰恰因此是一個
眞正的自身內反映。一般而言，「**世界**」（Welt）一詞所表達出的

是雜多性的無形式的總體性；當雜多性不再是一個單純有差異的雜多性，這個世界，無論是作爲本質世界還是作爲現象世界，就消滅了；這時它仍然是總體性或宇宙，但卻是作爲**本質性對比關係**。在現象裡，內容的兩個總體性產生出來；它們起初被規定爲彼此漠不相關的獨立者，雖然每一方本身都具有形式，但彼此之間卻不具有形式；但形式已經表明自己是它們的關聯，而本質性對比關係就是它們的形式統一體的完成。

[164]

第三章　本質性對比關係

現象的真理是**本質性對比關係**。這個對比關係的內容具有直接的獨立性，而且這是**存在著的**直接性和**經過反映的**直接性，或者說自身同一的反映。與此同時，這個獨立的內容是相對而言的，完全只是表現為一個他者內反映，或者說表現為它與它的他者的關聯統一體。在這個統一體裡，獨立的內容是一個已設定的、已揚棄的東西；但這個統一體恰恰構成了內容的本質性和獨立性；這個他者內反映就是自身內反映。對比關係具有兩個方面，因為它是一個他者內反映；也就是說，它本身包含著一個自身區別，而區別的兩方面都是獨立的持存，因為它們在其彼此漠不相關的差異性中折射回自身之內，以至於每一方的持存都只有在與另一方的關聯中或在它們的否定統一體裡才具有其意義。

所以，本質性對比關係雖然還不是**本質**和**實存**之後的真正**第三者**，但已經包含著二者的已規定的聯合。本質在這個對比關係裡實在化了，亦即把一些獨立的實存者當作自己的持存；這些實存者已經從它們的漠不相關性那裡返回到它們的本質性統一體之內，因此僅僅把這個統一體當作自己的持存。「肯定者」和「否定者」等反映規定同樣是一些反映回自身之內的規定，只不過反映回自身之內就是反映到它們的對立面那裡，而且它們除了它們的這個否定統一體之外，不具有任何別的規定；反之本質性對比關係卻是把兩個被設定為獨立總體性的規定當作自己的兩個方面。這和肯定者與否定者的相互對立是同一個對立，但同時作為一個顛倒的世界。本質性對比關係這一方面是一個總體性，但它在本質上是一個對立面，具 [165]

有自己的**彼岸**；它僅僅是現象；它的實存與其說是它自己的實存，不如說是它的他者的實存。所以，它是一個折射回自身之內的東西；但它的已揚棄的存在是持存著的，因爲它是它自己和它的他者的統一體，亦即是一個整體，而正因如此，它具有獨立的實存，並且是一個本質上的自身內反映。

以上就是對比關係的**概念**。但對比關係起初包含的同一性仍然是不完滿的；相對的每一方在其自身都是總體性，但暫時只是一個內核；對比關係這一方面起初是在否定統一體的兩個規定**之一**裡面被設定下來的；恰恰是每一方自己特有的獨立性構成了對比關係的形式。所以，對比關係的同一性僅僅是一個**關聯**，每一方的獨立性落於這個關聯之外，亦即落在每一方之內；那個同一性和兩個獨立實存的經過反映的統一體還沒有呈現出來，尚且不是**實體**。——所以，雖然對比關係的概念已經表明自己是經過反映的獨立性和直接的獨立性的統一體，但**第一**，這個**概念**本身仍然是**直接的**，因此其各個環節也是直接地相互對立的，至於它們的統一體，則是一個本質性關聯，後者只有實在化之後，亦即透過它的運動而把自己**設定為**那個統一體之後，才是眞正的，與概念吻合的統一體。

所以，本質性對比關係直接地是**整體**與**部分**的對比關係，——即經過反映的獨立性與直接的獨立性的關聯，也就是說，二者只有作爲互爲條件和互相預先設定的東西才同時存在著。

[166]在這個對比關係裡，每一方都尙未被設定爲另一方的環節，因此它們的同一性本身是一個方面；換言之，這個同一性不是它們的否定統一體。因此，**第二**，對比關係過渡到這種情況，即在雙方那裡，其中一方是另一方的環節，並且把另一方當作自己的根據，當作眞正的獨立者，——這就是**力及其外化**的對比關係。

第三，這個仍然不平等的關聯揚棄自身，因此最終的對比關

係就是**內核**與**外觀**的對比關係。── 在這個已經完全形式化的區別裡，對比關係本身消滅了，而**實體**或**現實的東西**卻是作爲直接的實存和經過反映的實存的**絕對統一體**而顯露出來。

A 整體與部分的對比關係

1. **第一**，本質性對比關係包含著實存的**反映回自身之內**的獨立性；因此它是單純的**形式**，其兩個規定雖然也是實存，但同時是已設定的實存，亦即兩個在統一體中保留下來的環節。這個反映回自身之內的獨立性同時反映到它的對立面亦即**直接的獨立性**那裡；它們的持存在本質上既是其自己的獨立性，也是與它的他者的這個同一性。── **第二**，正因如此，另一個方面也直接被設定下來；直接的獨立性被規定爲**他者**，是一個內在的豐富的雜多性，但與此同時，這個雜多性在本質上**並且**與另一方相關聯，本身具有經過反映的獨立性這一統一體。前一個方面，**整體**，即獨立性，曾經構成了自在且自爲地存在著的世界；後一個方面，**部分**，即直接的實存，曾經是現象世界。在整體與部分的對比關係裡，雙方都是獨立性，但每一方都是對方在它那裡的映現，同時僅僅是雙方的這個同一性。現在，正因爲本質性對比關係暫時只是最初的、直接的對比關係，所以否定的統一體與肯定的獨立性透過「**並且**」連繫在一起；雙方雖然被設定爲**環節**，但**同樣**也被設定爲實存著的**獨立性**。──所以，「二者被設定爲環節」這件事情可以這樣劃分：**整體**或經過反映的獨立性首先被確立爲實存者，另一方（直接的獨立性）則是其中的一個環節；── 在這裡，**整體**構成了雙方的統一體，亦即**根基**，而直接的實存**相當於已設定的存在**。── 反過來，在另一方亦即**部分**這一方，直接的、內在雜多的實存是獨立的根基；相比之下，

[167]

經過反映的統一體（亦即整體）僅僅是外在的關聯。

　　2. 因此，這個對比關係既包含著雙方的獨立性，也包含著雙方的已揚棄的存在，而且兩個情況完全處於**同一個**關聯中。整體是獨立者，部分僅僅是這個統一體的環節；但部分同樣也是獨立者，而它們的經過反映的統一體僅僅是一個環節；每一方作為**獨立者**都完全是另一方的**相對者**。所以，這個對比關係在其自身就是一個直接的矛盾，並且揚棄了自己。

　　進而言之，**整體**是一個經過反映的統一體，獨自具有一個獨立的持存；但它的這個持存同樣被它排斥出去了；整體作為否定統一體乃是一個否定的自身關聯；這樣它就外化自身；它在它的對立面亦即雜多的直接性或**部分**那裡具有自己的持存。**因此整體是基於部分而持存著**〔整體是由部分組成的〕；也就是說，如果沒有部分，整體就不是某東西。因此整體是完整的對比關係和獨立的總體性；但正是基於同樣的理由，它僅僅是一個相對者，因為其實是它的**他者**亦即部分使它成為總體性；它不是在自身那裡，而是在它的他者那裡具有自己的持存。

[168]　　因此部分同樣是完整的對比關係。它們是直接的獨立性，與經過反映的獨立性**相對立**，而且它們不是基於整體而持存著，而是自為地存在著。再者，它們本身就具有這個整體，把它當作它們的一個環節；整體構成了它們的關聯；如果沒有整體，也就沒有部分。但因為它們是獨立者，所以這個關聯僅僅是一個外在的環節，而它們則是作為自在且自為的存在者與之漠不相關。但與此同時，部分作為雜多的實存又與自身融合在一起，因為這個實存是一個無反映的存在；它們的獨立性僅僅基於經過反映的統一體，後者既是這個統一體，也是實存著的雜多性；也就是說，它們的獨立性僅僅**基於整體**，但整體同時是一個**不同於**部分的獨立性。

　　所以，整體和部分是**互為條件**的；但與此同時，這裡考察的對
比關係高於此前已經加以規定的**有條件者**與**條件**的相互關聯。那個
關聯在這裡**實在化了**；也就是說，現在已經**設定**這個情況，即條件
是有條件者的本質上的獨立性，因此前者是由後者所**預先設定**的。
嚴格意義上的條件僅僅是**直接的東西**，僅僅是**自在地被預先設定**的。
整體雖然是部分的條件，但與此同時，這件事情本身就意味著，只
有當它預先設定了部分，它才存在著。既然對比關係的雙方被設定
為互為條件的，那麼每一方在其自身都是一個直接的獨立性，但它
的獨立性同樣是經過中介的，或者說是由另一方所設定的。基於這
個交互性，**完整的對比關係**就是條件活動的自身回歸，即一個非相
對的、**無條件的東西**。

　　現在，由於對比關係的每一方的獨立性都不是基於自身，而是
基於另一方，所以這裡只有雙方的**同一個**同一性，雙方都僅僅是其
中的環節；但由於每一方在其自身就是獨立的，所以它們是兩個獨
立的實存，彼此之間漠不相關。

　　從前一個角度亦即雙方的本質上的同一性來看，**整體等同於部**　　[169]
分，部分也等同於整體。整體中沒有任何東西不是在部分之內，部
分中也沒有任何東西不是在整體之內。整體不是一個抽象的統一
體，而是**有差異的雜多性**的統一體；**雜多東西**在這個統一體中相互關
聯，而統一體則是把它們**規定為**部分。因此對比關係具有一個不可
分割的同一性，並且僅僅具有**同一個**獨立性。

　　進而言之，整體等同於部分，只不過這裡所說的「**部分**」沒有
被當作部分來看；整體是經過反映的統一體，但部分構成了一個已
規定的環節（即統一體的**異在**），並且是有差異的雜多東西。當整
體等同於部分時，不是把後者當作這個有差異的獨立東西，而是與
它們**彙集**。但它們的這個**彙集**無非是它們的統一體，即嚴格意義上

的整體。因此整體在部分那裡僅僅等同於它自己，至於它和部分的等同，僅僅表達出一個恆真句，即**整體作為整體**不是等同於部分，而是**等同於整體**。

反過來，部分等同於整體；但因為它們本身就是「異在」這一環節，所以當它們與整體等同時，不是把後者當作統一體，而是讓整體的雜多規定**之一**來到部分這裡，或者說**把整體當作雜多東西**而與之等同；也就是說，它們把整體當作**已分割的整體**亦即**部分**而與之等同。因此這裡出現了同一個恆真句，即**部分作為部分**不是等同於**嚴格意義上的整體**，而是在整體之內等同於**它們自己**（即部分）。

透過這個方式，整體和部分分裂為彼此漠不相關的東西，其中每一方都僅僅與自身相關聯。但作為分裂的東西，它們就自己摧毀了自己。那與部分漠不相關的整體是**抽象的**，在自身內未區分的**同一性**；這個同一性要成為整體，唯一的辦法是**在自身內進行區分**，而且是這樣區分自身，即這些雜多規定反映回自身之內，並且具有直接的獨立性。反映的同一性已經透過其運動表明，它的真理就在於這種**他者內反映**。──同理，那些與整體的統一體漠不相關的部分僅僅是無關聯的雜多東西，一個**內在的他者**，它嚴格說來是它自己的他者，是一個單純揚棄著自身的東西。──每一方的自身關聯都是各自的獨立性；但每一方**獨自**具有的這種獨立性其實是它們的自身否定。所以，每一方都不是在其自身那裡，而是在另一方那裡具有自己的獨立性，並且預先設定另一方為一個直接的東西，因為後者構成了持存，**應當**是第一位的東西和自己的開端；但每一方的這個第一位的東西根本就不是第一位的東西，而是把他者當作自己的開端。

由此看來，對比關係的真理**立足於中介活動**；它的本質是否定的統一體，在其中，無論是經過反映的直接性還是存在著的直接

[170]

性都被揚棄了。對比關係是一個矛盾，這個矛盾返回到自己的根據（即統一體）之內，後者作為回歸的東西乃是一個經過反映的統一體；但由於它同樣把自己設定為已揚棄的統一體，所以它以否定的方式與自身相關聯，揚棄自身，使自己成為存在著的直接性。但是，它的這個否定關聯作為第一位的東西和直接的東西，僅僅以它的他者為中介，同樣是一個已設定的東西。這個他者，存在著的直接性，同樣僅僅是已揚棄的直接性；它的獨立性作為第一位的東西是註定要消失的，而它所具有的定在是已設定的和經過中介的。

按照這個規定，對比關係不再是**整體**和**部分**的對比關係；雙方曾經具有的直接性已經過渡到已設定的存在和中介活動；每一方作為直接的東西，被設定為揚棄自身並過渡到另一方，而每一方本身作為否定的關聯，被設定為同時以另一方和它自己的肯定者為條件；相應地，它們的直接過渡也是一個經過中介的東西，即一種由另一方所設定的揚棄活動。——在這種情況下，整體和部分的對比關係已經過渡到**力及其外化**的對比關係。 [171]

注釋

此前（上卷第 216 頁）[①]在談到量的概念時，我們已經考察過**質料的無限可分性的二律背反**。量是延續性和區間性的統一體；它在一個**獨立的**單一體裡包含著這個單一體與其他單一體的**彙集存在**，同時在這個不間斷地**延續著的自身同一性**裡又是**同一性的否定**。由於量的這些環節的直接關聯表現為整體和部分的本質性對比關係（量

---

① 參閱黑格爾《邏輯學 I》，先剛譯，人民出版社 2019 年版，第 177 頁。——譯者注

的**單一體**相當於**部分**，單一體的**延續性**相當於一個由部分組合而成的**整體**），所以二律背反是立足於一個在整體和部分的對比關係那裡已經出現和瓦解的矛盾。——也就是說，整體和部分既在本質上相互關聯，僅僅構成**同一個**同一性，也是彼此漠不相關的，具有獨立的持存。所以，對比關係是這樣一個二律背反，即**同一個**環節在擺脫另一個環節的同時又直接牽連出另一個環節。

　　實存者既然被規定為整體，就具有部分，這些部分構成了它的持存；整體的統一體僅僅是一個已設定的關聯，一個外在的**組合**，這個組合與獨立的實存者毫無關係。現在，就實存者是部分而言，它就不是整體，不是組合而成的東西，而是**單純的東西**。由於它和整體的關聯是外在的，所以這個關聯和它毫無關係；因此自在地看來，獨立者也不是部分，因為它只有透過那個關聯才是部分。現在，它既然不是部分，那麼就是整體，因為這裡只有整體和部分的對比關係；獨立者是二者之一。但作為整體，它又是組合而成的；它的持存仍然是基於部分〔由部分組成〕，**如此以至無限**。——這個無限性無非是立足於對比關係的兩個規定的恆久更替，在每一個規定中，另一個規定都直接產生出來，以至於每一方的已設定的存在都是其自身的消失。當質料被規定為整體，就是由部分組成的，在這些部分裡，整體轉變為一個非本質性關聯，並且消失了。但部分單獨看來也不是部分，而是整體。——真正說來，這個二律背反的精煉表述是這樣的：因為整體不是獨立者，所以部分是獨立者；但因為部分只有在**脫離整體**的情況下才是獨立的，所以它**不是作為**部分，而是**作為整體**才是獨立的。由此產生出一個無限的演進過程，它沒有能力把這個中介活動所包含的兩個思想整合在一起，即在上述兩個規定裡，每一方都是透過自己的獨立性以及與另一方的分離而過渡到非獨立性，過渡到另一方。

[172]

B 力及其外化的對比關係

　　整體和部分的矛盾已經瓦解爲一個否定的統一體，即**力**，它是最初那個對比關係的眞理。整體和部分是一個無思想的對比關係，而這是表象最初所處的關係；換言之，客觀地看來，這是一個僵死的、機械的堆積，它雖然具有一些形式規定，使它的獨立質料的雜多性在一個統一體中關聯起來，但這個統一體對雜多性來說是外在的。——**力**的對比關係是一個更高層次上的自身回歸，在其中，整體的統一體（它曾經構成了獨立異在的關聯）對這個雜多性而言不再是一個外在的和漠不相關的東西。 [173]

　　按照本質性對比關係如今獲得的規定，直接的獨立性和經過反映的獨立性就被設定爲已揚棄的獨立性，或者說被設定爲環節，而這些環節在之前的對比關係裡曾經是獨自持存著的方面或端項。這裡包含著三點：**第一**，經過反映的統一體及其直接的定在，作爲最初的和直接的東西，在其自身就揚棄自己，過渡到自己的他者；前者，**力**，過渡到**它的外化**，而外在東西是隨時消失的東西，它把力當作它們的根據而返回到其中，並且僅僅作爲由力所承載和設定的東西而存在著。**第二**，這個過渡並非單純的轉變和消滅，而是一個否定的自身關聯，換言之，**那個改變著它的規定的東西**同時已經反映回自身之內，並且保留下來；力的運動不是一個**過渡**，毋寧說，它**轉移**（übersetzt）自身，並在這個由它自己所設定的變化中保持爲它所是的東西。——**第三**，這個**經過反映的**，與自身相關聯的統一體本身也被揚棄了，也是一個環節；它以它的他者爲中介，以之爲**條件**；它的否定的自身關聯是第一位的東西，是它的**從自身出發**的過渡運動的開端，但這個自身關聯同樣預先設定了一個**誘導著**它的他者，並且以這個預先設定爲開端。

a 力的有條件存在

透過考察力的進一步的規定，可以看出，**第一**，力在其自身就具有「存在著的直接性」這一環節，反之它自己則是被規定為否定的統一體。這個統一體按照其規定而言是一個直接的存在，即一個**實存著的某東西**。因為這個某東西作為直接東西是否定的統一體，[174] 所以顯現為第一位的東西，與此相反，因為力是經過反映的東西，所以顯現為已設定的存在，隨之屬於實存著的物或一個質料。這並不意味著力是這個物的**形式**並且規定著物；毋寧說，物作為直接的東西，與力是漠不相關的。── 按照這個規定，物沒有理由具有一個力；反之力作為已設定的存在這一方，在本質上就預先設定了物。所以，如果有人問「物或質料如何能夠**具有**一個力」，那麼力看上去就是作為外的在東西而與物連繫在一起，並且透過一個陌生的暴力被**按壓**到物裡面。

作為這個直接的持存，力是一般意義上的**物的靜止規定性**；它不是一個自身外化出來的東西，毋寧直接是一個外在的東西。於是力也被標記為質料，而且人們不是假定有磁力、電力等等，而是假定有磁的質料或電的質料等等，或者說不是假定有那個著名的**引力**，而是假定有一個精細的，把全部東西彙集在一起的**乙太**。── 物的靜止的、無力的否定統一體瓦解在這些質料中，而這些恰恰是我們此前考察過的質料。

但力包含著直接的實存這一環節，後者雖然是條件，但發生過渡並揚棄自身，從而不是一個實存著的物。再者，力不是作為規定性的那種否定，而是一個否定的、反映回自身之內的統一體。力本來應當依附於物，但在這種情況下，物不再有任何意義；毋寧說，力本身就設定了一種顯現為實存的外在性。因此力也並非僅僅是一

個已規定的質料；這種意義上的獨立性早就已經過渡到已設定的存在，過渡到現象。

第二，力是經過反映的持存和直接的持存的統一體，或者說是形式統一體和外在獨立性的統一體。力是合為一體的二者；它是兩個東西的接觸（一個東西只有在另一個東西不存在的情況下才存在著），是自身同一的肯定反映和遭到否定的反映。因此力是一個自己排斥自己的矛盾；它是**活動的**，換言之，它是一個與自身相關聯的否定統一體，在其中，經過反映的直接性，或者說本質性的內化存在（Insichsein），按照其設定來說，只能作為已揚棄的東西或環節而存在著，於是一方面區別於直接的實存，另一方面過渡到這個實存。因此，當力被規定為整體的經過反映的統一體，按照其設定來說，就必須**從自身出發**，轉變為實存著的外在雜多性。 [175]

第三，力起初只是一個**自在存在著的**、直接的活動；它作為經過反映的統一體，在本質上同樣是**這個統一體的否定**；它和這個否定是有差異的，但只有作為它自身和它的否定的同一性才是有差異的，而在這種情況下，它把否定當作一個外在於它的直接性，在本質上與之相關聯，並且把否定當作**預先設定**和**條件**。

現在，這個預先設定不是一個與力相對立的物；這個漠不相關的獨立性在力裡面已經被揚棄了；物作為力的條件乃是**一個不同於力的獨立者**。但因為在這裡，不是物，而是獨立的直接性同時把自己規定為一個與自身相關聯的否定統一體，**所以物本身就是力**。——所謂力的活動以它自己為條件，就是以它的他者為條件，以一個力為條件。

在這種情況下，力是一個對比關係，其中的雙方是同一個東西。存在著一些處於對比關係中，並且在本質上就相互關聯的力。——再者，它們起初只是一般意義上的有差異的力，而它們的

對比關係的統一體起初只是一個**內在的、自在存在著**的統一體。因此**自在地看來**，當力以另一個力為條件時，這個有條件存在其實是力自身的行動；換言之，這時的力仍然是一個進行**預先**設定，僅僅以否定的方式**與自身**相關聯的行動；另一個力仍然位於它的**設定活動**（即那個在進行規定時直接**回歸自身**的反映）的彼岸。

[176] **b 力的誘導**

力是有條件的，因為它所包含的「直接實存」這一環節僅僅是一個**已設定的東西**，——但同時也是因為該環節是一個直接的東西，一個**被預先設定的東西**，而力在其中自己否定自己。所以，力面臨著的外在性是**它自己的進行預先設定的活動**本身，而這個活動起初被設定為**另一個力**。

進而言之，這個**預先設定**是相互的。在兩個力裡，每一個力所包含的反映回自身之內的統一體都是已揚棄的東西，因此進行著預先設定；它把自己設定為外在的；外在性這一環節是**它自己的環節**；但它同樣是一個反映回自身之內的統一體，正因如此，它同時**並未在自身之內**設定它的這個外在性，而是將其設定為另一個力。

但嚴格意義上的外在東西是一個揚棄著自身的東西；再者，反映回自身之內的活動在本質上就與那個外在東西相關聯，既把後者當作它的他者，也把後者當作一個**自在的虛無東西**和一個**與活動同一的東西**。進行設定的活動同樣是一個自身內反映，因此它揚棄了它的那個否定，將其設定為它自己，或者說設定為**它的**外在東西。在這種情況下，力作為互為條件的東西，對另一個力而言就是一個**阻礙**（Anstoß），而力的活動就是針對這個阻礙。力和力之間不是被動的被規定關係，彷彿別的東西藉此進入到它們之內；毋寧說，阻礙僅僅**誘導**著它們。力在其自身就是它自己的否定性；它的自身排

斥是它自己作出的設定。因此力的行動就在於揚棄「那個阻礙是一個外在東西」這件事情；它使外在東西成爲一個單純的阻礙，並且將其設定爲它自己的自身排斥，設定爲**它自己的外化**。

　　因此，自身外化的力和起初那個僅僅進行預先設定的活動是同一個東西，也就是說，它使自己成爲外在的東西；但自身外化的力同時是這樣一個活動，它否定著外在性，將其**設定為**它自己的東西。就此而言，在當前的這個考察裡，究竟是把力──它是它自身的否定統一體，隨之是一個進行預先設定的反映──當作開端，還是在力的外化裡把那個進行誘導的阻礙當作開端，這是同一回事。所以，**按照力的概念**，力首先被規定爲一個揚棄著自身的同一性，而**按照力的實在性**，兩個力中的一個是進行誘導的力，另一個是被誘導的力。一般而言，力的概念是進行設定的反映和進行預先設定的反映的同一性，或者說是經過反映的統一體和直接的統一體的同一性，其中每一個規定都僅僅是統一體裡的環節，從而是以另一個規定爲中介。但在這兩個交互關聯的力那裡，同樣沒有明確規定哪一個是進行誘導的，哪一個是被誘導的，毋寧說每一個力都以同樣的方式具有兩個形式規定。但這個同一性並非僅僅是一個基於比較的外在同一性，而是二者的本質上的統一體。

　　也就是說，其中一個力起初被規定爲**進行誘導的**，另一個力被規定爲**被誘導的**；透過這個方式，這些形式規定顯現爲兩個力的直接的、自在地呈現出來的區別。但它們在本質上是經過中介的。其中一個力被誘導；這個阻礙是一個**從外面**設定到它之內的規定。但力本身進行著預先設定；它在本質上反映回自身之內，揚棄了「阻礙是一個外在東西」這個情況。所以，它之被誘導其實是它自己的活動，換言之，是它自己規定，另一個力是一般意義上的另一個力，即進行誘導的力。進行誘導的力以否定的方式與它的另一個力

[177]

[178]

相關聯，藉此揚棄了後者的外在性，因此在這個意義上，它是進行設定的；但它只有透過預先設定另一個與它對立的力才能做到這一點；也就是說，只有當它本身具有一個外在性，隨之只有當它被誘導，它才是一個進行誘導的力。換言之，只有當它被誘導著去進行誘導，它才是一個進行誘導的力。反過來，只有當前一個力本身就誘導著另一個力去誘導它（前一個力），它才是被誘導的。因此在兩個力裡，每一方都在另一方那裡遭到阻礙；每一方之所以主動造成阻礙，是因爲每一方都在對方那裡遭到阻礙；每一方所遭到的阻礙都是一個被它自己誘導的東西。就此而言，造成的阻礙和遭到的阻礙，或者說主動的外化和被動的外在性，二者都不是一個直接的東西，而是經過中介的，而且在這種情況下，兩個力裡的每一方本身都是另一方針對它而具有的規定性，都以另一方爲中介，而這個進行著中介活動的他者又是它自己的進行規定的設定活動。

所以，所謂力的自身回歸，就是一個力在另一個力那裡遭到阻礙，於是表現爲**被動的**，反過來又從這個被動性過渡到主動性。力外化**自身**。外化是力作出的這樣一種反應，即把外在性設定爲它自己的環節，從而揚棄了「它是被另一個力所誘導的」這一情況。所以，「力的外化」和「力在這個外在性裡的無限的自身回歸」這兩個情況是同一回事；在前一個情況下，力透過它的否定活動而給予自己一個爲著他者的定在（Dasein-für-Anderes），反之在後一個情況下，力僅僅與自身相關聯。有條件存在和阻礙屬於進行預先設定的反映，後者直接也是一個回歸自身的反映，而活動在本質上是一個**對自身**作出反應的活動。設定阻礙或外在東西，本身就是揚棄這類東西，反過來，揚棄阻礙就是設定外在性。

c 力的無限性 [179]

　　就力的諸環節仍然具有直接性這一形式而言，力是**有限的**；按照這個規定，力的進行預先設定的反映及其與自身相關聯的反映是區分開的；前者顯現爲一個自爲持存著的外在的力，後者在與它的關聯中顯現爲被動的。因此力從形式來看是有條件的，從內容來看同樣是受限制的；也就是說，規定性從形式來看也包含著內容的限制。但力的活動在於**外化自身**，亦即如我們看到的，揚棄外在性，並且將其規定爲一個它在其中達到自身同一的東西。因此眞正說來，力的外化是這樣一個情況，即它的他者關聯就是它的自身關聯，而且它的被動性是立足於它自己的主動性。它被阻礙誘導著去活動，但阻礙就是它自己的誘導行動；它所獲得的外在性不是一個直接的東西，而是一個以它爲中介的東西；同理，它自己的本質上的自身同一性也不是直接的，而是以它的否定爲中介；換言之，力的外化是這樣一個情況，即**它的外在性與它的內在性是同一的**。

C 外觀和內核的對比關係

　　1. 整體和部分的對比關係是直接的對比關係；因此在其中，無論是經過反映的直接性，還是存在著的直接性，每一方都具有自己的獨立性；但由於它們處於本質性對比關係中，所以它們的獨立性僅僅是它們的否定統一體。這個情況在力的外化中被設定下來；經過反映的統一體在本質上就轉變爲他者，亦即把自己轉移到外在性之內；但外在性同樣直接被收回到統一體中；獨立的力的區別揚棄自身；力的外化僅僅是經過反映的統一體的一個自身中介活動。 [180]
這裡只有一個空洞透明的區別，即映像，但這個映像是一個中介活

動，而中介活動就是獨立的持存本身。因此這裡並非只有兩個相互對立的、自己就揚棄自己的規定，它們的運動也並非只是一個過渡，毋寧說，一方面，直接性作爲向著異在過渡的開端，本身僅僅是已設定的直接性，另一方面，在這種情況下，每一個規定作爲直接的東西，已經與另一個規定形成統一體，因此過渡同樣完全是透過設定自身而回歸自身。

　　內核（das Innere）被規定爲**經過反映的直接性**或本質的形式，**外觀**（das Äußere）被規定爲**存在**的形式，二者是相互對立的，但僅僅是**同一個**同一性。—— **第一**，這個同一性是二者的充實的統一體，表現爲內容豐富的根基或**絕對事情**，在它那裡，兩個規定是漠不相關的、外在的環節。就此而言，同一性是內容和總體性，後者是內核，而內核同樣是外在的，但它在這種情況下不是一個已經發生轉變或過渡的東西，而是與自身等同。按照這個規定，外觀不僅從內容來看**等同於**內核，而且二者僅僅是**同一個**事情。—— 但這個事情作爲**單純的自身同一性**有別於**它的形式規定**，或者說這些形式規定對它而言是外在的；就此而言，它本身是一個與它的外在性有差異的內核。這個外在性之所以存在著，是由兩個規定（內核和外觀）造成的。事情本身無非是二者的統一體，因此雙方從內容看仍然是同一個東西。在事情裡，它們表現爲一個滲透自身的同一性，一個內容豐富的根基，但在外在性裡，它們表現爲事情的形式，與那個同一性漠不相關，隨之彼此之間也漠不相關。

　　2. 透過這個方式，它們是有差異的形式規定，這些規定不是在自身那裡，而是在一個他者那裡具有一個同一性根基，—— 這是一些自爲地存在著的反映規定，內核表現爲自身內反映或本質性的形式，而外觀則是表現爲反映到他者那裡的直接性或非本質性的形式。但對比關係的本性已經表明，這些規定完全只構成同一個同一

[181]

性。力在其外化中是這樣一個情況，即進行預先設定的規定活動和返回到自身之內的規定活動是同一個東西。所以，當內核和外觀被看作是形式規定時，**首先**，它們只是單純的形式本身，**其次**，因為它們同時被規定為相互對立的，所以它們的統一體是純粹的、**抽象的中介活動**，在其中，一個規定直接是另一個規定，而這是**因為**前者就是它自己。所以，內核直接地**僅僅**是外觀，正因為它是內核，所以它是**外在性**這一**規定性**；反過來，外觀**僅僅**是內核，因為它**僅僅**是外觀。——也就是說，由於這些形式規定包含著兩個相互對立的規定，所以它們的同一性僅僅是這樣一個過渡，而且在過渡中僅僅是兩個規定的**他者**，而不是它們的**內容豐富的**同一性。換言之，這種對於形式的堅持一般說來就是**規定性**這一方面。那按照規定性而設定的東西，不是整體的實在的總體性，而是僅僅處於形式的**規定性**中的總體性或事情本身；正因為總體性是兩個相互對立的規定絕對地連繫起來的統一體，所以當一個規定——至於是哪一個規定，這是無關緊要的——首先被假定為根基或事情的規定，我們就必須說，它**因此**同樣在本質上處於另一個規定性中，但同樣**僅僅**處於另一個規定性中，正如我們以前說它**僅僅**處於前一個規定性中。

　　所以，某東西正因為**起初僅僅**是一個**內核**，所以**僅僅**是一個**外觀**。或者反過來說，某東西正因為**僅僅**是一個外觀，所以**僅僅**是一個內核。換言之，當內核被規定為**本質**，外觀被規定為**存在**，那麼一個事情就其僅僅位於自己的**本質**中而言，恰恰因此僅僅是一個直接的**存在**；換句話說，一個僅僅**存在著的**事情恰恰因此仍然只是位於自己的**本質**中。——外觀和內核被設定為規定性，這意味著，首先，這兩個規定中的每一方都預先設定了另一方，把後者當作自己的**真理**而過渡到其中，其次，每一方作為另一方的真理，始終是**已設定的規定性**，並且指向二者的總體性。——就此而言，**內核**是本 [182]

質從形式來看的完成。當本質被規定爲內核，就意味著它是有缺陷的，並且只能與它的他者（外觀）相關聯；但外觀同樣不是單純的存在或實存，而是與本質或內核相關聯。但這不只是二者的相互關聯，而且是絕對形式的已規定的關聯，即每一方都直接是它的反面，因此這裡呈現出來的，是它們**與它們的第三者**或更確切地說**與它們的統一體**的共同關聯。但它們的中介活動仍然缺少這個把它們二者包含在其中的同一性根基；所以，它們的關聯就是一方直接翻轉爲另一方，而這個把它們維繫在一起的否定統一體則是一個單純的、無內容的點。

注釋

　　一般而言，本質的運動就是**向著概念的轉變**。在內核和外觀的對比關係裡，概念的本質性環節顯露出來了，也就是說，它的諸規定被設定爲存在於否定的統一體中，以至於每一個規定不僅直接地作爲它的另一個規定，而且作爲整體的總體性。在嚴格意義上的概念裡，這個總體性是**普遍者**，——即一個在內核和外觀的對比關係裡尚未出現的根基。——內核和外觀的否定同一性導致其中一個規定**直接翻轉爲**另一個規定，這裡面也缺乏一個根基，即此前所說的**事情**。

[183]　　無中介的**形式同一性**，正如它在這裡尚未藉助事情本身的內容豐富的運動就設定下來的那樣，是極爲值得注意的。它出現在事情的**開端**那裡。在這種情況下，**純粹存在**直接就是**無**。一般而言，全部實在的東西在其開端都是這樣一個單純直接的同一性；因爲在它的開端那裡，它所具有的那些環節尚且不是相互對立的和展開的，一方面，它尚未從外在性出發**深入內核**，另一方面，它還沒有從內

在性出發，透過它的活動而**外化出來**和顯露出來；所以，它僅僅**被
規定為**與外觀相對立的內核，僅僅**被規定為**與內核相對立的外觀。
而這樣一來，它一方面**僅僅**是一個直接的存在，另一方面，就它同
樣是一種應當成為發展活動的否定性而言，它本身在本質上起初
僅僅是一個內核。——總的說來，在全部自然的、科學的和精神性
的發展過程裡，都會出現上述情況，而一切的關鍵在於認識到，
正因為某東西起初只是**內在的**或位於它的**概念**中，所以最初出現的
僅僅是它的直接的、被動的定在。所以，——我們不妨舉一個最
切近的例子，——這裡考察的**本質性對比關係**在尚未經歷中介活動
（即力的對比關係）和實在化之前，僅僅是**自在的**對比關係，僅僅
是它的概念，或者說起初只是**內在的**。但正因如此，它僅僅是一個
外在的、直接的對比關係，即**整體**與**部分**的對比關係，在其中，雙
方都具有一個彼此漠不相關的持存。雙方的同一性尚未出現在它
們自身那裡；這個同一性起初只是**內在的**，因此雙方分道揚鑣，具
有一個直接的、外在的持存。——同理，**存在的層面**起初仍然只是
一個絕對的**內核**，因此它是存在著的直接性或外在性的層面。——
本質起初只是**內核**；因此它也被認為是一個完全**外在的**、無體系
的共同者；人們常說「**學校本質**」（Schulwesen）、「**報刊本質**」
（Zeitungswesen）②等等，對於這些東西，他們所理解的是一個透
過實存著的對象的外在整合而得到的共同者，因為這些對象沒有   [184]
任何本質性的連繫，不具有一個有機組織。——或者以具體對象為
例，植物的種子或小孩起初只是**內在的**植物或**內在的**人。但正因如
此，植物或人作為種子而言乃是一個直接的、外在的東西，尚未給

---

② 「學校本質」和「報刊本質」是嚴格按照字面的翻譯，其在日常生活中的意思
　　為「學校事業」和「報刊事業」。——譯者注

予自己一個否定的自身關聯，或者說是**一個被動的東西**，一個**委身於異在的東西**。——同理，**上帝**在其**直接的**概念裡也不是精神；精神不是直接的，與中介活動相對立的東西，而是一個永恆地設定著自己的直接性，並且永恆地從直接性那裡返回到自身之內的本質。所以，**直接的**上帝**僅僅**是自然界。換言之，自然界**僅僅**是內在的上帝，不是作為精神的現實的上帝，從而不是真正的上帝。——換言之，上帝在思維（作為**起初的**思維）裡僅僅是純粹存在，或者說僅僅是本質或抽象的絕對者，但不是作為絕對精神的上帝，因為唯有作為絕對精神，才是上帝的真正本性。

3. 以上考察了內核和外觀的兩種同一性。**第一種**是一個把這些規定的區別當作外在形式而與之漠不相關的根基——或者說**相當於內容**。**第二種**是它們的區別的無中介的同一性（每一方直接翻轉為相反的一方）——或者說**相當於純粹形式**。但這兩種同一性僅僅是**同一個總體性的兩個方面**；換言之，總體性本身僅僅意味著一種同一性翻轉為另一種同一性。形式的進行預先設定的反映揚棄了它們的區別，把自己設定為一種漠不相關的同一性，設定為一個與區別相對立的經過反映的統一體，唯其如此，總體性作為根基和內容才是這個反映回自身之內的直接性。換言之，內容就是形式本身，因為形式把自己規定為差異性，針對差異性的一個方面表現為外在性，針對另一個方面則是表現為經過反映的直接性或內容。

[185] 於是反過來可以說，形式的區別，即內核和外觀，每一方在其自身都被設定為它自己和它的他者的總體性；**內核**作為單純的、反映回自身之內的同一性是一個直接的東西，因此作為本質而言，同樣是存在和外在性；外觀作為雜多的、已規定的存在，僅僅是外在的東西，也就是說，它被設定為非本質性東西，已經返回到它的根據之內，於是被設定為內核。二者的這個相互過渡，作為根基而

言，乃是它們的直接同一性；但這也是它們的經過中介的同一性；因為每一方恰恰透過它的他者（即它自在地所是的那個東西）而是對比關係的總體性。或者反過來說，由於每一方本身就是總體性，所以每一方的規定性都是以另一個規定性為中介；因此總體性是透過形式或規定性而達到自身中介，而規定性則是透過它的單純的自身同一性而達到自身中介。

所以，無論某東西是什麼，它都完全處於它的外在性中；它的外在性是它的總體性，而總體性同樣是它的反映回自身之內的統一體。它的現象不僅是他者內反映，而且是自身內反映，所以它的外在性是那個自在存在著的東西的外化；在這種情況下，由於它的內容和它的形式是絕對同一的，所以自在且自為的東西**無非是這個自身外化**。它是它的本質的啓示，而且這個本質恰恰只是在於作為啓示自身者而存在。

在現象與內核或本質的這個同一性裡，本質性對比關係已經把自己規定為**現實性**。

第三篇　現實性

[186]　　　　現實性是**本質和實存的統一體**；在其中，**無形態的本質**和**無支撐的現象**，或者說無規定的持存和無持存的雜多性，具有它們的眞理。**實存**雖然是從根據中顯露出來的直接性，但它尚未在自身那裡設定形式；當它規定自身並賦予自身以形式，它就是**現象**；而當這個僅僅被規定爲他者內反映的持存繼續塑造自身，它就轉變爲**兩個世界**或兩個**內容總體性**，其中一個被規定爲**反映回自身之內**的總體性，另一個被規定爲**反映到他者那裡**的總體性。本質性對比關係呈現出它們的**形式關聯**，而內核和外觀的對比關係就是這個關聯的完成，於是二者的**內容**僅僅是**同一個同一性根基**，同樣也僅僅是**同一個形式同一性**。── 只要這個同一性在形式上也體現出來，它們的差異性的形式規定就被揚棄了，而「它們是**同一個絕對總體性**」這件事情也**被設定下來**。

　　　　內核和外觀的這個統一體是**絕對的現實性**。但是，**第一**，這個現實性是嚴格意義上的**絕對者**，── 因爲它被設定爲統一體，在其中，形式揚棄自身，轉變爲外觀和內核的**空洞的或外在的區別**。相比這個絕對者，反映是**外在的**反映，它僅僅考察著絕對者，殊不知它是絕對者自己的運動。但由於反映在本質上就是這樣的東西，所以它相當於絕對者的否定的自身回歸。

　　　　第二，眞正意義上的**現實性**。**現實性、可能性**和**必然性**構成了絕對者的**形式化環節**，或者說構成了絕對者的反映。

[187]　　　　**第三**，絕對者及其反映的統一體是**絕對的**對比關係，或更確切地說，是那個作爲自身對比關係的絕對者，── **實體**。

第一章　絕對者

　　絕對者的單純而充實的同一性是無規定的，或更確切地說，在這個同一性裡，無論是**本質**還是**實存**，或無論是一般意義上的**存在**還是**反映**，其全部規定性都瓦解了。就此而言，**無論把絕對者規定為什麼東西**，其結果都是否定的，絕對者本身僅僅顯現為全部述詞的否定，顯現為虛空。但絕對者同樣必須被宣稱為全部述詞的肯定，因此它顯現為一個最為形式化的矛盾。既然那個否定和這個設定都屬於**外在的反映**，那麼這裡就有一個形式化的、不成體系的辯證法，它輕輕鬆鬆地在這裡或那裡抓住某些規定，又同樣輕輕鬆鬆地一方面指明它們的有限性和單純相對性，另一方面，由於它把絕對者想像為總體性，於是也宣稱全部規定寓居在其中，——總之就是沒有能力把這些肯定和那些否定提升為一個真正的統一體。——我們應當呈現出絕對者是什麼東西；但這個呈現既不可能是去進行規定，也不可能是外在的反映（否則絕對者就會具有某些規定），毋寧說，這是一個**展示**（Auslegung），即絕對者**自己**的展示，而且僅僅**揭示出絕對者是什麼東西**。

A 絕對者的展示

　　絕對者既非單純的**存在**，**也非單純的本質**。前者是最初的未經過反映的直接性，後者是經過反映的直接性；再者，無論是存在還是本質，在其自身都是總體性，但卻是一個已規定的總體性。在本質那裡，存在作為**實存**顯露出來，而且存在和本質的關聯一直都在　　[188]

塑造自身，直到成爲**内核**和**外觀**的對比關係。**内核**是**本質**，但相當於**總體性**，後者在本質上具有一個規定，即必須**與存在相關聯**，並且直接是**存在**。**外觀**是**存在**，但具有一個本質性規定，即必須**與反映相關聯**，並且同樣直接是一個與本質沒有對比關係的同一性。絕對者本身是二者的絕對統一體；總的說來，正是它構成了本質性對比關係的**根據**，只不過這個對比關係尚未返回到它的這個同一性之内，而且它的根據也尚未**被設定下來**。

由此可知，絕對者的規定在於**成爲絕對的形式**，但與此同時，它不是那樣的同一性，其環節僅僅是一些單純的規定性，—— 而是這樣的同一性，其每一個環節在其自身都是**總體性**，與形式漠不相關，從而是整體的完整**内容**。但反過來，絕對者同樣是絕對的内容，後者作爲嚴格意義上的内容，是一個漠不相關的雜多性，並且本身具有一個否定的形式關聯，而在這種情況下，它的雜多性僅僅是**同一個**充實的雜多性。

因此，絕對者的同一性之所以是絕對同一性，乃是因爲絕對者的每一個部分本身就是整體或每一個規定性都是總體性，也就是說，一般意義上的規定性已經轉變爲一個絕對透明的映像，一個**在其已設定的存在中已經消失的區別**。**本質、實存、自在存在著的世界、整體、部分、力，**—— 這些經過反映的規定在表象活動看來是一個自在且自爲地有效的、眞實的存在；反之絕對者卻是它們沉沒在其中的那個根據。—— 因爲如今在絕對者那裡，形式僅僅是一個單純的自身同一性，所以絕對者並未**規定**自己；因爲規定是一個形式區別，起初只是作爲嚴格意義上的區別而發揮效用。但因爲絕對者同時包含著全部一般意義上的區別和形式規定，換言之，因爲絕對者本身就是絕對的形式和反映，所以**内容的差異性**也必須在它那裡顯露出來。但絕對者本身是**絕對同一性**；這是它的規定，因爲在

[189]

它那裡，自在存在著的世界和現象世界或者說內在總體性和外在總體性的全部雜多性都被揚棄了。——絕對者自身之內沒有**轉變**，因為它既不是存在，也不是一個**反映著**自身的規定活動；它不是一個僅僅在自身內規定著自身的本質；它也不是**一個外化活動**，因為它相當於內核和外觀的同一性。——如此一來，反映運動就與絕對者的絕對同一性**相對立**；前者在後者那裡被揚棄了，因此它僅僅是後者的**更內核的東西**；但相應地，它對於後者而言是**外在的**。——所以，反映運動起初只是必須在絕對者那裡揚棄自己的行動。它是雜多的區別和規定及其運動的彼岸，而這個彼岸**位於絕對者**的**背後**；所以，反映運動雖然是它們的接納，但同時也是它們的消亡；就此而言，它就是剛才所說的絕對者的**否定的展示**。——作為真實的呈現，這個展示是**存在和本質**層面的邏輯運動的迄今為止的整體，其內容不是作為給定的和偶然的東西而從外面摘取過來的，也沒有透過一個外在於它的反映已然沉沒在絕對者的深淵裡，毋寧說，這個內容本身已經透過它的內在必然性來規定自己，它作為存在自己的**轉變**，作為本質的**反映**，把絕對者當作它的根據而返回到其中。

但這個展示本身同時具有一個**肯定的**方面；也就是說，當有限者走向消滅，這恰恰證明它的本性在於與絕對者相關聯，或者說它在其自身就包含著絕對者。但這個方面與其說是絕對者本身的肯定的展示，不如說是**規定**的展示，即它們既把絕對者當作自己的深淵，也把它當作自己的**根據**，換言之，恰恰是**絕對者**本身賦予規定（即映像）以一個持存。——映像不是**無**，而是一個反映，即與絕對者的**關聯**；換言之，它之所以**是**映像，乃是因為**絕對者在它之內映現**。所以，這個肯定的展示仍然維護著有限者，不讓其消失，並且把它看作是絕對者的一個表現和肖像。但由於有限者僅僅透過自身而讓絕對者透露出來，所以它的透明性終結於一種全然的消失；因

[190]

爲在有限者那裡，沒有任何東西能夠讓它保持著與絕對者的區別；它是一個媒介，被那個透過它而映現的東西吸收了。

所以，絕對者的這個肯定的展示本身只是一個映現；至於真正的肯定者，即那個包含在展示和所展示的內容裡的東西，是絕對者本身。那爲著進一步的規定而出現的東西，即絕對者映現在其中的形式，是展示**從外面接納過來的**一個虛無的東西，而且**展示**在它那裡獲得了自己的行動的**一個開端**。這樣一個規定不是把絕對者當作它的開端，而是僅僅將其當作**它的終點**。誠然，這個展示活動與絕對者**相關聯**，並且**返回**到絕對者，因此是一個絕對的行動，但這不是就其**出發點**而言，因爲這個出發點是一個外在於絕對者的規定。

但實際上，絕對者的展示活動就是它**自己的**行動，它**在自身那裡開始**，又**回到自身**。絕對者，單純作爲絕對同一性而言，是**已規定的**，亦即相當於**同一性東西**；它透過反映而**被設定為以這種方式**與對立和雜多性相對立；換言之，絕對者僅僅是反映和一般意義上的規定活動的**否定者**。——所以，不僅絕對者的那個展示活動是不完滿的，而且這個僅僅作爲**終點**的**絕對者**本身也是不完滿的。換言之，那個僅僅相當於**絕對同一性**的絕對者僅僅是**一個外在反映的絕對者**。因此它不是絕對的絕對者，而是處在一個規定性中的絕對者，或者說它是**屬性**。

[191]　　　但屬性不僅僅是屬性，因爲它是外在反映的**對象**，從而是一個由外在反映所規定的東西。——換言之，反映對屬性而言不僅僅是**外在的**；毋寧說，正因爲反映對屬性而言是**外在的**，所以它**直接地**對屬性而言是**內在的**。絕對者僅僅是絕對者，因爲它不是抽象的同一性，而是存在和本質的同一性，或者說是內核和外觀的同一性。因此它本身是絕對的形式，後者使絕對者在自身內映現，將其規定爲屬性。

B 絕對的屬性

剛才使用的「**絕對的絕對者**」（das Absolut-Absolute）這個說法所指的是一個在**它的形式**裡已經**返回自身**的絕對者，換言之，這個絕對者的形式等同於它的內容。屬性是單純**相對的絕對者**，它作為一個連繫，無非意味著處在一個**形式規定**中的絕對者。也就是說，形式在完滿展示出來之前，起初**僅僅是內在的**，或者換個同樣意思的說法，**僅僅是外在的**，總的說來，起初是一個**已規定的**形式或一般意義上的否定。但因為它同時是絕對者的形式，所以屬性是絕對者的整個內容；這個總體性以前顯現為一個**世界**，亦即**本質性對比關係的兩個方面**之一，其中每一個方面都是整體。但在現象世界和自在且自為地存在著的世界這兩個世界裡，每一個世界按照其本質而言都應當是相互**對立**的。誠然，本質性對比關係的一方等同於另一方，整體和部分一樣多，力的外化和力本身是同一個內容，而且總的說來外觀和內核是同一個東西。但與此同時，每一方都本來應當具有自己的**直接的持存**，其中一方相當於存在著的直接性，另一方相當於經過反映的直接性。反之在絕對者裡，這兩個區分開的直接性已經降格為映像，而**總體性**作為屬性則是**被設定為絕對者的真正的和唯一的持存**；至於絕對者處於其中的那個**規定**，則是被設定為**非本質性東西**。 [192]

絕對者之所以是屬性，乃是因為它作為單純的絕對同一性處於同一性的規定中；現在，一般意義上的規定可以與另外一些規定連繫在一起，以至於存在著**諸多屬性**。但絕對同一性僅僅意味著，不但全部規定被揚棄了，而且絕對同一性也是一個已經揚棄自身的反映；正因如此，在絕對同一性那裡，全部規定都**被設定為已揚棄的**

規定。換言之，總體性被設定爲絕對的總體性，也可以說屬性把絕對者當作自己的內容和持存；所以，那使得屬性之爲屬性的形式規定也被直接設定爲單純的映像，——作爲否定者的否定者。展示把受限制的有限者不是看作自在且自爲的存在者，而是把它的持存瓦解在絕對者裡面，將其擴展爲屬性，而透過這個方式，展示就藉助屬性而給予自己一個肯定的映像，但這個映像使屬性本身不再是屬性；展示使屬性和它自己的區分行動沉沒在**單純的絕對者**裡。

與此同時，由於反映在上述情況下從它的區分行動那裡僅僅返回到絕對者的**同一性**，所以它並未脫離它的外在性而走向眞正的絕對者。它僅僅達到了一個無規定的、抽象的同一性，即那個處在同一性的**規定性**中的同一性。——換言之，由於反映是作爲**內在的**形式而把絕對者規定爲屬性，這個規定活動就仍然是一個與外在性有差異的東西；內在的規定並未滲透絕對者；它的外化在於作爲一個單純已設定的東西在絕對者那裡消失。

絕對者是透過形式而成爲屬性，而形式無論是被看作外在的還是內在的，都同時被設定爲一個在其自身的虛無東西，一個外在的映像，或者說單純的**樣式和方式**。

C 絕對者的樣式

首先，屬性是作爲單純的自身**同一性**的絕對者。**其次**，它是否定，這個否定**作爲**否定乃是一個形式化的自身內反映。這兩個方面起初構成了屬性的兩個**端項**，而屬性本身則是它們的**中項**，因爲它既是絕對者，也是規定性。——第二個端項是作爲**否定者的否定者**，即一個**外在於**絕對者的反映。——換言之，既然它被當作絕對者的**內核**，而且它**自己的**規定就在於把自己設定爲樣式，所以樣式

是絕對者的「自身外存在」（Außersichsein），它表明絕對者迷失在存在的可變化性和偶然性裡，已經過渡到對立面，卻**沒有回歸**自身；它就是形式和內容規定的缺乏總體性的雜多性。

但樣式，作爲絕對者的**外在性**，不僅是上述情況，而且是一個**被設定爲**外在性的外在性，一個單純的**樣式和方式**，從而是作爲映像的映像或形式的自身內反映，── 從而是**絕對者所是的那個自身同一性**。因此在樣式那裡，絕對者實際上起初是被設定爲絕對同一性；絕對者僅僅是它所**是**的那個東西，即自身同一性，作爲一個與自身相關聯的否定性，作爲**被設定爲映現的映現**。

所以，當絕對者的**展示**從它的絕對同一性出發並過渡到屬性，然後從屬性過渡到樣式，這就已經完整地經歷了它自己的各個環節。但第一，展示並非僅僅以否定的方式對待這些規定，毋寧說，**它的這個行動就是反映運動本身**，而且只有作爲這個運動，**絕對者才真正是絕對同一性**。── **第二**，展示在這個過程中並非僅僅與**外在的東西**打交道，樣式也不僅僅是最外在的外在性，毋寧說，因爲樣式是作爲映像的映像，所以它是一個自身回歸，一個瓦解著自身的反映，而作爲這個反映，絕對者是絕對的存在。── **第三**，進行展示 [194] 的反映看上去是從它自己的規定和外在東西出發，把屬性的各種樣式乃至規定當作絕對者之外的**現成已有的東西**而接納下來，至於它自己的行動，似乎只是爲了把這些樣式和規定帶回到無差別的同一性中。但實際上，反映在絕對者自身那裡具有一個規定性，並且以這個規定性爲開端。也就是說，絕對者作爲**最初的無差別的同一性**，本身僅僅是**已規定的絕對者**，或者說是屬性，因爲它是一個不動的，尚未經過反映的絕對者。這個**規定性**正因爲是規定性，所以屬於反映運動；只有透過這個運動，絕對者才被規定爲**最初的同一性東西**，同樣，只有透過這個運動，它才具有絕對的形式，不是作

為自身等同者而存在，而是**把自己設定為自身等同者**。

所以，樣式的眞正意義在於，它是絕對者自己的反映運動；它**進行規定**，但不是把絕對者規定爲一個**他者**，而是僅僅規定絕對者已經所**是**的那個東西；它是透明的外在性，而這是一種**自身揭示**；它是一個**脫離**自身的運動，但與此同時，這個「外出的存在」（Sein-nach-Außen）同樣是內在性本身；因此它同樣是一個設定活動，這個設定活動不是單純的已設定的存在，而是絕對的存在。

所以，當人們追問展示的**內容**，即絕對者究竟揭示出**什麼東西**時，形式和內容的區別在絕對者裡就立即瓦解了。換言之，這個**展現自身的活動**（sich zu manifestieren）就是絕對者的內容。絕對者是絕對的形式，後者作爲自身分裂是絕對地自身同一的，是**作為否定者的否定者**或一個與自身融合的東西，而且只有當它同樣**與它的區別漠不相關**，或者說是絕對的內容，它才是絕對的自身同一性；所以內容僅僅是這個展示本身。

[195]　絕對者作爲這個自己承載著自己的展示運動，作爲**樣式**和**方式**（即絕對者的絕對的自身同一性），就是外化；這不是一個內核的外化，不是相對於一個他者的外化，毋寧僅僅是一個絕對的、獨自爲著自己的展現活動；而這就是**現實性**。

注釋

正如這裡已經呈現出來的，與絕對者以及反映和絕對者的對比關係相吻合的是**斯賓諾莎的「實體」概念**。**斯賓諾莎主義**之所以是一種有缺陷的哲學，在於**反映**及其雜多的規定是**一個外在的思維**。──這個體系的實體是**同一個**實體，**同一個**不可分的總體性；沒有哪個規定性不是包含並瓦解在這個絕對者之內；在那個必然的概念裡，

全部作為獨立者而顯現和浮現在自然的表象活動或進行規定的知性面前的東西，都完全降格為一個單純的**已設定的存在**，這一點是足夠重要的。——「規定性即否定」是斯賓諾莎哲學的絕對原則；這個單純的真知灼見給實體的絕對統一體奠定了基礎。然而斯賓諾莎始終侷限於那個作為**規定性**或質的**否定**；他沒有進一步認識到否定是絕對的，亦即**否定著自身的否定**；這樣一來，**他的實體本身並沒有包含著絕對的形式**，而對於實體的認識也不是一種內在的認識。誠然，實體是**思維**和存在或廣延的絕對統一體，因此包含著思維本身，但思維僅僅處在它與廣延的**統一體**中，也就是說，它並沒有與廣延**分離**，從而根本不是一個規定活動和賦形活動，而且它也不是一個回歸自身並從自身出發的運動。一方面，在這種情況下，斯賓諾莎哲學缺失了**人格性**原則——這是斯賓諾莎體系主要讓人反感的一個缺陷——，另一方面，認識活動是外在的反映，它不是從實體出發來理解把握和推導那些顯現為有限者的東西（即屬性的規定性以及樣式）和它自己，而是作為一個外在的知性去活動，把各種規定當作**給定的東西**而接納下來，把它們**回溯到**絕對者，而不是把絕對者當作它們的開端。 [196]

　　斯賓諾莎為實體給出的概念是「**自因**」概念：首先，自因是這樣一個東西，**其本質在自身內就包含著實存**；其次，絕對者的概念**無需一個他者的概念**，不必藉助後者才得以形成；這些概念雖然是如此之深刻和正確，但這是一些從一開始就在科學裡面**直接採納的定義**。數學和其他從屬科學必須以一個**預先設定的東西**為開端，後者構成了它們的要素和肯定的根基。但絕對者不可能是最初的直接東西，毋寧說，絕對者在本質上是**它的結果**。

　　在斯賓諾莎那裡，繼絕對者的定義之後，**屬性的定義也冒了出來**，而且屬性被規定為**知性對於絕對者的本質所理解把握的東西**。除

此之外，由於**知性**就其本性而言被認爲位於屬性之後——因爲斯賓諾莎把它也規定爲**樣式**——，這就使得屬性或規定（作爲絕對者的規定）**依賴於一個他者**，即知性，後者作爲一個與實體相對立的東西，是外在地直接冒出來的。

　　斯賓諾莎進而把屬性規定爲**無限的**，而且「無限」在這裡的意思是指「**無限的多樣性**」。誠然，後面僅僅出現了**兩個屬性**，即**思維和廣延**，但斯賓諾莎並沒有指出，爲什麼無限的多樣性必然只是歸結爲對立，而且是這個已規定的對立，即思維和廣延的對立。——所以這兩個屬性是**從經驗中**得來的。思維和存在代表著處在一個規定中的絕對者；絕對者本身是它們的絕對統一體，以至於它們僅僅是一些非本質性的形式；事物的秩序和觀念或思想的秩序是同一個秩序，**同一個**絕對者僅僅藉助外在的反映（一個樣式）在那兩個規定之下得到考察，時而被看作是觀念的總體性，時而被看作是事物及其變化的總體性。既然是這個外在的反映造成了那個區別，那麼也是它把區別回溯到絕對同一性，使之沉沒在其中。但這整個運動都是在絕對者之外發生的。誠然，絕對者本身也是**思維**，就此而言，這個運動僅僅位於絕對者之內；但正如已經指出的，它在絕對者之內只是作爲它與廣延的統一體，從而不是作爲一個在本質上也是對立環節的運動。——斯賓諾莎對思維提出了一個崇高的要求：把一切東西**放在永恆的形態下**（sub specie aeterni）來考察，亦即放在絕對者之內去觀察。然而在那個僅僅作爲不動的同一性的絕對者裡，屬性和樣式一樣僅僅是**隨時消失的東西**，不是**轉變著的東西**，而在這種情況下，那個消失也是僅僅從外面獲得其肯定的開端。

　　在斯賓諾莎那裡，**第三個東西**，**樣式**，是實體的**情狀**（Affektion），即**已規定的規定性**，而這是**在一個他者那裡並透過這個他者**而被認識的東西。眞正說來，屬性與其規定之間只有一個無

[197]

規定的差異性；每一個屬性都**應當**表現出實體的總體性，並由自身出發得到理解把握；但它既然是已規定的絕對者，就包含著異在，不可能僅僅**從自身出發**而得到理解把握。所以眞正說來，樣式裡面起初設定的是屬性的規定。再者，這個第三者始終是單純的樣式；一方面，它是直接**給定的東西**，另一方面，人們並沒有認識到它的虛無性是一個自身內反映。——斯賓諾莎從絕對者出發，接著提出屬性，最後終結於樣式，就此而言，他對於絕對者的展示確實是**完整的**；但這三個東西僅僅是**一個接一個**地羅列出來，缺乏內在的發展順序，而且第三個東西不是**作為**否定的否定，不是一個以否定的方式與自身相關聯的否定，而假若這樣的話，它將會**在其自身**就回歸到最初的同一性，這個同一性也將會是眞實的同一性了。所以，這裡缺失了從絕對者推進到非本質性的必然性，同樣缺失了非本質性本身如何自在且自爲地瓦解在同一性中；換言之，既欠缺同一性的轉變，也欠缺同一性的諸規定的轉變。 [198]

按照同樣的方式，在**東方**的「流溢」（Emanation）觀念裡，絕對者是一道自己照亮自己的光明。關鍵在於，它不但照亮自己，而且從自身那裡**溢出**。它的**溢出物**逐漸**遠離**它的清晰明朗性；後續的衍生物是從先行事物裡面產生出來的，相比之下更不完滿。溢出只是被假定爲一個**事件**，轉變只是被假定爲一個持續的損失。於是存在變得愈來愈晦暗，而黑夜作爲否定者乃是這條線的末端，它不能返回到最初的光明中。

斯賓諾莎對於絕對者的展示，和流溢說一樣，本身就欠缺**自身內反映**，而這個欠缺在**萊布尼茲**的「**單子**」概念裡得到彌補。——通常說來，一個哲學原則的片面性總是導致一個與之對立的片面性，後者和在任何地方一樣，至少是一個作爲現成的**分散的完整性**的總體性。——**單子**是一個**單一體**，一個反映回自身之內的否定者；它

是世界內容的總體性；在其中，各種雜多東西不僅已經消失了，而且以否定的方式**保存下來**：斯賓諾莎的實體是全部內容的統一體；但這個雜多的世界內容作爲內容而言，並未**存在於**實體之內，而是存在於那個外在於實體的反映之內。所以，單子在本質上**表象著**〔代表著〕實體；儘管單子確實是一個有限的單子，但它並不具有**被動性**，毋寧說在它裡面，各種變化和規定都是它的自身內展現。

[199]　單子是隱德萊希；啓示活動是它自己的行動。—— 在這裡，單子也是**已規定的東西**，**區別於別的單子**；規定性落入特殊的內容以及展現的樣式和方式。所以，說單子是總體性，這是**自在地**或就它的**實體**而言，**不是就它的展現而言**。單子遭受的這個**限制**必然不是落入那個**設定著自身**或**表象著自身**的單子，而是落入它的異在，換言之，這是一個絕對的**界限**，一個**前定的命運**，而這是由它之外的另一個本質所設定的。再者，由於受限者只有在與另一些受限者相關聯的時候才存在著，但單子同時是一個封閉在自身之內的絕對者，所以這些限制的**和諧**（即單子的相互關聯）就落到單子之外，而且同樣是由另一個本質所預先設定的，換言之，**自在地看來**，這是一個前定和諧。

　　由此可見，正是**自身內反映原則**構成了單子的基本規定，按照這個原則，全部異在和外部作用都被清除了，因此單子的變化是它自己的設定活動，—— 但另一方面，他者帶來的被動性僅僅轉化爲一個絕對的限制，即**自在存在**所遭受的一個限制。萊布尼茲宣稱單子具有**某種**自身內圓滿，具有**某種**獨立性；它們是**被創造的**本質。—— 如果我們仔細考察它們的限制，那麼以上闡述已經表明，單子的自身展現就是**形式的總體性**。這是一個極爲重要的概念，即單子的變化被設想爲一些與被動性無關的活動，即它們的**自身展現**，而且自身內反映原則或**個體化**原則作爲本質性東西顯露出來。

再者，必須承認有限性就在於內容或**實體與形式區分開**，然後實體
受到限制，而形式卻是無限的。現在的關鍵是，在**絕對單子**的概念
裡，不但要找到形式和內容的那個絕對統一體，而且要找到反映的
本性，即作爲一個與自身相關聯的否定性自己排斥自己，隨之進行　　[200]
著設定和創造。誠然，萊布尼茲的體系裡同樣有進一步的說明，
即**上帝是單子的實存和本質的源泉**，也就是說，那些位於單子的自在
存在之內的絕對限制並非自在且自爲地存在著，而是在絕對者裡消
失了。但這些規定所體現的不過是通常的觀念，缺乏哲學的發展過
程，沒有提升爲思辨的概念。就此而言，個體化原則也沒有得到更
深入的探究；關於各種有限的單子的區分以及它們與絕對者的關係
等等的論述都不是起源於這個本質本身，或者說不是以絕對的方式
進行的，而是屬於一種推理式的、獨斷的反思，所以也沒有達成內
在的融會貫通。

第二章　現實性

　　絕對者作爲**最初的、自在存在著的**統一體乃是內核和外觀的統一體。**展示**顯現爲**外在的**反映，它在自己那方面把直接的東西當作現成已有的東西，同時又是這個東西的運動及其與絕對者的關聯；作爲這樣的運動和關聯，反映把直接的東西帶回到絕對者，將其規定爲單純的**樣式和方式**。但這個樣式和方式是絕對者本身的規定，即它的**最初的同一性**或它的單純自在存在著的統一體。也就是說，這個反映不僅把那個最初的自在存在設定爲無本質的規定，而且因爲它是一個否定的自身關聯，所以只有它才造成了那個樣式。這個反映在它的規定中揚棄著自身，總的說來是一個回歸自身的運動，也只有它才是眞正的絕對同一性；與此同時，它是絕對者的規定，或者說是絕對者的樣態。所以，樣式是絕對者的外在性，但同樣僅僅是絕對者的自身內反映；——換言之，樣式是絕對者**自己的展現**，因此這個外化是絕對者的自身內反映，隨之是它的自在且自爲的存在。

[201]

　　絕對者既然作爲**展現**，就不是別的什麼東西，而且它所具有的內容無非是它的自身展現活動，在這種情況下，它是**絕對的形式**。**現實性**必須被看作是這個經過反映的絕對性。**存在**尚且不是現實的：它是最初的直接性；所以，它的反映就是**轉變並過渡到他者**；換言之，它的直接性不是自在且自爲的存在。現實性的地位高於**實存**。實存是一個從根據和條件那裡，或者說從本質及其反映那裡顯露出來的直接性。因此**自在地看來**，實存和現實性是同一個東西，即**實在的反映**，但它尚且不是反映和直接性的**已設定的統一體**。所以，當實存把它包含著的反映予以展開，就過渡到**現象**。實存是已

經消滅的（已經走向根據的）根據；它的規定是根據的重建；這樣它就轉變為本質性對比關係，而且它的最終反映就是，它的直接性被設定為自身內反映，反之亦然；現在，這個統一體就是**現實性**，在其中，實存或直接性和自在存在，根據或經過反映的東西，都完全是一些環節。正因如此，現實的東西就是**展現**；它並沒有由於它的外在性而被拉扯到**變化**的層面，它也不是它**在一個他者之內的映現**，而是展現著自身，也就是說，它在它的外在性裡是**它自己**，而且唯有在**它的外在性**裡，即唯有作為一個自己區分著自己並規定著自己的運動，它才是**它自己**。

如今在這個作為絕對形式的現實性裡，各個環節僅僅是已揚棄的、形式化的環節，尚未實在化；就此而言，它們的差異性起初只是屬於外在的反映，並沒有被規定為內容。

現實性本身作為內核和外觀的**直接的**形式統一體，處在**直接性** [202] 這一規定中，與自身內反映這一規定相對立；換言之，它是一個**與可能性相對立的現實性**。二者的相互關聯是一個**第三者**，它把現實的東西規定為一個反映回自身之內的存在，同時又把這個反映回自身之內的存在規定為一個直接實存著的存在。這個第三者就是**必然性**。

但**第一**，由於現實的東西和可能的東西是**形式化的區別**，所以它們的關聯同樣只是**形式化的**，而且僅僅立足於這一點，即雙方都是一個**已設定的存在**，或者說處於**偶然性**中。

現在，既然現實的東西和可能的東西在偶然性中都是**已設定的存在**，那麼它們在其自身就得到了規定；在這種情況下，**第二，實在的現實性**顯露出來，而**實在的可能性**和**相對的必然性**同樣也隨之顯露出來。

第三，相對的必然性的自身內反映給出了**絕對的必然性**，後者是絕對的**可能性**和**現實性**。

A 偶然性或形式化的現實性、可能性和必然性

1. 現實性是形式化的，這時它作爲最初的現實性，僅僅是**直接的、未經過反映的**現實性，隨之僅僅處於這個規定中，而不是作爲形式的總體性。進而言之，這時的它無非是一般意義上的**存在**或**實存**。但因爲它**在本質上**不僅是直接的實存，而且是自在存在（即內在性）和外在性的形式統一體，所以它直接包含著**自在存在**或**可能性。凡是現實的，也是可能的。**

[203]　　2. 這個可能性是一個反映回自身之內的現實性。但這個最初的**經過反映的存在**同樣是形式化的東西，因此總的說來僅僅是**自身同一性**或一般意義上的自在存在的規定。

但在這裡，因爲規定是**形式的總體性**，所以這個自在存在被規定爲**已揚棄的東西**，或者說被規定爲一個在本質上僅僅與現實性相關聯的東西，它作爲現實性的否定者，**被設定**爲否定者。正因如此，可能性包含著兩個環節：**首先是肯定的環節**，即它是一個反映回自身之內的存在；但由於它在絕對的形式裡被降格爲一個環節，所以這個反映回自身之內的存在不再被看作是**本質。其次是否定的環節**，它意味著可能性是一個有缺陷的東西，這個東西指向一個他者（亦即現實性），並且在現實性那裡得到彌補。

就前一個單純肯定的方面來看，可能性是**自身同一性**的單純的形式規定，或者說是本質性的形式。這時它是一個無對比關係的、無規定的容器，可以容納一切東西。——在這個形式化的可能性的意義上，**一切不自相矛盾的東西都是可能的**；因此可能性王國是一個無邊無際的雜多性。但每一個雜多東西都被規定爲在自身之內與他者**相對立**，而且本身就具有否定；總的說來，漠不相關的**差異性**過渡

到**相互對立**；但相互對立就是矛盾。就此而言，**一切東西**同樣是一個矛盾的東西，隨之是**不可能的東西**。

所以，「**某東西是可能的**」這一單純形式化的陳述和矛盾命題及其任何內容一樣，都是膚淺而空洞的。說「A 是可能的」和說「A 是 A」是同樣的意思。只要人們不去關注內容的展開，內容就具有**單純性**這一形式；只有當內容瓦解在自己的各個規定中，它那裡才會顯露出**區別**。只要人們堅守那個單純的形式，內容就始終是一個自身同一的東西，隨之是一個可能的東西。但在這種情況下，它和形式化的同一性命題一樣，**沒有說出任何東西**。

儘管如此，相比單純的同一性命題，可能的東西畢竟包含著更多的內容。可能的東西是**經過反映的反映回自身之內的存在**，或者說它是同一的東西，但完全作爲總體性的**環節**，從而也被規定爲一個並非**自在存在著**的東西；所以，它有兩個規定：第一，它**僅僅**是一個可能的東西；第二，它**應當**是形式的總體性。假若沒有這個應當，可能性就是嚴格意義上的**現實性**；但絕對的形式意味著，本質本身僅僅是一個環節，假若沒有存在，它就不具有眞理。可能性是**這樣設定的**單純的現實性，即它僅僅是一個環節，並不符合絕對的形式。它是自在存在，但按照其規定而言僅僅是一個**已設定的東西**，或者說**不是一個自在存在著的東西**。—— 因此，可能性在其自身也是一個矛盾，或者說它是**不可能**。[204]

以上情況首先可以這樣表述：可能性作爲**透過揚棄而設定的形式規定**，在其自身就具有一個一般意義上的**內容**。內容作爲可能的東西乃是一個自在存在，後者同時是一個已揚棄的東西，或者說是一個**異在**。因爲它僅僅是一個可能的內容，所以**另一個**內容及其反面同樣是**可能的**。A 是 A；同樣可以說，非 A 是非 A。在這兩個命題裡，每一個都表達出它的內容規定的可能性。但它們作爲同一性命

題，是彼此漠不相關的；**設定**其中一個命題**並不**意味著要增添另一個命題。可能性是二者的比較關聯；它作為總體性的一個反映，在其規定中也包含著一點，即它的反面是可能的。所以它是這樣一個關聯式的**根據：因為 A＝A，所以非 A＝ 非 A**；可能的 A 也包含著可能的非 A，恰恰是這個關聯本身把二者規定為可能的。

但這個關聯（一個可能的東西也包含著它的他者）是一個揚棄著自身的矛盾。它就其規定而言是一個經過反映的東西，而且如我們看到的，是一個揚棄著自身的經過反映的東西。既然如此，它也是直接的東西，隨之轉變為**現實性**。

[205]　　　　3. 這個現實性不是最初的現實性，而是經過反映的現實性，**被設定為**它自己和可能性的**統一體**。嚴格意義上的現實的東西是可能的，並且與可能性達到了直接的、肯定的同一性；但可能性已經把自己規定為**純粹的**可能性；這樣一來，現實的東西也被規定為**一個純粹可能的東西**。正因為可能性**直接**包含在現實性裡面，所以它直接地是已揚棄的可能性或**純粹的**可能性。反過來，那個與可能性形成統一體的現實性僅僅是已揚棄的直接性；換言之，正因為形式化的現實性僅僅是**直接的**、最初的現實性，所以它僅僅是一個環節，僅僅是已揚棄的現實性，或者說僅僅是**可能性**。

這裡同時更確切地表達出那個規定，即在什麼意義上，**可能性**就是**現實性**。也就是說，可能性尚且不是**全部**現實性——這裡還沒談到實在的現實性和絕對的現實性，——它只是最初出現的那個可能性，即形式化的可能性，它規定自己**僅僅**是可能性，因此這是形式化的現實性，即單純的一般意義上的**存在**或**實存**。所以總的說來，全部可能的東西都具有一個**存在**或一個**實存**。

可能性和現實性的這個統一體是**偶然性**。——偶然的東西是一個現實的東西，同時僅僅被規定為可能的，而它的他者或反面同樣

也是如此。所以,這個現實性是單純的存在或實存,但按照其眞正的設定而言,則是等價於一個已設定的存在或可能性。反過來,可能性作爲**自身內反映**或**自在存在**,被設定爲已設定的存在;就現實性的這個意義而言,一切可能的東西都是一個現實的東西;它僅僅和偶然的現實性具有同等價值;它本身是一個偶然的東西。

於是偶然的東西呈現出兩個方面:**第一**,就它在其自身**直接**具有可能性而言,或者換個同樣意思的說法,就可能性在它之內已經被揚棄而言,它既**不是已設定的存在**,也不是經過中介的,而是**直接的現實性;它沒有根據**。 —— 正因爲可能的東西也具有這個直接的 [206] 現實性,所以它既被規定爲現實的東西,也被規定爲偶然的,而且同樣是一個**無根據的東西**。

但**第二**,偶然的東西作爲一個**純粹**可能的東西或一個**已設定的存在**,也是現實的東西;因此,可能的東西作爲形式化的自在存在,也僅僅是一個已設定的存在。這樣一來,二者本身都不是自在且自爲的,而是在一個他者那裡具有它的眞正的自身內反映,**或者說它有一個根據**。

因此,偶然的東西正因爲是偶然的,所以沒有根據;同樣,它正因爲是偶然的,所以有一個根據。

偶然的東西是內核(或者說反映回自身之內的存在)和外觀(或者說存在)的**已設定的**、未經中介的**相互轉化**, —— 之所以是「**已設定的**」,原因在於,可能性和現實性作爲絕對形式的環節,每一方在其自身都具有這個規定。 —— 因此,當現實性和可能性形成一個**直接的**統一體,就僅僅是實存,並且被規定爲無根據的東西,後者僅僅是**一個已設定的東西**,或者說**僅僅是一個可能的東西; —— 換言之,當現實性作爲經過反映的和已規定的東西與可能性**相對立**,就與可能性或反映回自身之內的存在分離了,從而同樣

直接地也**僅僅**是一個可能的東西。 —— 同理，可能性作為**單純的**自在存在乃是一個直接的東西，**僅僅**是一般意義上的存在者，—— 換言之，當可能性與現實性**相對立**，那麼這個無現實性的自在存在同樣**僅僅**是一個可能的東西，但恰恰因此仍然只是一般意義上的一個未反映回自身之內的實存。

這兩個規定的**轉變的絕對躁動**就是**偶然性**。但是，正因為每一方都直接轉化為對方，所以每一方同樣在對方那裡達到絕對的**自身融合**，而它們的這個同一性，即一方在另一方那裡達到的同一性，就是**必然性**。

[207]　　必然的東西是一個**現實的東西**；因此它是作為直接的、**無根據的東西**；但它同樣**透過一個他者**或者說在它的根據裡具有它的現實性，同時是這個根據的已設定的存在，是這個根據的自身內反映；必然的東西的可能性是一個已揚棄的可能性。偶然的東西是必然的，一個原因在於，現實的東西被規定為可能的東西，從而其直接性被揚棄了，被排斥到**根據**（即**自在存在**）和**有根據的東西**裡面，另一個原因在於，偶然的東西的這個**可能性**，**根據關聯**，已經完全被揚棄，並且被設定為存在。必然的東西**存在著**，這個存在者**本身是必然的東西**。與此同時，它是**自在的**；這個自身內反映是一個他者，相當於存在的那個直接性，而這和存在者的必然性是**同一個他者**。因此，存在者本身又不是必然的東西；但這個自在存在本身僅僅是一個已設定的存在，它已經被揚棄了，本身是直接的。在這種情況下，現實性在那個與它區分開的東西亦即可能性裡，達到了自身同一性。它作為這個同一性，就是必然性。

B 相對的必然性或實在的現實性、可能性和必然性

1. 由此得出的必然性是**形式化的**必然性，因爲它的環節是一些形式化的，亦即單純的規定，它們只有作爲直接的統一體，或者說只有作爲雙方直接的相互轉化，才是總體性，從而不具有獨立性的形態。——因此在這個形式化的必然性裡，統一體起初是單純的，與它的那些區別漠不相關。這個必然性作爲形式規定的**直接的**統一體，就是現實性，但這個現實性——因爲從現在起，它的統一體**被規定爲與諸**形式規定（即現實性和可能性）的**區別漠不相關**——具有一個**內容**。內容作爲漠不相關的同一性，其包含的形式也是一些漠不相關的，亦即單純**有差異的**規定，因此它是一般意義上的**雜多內容**。 [208]

這個現實性是**實在的現實性**。

嚴格意義上的實在的現實性起初是一個具有諸多特性的物，即實存著的世界；但它不是那個瓦解在現象中的實存，毋寧說，它作爲現實性，同時是自在存在和自身內反映；它在單純實存的雜多性中保留下來；它的外在性僅僅是一個內在的**自身**對比關係。凡是現實的東西，都**能夠發揮作用**（wirken）[①]；它的現實性是**透過它所產生的東西**而透露出來的。它與他者的對比關係就是它的**自身**展現：這既不是一個過渡（如同一個存在著的某東西與他者相關聯那樣），也不是一個顯現（如同物僅僅處於與他者的對比關係之中那樣）；毋寧說，它是一個獨立的東西，同時在另一個獨立的東西那裡具有它的自身內反映或它的已規定的本質性。

[①] 德語的「現實性」（Wirklichkeit）和「發揮作用」（wirken）、「作用」（Wirkung）等字具有同樣的字根。——譯者注

　　現在，實在的現實性同樣直接**在其自身**就具有**可能性**。它包含著「自在存在」這一環節；但只有作爲**直接的**統一體，它才處於形式的兩個規定**之一**中，隨之作爲存在者而區別於自在存在或可能性。

　　2. 這個可能性作爲**實在的**現實性的自在存在，本身是**實在的可能性**，且首先是一個**內容豐富的**自在存在。—— 形式化的可能性只有作爲抽象的同一性（即某東西並非自相矛盾）才是自身內反映。但是，只要人們去深入探究一件事情的規定、背景、條件等等，以便從中認識到它的可能性，他們就不再停留於形式化的可能性，而是考察其實在的可能性。

[209]　　這個實在的可能性之所以本身就是**直接的實存**，不再是因爲嚴格意義上的可能性作爲形式化的環節直接是它的反面，即一個未經過反映的現實性；毋寧說，正因爲它是**實在的**可能性，於是立即在其自身就具有這個規定。所以一件事情的實在的可能性就是相互關聯的背景的定在著的雜多性。

　　誠然，定在的這個雜多性既是可能性，也是現實性，但它們的同一性起初只是一個與這些形式規定漠不相關的**內容**；就此而言，形式規定構成了**已規定的形式**，使之與它們的同一性相對立。——換言之，正因爲**直接的**實在的現實性是直接的，所以被規定爲與它的可能性相對立；作爲這個已規定的，從而經過反映的現實性，它是**實在的可能性**。這個可能性雖然是形式的已設定的**整體**，但形式是已規定的，也就是說，現實性被規定爲一種形式化的或直接的現實性，而可能性則被規定爲抽象的自在存在。所以，當這個現實性構成一件事情的可能性，就不是這件事情**自己的可能性**，而是**另一個**現實的東西的自在存在；它本身是一個應當被揚棄的現實性，即一個作爲**純粹**可能性的可能性。—— 這樣一來，實在的可能性就構成了**條件的整體**，一個並未反映回自身之內、分散的，但卻是已規

定的現實性，或者說自在存在，這個自在存在應當是一個他者的自在存在，並且回歸自身。

　　〔第一〕，一個實在可能的東西就其**自在存在**而言乃是一個形式化的同一性東西，它按照其單純的內容規定而言，不是自相矛盾的；但即使按照它的已經展開和區分開的背景和一切與它有連繫的東西而言，它作爲自身同一的東西，也不應當自相矛盾。但**第二，**因爲它是內在雜多的，並且與別的東西處於雜多的連繫之中，而差異性本身自在地就過渡到相互對立，所以它是一個矛盾的東西。當談到一個可能性並且應當指明其矛盾時，人們只需專注於可能性所包含的雜多性（相當於可能性的內容或它的有條件的實存），就很容易發現其中的矛盾。—— 但這不是一個透過比較而得出的矛盾，毋寧說，雜多的實存**自在地看來**就是一個必須揚棄自身並走向消滅的矛盾，而且在本質上本身就註定**僅僅是一個可能的東西**。—— 當一件事情的全部條件完整具備，它就進入現實性；—— 條件的完整性是指內容的總體性，而且**事情本身**就是這個內容，它作爲一個現實的東西，同樣被規定爲可能的東西。在有條件的根據的層面裡，諸條件在**自身之外**具有形式，這個形式就是根據或自爲存在著的反映，它使諸條件相互關聯，成爲事情的環節，然後**在它們那裡**產生出實存。反之在這裡，直接的現實性並不是由一個進行預先設定的反映規定爲條件，而是本身就被設定爲可能性。 [210]

　　在揚棄著自身的實在的可能性裡，如今有一個已揚棄的雙重東西；換言之，可能性本身就是雙重的東西，既是現實性，也是可能性。(1)現實性是形式化的現實性或這樣一個實存，它曾經顯現爲獨立的、直接的實存，然後透過揚棄自身而轉變爲經過反映的存在，轉變爲一個他者的環節，隨之在自身那裡獲得**自在存在**；(2)那個實存也曾經被規定爲**可能性**，或者說被規定爲**自在存在**，但

這是一個他者的自在存在。因此，當它揚棄自身，這個自在存在也被揚棄了，過渡到**現實性**。—— 也就是說，揚棄著自身的實在的可能性的這個運動產生出**同樣一些現成已有的環節**，只不過每一個環節都是由另一個環節轉變而來的；所以它在這個否定裡也不是一個**過渡**，而是一個**自身融合**。—— 按照形式化的可能性，正因為某東西是可能的，所以並非**它自己**，毋寧它的**他者**是可能的。實在的可能性不再與**這樣一個他者**相對立，因為就它本身也是現實性而言，它是實在的。因此，當這個可能性的**直接實存**，條件的圓圈，揚棄自身，它就使自己成為**自在存在**，而它本身已經是這個東西，亦即作為一個他者的**自在存在**。反過來，當它的自在存在這一環節因此同時揚棄自身，它就轉變為現實性，而這同樣是它已經所是的一個環節。—— 這樣一來，當初的那個情況就消失了，即現實性被規定為可能性或一個**他者**的自在存在，反之可能性卻被規定為一個現實性，而它並不是**這個現實性**的可能性。

[211]

　　3. 由此看來，實在的可能性的**否定**就是**它的自身同一性**；由於它在揚棄自身時就是這個揚棄的自身排斥，所以它是**實在的必然性**。

　　必然的東西**不可能是別的東西**；但一般而言，**可能的東西卻可能**是別的東西；因為可能性是自在存在，後者僅僅是已設定的存在，所以在本質上是異在。形式化的可能性作為同一性而言，意味著完全過渡到他者；與此相反，實在的可能性因為本身就包含著另一個環節（現實性），所以已經是必然性。就此而言，實在可能的東西不再可能是別的東西；只要這些條件和背景給定了，就不會得出任何別的東西。因此實在的可能性和必然性只是**看起來**區分開而已；必然性是這樣一個**同一性**，它不是後來才形成的，而是已經**被預先設定**，相當於根據。因此實在的可能性是一個**內容豐富的關聯**；因為內容就是那個自在存在著的，與諸形式規定漠不相關的同一性。

　　但這個必然性同時是**相對的**。 —— 也就是說，它有一個**預先設定**，以之爲開端，並且把**偶然的東西**當作它的**出發點**。本身說來，實在的現實東西就是**已規定的**現實東西，並且起初**被規定為直接的存在**，因爲它是實存著的背景的雜多性；但這個直接的存在作爲規定性，也是它自己的**否定者**，是自在存在或可能性；這樣它就是實在的可能性。作爲兩個環節的這個統一體，它是形式的總體性，**一個仍然外在於自身**的總體性；實在的可能性是可能性和現實性的統一體，而這意味著，(1)雜多的實存**直接地**或**肯定地**是可能性， —— 可能的東西正因爲是現實的東西，所以是一般意義上的自身同一者；(2)就實存的這個可能性被設定下來而言，它被規定爲**純粹**可能性，被規定爲現實性向著它的反面的直接轉化 —— 或者說被規定爲**偶然性**。這個現實性作爲條件，本身就具有直接的現實性，因此它僅僅是自在存在，即一個**他者**的可能性。正如已經指出的，當這個異在揚棄自身，當這個已設定的存在本身被設定下來，實在的可能性就轉變爲必然性，但在這種情況下，必然性是以可能的東西和現實的東西的那個尚未反映回自身之內的統一體爲開端； —— 這個**預先設定**和這個**回歸自身**的運動仍然是分離的 —— 換言之，**必然性尚未從自身出發把自己規定為偶然性**。

[212]

　　在**內容**那裡，實在的必然性的相對性是這樣呈現出來的，即內容起初只是一個與形式漠不相關的同一性，因此有別於形式，並且是一般意義上的**已規定的內容**。也就是說，實在的必然性是某一個受限制的現實性，由於這個限制的緣故，它在另一個角度看來也僅僅是一個**偶然的東西**。

　　因此**自在地看來，實在的必然性**實際上也是**偶然性**。 —— 這一點首先是這樣顯現出來的，即實在必然的東西雖然**從形式來看**是一個必然的東西，但從內容來看卻是一個受限制的東西，並且由於這個

內容而具有它的偶然性。但是，哪怕在實在的必然性的形式裡，也包含著偶然性；因爲正如已經指出的，實在的可能性僅僅**自在地**是必然的東西，但被設定爲現實性和可能性相互之間的**異在**。就此而[213] 言，實在的必然性包含著偶然性；它是一個自身回歸，即從現實性和可能性相互之間的那個躁動不安的**異在**出發回歸自身，但不是從自身出發回歸自身。

也就是說，**自在地看來**，這裡已經出現必然性和偶然性的統一體；這個統一體必須被稱作**絕對的現實性**。

C 絕對的必然性

實在的必然性是**已規定的**必然性；形式化的必然性本身仍然不具有內容和規定性。必然性的**規定性**在於，它本身具有它的否定，即偶然性。它就是這樣得出來的。

但這個規定性按照**其最初的單純性**而言是現實性；這樣一來，**已規定的**必然性直接是**現實的必然性**。這個現實性**本身嚴格說來就是必然的**，因爲當它把必然性當作它的**自在存在**而包含在自身內，它就是**絕對的現實性**——這個現實性不再可能是別的東西，因爲它的**自在存在**不是可能性，而是必然性本身。

但這樣一來，這個現實性——因爲它被設定爲**絕對的現實性**，亦即**本身是它自己和可能性的統一體**——僅僅是一個**空洞的**規定，或者說它是**偶然性**。它的這個空洞的規定成爲一個**單純的可能性**，成爲這樣一個東西，既能夠被規定爲可能的東西，也能夠是**別的東西**。但這個可能性本身是**絕對的**可能性，因爲它恰恰是這樣一個可能性，即既能夠被規定爲可能性，也能夠被規定爲現實性。它是這個與自身漠不相關的東西，在這種情況下，它被設定爲**空洞的**、偶

然的規定。

就此而言，實在的必然性不僅**自在地**包含著偶然性，而且偶然性在它那裡也會發生**轉變**；但這個轉變作為外在性，本身僅僅是外在性的**自在存在**，因為它僅僅是一個**直接的已規定的存在**。但它不僅是這個東西，而且是**它自己的轉變**；—— 換言之，它所具有的**預先設定**是它自己的設定活動。因為作為實在的必然性，它是現實性在可能性中的已揚棄的存在，反之亦然；既然它是這兩個環節的直接的相互轉化，那麼它也就是它們的單純的肯定的統一體，因為正如我們看到的，每一方在另一方那裡都僅僅**與自身融合**。但在這種情況下，實在的必然性就是**現實性**，只不過這個現實性僅僅相當於形式的單純的自身融合。因此，當它以否定的方式設定那些環節，這本身就是**進行預先設定**，即把**它自己設定為已揚棄的必然性**，或者說把它自己設定為**直接性**。

但恰恰在這個過程中，這個現實性被規定為否定者；它是一種從現實性（即實在的可能性）出發而達到的自身融合；也就是說，這個新的現實性僅僅是從它的異在亦即**它的自身否定**那裡轉變而來的。—— 於是它同時直接地被規定為**可能性**，被規定為一個以它的否定為**中介**的東西。但這個直接的可能性無非是一個**中介活動**，在其中，自在存在（即可能性本身）和直接性二者同樣都是**已設定的存在**。—— 而這就是必然性，它同樣揚棄了這個已設定的存在，或者說同樣設定了**直接性**和**自在存在**，並因此恰恰把這個揚棄活動**規定為已設定的存在**。所以，恰恰是**必然性**本身把自己規定為**偶然性**，—— 它在它的存在中自己排斥自己，在這個排斥中僅僅返回到自身之內，而在這個回歸（相當於它的存在）中已經自己排斥自己。

所以，**形式**在它的實在化過程中已經滲透了自己的全部區別，使自己成為透明的東西，而作為**絕對的必然性**，它僅僅是**存在在其否**

[214]

定中（或者說在**本質**中）的這個單純的**自身同一性**。—— 它與**內容**以及形式的區別本身同樣已經消失了；因為可能性在現實性中（反之亦然）的那個統一體是一個在其規定性或已設定的存在中與自身漠不相關的**形式**，即一個**內容豐富的事情**，在它那裡，必然性的形式作為外在的東西已經消散了。就此而言，它是兩個規定的**經過反映的同一性**，與它們漠不相關，從而是**自在存在**的形式規定，與**已設定的存在**相對立，而且這個可能性構成了實在的必然性曾經具有的內容的受限狀態。但這個區別的瓦解就是絕對的必然性，後者的內容就是這個在必然性中滲透自身的區別。

[215]

因此，絕對的必然性是一個真理，而全部現實性和可能性乃至形式化的和實在的必然性都返回到其中。—— 正如我們看到的，這個真理是存在，後者在其否定中，在本質中，與自身相關聯，並且是存在。這個真理同樣是單純的直接性或**純粹的存在**，作為單純的自身內反映或**純粹的本質**；它意味著這二者是同一個東西。—— 絕對必然的東西**存在著**，只是因為它存在著；此外沒有別的條件或根據。—— 但它同樣是純粹的**本質**；它的**存在**是單純的自身內反映；它存在著，**因為**它存在著。作為反映，它有根據和條件，但它僅僅把自己當作根據和條件。它是自在存在，但它的自在存在就是它的直接性，而它的可能性就是它的現實性。—— **它之所以存在著，因為它存在著**；作為存在的**自身融合**，它是本質；但因為這個單純的東西同樣是直接的單純性，所以它是**存在**。

換言之，絕對的必然性是**絕對者的反映或形式**；它是存在和本質的統一體，單純的直接性，而這是絕對的否定性。**一方面**，它那裡的區別不是反映規定，而是**存在著的雜多性**或區分開的現實性，並且在形態上是一些相互獨立的他者。**另一方面**，既然它的關聯是絕對同一性，那麼它就是一種**絕對的翻轉**，也就是說，它的現實性

完全翻轉爲它的可能性，它的可能性也完全翻轉爲現實性。——
在這個意義上，絕對的必然性是**盲目的**。一方面，那些區分開的、 [216]
分別被規定爲現實性和可能性的東西，在形態上是**自身內反映**或**存
在**；所以它們二者都是**自由的現實性**，其中任何一方都**沒有在另一方
那裡映現**，每一方都不願意在自身那裡透露出它與另一方相關聯的
痕跡；每一方都以自己爲內在的根據，因此本身就是必然的東西。
必然性作爲**本質**，被封閉在這個**存在**裡面；因此，這些現實性的相
互接觸顯現爲一個空洞的外在性；**一方在另一方那裡**的現實性是**純粹**
可能性，即**偶然性**。也就是說，存在被設定爲絕對必然的東西，被
設定爲自身中介（即對於他者中介的絕對否定），或者說被設定爲
一個僅僅與存在達到自身同一的存在；相應地，這個在**存在**那裡具
有現實性的**他者**被規定爲絕對**純粹可能的東西**，即一個空洞的已設
定的存在。

　　但是，這個**偶然性**毋寧說是絕對的必然性；它是那些自由的、
自在必然的現實性的**本質**。這個本質是**畏光的**，因爲在這些現實性
裡，既沒有**映現**，也沒有反射，因爲它們完全是以自己爲內在的
根據，獨自發生形態分化，僅僅自己展現**自己**，——因爲它們僅僅
是**存在**。——但它們的**本質**將會在它們那裡綻放出來，並啓示出**本
質**是什麼，**它們**是什麼。它們的存在或它們的依賴於自身的**單純性**
是絕對的否定性，是它們的無映像的直接性的**自由**。這個否定者在
它們那裡綻放出來，因爲存在由於它的這個本質而是一個自相矛
盾，——也就是說，它反對這個位於存在的形式裡的存在，因此它
相當於那些現實性（它們與它們的存在是**絕對有差異的**）的**否定**，
相當於它們的無，同樣也相當於一個與它們相對立的**自由的異在**，
而這其實是它們的存在。——無論如何，這個異在在它們那裡是不
容忽視的。它們在其基於自身的形態分化中與形式漠不相關，是一

個**內容**，隨之是一些**區分開的**現實性和一個**已規定的**內容；這個內容
[217] 是必然性給這些現實性打上的一個烙印——因爲必然性按照其規定
而言是一個絕對的自身回歸，它把這些現實性當作絕對現實的東
西而加以釋放，給予它們自由——，以此證明它對於它們的權利，
而它們則是在這個烙印的掌控下走向消滅。這是眞正意義上的**規定
性**亦即否定的自身關聯的展現，而這個展現就是在異在中**盲目地**消
滅；那個綻放出來的**映現**或**反映**在**存在者**那裡相當於**轉變**，或者說
從存在到無的**過渡**。但**存在**反過來同樣是**本質**，而**轉變**就是**反映**或
映現。所以，外在性是它們的內在性，它們的關聯是絕對同一性，
而從現實的東西到可能的東西或從存在到無的**過渡**乃是一種**自身融
合**；偶然性是絕對的必然性；它本身就等於預先設定了最初那些絕
對的現實性。

　　存在在它的否定中達到的這個**自身同一性**，如今就是**實體**。實
體是這個**處於其否定**或**處於偶然性中**的統一體；在這種情況下，它是
作爲自身對比關係的實體。必然性的**盲目**過渡其實是絕對者**自己作出
的展示**，是絕對者的自身內運動，而更確切地說，絕對者是在它的
外化中揭示自身。

第三章 絕對的對比關係

絕對的必然性不是**必然的東西本身**，更不是**一個**必然的東西，而是**必然性**，——即存在完全作為反映。這個必然性是對比關係，因為它進行區分，而它的各個環節本身就是它的完整的總體性，因此它們絕對地**持存著**，而且這僅僅是**同一個**持存，至於區別，僅僅是展示的**映像**，而映像就是絕對者本身。——嚴格意義上的本質是反映或映現；但本質作為絕對的對比關係，卻是**被設定為映像的映像**，這個映像作為這樣的自身關聯活動，是**絕對的現實性**。——[218] 絕對者最初是透過**外在的反映**而展示出來的，如今它作為絕對的形式，或者說作為必然性，自己展示自己；它的這個自身展示是它的自身設定，而且它僅僅作為這個自身設定而**存在著**。——自然界裡面的**光**不是某東西，不是物，毋寧說，光的存在僅僅是光的映現；同理，展現是一個自身等同的、絕對的現實性。

就此而言，絕對的對比關係的雙方不是**屬性**。在屬性裡，絕對者僅僅映現在它的某一個環節中，後者作為一個**被預先設定的環節**，被**外在的反映**接納下來。但絕對者的**展示者**是**絕對的必然性**，一個自身同一的、自己規定著自己的東西。必然性是被設定為映像的映現，既然如此，這個對比關係的雙方就都是**總體性**，因為它們都是作為映像；而作為映像，區分開的東西就是它們自己和它們的對立面，或者說它們是整體；反過來，正因為它們是總體性，所以它們是映像。在這種情況下，絕對者的這個區分活動或映現僅僅在於把它自己設定為一個同一性東西。

這個對比關係就其直接的概念而言，是**實體**和**偶性**的對比關

係，即絕對的映像在自身內的直接消失和轉變。當實體把自己規定爲**自爲存在**，與一個**他者**相對立，換言之，當絕對的對比關係作爲實在的對比關係，就是**因果性對比關係**。最後，隨著因果性對比關係作爲一個與自身相關聯的東西過渡到**交互作用**，絕對的對比關係也按照它所包含的那些規定而被**設定下來**；這些規定**被設定爲整體本身**，隨之同樣**被設定爲規定**，而在這種情況下，絕對的對比關係在其**規定**中的這個**已設定的統一體**就是**概念**。

[219]
A 實體性對比關係

絕對的必然性是絕對的對比關係，因爲它不是嚴格意義上的**存在**，而是那個**因爲**存在著，所以存在著的**存在**，即那個作爲絕對的自身中介活動的存在。這個存在就是**實體**；作爲本質和存在的最終統一體，它是**全部**存在中的存在，——既不是未經反映的直接的東西，也不是一個抽象的，站在實存和現象後面的東西，而是直接的現實性本身，而這個現實性是一個絕對的、反映回自身之內的存在，一個自在且自爲地存在著的**持存**。——實體作爲存在和反映的這個統一體，在本質上是它自身的**映現**和**已設定的存在**。映現是一個**與自身相關聯**的映現，並以這種方式**存在著**；這個存在是嚴格意義上的實體。反過來，這個存在僅僅是一個自身同一的**已設定的存在**，這時它是**映現著的總體性**，是**偶附性**（Akzidentalität）。

這個映現作爲同一性而言，是形式的同一性，——即可能性和現實性的統一體。這個同一性最初是**轉變**或偶然性，相當於產生和消滅的層面；因爲按照**直接性**的規定，可能性和現實性的關聯意味著它們作爲**存在者**，**直接地相互轉化**，即每一方都直接轉化爲那個對它而言僅僅是**他者**的東西。——但因爲存在是映像，所以可能性

和現實性作爲同一的、彼此映現的東西，它們的關聯就是反映。正因如此，偶附性的運動在自己的每一個環節那裡都呈現出存在的**範疇**和本質的**反映規定**的交互映現。—— 直接的**某東西**具有一個**內容**；它的直接性同時是一種經過反映的漠不相關性，與形式無關。這個內容是已規定的，而且由於這是存在的規定性，所以某東西**過渡**到一個他者。但質也是反映的規定性，因此是一個漠不相關的**差異性**。差異性活躍起來，成爲**相互對立**，並返回到根據中，後者是**無**，但也是**自身內反映**。這個自身內反映揚棄自身；但它本身是一個經過反映的自在存在，因此是可能性，而這個自在存在在其過渡中（這個過渡同樣是自身內反映）是**必然的現實東西**。 [220]

　　偶附性的這個運動是實體的**活動性**（Aktuosität），相當於實體的**安靜的自身顯露**。實體的活動不是**針對**某東西，而是僅僅針對作爲一個單純的、無抵抗的要素的自己。—— 對於**預先設定的東西**的揚棄是一個隨時消失的映像；只有在那個**揚棄著**直接的東西的行動裡，這個直接的東西才成爲它自己，或者說才是那個映現；只有設定這個由之開始的「自身」〔自主體〕，才談得上從「自身」開始。

　　實體作爲映現的這個同一性，是整體的總體性，它把偶附性包攬在自身之內，而偶附性是整個實體本身。透過它們的映像的一個形式，它們被區分爲**存在的單純的同一性**和**偶性的更替**。前者是**表象活動**心目中的無形式的**實體**。表象活動不知道映像已經把自己規定爲映像，卻堅持認爲絕對者是一個無規定的同一性，但這個同一性並不具有眞理，毋寧僅僅是**直接的**現實性的規定性，同樣也可以說是**自在存在**或可能性的規定性，—— 總之都是一些落入偶附性的形式規定。

　　另一個規定，**偶性的更替**，是偶附性的絕對的**形式統一體**，是那個作爲**絕對權力**的實體。—— 偶性的消滅意味著它作爲現實性返回到自身（亦即它的自在存在）之內，或者說返回到可能性之內；

但它的這個自在存在本身只是一個已設定的存在，因此它也是現實性，又因爲這些形式規定同樣是內容規定，所以這個可能性從內容來看也是另一個已規定的現實的東西。當實體透過現實性及其內容展現自身，把可能的東西轉移到現實性之內，這時它是**創造的權力**，而當它透過可能性展現自身，把現實的東西帶回到可能性之內，這時它是**摧毀的**權力。但二者是同一的，創造就是摧毀，摧毀就是創造；因爲在實體式的必然性裡，否定者和肯定者，或者說可能性和現實性，是絕對地結合在一起的。

[221]

嚴格意義上的**偶性**——存在著**諸多偶性**，因爲多樣性是存在的眾多規定之一——**不具有**凌駕於彼此之上的**權力**。它們是存在著的或自爲存在著的某東西，是一些具有雜多特性的實存著的物，或者說是一些基於部分而持存著的〔由部分組成的〕整體，這些獨立的部分，力，需要彼此的誘導，並且以誘導爲條件。誠然，某個偶附的東西似乎體現出一個凌駕於其他偶附的東西之上的權力，但實際上這是實體的權力，它把二者包攬在自身之內，並且作爲否定性而設定了一個不平等的價值，規定一個是消滅的東西，另一個是帶著別的內容而產生的東西，或者說規定前者過渡到自己的可能性，後者過渡到自己的現實性，——它永恆地分裂爲這樣區分開的形式和內容，同時永恆地清除了自己的這個片面性，但在這個清除中本身又落回到規定和分裂之中。——因此，一個偶性之所以驅逐另一個偶性，原因僅僅在於，它們自己的**持存**（Subsistieren）就是形式和內容的這個總體性本身，在其中，它和其他偶性一樣都消滅了。

基於實體在偶性中的這個**直接同一性**和臨在（Gegenwart），還沒有出現什麼**實在的**區別。在這個**最初的**規定裡，實體尚未按照其整個概念展現出來。當實體作爲一個自身同一的、**自在且自爲的存在**區分自身作爲**偶性**的總體性，它就是一個**進行著中介活動的權力**。

這個權力是**必然性**，是偶性在自己的否定性中達到的一種肯定的**常駐不變**（Beharren），以及偶性在自己的持存中達到的一個單純的**已設定的存在**；就此而言，這個**中項**是實體性和偶附性的統一體本身，而它的兩個**端項**並不具有什麼獨特的持存。所以，實體性僅僅 [222] 是一個對比關係，一個直接地隨時消滅的東西，它不是**作為否定者**而與自身相關聯，毋寧說，它作為權力的直接的自身統一體，僅僅位於它的**同一性形式**裡，而不是位於它的**否定本質形式**裡；只有其中一個環節（即否定者或區別）是絕對地隨時消失的東西，而另一個環節（即同一性東西）則並非如此。—— 以上情況也可以這樣來觀察：**自在地看來**，映像或偶附性確實是透過權力而成為實體，但它並沒有因此**被設定為**這個自身同一的映像；也就是說，實體僅僅把偶附性而非把它自己當作自己的形態或已設定的存在，不是**作為實體的實體**。因此實體性對比關係起初只是這種意義上的實體，即它作為一個**形式化的權力啓示出來**，而且其區別不是實體上的區別；實際上，實體僅僅相當於偶性的**內核**，而偶性僅僅**依附於實體**。換言之，這個對比關係僅僅是一個映現著的總體性，相當於**轉變**；但總體性同樣是反映；正因如此，偶附性不但**自在地**是實體，而且**被設定為實體**；在這種情況下，它被規定為一個與自身相關聯的**否定性**，與自身對立，—— 被規定為一個與自身相關聯的、單純的自身**同一性**，並且是**自為存在著的、有權力的實體**。這樣一來，實體性對比關係就過渡到**因果性對比關係**。

B 因果性對比關係

實體是權力，這個權力**已經反映回自身之內**，並非單純發生過渡，而是設定**各種規定**並**區分自己**。實體在進行規定時與自身相關

聯，因此**它本身**就是它所設定爲否定者的那個東西，或者說是它所造成的**已設定的存在**。因此一般而言，這個東西是已揚棄的實體性或單純地已設定的東西，亦即**作用**；但自爲存在著的實體卻是**原因**。

這個因果性對比關係起初僅僅是**原因和作用的對比關係**；因此這是一個**形式化的因果性對比關係**。

[223] **a 形式化的因果性**

1. 原因是相對於作用而言的**原初東西**。── 實體作爲**權力，是映現活動**，或者說具有偶附性。但作爲權力，實體同樣是在其映像中的自身內反映；透過這個方式，它**展示**自己的過渡，**而這個映現活動被規定爲映像**，換言之，偶性僅僅**被設定爲一個已設定的東西**。── 但實體在進行規定時，並不是從偶附性出發，彷彿偶附性**預先**已經是一個他者，然後才被設定爲規定性似的；毋寧說，二者是**同一個**活動性。實體作爲權力，**自己規定自己**；但這個規定活動本身直接揚棄了規定活動，是一個回歸。**實體自己規定自己**，──就此而言，**它**，進行規定者，是**直接的東西**，而這個東西本身已經是一個已規定的東西；── 當實體規定**自己**，就把這個已經**被規定的東西設定爲已規定的**，於是它已經揚棄已設定的存在，返回到自身之內。── 反過來，正因爲這個回歸是實體的**否定的**自身關聯，所以它本身是一個**規定活動**，一個自己排斥自己的活動；已規定的東西是透過這個回歸而**轉變形成**的；實體似乎是以這個東西爲開端，後者作爲現成的已規定的東西，現在似乎也被設定爲嚴格意義上的已規定的東西。── 就此而言，絕對的活動性是**原因**，而實體的權力**真正說來**相當於展現，並且在偶性的轉變中直接展示那個**自在**存在著的東西，即偶性，而偶性是已設定的存在；它把偶性設定**爲已設定的存在，── 即作用。──** 因此，**首先**，作用就是實體性對

比關係中的偶附性，二者是同一個東西，它雖然是實體，但相當於**已設定的存在**；其次，嚴格意義上的偶性只有透過自己的消失，作為過渡著的東西，才是一個實體性東西；但作為作用，它是一個自身同一的已設定的存在；原因在作用裡面展現為整個實體，而這意味著在嚴格意義上的已設定的存在那裡反映回自身之內。

2. 這個反映回自身之內的**已設定的存在**，這個作為規定活動的規定活動，與實體（作為一個**未設定的**原初東西）相對立。正因為實體作為絕對權力是一個自身回歸，而這個回歸本身又是一個**規定活動**，所以實體不再僅僅是它的偶性的**自在體**（Ansich），而是也**被設定為**這個自在存在。所以，實體起初是作為原因而具有**現實性**。但這個現實性是**作用**，因為它的**自在存在**，它的位於實體性對比關係中的規定性，如今**被設定為規定性**；換言之，實體作為原因，**只有在其作用中**才具有現實性。—— 作用是那個作為原因的**必然性**。—— 它是**現實的**實體，因為實體作為權力，自己規定自己；但它同時是原因，因為它展示這個規定性，或者說將其設定為已設定的存在；這樣一來，它就把它的現實性設定為已設定的存在，或者說設定為作用。作用是原因的他者，一個與原初東西相對立的已設定的存在，並且以原初東西為**中介**。但原因作為必然性，同樣揚棄了它的這個中介活動，並且在自己**規定**自己的時候，作為原初的與自身相關聯的東西而回歸自身，與經過中介的東西**相對立**；已設定的存在**被規定為**已設定的存在，因此達到了自身同一；所以，原因只有在其作用中才是真正現實的東西和自身同一的東西。—— 作用之所以是**必然的**，恰恰是因為它是原因的展現，或者說是這個作為原因的必然性。—— 只有作為這個必然性，原因才是自己推動自己，從自身開始的，才是**自身顯露的獨立源泉**，而不是受到一個他者的誘導；—— 它必須**發揮作用**；它的原初性在於，它的自身內反

[224]

映是一個進行規定的設定活動，反過來，二者又是同一個統一體。

　　因此一般說來，沒有什麼包含在作用中的東西不是包含在原因之內。反過來，沒有什麼包含在原因中的東西不是包含在作用之內。原因只有在製造出一個作用的時候才是原因；原因無非是這樣一個規定，即「具有一個作用」，而「作用」的意思無非是「具有一個原因」。嚴格意義上的原因本身就包含著它的作用，作用本身就包含著原因；假若原因壓根就沒有發揮作用，或者說，假若原因不再發揮作用，那麼它就不是原因，──反過來，假若作用的原因消失了，那麼作用也就不再是作用，而是一個漠不相關的現實性。

[225]

　　3. 在原因和作用的這個同一性裡，那個把同一性區分為「自在存在者」和「已設定的存在」的形式如今也被揚棄了。原因在它的作用中消融了；相應地，作用也消融了，因為它僅僅是原因的規定性。就此而言，這個消融在作用之中的因果性是一個直接性，後者與原因和作用的對比關係漠不相關，並且把它當作是一個外在的對比關係。

b 已規定的因果性對比關係

　　1. 原因在其作用中的自身同一性意味著揚棄它自己的權力和否定性，因此是一個與形式區別漠不相關的統一體，即內容。──所以，內容僅僅自在地與形式（這裡即因果性）相關聯。在這種情況下，二者被設定為有差異的，而當形式與內容相對立，本身僅僅是一個直接現實的因果性，一個偶然的因果性。

　　再者，內容作為已規定的東西，本身就是一個有差異的內容；而原因從它的內容來看是已規定的，隨之同樣是一個作用。──由於經過反映的存在在這裡也是直接的現實性，所以內容雖然是現實的實體，但卻是有限的實體。

現在這個情況就是**在其實在性和有限性中的因果性對比關係**。它作為形式化的東西，是絕對權力的無限對比關係，其內容則是純粹的展現或必然性。反之，作為有限的因果性，它具有一個**給定的**內容，並且作為一個外在的區別在這個同一性東西身上將自身耗盡，後者在其各種規定中是同一個實體。

基於**內容的同一性**，這個因果性是一個**分析**命題。**同一個事情**有 [226] 時候呈現為原因，有時候呈現為作用，在那裡呈現為獨特的持存，在這裡呈現為一個他者身上的已設定的存在或規定。既然這些形式規定是**外在的反映**，那麼**從事情來看**，這其實是一個**主觀**知性的恆真句的考察，即把一個現象規定為作用，然後由之出發攀升到它的原因，以便理解它和解釋它；只有同一個內容在重複；人們在原因裡並不比在作用裡找到更多的東西。——比如，雨水是潮溼的原因，潮溼是雨水的作用；——「雨水造成潮溼」，這是一個分析命題；那是雨水的水，也是潮溼；作為雨水，這個水僅僅位於一個獨自的事情的形式中，反之作為水性或潮溼，它是一個形容詞，一個已設定的東西，這個東西不再應當本身就具有自己的持存；對水而言，一個規定和另一個規定一樣，都是外在的。——同理，**這一個**顏色的原因是一個著色的東西，一種**顏料**，後者作為同一個現實性，有時候位於一個活動者的外在於它的形式中，亦即與一個與它有差異的活動者外在地結合在一起，有時候卻是位於一個作用的同樣外在於它的規定中。——**行為**的原因是一個活動主體的內在意念，但行為作為這個意念透過行動而獲得的外在定在，是同一個內容和價值。當一個物體的**運動**被看作是作用，運動的原因就是一個**推力**；但在推動之前和之後，運動的定量是同一的，進行推動的物體所包含的實存也是同一的，並且被傳遞給被推動的物體；前者傳遞了多少，本身就失去了多少。

[227]

　　誠然，原因（比如畫家或進行推動的物體）還具有**其他內容**；前者所具有的，不止是顏色以及一個把顏色結合爲畫面的形式，後者所具有的，不止是一個有著特定強度和方向的運動。只不過，這些別的內容是一個偶然的附帶物，與原因毫不相干；不管畫家此外還具有什麼品質，這些都和他是這幅畫的作者沒有任何關係，——這些品質不會出現在這幅畫裡面；在他的各種特性裡，只有那個在**作用**中呈現出來的東西，才在他那裡**作爲原因**而存在著，而從餘下的那些特性來看，他並不是原因。同理，無論進行推動的物體是石頭還是木頭，是綠色的還是黃色的等等，這些都沒有出現在它的推動裡面；它不是由於這些情況才成爲原因。

　　考慮到因果性對比關係的**這個恆真句**，必須指出，如果人們爲一個作用給出的不是最近的原因，而是**遙遠的原因**，那麼這個關係看起來就沒有包含著恆眞句。位於根基處的事情在經歷諸多中間環節的時候發生了形式上的變化，這個變化掩蓋了事情同時保持著的那個同一性。在事情和最終的作用之間出現了許多原因，與此同時，事情把這些原因與其他事物和背景連繫在一起，因此不是那個最初被宣稱爲原因的東西，毋寧只有作爲這些原因的**集合**，才包含著完整的作用。——所以，假若一個人之所以獲得一些有利於他的天賦發展的情景，是由於他的父親在戰場上被一顆子彈射中身亡，那麼可以說，這個射擊（或者進而回溯到戰爭乃至戰勝的原因，如此以至無限）是那個人的才能的原因。但很顯然，眞正的原因並不是那個射擊本身，毋寧只是射擊和其他一些發揮作用的規定的連繫。或更確切地說，射擊根本不是原因，毋寧只是一個隸屬於**各種可能情景**的個別**環節**。

　　尤其值得注意的是另外一個做法，即把因果性對比關係**不合法地應用到自然的—有機的生命和精神性生命的對比關係上面**。正如這裡

表明的，那被稱作原因的東西，當然具有一個不同於作用的內容，
但這是因為，那個作用於生命的東西，是由生命獨立地規定、改變　　[228]
並轉化的，因為生命不容許原因來到它的結果中，也就是說，生命把
原因作為原因揚棄了。同理，我們不能說營養是血液的原因，也不
能說這頓飯、寒冷和潮溼是發燒的原因等等；我們不能宣稱愛奧尼
亞的氣候是荷馬史詩的原因，或凱撒的野心是羅馬共和制毀滅的原
因。在歷史裡面，全部精神性群體和個體都處於交互作用和交互規
定之中；但精神的本性比一般意義上的生命特性還具有高得多的意
義，因為精神不是把另一個原初東西接納到自身之內，或者說精神不
允許一個原因延續到它之內，而是使原因發生中斷和轉化。——當
然，這些情況屬於理念，要到了理念那裡再來考察。——但這裡還
可以指出的是，即使容許那種非本真意義上的原因和作用的對比關
係，但不管怎樣，作用都不能大於原因，因為作用無非是原因的展
現。歷史裡面有一個常見的笑話，即讓偉大的作用產生自一些微小的
原因，並且把奇聞軼事引述為一個全面而深刻的事件的第一原因。
但這種所謂的原因只能被看作是一個機緣或外在激勵，殊不知事件
的內在精神根本不需要這個機緣，或者說它本來能夠使用無數的機
緣，以便從現象中的它們開始，發展自身並展現自身。反過來毋寧
說，某些東西正因為已經被精神規定為它的機緣，所以本身就是渺
小的和偶然的。歷史的那種阿拉伯式繪畫就是用一根細長的莖稈勾
勒出一個巨大的形態，這確實是一個機智的，但極為膚淺的手法。　　[229]
雖然總的說來，這種由小生大的情況是精神在針對外在的東西時
採用的一個顛倒，但正因如此，這個外在的東西不是精神裡面的原
因，換言之，這個顛倒本身就揚棄了因果性對比關係。

2. 但因果性對比關係的這個規定性 —— 內容和形式是有差異的
漠不相關的 —— 還會延伸；形式規定也是內容規定；因此對比關係

的雙方（即原因和作用）也是**另一個內容**。換言之，正因為內容僅僅是一個形式的內容，所以它本身就具有內容和形式的區別，並且在本質上就是有差異的。但由於它的形式是因果性對比關係，即一個在原因和作用中保持同一的內容，所以有差異的**內容**一方面**外在地與原因**結合，另一方面**外在地與作用**結合；這樣一來，它本身並未**出現在作用活動和對比關係裡面**。

因此這個外在的內容是和對比關係無關的，—— **一個直接的實存**；換言之，正因為它作為內容而言，是原因和作用的**自在存在著的同一性**，所以它也是**直接的、存在著的**同一性。這個內容是**某一個物**，具有它的定在的雜多規定，而在**別的情況下**，它也是物的規定，即**從某一個角度來看**，既是原因，也是作用。原因和作用之類形式規定把物本身當作它們的**基體**，亦即當作它們的本質性持存，而每一個形式規定都是特殊的持存，—— 因為它們的同一性是它們的持存；—— 與此同時，物是它們的直接的持存，但不是它們作為形式統一體或對比關係的那種持存。

但這個物不僅是基體，而且是實體，因為它只有**作為對比關係的持存**，才是一個同一的持存。再者，這個實體是**有限的**實體，因為它被規定為與直接的實體，與它的原因性（Ursächlichkeit）**相對立**。但與此同時，它具有因果性，因為它同樣只有作為這個對比關係，才是一個同一的東西。—— 現在，作為原因，這個基體是一個否定的**自身**關聯。但**第一**，它與之相關聯的「自身」是一個已設定的存在，因為它被規定為**直接**現實的東西；這個已設定的存在作為內容而言，是一般意義上的某一個規定。—— **第二**，對基體而言，**因果性**是外在的；**因此因果性本身就構成了基體的已設定的存在。**現在，既然它是原因性實體，那麼它的因果性就在於以否定的方式與自身相關聯，亦即與它的已設定的存在和外在因果性相關聯。所

[230]

以，這個實體的作用活動就是從一個外在的東西出發，然後擺脫這個外在的規定，而它的自身回歸就是保留它的直接的實存，揚棄它的已設定的實存，隨之揚棄它的一般意義上的因果性。

　　所以，一塊自己推動自己的石頭是原因；它的運動是它所具有的一個規定，但除此之外它還包含著另外許多規定，比如顏色、形態等等，這些規定並沒有出現在它的原因性裡面。正因為它的直接的實存脫離了它的形式關聯（即因果性），所以因果性是一個**外在的東西**；它的運動以及它在運動中獲得的因果性對它來說僅僅是一個**已設定的存在**。—— 但因果性也是**它自己的因果性**；其體現是，它的實體式實存是它的同一的自身關聯；但這個自身關聯如今被規定為已設定的存在，因此同時是一個**否定的**自身**關聯**。—— 它的因果性指向自身，把自身當作已設定的存在或一個外在的東西，因此這個因果性在於揚棄外在的東西並透過**遠離**外在的東西而返回自身，從而**不是在其已設定的存在中**達到自身同一，而是僅僅重建**它的抽象的原初性**。—— 換言之，雨水是潮溼的原因，後者和前者是同一個水。這個水之所以被規定為雨水和原因，在於這個規定是由水之內的一個他者所設定的；另一個力，或者不管它是什麼東西，把水提到空中並聚集到一定數量，於是它們的重力使水落下來。它和地面 [231] 的距離對於它的原初的自身同一性（亦即重力）而言是一個陌生的規定；它的原因性在於清除這個規定並重建那個同一性，隨之必須也揚棄它的因果性。

　　現在考察的因果性的**第二個規定性**與形式有關；這個對比關係相當於一個**外在於自身的因果性**，或者說相當於這樣一個**原初性**，它在其自身同樣是**已設定的存在**或**作用**。相互對立的規定在**存在著**的基體裡的這個聯合構成了原因和作用的**無限回溯過程**。—— 作用被當作開端；作為作用，它有一個原因，這個原因又有一個原因，如此

以往。爲什麼原因又有一個原因？也就是說，既然某一方之前已經被規定爲**原因**，爲什麼**同樣是這一方**，現在又被規定爲**作用**，隨之要追問一個新的原因呢？── 就是因爲原因是一般意義上的一個**有限的、已規定的東西**；它被規定爲形式的**某一個環節**，與作用相對立；因此它是在自身之外具有它的規定性或否定；但恰恰在這種情況下，它本身是**有限的**，**本身就具有自己的規定性**，從而是**已設定的存在或作用**。原因的這個同一性也是被設定的，但這是一個**第三者**，一個直接的基體；因果性之所以是外在於自身的，就是因爲在這裡，它的**原初性**是一個**直接性**。所以，形式區別僅僅是最初的**規定性**，尚且不是**被設定爲**規定性的規定性，而是一個**存在著的異在**。一方面，有限的反映止步於這個直接的東西，同時清除了它的形式統一體，讓它在**一個角度**下是原因，**在另一個角度**下是作用；另一方面，這個反映把形式統一體放置到**無限者**裡面，然後透過恆久的推進表明自己沒有能力達到和掌握形式統一體。

　　至於**作用**，直接也是同樣的情況，或更確切地說，**從作用到作用的無限演進過程和從原因到原因的回溯過程**完全全是同一回事。

[232] 在這個回溯過程中，**原因轉變爲作用**，後者又有**另一個**原因；反之也是如此，**作用轉變爲原因**，後者又有**另一個**作用。── 上述已規定的原因以一個外在性爲開端，而且它在它的作用中不是**作爲原因**而返回到自身之內，毋寧說，因果性在這個過程中已經消失了。但反過來，作用到達一個基體，後者是實體，或者說是一個原初地與自身相關聯的持存；因此在基體那裡，這個已設定的存在**轉變爲已設定的存在**；也就是說，當實體裡面設定一個作用，實體就表現爲原因。第一個作用，即那個**外在地**與實體接觸的已設定的存在，相較於第二個**從實體產生出來的**作用而言，是一個**他者**；也就是說，第二個作用被規定爲**實體的自身內反映**，而第一個作用則是被規定爲實

體那裡的**外在性**。——但在這裡，因為因果性是一個外在於自身的原因性，所以它在它的作用中同樣**沒有返回到自身之內**，而是在其中轉變為**外在的東西**，——它的作用再度轉變為基體（作為**另一個實體**）那裡的已設定的存在，但實體同樣使已設定的存在成為已設定的存在，或者說展現自身為原因，再度把它的作用從自己那裡排斥出去，如此以往，直至惡劣的無限者。

3. 現在需要看看，透過已規定的因果性對比關係的運動，已經形成了什麼東西。——形式化的因果性在作用裡消融了；這樣一來，就**已經形成了**這兩個環節的同一的東西；但它僅僅**自在地**是原因和作用的統一體，而形式關聯對它來說是外在的。——在這種情況下，這個同一的東西**直接地**按照直接性的兩個規定來說，**第一**相當於**自在存在**，即一個**內容**（因果性在那裡以外在的方式消散了），**第二**相當於一個**實存著的**基體，而原因和作用是作為區分開的規定而**附著**在它身上。**自在地看來**，原因和作用在基體中是合為一體的，但由於這個**自在存在**或形式的外在性的緣故，每一方都是位於自身之外，從而在它與對方的**統一體**中也被規定為對方的**他** [233] **者**。就此而言，雖然原因具有一個作用，**同時本身就是作用**，作用不僅具有一個原因，**而且本身也是原因**，但**具有原因的作用和是原因**的作用還是有差異的，——同理，**具有作用的原因和是作用**的原因也是有差異的。

但透過已規定的因果性對比關係的運動，出現了這個情況，即原因**不僅**在作用中**消融了**，隨之作用也消融了，如同在形式化的因果性裡那樣，而且原因**在消融的同時**又在作用中**形成了**；**作用**在原因裡**消失了**，但同樣又在原因中**形成了**。這兩個規定裡的每一方都**在進行設定時揚棄自身**，並且**在進行揚棄時設定自身**；這裡呈現出的不是因果性從一個基體到另一個基體的**外在過渡**，毋寧說，因果性之

轉變為他者同時是**它自己的設定活動**。也就是說，因果性**預先設定**自身，**為自身提供條件**。之前僅僅自在存在著的同一性，基體，如今**被規定為一個預先設定**，或者說**被設定為**與發揮作用的因果性**相對立**，至於之前那個僅僅**外在於**同一的東西的**反映**，如今也和這個東西處於**對比關係**之中。

c 作用和反作用

　　因果性是一個**進行預先設定**的行動。原因是**有條件的**；它是否定的自身關聯，把自己當作預先設定的東西或外在的他者，這個他者**自在地看來**（而且只有**自在地看來**）是因果性本身。正如我們已經看到的，形式化的因果性過渡到**實體式同一性**，後者如今把自己規定為前者的否定者並**與之相對立**。換言之，這個否定者和因果性對比關係的實體是同一個東西，但這個實體又與偶附性的權力（作為**實體性活動本身**）相對立。—— 這是一個**被動的**實體。—— 直接的東西，或者說那些雖然自在地存在著，但並非**自為地**存在著的東西，是**被動的**，換言之，純粹的存在或那個僅僅位於**抽象的自身同一性**這一規定性中的本質是被動的。—— 與被動的實體相對立的，是那個以否定的方式與自身相關聯的實體，即**發揮著作用**的實體。這個實體是原因，因為它在已規定的因果性裡已經透過其自身否定而從作用裡重建自身，成為一個他者，並且在它的異在裡或者說作為直接的東西在本質上表現為**設定者**，並且透過它的否定而達到自身中介。因此在這裡，因果性不再具有它曾經**附著**其上的**基體**，它也不再是一個與這個同一性相對立的形式規定，毋寧本身就是實體，換言之，原初東西僅僅是因果性。—— **基體**是因果性為自己預先設定的一個被動的實體。

　　這個原因**發揮著作用**；因為它是一個**針對自身**的否定權力；與

[234]

此同時，它是它自己所**預先設定的東西**；在這種情況下，它把自己當作一個**他者**（亦即當作**被動的實體**），對其發揮作用。—— **第一**，它**揚棄了**被動實體的異在，並且在被動實體中返回到自身之內；**第二**，它**規定著**被動實體，把「揚棄它的異在」或「自身回歸」設定為一個**規定性**。因為這個已設定的存在同時是原因的自身回歸，所以它首先是**原因的作用**。但反過來，因為原因在預先設定自身的時候把自己規定為一個他者，所以它是在**另一個**實體亦即被動實體裡面設定作用。—— 換言之，正因為被動實體本身是一個**雙重的東西**（既是一個獨立的他者，也是一個**預先設定的**，並且自在地已經與發揮著作用的原因達到同一的東西），所以它所發揮的作用本身也是一個雙重的東西；這個東西是兩個情況的合一體：一方面，原因揚棄了它的**已規定的存在**，亦即揚棄了它的條件，或者說揚棄了被動實體的獨立性，—— 另一方面，原因揚棄了它與被動實體的同一性，隨之**預先設定了**自身，或者說把自己設定為一個**他者**。—— 透過後面這個環節，被動實體得以**保留**；在這種情況下，起初那個對於被動實體的揚棄看上去是這樣的，即在被動實體那裡，**只有某些規定**被揚棄，而且被動實體與原因在作用中達到的同一性是外在地發生的。[235]

　　就此而言，原因遭受著**暴力**（Gewalt）。—— 暴力是**權力的現象**，或者說是那個**作為外在的東西的權力**。但是，只有當原因性實體在發揮作用（亦即設定自身）的同時進行預先設定（亦即把自身設定為已揚棄的東西），外在的東西才是權力。因此反過來同樣可以說，暴力的活動就是權力的活動。暴力原因僅僅對它自己所預先設定的一個他者發揮著作用；它的這個作用是一個否定的**自身關聯**，或者說是**它自身**的展現。如果獨立者僅僅是一個**已設定的東西**，一個在自身內中斷的東西，那麼它就是被動的，—— 是這樣一個現實

性，它是條件，而且是眞正意義上的條件，也就是說，這個現實性僅僅是一個可能性；或者反過來說，如果一個**自在存在**僅僅**被規定為自在存在**，那麼它就是被動的。就此而言，那個遭受暴力的東西不僅可能遭受暴力，而且**必定**遭受暴力；一個東西之所以能夠對他者施加暴力，僅僅因爲這是它的權力，這個權力**展現著**自己和他者。被動實體透過暴力只不過是**被設定為**它**真正**所是的東西，也就是說，正因爲它是單純的肯定者或直接的實體，所以它只能是一個**已設定的東西**；作爲條件，它是一個「預先」（Voraus），但這個直接性的映像被發揮著作用的因果性從它那裡剝離掉了。

　　所以，當被動實體遭受另一個暴力的影響，這完全是正當的。它所**失去的**是那個**直接性**，那個**對它而言陌生的**實體性。它所**獲得的陌生規定**（亦即成爲一個**已設定的存在**）是它自己的規定。——現在，由於它是在它的已設定的存在或**它自己的**規定中被設定的，所以在這種情況下，它不但沒有被揚棄，反而**與自身融合**，亦即**在受到規定的同時成為原初性**。——因此，一方面，被動實體透過主動實體而**被保留**或**被設定**，——也就是說，主動實體使自己成爲已揚棄的實體——，另一方面，**被動者本身的活動**恰恰在於與自身融合，隨之使自己成爲原初東西，成爲**原因**。「透過一個他者而**被設定**」和「自己發生**轉變**」是同一回事。

　　現在，當被動實體本身顛倒爲原因，**第一**，作用就在其中被揚棄了；它的一般意義上的**反作用**就是基於這一點。**自在地看來**，它是已設定的存在，相當於被動實體；也就是說，已設定的存在也已經透過被動實體之內的另一個實體而被**設定下來**，因爲被動實體本身也受到了另一個實體的作用。因此被動實體的反作用同樣包含著一個雙重性：首先，被動實體**自在地**是什麼東西，就**被設定為**什麼東西；其次，不管它**被設定為**什麼東西，這個東西都呈現爲它的**自**

[236]

在存在；它**自在地**是已設定的存在，因此本身受到另一個實體的作用；但反過來，這個已設定的存在是**它自己的**自在存在，因此這是**它自己的**作用，而它本身則是呈現爲原因。

　　第二，反作用所**針對**的是**第一個發揮著作用的原因**。也就是說，此前被動實體在自身之內揚棄的那個作用，恰恰是第一個原因的作用。但原因只有在其作用中才具有自己的實體式現實性；只要作用被揚棄，那麼它的原因性實體性也就被揚棄了。首先，這件事情是**自在地透過自身**而發生的，因爲原因把自己改造爲作用，於是在這個同一性裡，它的否定的規定消失了，它轉變爲被動的東西。其次，這件事情是**透過那個此前被動的，現在卻回頭發揮作用的實體**而發生的，因爲它揚棄了原因的作用。—— 在**已規定的因果性**裡，受到作用的實體雖然重新轉變爲原因，隨之**針對**「它自身之內被設定了一個**作用**」這件事情而發揮作用，但它並不是回頭**針對那個原因**而發揮作用，而是把它的作用重新設定在**另一個實體**中，而在這種情況下，就浮現出各種作用的無限演進過程，—— 在這裡，正因爲原因在其作用中起初只是**自在地**與自身同一，所以它一方面在一個**直接的**同一性中作爲**靜止的**東西消失了，另一方面在**另一個**實體中重新喚醒自己。—— 反之，在有條件的因果性裡，原因在作用中是**與自身相關聯的**，因爲它是它自己的他者，只不過是作爲條件或一個**預先設定的**東西，而這樣一來，它之發揮作用就是**轉變**，即設定他者和揚棄他者。

　　再者，原因在這種情況下表現爲被動實體；但正如我們看到的，被動實體是透過原因性實體對它的作用而**產生出來**的。那個最初的原因首先發揮作用，在自身之內重新獲得它的作爲反作用的作用，從而重新作爲原因而顯露出來，而在這種情況下，那個在有限的因果性裡流變爲惡劣的無限演進過程的作用活動就**彎折回來**，轉

[237]

變爲一個回歸自身的或無限的**交互作用活動**。

C 交互作用

有限的因果性裡面有許多交互發揮作用的實體。**機械論**就是立足於因果性的這種**外在性**，即原因在其作用中的**自身內反映**同時是一個排斥性的**存在**，或者說，原因性實體在其作用中具有**自身同一性**，因此它始終直接地**外在於**自身，而作用**已經過渡到另一個實體**。現在，這個機械論在交互作用中被揚棄了，因爲交互作用意味著：**第一，直接的實體性不再是一個原初的常駐不變，第二，原因產生出來，因此原初性是透過它的否定而達到自身中介**。

[238]　　交互作用首先呈現爲一些**預先設定的、互爲條件的實體**的交互的因果性；每一個相對於另一個而言都同時是一個主動的和被動的**實體**。相應地，由於二者既是被動的也是主動的，所以它們的每一個區別都已經揚棄自身；區別是一個完全透明的映像；只有當它們是主動者和被動者的同一性時，它們才是實體。所以，交互作用本身仍然只是一個**空洞的樣式和方式**，它仍然需要以外在的方式去統攝那些既是**自在的**，也是**被設定的**東西。首先，那些處於相互關聯中的東西不再是**基體**，而是實體；在有條件的因果性的運動裡，其餘**預先設定的直接性**已經揚棄自身，只剩下**內在作用**（Einwirkung）或**自己的被動性**給原因性主動性**提供條件**。其次，這個內在作用不是來自於**另一個**原初實體，而是恰恰來自於一個以內在作用爲條件或**中介**的原因性。所以，這個起初附著於原因並構成其被動性方面的**外在東西**，是以原因本身爲中介；它是透過原因自己的主動性而產生出來的，從而是一個**由原因自己的主動性所設定的被動性**。 —— 因果性既是有條件的，也提供條件；**提供條件者是被動的，但有條件者**

同樣是**被動的**。這個提供條件的活動或被動性是原因的自身**否定**，因為原因在本質上把自己改造為**作用**，並恰恰因此是原因。換言之，**交互作用**僅僅是因果性本身；原因不僅**具有**一個作用，而且它在作用中是**作為原因**而與自身相關聯。

這樣一來，因果性已經返回到**它的絕對的概念**，同時來到**概念**本身。它起初是實在的必然性或絕對的自身**同一性**，而這意味著，必然性的區別和那些在因果性裡面相互關聯的規定（即實體）是一些彼此而言**自由的現實性**。在這種情況下，必然性**是內在的同一性**；因果性是這個同一性的展現，與此同時，它的那個映像，亦即**實體式異在**，已經揚棄自身，而必然性也已經提升為**自由**。── 在交互作用裡，原初的因果性既呈現為從它的否定或被動性那裡的**產生**，也呈現為在它的否定或被動性中的**消滅**，亦即呈現為一個**轉變**；但與此同時，這個轉變同樣只是**映現**；過渡到**他者**意味著自身內反映；原因的根據是**否定**，而否定是原因的**肯定的自身融合**。 [239]

這樣一來，必然性和因果性已經在交互作用中消失了；它們包含著兩個東西：一個是**直接的同一性**（作為**連繫和關聯**），另一個是**有區別的東西的絕對的實體性**，即這些東西的絕對的**偶然性**，── 它們是實體式差異性的原初的**統一體**，因而包含著絕對的矛盾。必然性是那個**因為**存在著，所以存在著的**存在**，── 它是存在的自身統一體，把自己當作**根據**；但反過來，正因為它有一個根據，所以它不是存在，毋寧完全只是**映像、關聯**或**中介活動**。因果性是這個已設定的過渡，即從原初的存在（**原因**）過渡到映像或單純的**已設定的存在**，反過來又從已設定的存在過渡到原初性；但存在和映像的**同一性本身**仍然是**內在的**必然性。這個**內在性**或這個自在存在揚棄了因果性的運動；相應地，處於對比關係中的各方的實體性也消失了，而必然性揭開自己的面紗。必然性之所以轉變為**自由**，不是因為必

然性消失了，而是因為只有它的**內在的**同一性**展現出來**，—— 這個展現是有區別的東西的內在的同一個運動，是嚴格意義上的映像的自身內反映。—— 與此同時，**偶然性**也轉變為**自由**，因為從現在起，必然性的各個方面（它們在形態上是一些自由的，並未映現在彼此之內的現實性）被設定為同一性，而這意味著，自身內反映的這些總體性在其區別中也**映現為同一的**，或者說僅僅被設定為同一個反映。

[240]

　　就此而言，當絕對的實體作為絕對的形式自己區分自己，就不再把自己當作必然性而從自己那裡排斥出去，它也不會作為偶然性而分裂為一些漠不相關的、彼此外在的實體，而是把自己**區分為兩個方面**或兩個總體性：一個是此前的被動實體，它是原初的東西，從規定性那裡反映回自身之內，成為單純的整體，而這個整體在自身內包含著它的**已設定的存在**，並且**被設定為一個在其中保持自身同一的東西**：這就是**普遍者**，—— 另一個是此前的原因性實體，它同樣從規定性那裡反映回自身之內，成為一個否定的規定性，後者作為**自身同一的規定性**，同樣是整體，但被設定為**自身同一的否定性**：這就是**個別東西**。但直接地看來，只有當普遍者把**規定性**當作**已揚棄的**規定性而包含在自身之內時，換言之，只有當普遍者是作為否定者的否定者時，它才是自身同一的，正因如此，它和**個別性**是**同一個否定性**；—— 個別性同樣是受到雙重規定的東西，是作為否定者的否定者，正因如此，它直接地和**普遍性**是**同一個同一性**。它的這個**單純的**同一性就是**特殊性**，後者在一個直接的統一體中包含著個別東西那裡的「**規定性**」環節和普遍者那裡的「**自身內反映**」環節。所以，這三個總體性是同一個反映，這個反映作為**否定的自身關聯**把自己區分為前面兩個總體性，同時把這當作是一個**完全透明的區別**，即**已規定的單純性**或**單純的規定性**，而這是它們的同一個同一性。—— 這就是**概念**，即**主觀性**王國或**自由**王國。

第二部分 主觀邏輯

第三巻　概念論

前言

[243]　　　　邏輯的這個部分包含著**概念論**並構成了整體的第三部分①。為了照顧這門科學的某些朋友 —— 相比前兩個部分已經討論過的其他邏輯對象，他們一向對於這裡討論的屬於通常所謂的「邏輯」的素材具有更大的興趣，—— 這部分也使用了**「主觀邏輯的體系」**這一特殊的標題。—— 對於前兩個部分，因為很少有前人的工作能夠為我提供支援、素材和推進線索，所以我可以請求公正的評判者的諒解。至於當前的這個部分，我倒是可以出於一個相反的理由請求諒解，因為對於**概念**的邏輯而言，我們所面臨的是一些完全現成的、牢固的，甚至可以說僵化的素材，而我們任務在於讓它們流動起來，並且在這類僵死的材料裡面重新點燃活生生的概念；如果說在一片荒野裡建造一座新的城市是困難的，那麼，當我們打算重新規劃一座古老的、堅實建造的、透過持續的占有和居住而保存下來的城市時，即使建築材料是足夠的，我們也會遭遇更多其他類型的阻礙；在某些情況下，我們也必須毅然棄用許多在別的地方備受珍視的儲備。

　　　　關鍵在於，對象本身的偉大可以讓人諒解這個不完滿的論述。

[244]　因為，對於認識而言，還有什麼對象比**真理**本身更為崇高呢？—— 至於這個對象是否存在著，是否需要一個諒解等等，這些懷疑卻是

---

① 邏輯的這個部分作為《邏輯科學》（大邏輯）之「第二部」出版於 1816 年。因為第一部已經包含前兩卷，所以黑格爾在這裡可以指出這是「整體的第三部分」。—— 原編者注

不能迴避的，尤其當人們回憶起**彼拉多**②是在什麼意義上提出「眞理是什麼呢？」這一問題——如詩人描述的那樣：

> 他擺出宮廷侍臣的臉色，
> 鼠目寸光，卻微笑著詛咒嚴肅的事情。③

　　那個提問所包含的意思可以被看作是一個彬彬有禮的因素，同時提醒大家：以認識眞理爲目標的做法是某種公認被放棄的，早就被解決的東西，甚至職業的哲學家和邏輯學家都承認眞理是不可觸及的！——但是，既然在我們這個時代，**宗教**對於事物、識見和行動等等的價值的追問（這個追問和剛才的那個提問從內容來說是同樣的意思）重新要求更多的權利，那麼哲學必定也會期待，當她首先在她的直接領域裡重新確立自己的眞正目標，而且哪怕墮落到其他科學的樣式和方式及其對於眞理的無欲無求之後，也仍然會努力提升自己重新走向那個目標，人們不要對此感到大驚小怪。這個嘗試本身根本不需要請求誰的諒解；但考慮到這個嘗試的具體實施，我還是可以請求一個諒解，因爲這門科學需要並且值得一種完整而專注的努力，但我的公務關係和另外一些個人情況卻使我在這裡只能從事一些零零碎碎的工作。

紐倫堡，1816 年 7 月 21 日

---

② 彼拉多（Pontius Pilatus）是羅馬帝國的猶太總督，逮捕並處死耶穌。據《新約·約翰福音》（18, 37）記載，他問耶穌是否為王，耶穌回答說：「你說我是王，我為此而生，也為此來到世間，特為給眞理作見證；凡屬眞理的人就聽我的話。」而彼拉多的回應是：「眞理是什麼呢？」——譯者注
③ 參閱克洛普斯托克《彌賽亞》，《讚歌集》第 7 篇，第 254 行以下。——原編者注

概念通論

[245]　　　　我們不可能直接指出什麼是**概念的本性**，正如我們同樣不可能直接提出任何一個別的對象的概念。大致說來，爲了指出一個對象的概念，必須預先設定邏輯性（das Logische），於是後者既不應當再度預先設定別的什麼東西，也不應當是一個推導出的東西，好比幾何學裡面的邏輯命題，它們從一開始就具有**公理**的形式，作爲**非推導出的和不可推導出的**認識規定在這門科學裡得到使用，並被應用到大小上面。現在，概念既應當被看作是一個主觀的預先設定，也應當被看作是**絕對的根基**，但除非它已經把自己**改造**爲根基，否則它不可能是這樣的根基。抽象的直接東西確實是**最初的東西**；但它作爲這個抽象的東西，毋寧是一個經過中介的東西，如果這個東西應當在其眞理中得到理解把握，我們就必須首先在它那裡尋找它的根基。所以，這個根基雖然必定是一個直接的東西，但事實上，它是透過揚棄中介活動而把自己改造爲直接的東西。

　　　　從這個方面來看，總的說來，**概念**必須首先被看作是**存在和本質**或**直接的東西和反映**之後的**第三者**。就此而言，存在和本質是概念的**轉變**的環節，而概念是它們的**根基和眞理**，是它們沉沒並包含在其中的**同一性**。因爲概念是它們的**結果**，所以它們包含在概念之內，但不再作爲**存在和本質**；只有當它們尙未返回到它們的這個統一體之內，才具有這些規定。

　　　　由此看來，那個以**存在和本質**爲考察對象的**客觀邏輯**眞正構成了**概念的譜系學展示**（genetische Exposition）。確切地說，**實體**已
[246]　經是**實在的本質**，或者說是那個與**存在**結合並進入現實性的**本質**。

所以，概念把實體當作它的直接的預先設定，實體**自在地**是什麼東西，概念就**展現**爲什麼東西。因此**實體**貫穿因果性和交互作用的**辯證運動**是一部直接的**概念譜系學**，透過這部譜系學，概念的**轉變**呈現出來。但概念的**轉變**和任何地方的轉變一樣，具有這樣的意義：首先，這是一個反映，即過渡到它的**根據**；其次，之前的東西過渡到一個起初貌似是**他者**的東西，後者構成了前者的**真理**。就此而言，概念是實體的**真理**，而由於實體的已規定的對比關係方式是**必然性**，所以**自由**表明自己是**必然性的真理**，是概念的對比關係方式。

實體自己的、必然的形式規定在於**設定那自在且自為地存在著的東西**；**概念**如今是**存在**和**反映**的絕對統一體，而這意味著，只有當**自在且自為的存在**同樣是**反映**，它才是自在且自爲的存在，或者說只有當**已設定的存在**同樣是**自在且自爲的存在**，它才是已設定的存在。——這個抽象的結果是透過它的具體譜系學的呈現而得以澄清的，這部譜系學包含著概念的本性，因此它必須先行於對概念的討論。相關展示在客觀邏輯的第二卷裡已經有詳細討論，但這裡不妨簡要概述其主要環節：

實體是**絕對者**，是自在且自爲地存在著的現實東西，——「**自在**」意味著，實體是可能性和現實性的單純同一性，即一個絕對的，在**自身**之內包含著全部現實性和可能性的本質，——「**自為**」意味著，這個同一性是絕對的**權力**，或者說一個完全與自身相關聯的**否定性**。——以上環節設定了實體性的運動，而這個運動在於，

1. 實體作爲絕對的權力或一個與自身相關聯的**否定性**，把自己區分爲一個對比關係，在其中，那些起初完全單純的環節相當於**實體**和原初的**預先設定**。——它們的已規定的對比關係是**被動**實體和**主動**實體的對比關係，其中前者是單純的**自在存在**的原初性，這個自在存在是無權力的，並不設定自身，毋寧只是原初的**已設定的存** [247]

在，後者是一個**與自身相關聯**的否定性，它作爲這樣的否定性，把
自己設定爲一個他者，並且**與這個他者**相關聯。但這個他者恰恰是
被動實體，而主動實體在其原初的權力中把它**預先設定**爲自己的條
件。——這個預先設定可以這樣理解：首先，實體本身的運動最初
是處於它的概念的一個環節（亦即**自在存在**）的形式之下，其次，那
些處於對比關係中的**實體**的規定性也是這個**對比關係**本身的規定性。

2. 另一個環節是**自爲存在**，換言之，權力把**自己**設定爲一個**自
己與自己**相關聯的否定性，並透過這個方式重新揚棄了**預先設定**的
東西。——主動實體是**原因**；它**發揮著作用**，也就是說，它之前是
進行預先設定，如今是進行設定，於是(a)權力同時獲得了權力的
映像，已設定的存在同時獲得了已設定的存在的**映像**。那個預先設
定的**原初東西**在因果性裡透過**與他者的關聯**轉變爲它自在地所是的東
西；原因帶來作用，而且是在另一個實體那裡帶來作用；現在，它
是一個**與他者相關聯**的權力，於是**顯現爲**原因，但它只有透過這個**顯
現**才是原因。——(b)被動實體受到作用，於是它現在也顯現爲**已設
定的存在**，但它只有在這個顯現裡才是被動實體。

3. 但這裡**顯現出來**的，除了上述情況之外，還有更多情況，亦
即：(a)原因作用於被動實體，**改變**了後者的規定；但被動實體是已
設定的存在，它那裡本身就沒有什麼可以改變的東西；但它所獲得
的另一個規定是原因性；於是被動實體轉變爲原因、權力和活動。
[248]　　(b)被動實體受到的作用是由原因所**設定**的，但原因所設定的東西
就是那個在發揮作用時保持自身同一的原因本身；恰恰是原因自
己取代了被動實體。——就主動實體而言，同樣也是如此：(a)所
謂原因發揮作用，就是指原因轉移到作用中，後者是它的**他者**，一
個已設定的存在；(b)原因在作用中表現爲它所是的那個東西；作
用和原因是同一的，不是一個他者；因此原因在發揮作用的時候表

明，已設定的存在是它在本質上所是的那個東西。——因此無論是從同一性關聯來看，還是從**一方與另一方的否定的關聯**來看，每一方都轉變為自己的**反面**；所謂每一方轉變為自己的反面，意思是，另一方，因此也可以說每一方，始終是**自身同一**的。——但這兩個關聯，同一性關聯和否定的關聯，是同一個關聯；實體只有在它的反面中才是自身同一的，而這一點構成了兩個已設定的實體的絕對同一性。透過發揮作用，也就是說，透過把自己設定為自己的反面（這同時是對於**預先設定的異在**亦即被動實體的揚棄），主動實體展現為原因或原初的實體性。反過來，當受到作用時，已設定的存在就**展現為**已設定的存在，否定者**展現為**否定者，隨之被動實體展現為一個**與自身相關聯的否定性**，而原因在它的這個他者裡面完全只是與自身融合。因此透過這個設定活動，**預先設定的**或**自在存在著**的原初性就轉變為**自為**的原初性；關鍵在於，只有當設定活動同時**揚棄**了預先設定的東西，才會有這個自在且自為的存在，換言之，只有**出於它的已設定的存在**，並且在**它的已設定的存在中**，絕對的實體才已經返回自身，才是絕對的。就此而言，這個交互作用是一個再度揚棄自身的現象，是因果性映像的啟示，在其中，原因**展現為映像之所以是映像**的原因。這個無限的自身內反映——自在且自為的存在只有作為已設定的存在才是自在且自為的存在——是**實體的完成**。但這個完成不再是**實體本身**，而是一個更高的東西，即**概念**或**主體**。實體性對比關係的過渡是透過它自己的內在必然性而發生的，無非是這個必然性的自身展現，也就是說，**概念**是這個展現的真理，而自由是必然性的真理。 [249]

之前在客觀邏輯第二卷第 195 頁④的注釋裡，我們已經指出，

---

④ 參閱本書第 184 頁。

那種立足於並堅持**實體立場**的哲學是**斯賓諾莎的體系**。那裡同時也指明了這個體系在形式以及內容方面的**缺陷**。但要**反駁**這個體系，這又是另一回事了。關於反駁一個哲學體系，我們在另一處地方同樣已經一般地指出，必須破除一個扭曲的觀念，即企圖表明一個體系是完全**錯誤的**，彷彿**真實的**體系與錯誤的體系**只是相互對立的關係**。當斯賓諾莎的體系出現在當前的語境下，本身就顯露出它的真實立場，以及它究竟是真實的抑或錯誤的這一問題。實體性對比關係是透過**本質**的本性產生出來的；因此這個對比關係及其在一個體系裡拓展為一個整體的闡述是絕對者立足於其上的一個**必然的立場**。就此而言，我們不能認為這個立場僅僅是個人的意見或主觀的、隨意的表象方式和思維方式，僅僅是思辨的紊亂；毋寧說，思辨必然會走上這條道路，而在這個意義上，體系是完全真實的。——但它**不是最高的立場**。但即便如此，體系也不應當被看作是**錯誤的**或一個需要並且能夠被**反駁**的東西；只有當它被當作最高的立場，才必須被看作是錯誤的。所以，**真實的**體系與它之間不可能只是**相互對立**的關係，因為否則的話，與之對立的東西本身就是片面的。毋寧說，它作為更高的東西必須把從屬的東西包含在自身之內。

[250]

再者，反駁必須不是來自於外部，也就是說，不是來自於一些位於體系之外，與體系並不符合的假設。我們根本不必承認那些假設；只有當一個人把某些基於缺陷的需要和要求當作出發點，**缺陷**才是缺陷。在這種情況下，人們曾經說過，如果一個人沒有堅決地把具有自我意識的主體的自為的自由和獨立性當作前提，那麼對他而言斯賓諾莎主義就是不可反駁的。無論如何，像實體性對比關係這般如此崇高的、在自身內已經如此**豐富**的立場並沒有忽視那些假設，而是也包含著它們；斯賓諾莎的實體的諸屬性之一是**思維**。實

際上，斯賓諾莎懂得如何瓦解並吸納這些假設藉以和他展開爭論的各種規定，因此他讓它們**在思維中**顯現，但卻是在一些適合於思維的樣態中顯現。外在反駁的唯一要害在於片面而固執地認為，那些假設的相反形式，比如思維著的個體的絕對的獨立持存，既是與思維的形式相對立的，又在絕對的實體裡被設定為與廣延同一。真正的反駁必須承受對方的打擊，在對方的火力範圍之內與之較量；至於在對方外面攻擊對方，在對方不在的地方主張權利，這些都不是事情本身所要求的。因此，對斯賓諾莎主義的唯一反駁就在於首先承認其立場是本質性的和必然的，然後讓這個立場**從自身出發**，攀升到更高的立場。純粹**自在且自為地看來**，實體性對比關係本身就會走向它的反面，即**概念**。所以，前一卷所含的實體的展示既然已走向**概念**，就是對斯賓諾莎主義的唯一真實的反駁。這個展示是實體的**剝露**（Enthüllung），而這個剝露就是**概念的譜系學**（Genesis des Begriffs），其主要關節已經在前面加以綜述。── 實體的**統一體**是它的**必然性**對比關係；但在這種情況下，它僅僅是**內在的必然性**；當它透過絕對的否定性這一環節**設定自身**，就轉變為**已展現的**或**已設定的同一性**，隨之轉變為**自由**，亦即概念的同一性。概念，這個從交互作用中作為其結果而得出的總體性，乃是交互作用的**兩個實體**的統一體，於是從現在起，它們屬於自由，因為它們所具有的同一性不再是一個盲目的，亦即**內在的東西**，毋寧說，它們在本質上已經被規定為**映像**或反映的環節，而在這種情況下，每一方都同樣直接地與它的他者或它的已設定的存在相融合，並且每一方都**在自身之內**包含著它的已設定的存在，從而在它的他者那裡完全只是被設定為自身同一。 [251]

　　因此在**概念**裡，自由王國打開了。概念是自由的，因為那個**自在且自為地存在著的同一性**（它構成了實體的必然性）同時已經被揚

棄，或者說同時是**已設定的存在**，而這個已設定的存在作爲一個與自身相關聯的東西，恰恰是那個同一性。那些處於因果性對比關係中的實體對彼此而言的晦暗性已經消失了，因爲它們的原初的獨立持存已經過渡到已設定的存在，從而轉變爲一種本身透明的**清澈性；原初的事情**只有作爲**自因**而言才是這樣的東西，而這就是一個**已獲得自由並轉變為概念的實體**。

[252] 　　由此立即得出概念的如下更具體的規定。正因爲自在且自爲的存在直接地是**已設定的存在**，所以概念在其單純的自身關聯中是一個絕對的**規定性**，然而這個規定性作爲僅僅與自身相關聯的東西，同樣直接地是單純的同一性。但規定性的這個**自身關聯**，作爲規定性的**自身融合**，同樣是**規定性的否定**，而概念作爲這個自身等同性，就是**普遍者**。但這個同一性同樣具有否定性這一規定；它是一個與自身相關聯的否定或規定性；這樣一來，概念就是**個別東西**。二者都是總體性，每一方都在自身內包含著他者的規定，因此這兩個總體性同樣完全只是**同一個**總體性，正如這個統一體意味著它們自身分裂爲二元性的自由映像 —— 這種二元性透過**個別東西**和**普遍者**的區別而顯現爲完滿的對立，但這個對立同樣是一個**映像**，因此每當一方得到概念把握並被陳述出來，另一方就同時直接得到概念把握並被陳述出來。

　　以上所述必須被看作是**概念的概念**。既然這種意義上的概念看起來與人們通常所理解的「概念」有所偏差，我們就必須指明，爲什麼同一個東西既在這裡體現爲概念，也包含在別的觀念或解釋裡面。一方面，無論如何，這絕不可能是一件基於常識的**權威**而得到證實的事情，因爲在概念的科學裡，概念的內容和規定只能透過一個**內在的演繹**而獲得保證，這個演繹包含著概念的譜系學，已經是我們討論過的。另一方面，自在地看來，我們必須在那個呈現爲

概念的概念的東西裡認識到這裡演繹出來的概念。問題在於，要搜尋出別人關於概念的本性所說的東西，這是很不容易的。因為在絕大多數情況下，他們根本不關心這個搜尋，並且假定，每一個人在談到概念的時候都自明地理解概念是什麼意思。最近以來，人們尤其覺得可以免除圍繞著概念的操勞，正如曾經有一段時間，人們先是針對想像力，然後針對記憶，說盡一切可能的壞話，而在哲學裡面，長久以來已經成為一個習慣（而且從某些方面看來現在也是如此），即把一切惡毒的責罵堆積在**概念**身上，一方面蔑視概念，惘然不知它是思維的最高者，另一方面卻把**不可概念把握的東西**〔不可理解的東西〕和**非概念把握**〔不理解〕看作是科學領域和道德領域的巔峰。 [253]

　　我在這裡僅僅提出一個注解，它能夠幫助人們理解把握這裡闡釋的概念並更輕鬆地堅持這個立場。就概念生長為一個本身自由的**實存**而言，它無非是**自我**或純粹的自我意識。自我確實**具有**某些概念，某些已規定的概念；但自我是純粹的概念本身，後者作為概念已經來到**定在**。所以，當人們回想起那些構成自我的本性的基本規定，就可以假定，他們所回想起的是某種熟知的東西，即某種常見於觀念的東西。**第一，自我**就是這個純粹的，與自身相關聯的統一體，但自我並非直接地就是如此，而是當它抽離全部規定性和內容，並返回到自由的、不受限制的自身等同性之後，才是如此。這時它是**普遍性**或這樣一個統一體，後者只有透過那個顯現為抽離活動的**否定**的表現才是一個自身統一體，隨之把全部已規定的存在當作已瓦解的東西而包含在自身內。**第二，**自我作為一個與自身相關聯的否定性，同樣直接地是**個別性，絕對的已規定的存在**，這個東西與他者相對立，並且把他者排斥出去；這就是**個體的人格性**。那個絕對的**普遍性**同樣直接地是絕對的**個別化**，並且是一個自在且自為

的存在，但它又完全是已設定的存在，並且只有當它與**已設定的存在**形成統一體，才是**自在爲自爲的存在**，因此它同樣構成了作爲**概念**的**自我**的本性；如果不是同時在其抽離活動和完滿的統一體中理解把握上述兩個環節，那麼無論前一個環節還是後一個環節都不能得到概念把握。

[254]　　　當人們按照通常的方式去談論**自我所具有的知性**時，他們所理解的「知性」是一個**能力**或**特性**，它處於與自我的對比關係中，如同物的特性處於與**物**本身的對比關係中，——這裡的「物」指一個無規定的基體，它並不是物的特性的眞正根據和規定者。按照這個觀念，我**具有**某些概念，而且我具有概念和我也具有上衣、顏色和其他外在特性沒有什麼區別。——康德已經超越了知性（作爲概念的能力）和概念本身的這個外在的對比關係，走向自我。《純粹理性批判》所包含的最深刻和最正確的洞見之一，就是認識到**那個構成了概念的本質的統一體是統覺的原初的一綜合的統一體**，即「我思」或自我意識的統一體。——這個命題構成了所謂的對於範疇的**先驗**演繹；它至今仍然被認爲是康德哲學最困難的部分之一，——而這無非是因爲，它要求人們超越那個單純的**表象**（即以爲**自我和知性**或**概念**與物及其特性或偶性是處在對比關係中），走向**思想**。——康德在《純粹理性批判》第二版第 137 頁說道：「**客體**是這樣一個東西，在其**概念**中，**雜多東西**與一個給定的直觀相結合。但表象的任何結合都要求表象的綜合中的**意識統一體**。因此，唯有這個**意識統一體**才構成了表象與對象的關聯，隨之構成了表象的**客觀有效性**……而**知性的可能性**本身也是立足於這一點。」在這裡，康德區分出意識的**主觀統一體**或表象的統一體，也就是說，我所意識到的一個雜多東西究竟是**同時的**抑或**前後相繼的**，這依賴於經驗條件。

[255]　反之他認爲，表象的**客觀規定**的原則只能從**統覺的先驗統一體**原理中

推導出來。這些客觀規定（即範疇）規定著給定的雜多表象，使它們達到**意識統一體**。—— 按照這個闡述，正是由於概念的統一體，某東西才不是單純的**感覺規定**、**直觀**或單純的**表象**，而是**客體**，而這個客觀的統一體是自我的自身統一體。—— 對一個對象進行**概念把握**，無非是指自我把對象**據為己有**，滲透對象，並且使對象獲得**其自己的形式**，亦即獲得一個直接地是**規定性**的**普遍性**，或者說一個直接地是**普遍性**的**規定性**。無論是直觀中的還是表象中的對象，都仍然是一個**外在的**、**陌生的**東西。透過概念把握，對象在直觀活動和表象活動中所具有的**自在且自為的存在**轉化為一個**已設定的存在**；自我**在思維中**滲透了對象。只有在思維中，對象才是**自在且自為的**；而當對象處於直觀或表象中，就是**現象**；思維揚棄了對象起初出現在我們面前時的**直接性**，隨之把它改造為一個**已設定的存在**；但對象的這個已設定的存在就是**它的自在且自為的存在**，或者說是它的**客觀性**。就此而言，對象是在**概念**中具有這個客觀性，而概念是**自我意識的統一體**，已經把對象吸納進來；因此，對象的客觀性或概念本身無非是自我意識的本性，它僅僅把自我本身當作它的環節或概念，此外無他。

這樣一來，「要認識到什麼是**概念**，就得回想自我的本性」這一說法也透過康德哲學的一個主要命題而得到辯護。但反過來必須補充道，應當如前面敘述的那樣去理解把握自我的**概念**。如果人們止步於自我的單純**表象**，就像它浮現於我們通常的意識中那樣，那麼自我僅僅是一個單純的**物**，這個物也被稱作**靈魂**，而概念則是作為它所占有的東西或特性**附著**在它上面。這個表象封堵了對於自我和概念的理解，因此無助於更輕鬆或更確切地對概念進行概念把握。 [256]

剛才康德的那個闡述還包含著兩個方面，它們與概念有關，必須加以進一步的解釋。首先，**感覺的層次和直觀的層次被放在知性的**

層次之前，而康德的先驗哲學的一個根本重要的命題是，**概念沒有直觀就是空洞的**，而且概念唯有作爲透過直觀而給定的**雜多東西的關聯**才具有有效性。其次，概念被宣稱爲認識的**客觀因素**，從而被宣稱爲**真理**。但另一方面，康德又認爲概念是某種**純粹主觀的東西**，從中不可能**刨出**⑤（herausklauben）**實在性**，而他所理解的「實在性」是一種與主觀性相對立的客觀性；總的說來，他認爲概念和邏輯性是某種單純**形式化的東西**，這種東西因爲抽離了內容，所以不包含眞理。

　　現在，**第一**，就知性或概念與那些在它之前預先設定的層次的關係而言，關鍵在於，究竟哪一種科學能夠規定那些層次的**形式**。在我們的科學亦即純粹**邏輯**中，這些層次是**存在**和**本質**。在**心理學**裡，首先是**感覺**和**直觀**，然後是一般意義上的**表象**被放置到知性之前。在作爲意識理論的**精神現象學**裡，是經過**感性意識**和**知覺活動**的層次才攀升到知性。而康德僅僅把感覺和直觀放置到知性之前。這個層次階梯是如此地**不完整**，連他自己都認識到了，所以他爲先驗邏輯或知性學說加了一個**附錄**，即一篇關於**反映概念的論述**，──這是介於**直觀和知性**或**存在和概念**之間的一個層面。

[257]

　　關於事情本身，**首先**需要指出的是，諸如**直觀、表象**之類形態都是隸屬於**具有自我意識的精神**，後者嚴格說來並未在邏輯科學中得到考察。誠然，存在、本質、概念等純粹規定也構成了精神形式的根基和內在的單純架構；精神在直接的存在這一規定性裡**進行著直觀**，相當於**感性意識**，而當精神**進行著表象活動**，就相當於**知覺**

---

⑤　黑格爾多次借用康德的這個術語對其加以諷刺，比如康德認為本體論論證就是從上帝的概念中「刨出」上帝的實存。參閱黑格爾《邏輯學 I》，先剛譯，人民出版社 2019 年版，第 69 頁。──譯者注

意識，這時它已經從存在的層次提升到本質或反映的層次。但這些具體形態和邏輯規定在自然界裡採納的具體形式一樣，都和邏輯科學毫不相干，否則那些具體形式就會成為**空間和時間**，而那種作為**無機自然界**的自身充實的空間和時間也將會成為**有機自然界**了。同理，概念在這裡也不應當被看作是具有自我意識的知性的活動，不應當被看作是**主觀的知性**，毋寧說，它是自在且自為的概念，既構成了**自然界**的一個層次，也構成了**精神**的一個層次。生命或有機自然界是自然界的這樣一個層次，概念在其中顯露出來，但卻是作為一個盲目的、未把握自身的，亦即未思考著的概念；只有精神才具有思考著的概念。但概念的邏輯形式既不依賴於概念的非精神性形態，也不依賴於概念的精神性形態；關於這一點，本書的**導論**已經有必要的提醒；這個意義不能到了**邏輯**的內部才加以辯護，而是必須在**邏輯之前**就得到澄清。

第二，不管那些先行於概念的形式會發生怎樣的形態分化，關鍵在於我們如何**思考概念與這些形式的關係**。無論是通常的心理學觀念還是康德的先驗哲學，都假定這個關係是這樣的，即經驗的**材料**（主觀和表象的雜多東西）起初**獨自存在著**，然後知性**湊過來**，把材料改造為**統一體**，並透過**抽象**而把材料提升到**普遍性**的形式。就此而言，知性是一個本身空洞的**形式**，它一方面透過那個**給定**的材料而獲得實在性，另一方面又**抽離**了材料，亦即把材料當作某種對於概念毫無用處的東西**拋棄掉**。概念在這兩個活動中都不是獨立的東西，不是那個在先的材料的本質性東西和真相，毋寧說材料才是自在且自為的實在性，而這種實在性據說是不可能從概念中「刨出」的。

無論如何，我們必須承認，**嚴格意義上的概念**（Begriff als solcher）仍然不是完整的，而是必須被提升到**理念**，也只有理念才

[258]

是概念和實在性的統一體；這是在探尋概念的本性時**本身**必然**得出**的結果。因為，概念賦予自身的實在性不可以作為一個外在東西而接納下來，而是必須按照科學的要求從概念自身之內推導出來。真正說來，這種實在性不是那個透過直觀和表象而給定的材料，哪怕後者相對於概念而言可以被當作**實在的東西**。人們經常說：「**這僅僅是一個概念。**」這時他們不僅把理念，而且把感性的、在空間和時間上觸手可及的定在當作某種比概念更優越的東西而拿出來與之相對立。人們之所以認為**抽象東西**不如具體東西，據說是因為前者那裡丟掉了如此之多的材料。在這個意見看來，抽離活動意味著，我們只是**出於主觀的需要**才從具體東西那裡提取出**這個或那個特徵**，

[259]　與此同時，哪怕對象的如此之多的其他**特性和狀況**遭到拋棄，它們的**價值和尊嚴**也不應當有絲毫損失，毋寧說，它們作為**實實在在的東西**，只不過被放到另一邊去，但始終是完全有效的，反倒是只有知性的**無能**才導致它不能接納這樣的財富，並且不得不滿足於貧乏的抽象。現在，假若直觀的給定的材料和表象的雜多東西被認為是一種與思想和概念相對立的實實在在的東西，那麼我們必須摒棄這個觀點，因為這不僅是哲學思考的條件，而且已經是宗教的前提；假若感性東西和個別東西的飄忽不定的、膚淺的現象仍然被當作是真相，怎麼可能有宗教的需要和意義呢？關於感性存在的實在性究竟是什麼意思，哲學提供了一個**經過概念把握**的洞見，她把感性意識的那些層次（感覺和直觀等等）放置到知性的前面，把它們當作知性的形成過程的條件，但這只不過意味著概念**從它們的辯證法和虛無性中**作為它們的**根據**顯露出來，而不是意味著概念以它們的**實在性**為條件。所以，抽象思維並不是僅僅把感性材料放到一邊去，彷彿後者的實在性不會因此有絲毫損失，毋寧說，它把感性材料作為單純的**現象**而加以揚棄，並將其還原到那個僅僅在**概念**中展現自身的

本質性東西。當然，假如那個取材於具體現象而納入概念的東西只是用作**特徵**或符號，那麼它確實可以是概念的某個純粹感性的、個別的規定，這個規定是基於某個外在的興趣而從其他規定中選取出來的，而且和其餘的規定具有同樣的方式和本性。

當前流行著一個根本的誤解：既然**自然原則**或**開端**是自然的發 [260] 展過程或個體的教化**歷史**的出發點，那麼它大概就是**真相**和**概念裡的第一位的東西**。誠然，直觀或存在從本性來說是第一位的東西或概念的條件，但它們並不因此是自在且自為的無條件者；毋寧說，在概念裡面，它們的實在性揚棄自身，相應地，它們曾經具有的那個映像（即那個提供條件的實實在在的東西）也揚棄自身。假若事情的關鍵不在於**真理**，而是僅僅在於表象活動和顯現著的思維所了解的**歷史知識**，那麼人們確實可以滿足於以下敘述，即我們是以感覺和直觀為開端，然後知性從雜多的感覺和直觀裡面提煉出一個普遍性或抽象東西；不言而喻，為了做到這一點，知性需要那個根基，而在表象活動看來，根基即便經歷了這個抽離活動，也仍然具有其最初表現出來的整個實在性。但哲學不應當敘述那些發生的事件，而是應當認識其中的**真相**，進而從真相出發，對那些在敘述中顯現為單純事件的東西進行概念把握。

在關於「什麼是概念」的膚淺觀念裡，全部雜多性都位於**概念之外**，而且概念僅僅具有抽象的普遍性或空洞的反映同一性的形式。針對這一點，首先已經可以提醒，哪怕是提出一個概念或**種**的定義——嚴格說來，種並不是純粹抽象的普遍性——，也明確需要**屬的規定性**。只要人們稍作反思，在思維中考察這句話的意思，就會很自然地把**區分活動**也看作是概念的一個同樣根本重要的環節。康德已經透過「存在著**先天綜合判斷**」這一至為重要的思想開啟了這個考察。對於思辨的發展過程來說，統覺的這個原初綜合是最深

[261]　刻的原則之一；它包含著真正理解把握概念本性的開端，並且與那種空洞的同一性或抽象的普遍性完全對立，因為後者在自身內根本不是一個綜合。——儘管如此，這個開端缺失了相應的進一步的具體展開。單是「綜合」這個說法就很容易使人們重新想到某些**自在且自為的分裂東西**的外在統一體和**單純結合**。這樣一來，康德哲學就僅僅止步於概念的心理反映，並且重新回到「概念始終以直觀的雜多東西為條件」這一主張。康德之所以宣稱知性認識和經驗是一個**現象意義上的**內容，不是因為概念本身僅僅是有限的，而是出於一種心理學唯心主義的理由，即它們**僅僅**是一些來自於自我意識的的規定。與此相連繫的是，他宣稱概念如果沒有直觀的雜多東西就是**無內容的**或空洞的，哪怕概念先天地就是一個**綜合**，而在這種情況下，它其實本身就具有規定性和區別。既然綜合是概念的規定性，隨之是**絕對的規定性**，即**個別性**，那麼概念就是全部有限的規定性和雜多性的根據和源泉。

　　概念作為知性而保留的形式化地位，在康德關於什麼是**理性**的闡述中完成了。在思維的最高層次亦即理性裡，人們本來應當期待，概念將丟棄它在知性的層次上仍然顯現出來的有條件性，達到完滿的真理。但這個期待落空了。康德把理性和範疇的關係規定為純粹**辯證的**，甚至把這個辯證法的結果完全理解為**無限的無**，在這種情況下，理性的無限統一體也就失去了綜合，隨之失去了一個思辨的，真正無限的概念的上述開端；這個統一體變成了眾所周知

[262]　的、完全形式化的東西，即**系統的知性運用**的單純的**範導性統一體**。康德宣稱，邏輯只應當是**評判的法規**，因此如果把它當作產生**客觀**知識的**工具**，這就是一個濫用。再者，雖然人們一定會揣測理性概念具有一種更高的力量和更深刻的內容，但它們並不像範疇那樣具有**建構意義**；它們是**單純的理念**；人們當然**完全有權利**使用它們，但

這些本應在自身之內揭示出全部**真理**的理知事物無非是一些**假設**，假若承認它們具有一個自在且自為的真理，這將是一件完全隨意的和肆意妄為的事情，——因為它們**不可能出現在任何經驗中**。——人們真應該好好想想，難道這些理知事物只是因為缺失了空間和時間上的感性材料，哲學就可以剝奪它們的真理嗎？

以上所述與另一個視角直接有關。它是人們考察概念和一般而言的邏輯規定的角度，並且在康德哲學裡也像通常的那樣被採納：這就是**概念**以及**概念科學與真理的關係**。此前談到康德的範疇演繹時，我們已經指出，按照這個演繹，**客體**作為直觀的雜多東西的**聯合**只有**透過自我意識的統一體**才是這樣一個統一體。因此**思維的客觀性**在這裡被明確宣稱為概念和物的同一性，而這就是**真理**。按照同樣的方式，通常人們也承認，當思維把一個給定的對象據為己有，這個對象就因此發生了變化，從感性的對象轉變為思維的對象，但這個變化不僅絲毫沒有改變它的本質性，而且對象只有在其概念中才是在其**真理**中，反之在它的給定的直接性中，它僅僅是**現象**和**偶然性**，於是那個透過概念把握而獲得的對於對象的認識就是對於**自在且作為的對象的認識**，而概念則是對象的客觀性本身。但另一方面，康德又主張，**我們不可能認識事物自在且自為的樣子**，**真理**對於**進行認識的理性**而言是**不可觸及的**；那個立足於客體和概念的統一體的真理只不過是現象，而其理由仍然在於，因為內容僅僅是直觀的雜多東西。關於這一點，我們已經提醒讀者，即恰恰在概念裡，就這個雜多性屬於一個與概念相對立的直觀而言，已經被揚棄了，而對象則是透過概念而返回到它的非偶然的本質性之內；這個本質性出現在現象中，正因如此，現象並非僅僅是單純的無本質的東西，而是本質的展現。然而本質的已然完全自由的展現就是概念。——這裡予以強調的命題不是什麼獨斷的主張，因為它們來自於**本質**的整

[263]

個發展過程，是一些自行顯露出來的結果。當前的立場，作為這個發展過程的結果，就在於堅持**絕對者**的那個高於存在和本質的形式是**概念**。從這個方面來看，由於概念已經**統攝**存在和本質——這裡也包括另外一些出發點那裡的感覺和直觀，它們曾經顯現為概念的先行條件——，並且表明自己是**它們的無條件的根據**，所以現在就剩下**第二個方面**，而這是本書第三卷將要論述的內容，亦即呈現出概念如何在自身之內和之外重塑那個已經消失在它那裡的實在性。我們當然承認，如果認識僅僅止步於純粹的、嚴格意義上的概念，那麼它是不完整的，僅僅達到**抽象的真理**。但它的不完整不是在於它缺失了那種在感覺和直觀中給定的想當然的實在性，而是在於概念尚未給予自己**它自己的**從它自身那裡製造出來的實在性。概念的絕對性是相對於經驗材料而言的，並且在經驗材料那裡得到證實，或更確切地說，在概念的範疇和反映規定那裡得到證實；這個絕對性在於，那個顯現在概念**之外和之前**的概念並不具有**真理**，毋寧說，只有當概念處在它的理念性或它和概念的同一性中，才具有真理。從概念裡**引申**出實實在在的東西（如果人們願意把這叫做「引申」的話），這件事情在本質上首先在於，概念在其形式化的抽象中表明自己是不完滿的，並且透過那個發源於它自身內的辯證法過渡到實在性，而在這種情況下，它雖然是從自身那裡製造出實在性，但並沒有重新墮落為它所面對的現成已有的實在性，甚至把某種非本質性的現象當作避難所，彷彿當它環顧四周找不到更好的東西時，就只能出此下策。——有一件事情始終是令人震驚的，即康德哲學一方面止步於思維和感性定在的關係，認識到這僅僅是單純現象的純粹相對的關係，並且非常爽快地承認並宣稱二者的更高的統一體位於全部**理念**（比如一個進行直觀的知性的理念）之內，另一方面又固守著那個相對的關係，堅持認為概念是，並且永遠是和

[264]

實在性完全分離的，——這樣一來，那被康德哲學已經宣判爲有限認識的東西，被當作**真理**，反之那曾經被它認識到是**真理**，並爲其提出明確概念的東西，卻被宣稱爲僭越的、不容許的東西，被宣稱爲思想物。

由於這裡談論的是**邏輯**和眞理的關係，而不是一般意義上的科學和眞理的關係，所以我們必須進而承認，前者作爲**形式化的科學**，不可能，也不應當包含著那種作爲哲學的下屬部門（**自然哲學和精神哲學**）的內容的實在性。相較於邏輯，這些具體的科學當然凸顯爲理念的更爲實在的形式，但與此同時，它們並沒有重新轉向那個已經超越自己的現象並提升到科學的意識所拋棄了的實在性，也沒有轉而去使用範疇和反映規定之類形式（因爲邏輯已經呈現出這些形式的有限性和非眞實性）。毋寧說，邏輯表明**理念**已經提升到這樣一個層次，從這裡出發，理念成爲自然界的創造者，過渡到一種**具體的直接性**的形式，但這種直接性的概念又打破了這個形態，以便作爲**具體的精神轉變**爲它自己。但這些具體的科學具有並且保留著邏輯性或概念，把它當作它們的內在塑造者（innerer Bildner），正如以前是把它當作它們的先行塑造者（Vorbildner）。相比之下，邏輯本身確實是**形式化的**科學，但這是一門以**絕對形式**爲對象的科學，它在自身之內是一個總體性，並且包含著**真理的純粹理念本身**。這個絕對的形式在其自身就具有它的內容或實在性；就概念不是那種平庸的、空洞的同一性而言，它的否定性或絕對的規定活動這一環節本身就包含著各種區分開的規定；一般而言，內容無非是絕對形式的這樣一些規定，——它是由絕對形式本身所設定，因而與絕對形式相契合的內容。——因此，絕對形式在本性上完全不同於通常的邏輯形式。它**本身自爲地**已經是**真理**，因爲這個內容與自己的形式相契合，或者說這個實在性與

[265]

自己的概念相契合；它是**純粹的真理**，因爲內容的諸規定尚且不具有絕對的異在或絕對的直接性這一形式。——當康德在《純粹理性批判》第二版第 83 頁針對邏輯而談到「**什麼是真理**」這一古老而著名的問題時，他首先**饋贈**給我們一個平庸無奇的名詞解釋，一個具有重大的，甚至最偉大的價值的定義，即「**眞理是認識與其對象一致**」。但只要人們回想一下先驗唯心論的那些基本主張，比如**理性認識**沒有能力把握**自在之物**，**實在性絕對地**位於**概念**之外等等，就會立即發現，這種**沒有能力**讓自己與它的對象（自在之物）達到一致的**理性**，這種不能與理性概念達到一致的**自在之物**，這種不能與實在性達到一種的概念，這種不能與概念達到一致的實在性等等，全都是**不真實的觀念**。假若康德能夠堅持把那個眞理定義應用到一個**進行直觀的知性**的理念上面，他就不至於把這個表達出上述一致性的理念當作思想物，而是會當作眞理來對待。

[266]

康德進而宣稱：「人們所要求知道的，是**一個對任何認識而言都普遍而可靠的標準**；這個標準應當對全部認識而言都是有效的，**不管認識的對象有什麼區別**；但既然人們在這個標準那裡抽離了**認識的全部內容**（亦即認識與它的客體的關聯），而**真理恰恰與這個內容有關**，那麼去追問認識的**這個內容的真理**特徵就是完全不可能和不合理的。」——這裡非常明確地表達出了常人對於邏輯的形式化功能的看法，而且上述推理看起來是相當清楚的。但首先需要指出的是，這種形式化推理已經習慣性地在言談中遺忘了它當作根基而談論的那個事情。它認爲，去追問認識的**內容的真理**標準乃是不合理的；——但從定義來看，那構成眞理的東西，不是**內容**，而是內容與概念的**一致**。如果一個內容如這裡談論的那樣**缺乏概念**，那麼它就是一個無概念和無本質的東西；人們當然不可能去追問這樣一個內容的眞理標準，但理由正好相反，即這是因爲內容作爲一個無概

[267]

念的東西並不是我們**所要求的那種一致**，毋寧只能是一個依賴於不真實的意見的東西。——我們不妨暫時把這個造成混亂的內容放到一邊——形式主義總是陷入這個混亂，每每在進行澄清時說出它之前想要證明的東西的反面——，並且止步於「邏輯性僅僅是形式化的，並且抽離了全部內容」這一抽象的觀點，這時我們就獲得一個不應當包含任何對象的片面認識，一個空洞的、無規定的形式，它既不是什麼**一致**——因為一致在本質上需要**兩個**東西——，也不是什麼真理。——在概念的先天**綜合**那裡，康德曾經提出一個更高的原則，藉此證明人們認識到一中之二，隨之認識到真理所要求的那個東西；遺憾的是，感性材料或直觀的雜多東西對的他影響太強大了，導致他不能從那裡脫身，轉而考察**自在且自為的**概念和範疇並達到一種思辨的哲學思考。

　　既然邏輯是一門以絕對的形式為對象的科學，那麼這個形式化東西**為了成為真相**，必須在其自身就具有一個與它的形式相契合的**內容**，尤其因為邏輯的形式化東西是純粹的形式，所以邏輯的真相更必須是**純粹的真理**本身。因此我們必須認為，這個形式化的東西在自身內具有無比豐富的規定和內容，同時對具體東西具有無比強大的影響，這些都遠遠超出了人們通常的想像。邏輯規律本身（這裡完全排除了那些異質的東西，比如應用邏輯和其餘的心理學—人類學材料），除了矛盾命題之外，通常被限定在一些涉及判斷換位和推論形式的枯燥命題上面。這裡出現的各種形式及其進一步的規定，彷彿只是從歷史上繼承下來的，至於它們是否自在且自為地是真相，卻沒有經受批判。比如，肯定判斷的形式被當作某種自在地完全正確的東西，於是這樣一個判斷是否為真，就完全取決於內容。至於這個形式是否**自在且自為地**是真理的形式，其陳述的「個別東西是普遍者」這一命題是否內在地是辯證的等等，人們根

[268]

本就沒想到去研究。他們不由分說地斷定，這個判斷本身就能夠包含著真理，而且每一個肯定判斷所陳述的命題都是真的，哪怕我們一眼就看出，它缺失了真理的定義所要求的那個東西，即概念與其對象的一致；如果把這裡的述詞（普遍者）當作概念，把主詞（個別東西）當作對象，那麼雙方並不是一致的。如果**抽象的普遍者**作為述詞尚未構成一個概念，因為後者還需要更多的東西——正如這樣的主詞也不比一個語法上的主詞更豐富——，那麼，當一個判斷的概念和對象並不一致，或者說，當一個判斷既缺乏概念，也缺乏對象，它怎麼可能包含著真理呢？——*毋寧說*，企圖透過肯定判斷乃至任何判斷之類形式去把握真理，這才是**不可能**和**不合理**的事情。同理，康德哲學並沒有考察自在且自為的範疇，而是僅僅出於

[269]

一個偏頗的理由——因為它們是自我意識的主觀形式——就宣稱它們是一些不可能包含著真相的有限規定，而在這種情況下，它更沒有讓概念的各種形式（即普通邏輯的內容）經受批判，而是把其中的一部分亦即判斷的功能當作範疇的規定而接納下來，把它們確立為有效的前提。假若康德在邏輯形式裡看到的無非是思維的形式化功能，那麼他當然應當去考察，這些形式在何種意義上本身就與**真理**相契合。如果一種邏輯做不到這一點，那麼它的價值頂多在於對思維的既有現象進行自然史的描述。亞里斯多德第一個進行了這種描述，這是他的一件無與倫比的功績，因此我們必須對這位強大的精神致以崇高的敬意。但我們必須繼續前進，一方面要認識到系統的關聯，另一方面也要認識到各種形式的價值。

劃分

　　經過以上考察，概念表現爲**存在**和**本質**的統一體。本質是存在的**第一個否定**，存在因此轉變爲**映像**；概念是**第二個**否定，或者說是第一個否定的否定，因此是重建的存在，但卻是表現爲存在自身之內的無限中介活動和否定性。──因此在概念裡面，存在和本質不再被規定爲**存在**和**本質**，也不是僅僅處於這樣一個統一體中，以至於每一方都在對方那裡**映現**。既然如此，概念也不把自己區分爲這兩個規定。它是實體性對比關係的眞理，存在和本質在其中達到了它們的充實的獨立性和交互規定。**實體式同一性**表明自己是實體性的眞理，但它同樣並且僅僅是**已設定的存在**。已設定的存在是**定在和區分活動**；自在且自爲的存在已經在概念裡面達到一個與自身相契合的、眞實的定在，因爲那個已設定的存在就是自在爲自爲的存在本身。這個已設定的存在構成了概念自身之內的區別；因爲已設定的存在直接地就是自在且自爲的存在，所以概念的那些區別本身都是**整個概念，**──**它們在其規定性中是普遍的概念，並且與它們的否定是同一的。** [270]

　　以上就是概念的概念本身。但這個情況**僅僅起初**是它的概念；──換言之，概念本身也**僅僅**是概念。概念是自在且自爲的存在，但後者又是已設定的存在，換言之，概念是絕對實體，後者把區分開的諸實體的**必然性**啓示爲**同一性**，正因如此，這個同一性必須親自設定它所是的那個東西。概念是經歷了實體性對比關係的運動的各個環節而**形成**的，這些環節和那個隨之呈現出來的實在性僅僅處於向著概念的過渡中；實在性尙且不是**概念自己的**實在性，不

是一個從概念那裡顯露出來的規定；實在性屬於必然性的層面，而概念的實在性只能是它自己的**自由的**規定，即一個使概念在其中達到自身同一的定在，這個定在的諸環節也是概念，而且是由概念本身所**設定**的。

因此，**第一**，概念僅僅**自在地**是眞理；正因爲它僅僅是一個**內核**，所以它同樣僅僅是一個**外觀**。總的說來，它首先是一個**直接的東西**，而它的各個環節在這個形態裡就形式而言是一些**直接的、固定的規定**。它顯現爲**已規定的概念**，顯現爲單純知性的層面。──因爲直接性這一形式仍然是一個不適合概念的本性的定在，而概念又是一個僅僅與自身相關聯的**自由東西**，所以直接性是一個**外在的**形式，在這個形式裡，概念不是表現爲自在且自爲的存在者，而是表現爲**單純已設定的東西**或一個**主觀東西**。──「**直接的概念**」這一形態構成了一個立場，在這個立場看來，概念是一個主觀的思維，一個位於**事情**之外的反映。因此這個層次構成了**主觀性**或形式化的概念。這個概念的外在性體現爲它的各個**規定**的固定的存在，於是每一個規定都獨自作爲孤立的、質的東西顯露出來，僅僅與它的他者處於外在的關聯中。但概念的**同一性**恰恰是那些規定的**內在的**或**主觀的本質**，它把諸規定設定在一個辯證的運動中，於是它們的個別化揚棄自身，隨之揚棄了概念和事情的分離，而**總體性**（亦即**客觀概念**）則是作爲它們的眞理而顯露出來。

第二，概念在其**客觀性**中是**自在且自爲地**存在著的事情本身。形式化的概念出於其必然的持續規定轉變爲事情，並透過這個方式失去了主觀性和與之對立的外在性的對比關係。或者反過來說，客觀性是一個**實實在在的概念**，它從自己的內在性那裡顯露出來，並且已經過渡到定在。──因此在與事情的同一性中，這個概念具有**它自己的**和**自由的**定在。但這仍然只是一個**直接的**自由，尙且不是**否定的**

[271]

自由。當這個概念與事情合為一體，就**沉沒**在事情中；它的各種區別是一些客觀的實存，而它本身在這些實存中又成為**內核**。它作為客觀定在的靈魂，必須**給予自己**以**主觀性**的形式，而作為**形式化的概念**，它曾經**直接**具有這個形式；這樣一來，它就在自由東西的**形式**裡（它在客觀性裡尚未具有這個形式）與客觀性相對立，並且在其中把它與客觀性的同一性 —— **它自在且自為地作為客觀概念就是與客觀性同一的** —— 改造為一個同樣**已設定的**同一性。

當這個概念達到完成，也就是說，當它在它的客觀性中同樣具有自由的形式，就是**理念**的**充足概念**。**理性**作為理念的層面乃是一個自行**剝露出來的真理**，在其中，概念具有一種完全與自身相契合的實在化，而當概念在它的主觀性中認識到它的這個客觀世界，並且在後者中認識到前者，它就是自由的。

第一篇　主觀性

[272] 　　　　　概念首先是**形式化的**概念，即處於**開端**的概念或**直接的**概念。——**第一**，在直接的統一體裡，它的區別或已設定的存在本身起初是單純的，僅僅是**一個映像**，而在這種情況下，區別的各個環節直接地是概念的總體性，並且僅僅是**嚴格意義上的概念**。

　　　　　第二，因為概念是絕對的否定性，所以它發生分裂，把自己設定為它自身的**否定者**或**他者**；也就是說，正因為它起初只是**直接的**概念，所以這個設定活動或區分活動具有一個規定，即諸環節應當是**彼此漠不相關的**，每一個環節都應當獨自存在著；概念的統一體在這個**分割**中仍然只是一個外在的**關聯**。因此，當概念與自身作為**獨立的**、被設定為**漠不相關的**環節相關聯，就是**判斷**。

　　　　　第三，雖然判斷包含著那個迷失在其獨立環節中的概念的統一體，但這個統一體不是**被設定的**。為了成為已設定的統一體，需要經過判斷的辯證運動，而判斷在這個過程中已經轉變為**推論**，成為一個完整地已設定的概念，因為在推論裡，判斷的各個環節被設定為**獨立的**端項，而它們的**進行著中介活動**的統一體也被設定下來。

　　　　　但由於這個**統一體**本身（作為發揮聯合作用的**中項**）和各個環節（作為**獨立的**端項）起初是**直接**相互對立的，所以這個出現在**形式推論**裡的自相矛盾的對比關係揚棄自身，於是概念的**完整性**過渡到總體性的統一體，概念的**主觀性**過渡到它的**客觀性**。

第一章 概念

通常人們把一般概念的能力表述爲**知性**；就此而言，它有別 [273]
於**判斷力**和推論的能力（即形式化的**理性**）。但人們主要是把知性
和**理性**對立起來，而在這種情況下，知性不是意味著一般概念的能
力，而是意味著**已規定的概念**的能力，其中占據支配地位的是這樣
一個觀念，即以爲概念**僅僅**是一個**已規定的東西**。如果知性是在這
個意義上有別於形式化的判斷力和形式化的理性，那麼它就必須被
看作是**個別的**已規定的概念的能力。也就是說，判斷、推論或理性
本身作爲形式的東西僅僅是一個**知性東西**，因爲它們從屬於抽象的
概念規定性這一形式。但在這裡，概念根本不是什麼單純抽象的已
規定的東西；所以知性和理性的唯一區別在於，前者僅僅是一般概
念的能力。

這個普遍的概念是當前的考察對象，它包含著三個環節：**普遍
性**、**特殊性**和**個別性**。它在區分活動中給予自己的區別和規定構成
了之前所說的**已設定的存在**這一方面。既然已設定的存在在概念裡
和自在且自爲的存在是同一的，那麼上述三個環節中的每一個都既
是**整個概念**，也是**已規定的概念**，並且是概念的**一個規定**。

第一，它是**純粹的概念**或「**普遍性**」這一規定。但純粹的或普遍
的概念同樣只是一個**已規定的**或特殊的概念，一個與其他概念並列
的概念。因爲概念是總體性，也就是說，因爲概念在它的普遍性或
純粹同一的自身關聯中在本質上是規定活動和區分活動，所以它在
自身之內具有一個尺度，透過這個尺度，它的自身同一性形式不但 [274]
在自身之內滲透並且把握全部環節，而且同樣直接規定自己僅僅是

一個與環節的區分性相對立的**普遍者**。

第二，透過這個方式，概念被設定爲這一個**特殊的**或**已規定的**概念，與其他概念區分開。

第三，**個別性**是一個從區別那裡反映回絕對否定性的概念。這同時是那樣一個環節，在其中，概念從它的同一性過渡到它的異在，轉變爲**判斷**。

A 普遍的概念

純粹的概念是絕對意義上的無限者、無條件者和自由東西。在這裡，在這篇以概念爲**內容**的論述開始的地方，我們必須再一次回顧概念的譜系學。**本質**是從**存在**轉變而來的，而概念是從本質轉變而來的，因此也是從存在轉變而來的。但這個轉變意味著概念的自身排斥，即**轉變而來的東西**反而是**無條件者**和**原初的東西**。存在在過渡到本質時轉變爲一個**映像**或**已設定的存在**，而這個向著**他者**的**轉變活動**或過渡則是轉變爲一個**設定活動**，反過來，**設定活動**或本質的反映已經揚棄自身，把自己改造爲一個**非設定的東西**，一個**原初的**存在。概念滲透著這些環節，也就是說，質的東西和原初存在者僅僅是設定活動，僅僅是自身回歸，而這個純粹的自身內反映完全是一個**向著他者的轉變**或**規定性**，因此後者同樣是一個無限的，與自身相關聯的**規定性**。

所以，概念只有作爲否定之否定，或者說作爲否定性的無限的自身統一體，才首先是一個**絕對的自身同一性**。概念的這個**純粹的自身關聯**（這個關聯在於透過否定性而設定自身）就是概念的**普遍性**。

[275]

普遍性既然是一個極爲**單純**的規定，看起來就不能加以任何解釋，因爲任何解釋都必須深入探討各種規定和區別，並對它的對象

進行敘述，但這樣一來，單純的東西與其說被解釋了，不如說被改變了。普遍者的本性恰恰在於作爲這樣一個單純的東西而存在，它透過絕對的否定性而**在自身內**包含著最高的區別和規定性。**存在**作爲**直接的**存在，是單純的；所以它僅僅是一個**意謂中的東西**，人們不可能說出它是什麼；於是它和它的他者（即**非存在**）直接合爲一體。但存在的概念恰恰意味著，它是一個在其反面中直接消失的單純東西；這個概念是**轉變活動**。反之普遍者既是**單純的東西**，也是**內在的最豐富的東西**，因爲它是概念。

　　所以，**第一**，普遍者是一個單純的自身關聯；它僅僅在**自身之內**。但**第二**，這個同一性在自身之內是一個絕對的**中介活動**，而不是一個**經過中介的東西**。至於那個經過中介的普遍者，即那個**抽象的**，與特殊東西和個別東西相對立的普遍者，只有到了已規定的概念那裡才會談到。── 但哪怕是**抽象的東西**，也已經意味著，爲了得到這個東西，必須拋棄具體東西的其他規定。這些規定（Bestimmungen）作爲一般意義上的規定（Determinationen），就是**否定**；進而言之，**拋棄**這些規定也是一種**否定**。於是在抽象的東西那裡同樣出現了否定之否定。但在人們的想像中，這個雙重的否定彷彿是位於抽象東西**之外**，不但具體東西的其他被拋棄的特性有別於那個保留下來的特性（它是抽象東西的內容），而且「拋棄其餘特性」和「保留一個特性」等操作都是在特性之外進行的。問題在於，普遍者尚未針對那個運動而把自己規定爲這樣一個**外在性**；它本身在自身之內仍然是絕對的中介活動，而這個中介活動恰恰是否定之否定或絕對的否定性。 [276]

　　從這個原初的統一體來看，首先，最初的否定者或規定並不是對於普遍者的限制，毋寧說，普遍者**在其中保持自身**，是一個肯定的自身同一者。在這之前，存在的諸範疇作爲概念，在本質上是這

些規定在其限制或異在中的自身同一性；但這個同一性僅僅**自在地**是概念；它還沒有展現出來。所以，嚴格意義上的質的規定在它的另一個規定中走向消滅，把一個與它**有差異的**規定當作它的真理。反之，雖然普遍者也把自己設定在一個規定中，但它**始終**是它所是的東西。它是具體東西的**靈魂**，寓居於具體東西之內，後者的雜多性和差異性絲毫無損於它的自身等同性。它沒有和具體東西一起被捲入到**轉變活動**中，而是透過轉變而波瀾不驚地**延續著自身**，並且具有一種永恆不變的、不朽的自我保存的力量。

　　但與此同時，它也不像反映規定那樣僅僅**映現**在它的他者那裡。反映規定作為一個**相對的東西**，不是僅僅與自身相關聯，而是一個**對比關係**。它在它的他者那裡顯露出來，但僅僅在他者那裡**映現**，而每一方在他者那裡的映現或它們的相互規定雖然是獨立的，但在形式上卻是一個外在的行動。——與此相反，**普遍者**被設定為它的規定的**本質**，即規定**自己的肯定的本性**。因為，那個構成了普遍者的否定者的規定在概念裡完全只是一個**已設定的存在**，或者說在本質上同時只是作為否定者的否定者，而且規定完全就是否定者的自身同一性，而這個同一性就是普遍者。就此而言，普遍者也是它的規定的**實體**，但在這種情況下，那對於嚴格意義上的實體而言曾經是**偶然的**東西，如今卻是概念自己的自身**中介活動**，是概念自己的**內在反映**。但這個首先把偶然的東西提升為**必然性**的中介活動是一個**展現出來的關聯**；概念既不是無形式的實體之類深淵，也不是那樣一種必然性，即彼此有差異的和彼此限制的事物或狀況的**內在的同一性**，而是作為絕對的否定性而進行塑造和創造，又因為規定不是作為限制，而是完全作為已揚棄的限制，作為已設定的存在，所以映像是那樣一種現象，即**同一的東西**的現象。

　　因此普遍者是一個**自由的**權力；它是它本身，同時吞併它的他

者；但不是作爲一個**粗暴的東西**，毋寧說，它在它的他者那裡安靜地**停留於自身**。既然它被稱作**自由的權力**，那麼它也可以被稱作**自由的愛和無限制的極樂**，因爲它對待**區分開的東西**完全就像對待**它自己**一樣；它在區分開的東西那裡已經回歸自身。

　　剛才已經提到了**規定性**，哪怕概念起初僅僅是普遍者和單純的**自身同一者**，尚未推進到規定性。但如果脫離了**規定性**（確切地說即特殊性和個別性），就不能談論什麼普遍者；因爲自在且自爲地看來，普遍者在它的絕對否定性裡就包含著規定性；因此在談到普遍者的規定性時，這個規定性不是從外面添加進來的。作爲一般意義上的否定性，或者說按照**最初的、直接的**否定，普遍者本身就具有一般意義上的規定性，亦即**特殊性**；作爲**第二位的東西**，作爲否定之否定，它是**絕對的規定性**，亦即**個別性**和**具體化**。　—　就此而言，普遍者是概念的總體性，它是具體的東西，不是一個空洞的東西，而是透過它的概念而具有**內容**——它不僅在這個內容中保持著自身，而且將其當作它自己的和內在的內容。誠然，內容是可以抽離的；但人們在這種情況下得到的不是概念的普遍者，而是一個**抽象東西**，這個東西是概念的一個孤立的、不完滿的環節，並不具有真理。 [278]

　　進而言之，普遍者是以如下方式體現爲這個總體性。它在自身內具有規定性，就此而言，規定性不僅是**第一個**否定，而且是這個否定的自身內反映。單獨從那第一個否定來看，普遍者是**特殊東西**，這是接下來將會考察的；但從本質上看，它在這個規定性裡仍然是普遍者；這個方面必須在這裡得到理解把握。　—　也就是說，這個規定性作爲概念中的總體式反映，乃是一個**雙重映像**，一方面是**向外的**映像，即他者內反映，另一方面是**向內的**映像，即自身內反映。前面那個外在的映現構成了一個與**他者**相對立的區別；透過

這個區別，普遍者具有一個**特殊性**，後者瓦解在一個更高的普遍者裡。現在，哪怕它僅僅是一個相對的普遍者，它也沒有因此失去自己的普遍者特性；它在它的規定性中保持著自身，這不是僅僅指它與規定性結合，但始終與之漠不相關——假若是這樣，它就僅僅是與規定性**組合起來**——，而是指它就是剛才所說的那個**向外映現**。規定性作為已規定的**概念**，已經從**外在性**那裡**轉彎回自身**；它是一個固有的、內在的**特性**，後者是一個本質性東西，因為它被吸納到普遍性裡面，並且被其滲透，與之是同一的，並且具有相同的範圍，但同樣也滲透了普遍性；這個特性屬於**種**（Gattung），表現為一個與普遍性形影不離的規定性。就此而言，它不是一個向外的**限制**，而是一個**肯定的**東西，因為它透過普遍性而處於一個自由的自身關聯中。因此，就連已規定的概念在自身內也始終是一個無限自由的概念。

[279]　　但從另一個方面來看，種是由它的已規定的特性所限定的，而我們已經指出，它作為較低的種，瓦解在一個更高的普遍者裡。這個更高的普遍者也可以是種，但作為一個更抽象的種，它同樣始終僅僅屬於已規定的概念的那個向外的方面。真正更高的普遍者是一個把向外的方面重新收回自身內的東西，因此它是第二個否定，在其中，規定性完全只是**作為**已設定的東西或**作為**映像而存在著。生命、自我、有限精神不是僅僅作為更高的種那樣的普遍者，而是**具體的東西**，其各種規定性也不僅僅是一些屬（Arten）或較低的種，毋寧說，它們在其實在性中完全只是在自身之內，並為自身所充實。當然，生命、自我、有限精神同樣只是已規定的概念，因此絕對地瓦解在那樣一個普遍者裡，後者必須被理解為真正絕對的概念，即無限精神的理念；無限精神的**已設定的存在**是無限的、透明的實在性，它在其中直觀它的**創造**，並在這個創造中直觀它自己。

眞正的、無限的普遍者在自身內直接地同樣是作爲個別性的特殊性，但現在我們暫時只把它當作**特殊性**來仔細考察。它自由地**規定**自身；它的有限化不是那種僅僅發生在存在層面的過渡；它作爲一個與自身相關聯的絕對否定性，乃是**創造的權力**。作爲這種權力，它在自身內進行區分，而這是一個**規定活動**，因爲區分活動和普遍性是合爲一體的。就此而言，它把各種區別設定爲普遍的，與自身相關聯的區別。透過這個方式，它們成爲一些**固定下來的**、孤立的區別。有限者的孤立**持存**曾經被規定爲它的自爲存在，也被規定爲物性、實體，但眞正說來，這種持存就是普遍性，而無限概念則是給它的各種區別披上普遍性形式的外衣，──但這個形式恰恰是無限概念的各種區別之一。這是概念的**創造活動**的關鍵之所在，而這個創造活動只能在概念本身的這個最內在的核心裡得到概念把握。

B 特殊的概念 [280]

嚴格意義上的**規定性**屬於存在，屬於質的東西；作爲概念的規定性，它是**特殊性**。它不是一個**界限**，彷彿把一個**他者**當作**彼岸**來對待，毋寧說，正如我們剛才看到的，它是普遍者自己的內在的環節；所以普遍者在特殊性裡不是停留於一個他者，而是完全停留於自身。

特殊東西包含著普遍性，後者構成了前者的實體；種在自己的屬裡面是**不變的**；各個屬不是與普遍者有差異，而是**相互之間**有差異。特殊東西和它所對待的**其他**特殊東西具有同一個普遍性。與此同時，基於屬和普遍者的同一性，屬的差異性**本身而言**是普遍的；這個差異性是**總體性**。──因此特殊東西不僅**包含著**普遍者，而且**透過它的規定性**而呈現出普遍者；在這種情況下，普遍者構成了特

殊東西必須予以窮盡的一個**層面**。當特殊東西的規定性被當作單純的**差異性**，這個總體性就顯現爲**完整性**。從這個角度來看，只要**沒有更多的屬**，那麼屬就是完整的。對屬而言，不存在什麼內在的尺度或**本原**，因爲**差異性**恰恰是一個未統一的區別，而普遍性雖然單獨看來是絕對的統一體，但在這個區別裡面卻僅僅是一個外在的映射和一個不受限制的、偶然的完整性。差異性過渡到**相互對立**，過渡到有差異者的一個**內在的關聯**。但特殊性作爲自在且自爲地看來的普遍性，並不是透過過渡才成爲這樣一個內在的關聯；它本身就是總體性和**單純的**規定性，在本質上是**本原**。特殊性所具有的**唯一**規定性在於，它是由普遍者本身所設定的，並且透過如下方式從普遍者那裡得出。

[281]　　　特殊東西是普遍者本身，但它是普遍者的區別或與一個**他者**的關聯，是普遍者的**向外映現**；但這裡除了普遍者本身之外，沒有什麼可以與特殊東西區分開的他者。── 普遍者自己規定**自己**，因此它本身就是特殊東西；規定性是**它的**區別；它僅僅與它自身區分開。所以它的屬僅僅是(a)普遍者本身和(b)特殊東西。普遍者作爲概念，既是它自身，也是它的反面，後者仍然是它自身，相當於它的已設定的規定性；普遍者吞併了這個反面，在它那裡停留於自身。因此，普遍者是它的差異性的總體性和本原，而差異性完全是由它本身所規定的。

　　　相應地，唯一真正的劃分就是概念把自己放到**直接的**、無規定的普遍性這一方；這個無規定的東西恰恰構成了概念的規定性，或者說使概念成爲一個**特殊東西**。二者都是**特殊東西**，因此是**地位平等**的。二者作爲特殊東西，也是與普遍者**相對立**的**已規定的東西**；也就是說，二者都**從屬於**普遍者。特殊東西被規定爲與普遍者**相對立**，就此而言，這個普遍者本身恰恰也**僅僅**是對立雙方**之一**。只要

我們談到**兩個相互對立的東西**，我們就必須進而指出，它們二者構成了特殊東西，但這不是指它們僅僅對外在的反映而言**一起**或**同樣**成為特殊東西，而是指它們**相互之間的**規定性在本質上同時只是**同一個**規定性，亦即否定性，而這個否定性在普遍者裡是**單純的**。

　　區別正如這裡所表明的那樣，是位於它的概念中，從而是位於它的真理中。之前所說的全部區別都具有概念裡的這個統一體。在存在裡，它是直接的區別，相當於一個**他者**的**界限**；而在反映裡，它是一個相對的區別，被設定為在本質上與它的他者相關聯；由此看來，概念的統一體是從這裡開始**被設定**的；但它起初只是一個他者那裡的**映像**。—— 至於這些規定的過渡和瓦解，其真正的意義僅僅在於它們達到了它們的概念，達到了它們的真理；單獨看來，諸如存在、定在、某東西或整體和部分等等，還有實體和偶性、原因和作用等等，都是一些思想規定；只有當每一個思想規定在與別的或相反的思想規定的統一體中被認識到，才被理解把握為已規定的**概念**。—— 比如，整體和部分、原因和作用等等還不能說是有差異的，彷彿它們相互之間已經被規定為**特殊東西**，因為它們雖然**自在地**構成了**同一個**概念，但它們的統一體尚未達到**普遍性**的形式；同理，這些對比關係中的區別也還不具有形式，毋寧只是**同一個**規定性。比如，原因和作用並不是兩個有差異的概念，毋寧只是**同一個**已規定的概念，而因果性和任何概念一樣，都是一個**單純的**概念。

　　至於完整性，我們已經知道，特殊性的已規定的方面在**普遍者**和**特殊東西**的區別中是**完整的**，而且只有這二者才構成了各個特殊的屬。誠然，在**自然界**裡，一個種包含著兩個以上的屬，而且這些屬相互之間也未必就是我們揭示出的那種對比關係。但這恰恰是自然界的無能的表現，即它不能堅持和呈現出概念的嚴格性，從而消散在這種無概念的、盲目的雜多性裡。對於自然界的雜多的種和

[282]

屬，對於它的形態分化的無限差異性，我們盡可以發出**讚嘆**，因為讚嘆**不需要**概念，其對象是無理性的東西。正因為自然界是概念的自身外存在，所以它可以自由地出入於這種差異性，同理，精神儘管是在概念的形態裡具有概念，但仍然可以投身於表象活動，圍繞著表象活動的無限雜多性而疲於奔命。我們必須知道，繁複的自然種屬並不是什麼比精神在其表象中的胡思亂想更高級的東西。二者雖然展現出概念的無處不在的痕跡和徵兆，但並沒有用一幅忠實的肖像將其呈現出來，因為它們是自由的自身外存在這一方面；概念之所以是絕對的權力，原因恰恰在於，它能夠放任自己的區別去自由地獲得「獨立的差異性」、「外在的必然性」、「偶然性」、「任意性」、「意謂」等形態，而這些形態本身卻必須被看作無非是一個抽象的方面，即**虛無性**。

[283]

　　正如我們已經看到的，特殊東西的規定性作為**本原**而言，是**單純的**，但它作為總體性的環節，作為與**另一個**規定性相對立的規定性，同樣是單純的。當概念自己規定自己或區分自身，就以否定的方式指向它的統一體，並且讓自己在形式上表現為它的**存在**的觀念性環節之一；作為已規定的概念，它具有一般意義上的**定在**。但這個存在不再意味著單純的**直接性**，而是意味著普遍性，一個透過絕對的中介活動而與自身等同的直接性，而這個直接性同樣包含著另一個環節，即本質或自身內反映。這個普遍性是**抽象的**普遍性，是進行規定者披著的外衣。特殊東西在自身之內具有普遍性，以之為它的本質；但就區別的規定性是**被設定的**並且因此具有存在而言，它是區別的**形式**，而嚴格意義上的規定性是**內容**。當區別成為本質性東西，普遍性就轉變為形式，反過來，當區別在純粹的普遍者裡僅僅表現為絕對的否定性，它就**不是表現為**區別，也就是說，沒有**被設定**為區別。

現在，雖然規定性是與**另一個**規定性相對立的**抽象東西**，但另一個規定性僅僅是普遍性本身；就此而言，普遍性也是**抽象的**普遍性，而概念的規定性或特殊性仍然無非是已規定的普遍性。在這個普遍性裡，概念位於**自身之外**；就概念是**一個位於自身之外的東西**而言，抽象的普遍者包含著概念的全部環節；它是(a)普遍性，(b)規定性，(c)二者的**單純的統一體**；但這個統一體是**直接的**統一體，因此特殊性不是**作為總體性**。**自在地看來**，特殊性也是這個**總體性**和**中介活動**；它在本質上是以**排他**的方式與**他者**相關聯，或者說**揚棄了否定**，亦即揚棄了**另一個**規定性——但這裡所說的**另一個**規定性僅僅作為意謂浮現出來，因為它直接消失，表明自己和那個**相反的**規定性是同一個東西。以上情況使這個普遍性成為抽象的普遍性，而這意味著，中介活動僅僅是**條件**，或者說沒有**在其自身**那裡**被設定下來**。因為它沒有**被設定下來**，所以抽象東西的統一體具有直接性形式，而內容在形式上是一個與它的普遍性漠不相關的東西，因為內容不是表現為那種意義上的總體性，即絕對否定性的普遍性。就此而言，抽象的普遍者雖然是**概念**，但相當於**無概念的東西**，相當於一個沒有被設定為概念的概念。 [284]

通常說來，當談到**已規定的概念**時，人們所意謂的完全只是這樣一個**抽象的普遍者**。絕大多數人所理解的一般**概念**同樣僅僅是這個**無概念的**概念，而**知性**指代著這樣一些概念的能力。這種知性很喜歡進行**證明**，即沿著**概念**前進，也就是說，僅僅沿著**規定**前進。就此而言，這種沿著概念前進的做法並沒有超越有限性和必然性；它的最高成就是一個否定的無限者或一個抽象的最高本質，而這個最高本質本身是**無規定性**這一規定性。絕對實體雖然不是這種空洞的抽象（它就內容而言毋寧是總體性），但它同樣是抽象的，因為它缺乏絕對的形式；它的最內在的眞理不是由概念構成的；儘管絕

對實體是普遍性和特殊性的同一性或思維和彼此外在性的同一性，但這個同一性並不是概念的**規定性**；毋寧說，絕對實體**之外**有一個偶然的——而這恰恰是因爲位於絕對實體之外——知性，在這個知性裡，並且對這個知性而言，絕對實體分化爲各種屬性和樣式。

[285]　　　　除此之外，抽象並非如常人所說的那樣是**空洞的**；它是**已規定的概念**；它把某一個規定性當作內容；我們也指出，哪怕是那個最高本質或純粹抽象，也具有無規定性這一規定性；但如果一個規定性應當與已規定的東西**相對立**，那麼它就是無規定性。當人們說出這個規定性是什麼時，本身就揚棄了它的本來所是；它被當作與規定性合爲一體的東西說出來，而透過這個方式，就從抽象中得出概念和它的眞理。——但在這種情況下，每一個已規定的概念無論如何都是**空洞的**，因爲它不是包含著總體性，而是僅僅包含著一個片面的規定性。哪怕它具有諸如人、國家、動物之類具體內容，也仍然是一個空洞的概念，因爲它的規定性不是它的各種區別的**本原**；本原包含著概念的發展過程和實在化過程的的開端和本質；至於概念的任何一個別的規定性，都是徒勞無果的。人們之所以總是責罵概念爲空洞的，就是因爲沒有認識到概念的那個絕對的規定性，不知道這個規定性是一個概念區別（Begriffsunterschied），是概念要素中的唯一眞實的內容。

　　　　這裡有必要提到一個情況，近代以來，知性就是由於這個情況而遭到蔑視，被認爲遠遠不如理性；這就是知性賦予各種規定性，進而賦予各種有限者的那種**僵化**。這種僵化就在於之前考察的抽象普遍性形式，它使規定性成爲**不變的**東西。因爲質的規定性和那些反映規定一樣，在本質上都是**受到限定的**，並透過它們的限制而與它們的**他者**相關聯，從而**必然**會過渡和消失。但它們在知性那裡具有的普遍性卻給予它們以自身內反映的形式，於是它們失去

了與他者的關聯，轉變為**永恆的**東西。現在，在純粹概念那裡，假若這個永恆性屬於它的本性，那麼它的抽象規定就只有從**它們的形式**來看是一些永恆的本質存在；但它們的內容並不符合這個形式；因此它們既不是真理，也不是永恆的東西。它們的內容之所以不符合形式，原因在於，內容雖然是規定性本身，但不是普遍的，亦即不是表現為概念區別的總體性，或者說本身不是整個形式；正因如此，受到限制的知性形式本身就是一個不完滿的，亦即**抽象的**普遍性。—— 進而言之，我們必須重視知性的那個無限的力量，即把具體東西分割為抽象的規定性，並且理解把握區別的深刻性，與此同時，唯有這個力量是那個造成過渡的權力。**直觀**中的具體東西**是總體性**，但卻是**感性的**總體性，—— 即一個在空間和時間中漠不相關地**外在於彼此**而持存著的實在材料；具體東西在雜多東西的這種未統一狀態中是直觀的內容，但對具體東西而言，這種未統一狀態不應當被看作是什麼貢獻，彷彿比可理解的東西更優越似的。具體東西在直觀中展現出來的可變化性已經暗示著一個普遍者；那被直觀到的僅僅是**另一個**同樣可變化的東西，亦即同樣的具體東西；普遍者並沒有取代它的位置而顯現出來。有些科學（比如幾何學和算術）的材料是由**直觀的東西**自然地帶來的，但我們絕對不應當認為這種東西對科學有什麼貢獻，進而設想科學的各種命題因此有了根據。毋寧說，這些科學的材料因此具有較低級的本性；對於形狀和數的直觀無助於它們的科學；只有對形狀和數的**思維**才能夠產生出這樣一門科學。—— 但是，只要人們不是僅僅把直觀理解為感性東西，而是理解為**客觀的總體性**，那麼這就是一個**理智直觀**，也就是說，它不是把處於外在實存中的定在當作對象，而是把定在中的永恆的實在性和真理當作對象，—— 這種實在性只有當在本質上位於概念中並且由概念**規定**時，才是**理念**，而其更詳細的本性將會在後

[286]

[287]　面體現出來。至於嚴格意義上的直觀所預先設定的那種先於概念的東西，則是外在的實在性，一個無概念的東西，一個只有透過概念才獲得價值的東西。

　　所以，當知性呈現出那個無限的力量，即去規定普遍者或反過來透過普遍性形式而賦予自在且自爲地無支撐的規定性以一種僵化的持存，如果到此爲止的話，那麼這並不是知性的過錯。〔毋寧說，〕這是**理性**的一種主觀上的**無能**，即任憑這些規定性如此搖搖晃晃，卻不能夠透過那個與抽象的普遍性相對立的辯證力量，亦即透過這些規定性的獨特本性，透過它們的概念，把它們帶回到一個統一體。誠然，知性透過抽象普遍性的形式賦予它們以一個所謂的**堅硬的**存在，而這是它們在質的層面和反映的層面不曾具有的，但透過這個單純化，它同時賦予它們以**精神**，並且如此磨礪它們，讓它們在這個尖鋒獲得一個能力，亦即能夠瓦解自身並過渡到它們的對立面。無論什麼東西，它所能夠達到的最高成熟狀態和層次就是它開始走向沒落的時候。知性看起來在規定性那裡撞得頭破血流，這些規定性的堅實方面，或者說永恆東西的形式，是一個與自身相關聯的普遍性的形式。這個形式是概念獨有的，因此在這個形式裡面，有限者的**瓦解**表現出來，並且無限地觸手可及。這個普遍性直接地與有限者的規定性**爭辯，表現出**有限者與它的不契合。—— 或更確切地說，有限者的不契合已經是明擺著的；抽象的已規定的東西被設定爲與普遍性合爲一體，—— 但正因如此，它不是被設定爲一個彷彿獨自存在著的已規定的東西，而是僅僅被設定爲它自己和普遍者的統一體，亦即被設定爲概念。

　　因此從任何角度來看，通常的那種割裂知性和理性的做法都是
[288]　應當譴責的。假如概念被看作是無理性的東西，那麼這必須被認爲是理性的一種無能，即沒有能力在概念中認識到自己。已規定的和

抽象的概念是**理性的條件**，或更確切地說，是**理性的本質性環節**；概念是一個精神化的形式，在其中，有限者透過普遍性而與自身相關聯，在自身內點燃自己，被設定爲辯證的東西，從而是理性現象的**開端**。

透過迄今所述，已規定的概念已經在其眞理中呈現出來，既然如此，接下來只需要表明它在這種情況下已經被設定爲什麼東西。——區別作爲概念的本質性環節，在純粹的普遍者裡尚未被設定爲區別，如今在已規定的概念裡獲得了它的權利。普遍性形式裡的規定性與普遍性結合爲一個單純的東西；這個已規定的普遍者是一個與自身相關聯的規定性；已規定的規定性或絕對的否定性被單獨設定下來。但這個與自身相關聯的規定性是**個別性**。就此而言，普遍性本身直接地、自在且自爲地已經是特殊性，同樣，特殊性自在且自爲地也是**個別性**，當後者堅持與前面二者**相對立**，可以首先被看作是概念的第三個環節，但也可以被看作是概念的絕對的自身回歸，同時被看作是概念的已設定的自身喪失。

注釋

按照迄今所述，可以說**普遍性**、**特殊性**和**個別性**是**三個**已規定的概念，如果人們願意對它們**計數**的話。我們早先已經指出，數對於理解把握各種概念規定而言是一個不合適的形式，而對於概念本身的諸規定而言更是最不合適的；因爲數是以單一體爲本原，所以它使那些被計數的東西成爲一種完全孤立的、彼此之間完全漠不相關的東西。但迄今所述已經表明，各種已規定的概念毋寧完全只是**同一個概念**，而不是分散在數裡面。 [289]

通常的邏輯學著述裡面經常出現概念的**分類**。但人們立即就會

發現，諸如「從量、質等等來看，有如下概念」這樣的分類是自相抵觸的。「有」（es gibt）這個說法所表達出的唯一道理，就是人們**碰巧發現**這樣一些類型，而且它們是按照**經驗**而表現出來的。透過這個方式，人們獲得了一種**經驗邏輯**，——這是一門特殊的科學，是一種對於**理性東西**的**非理性**認識。就此而言，邏輯在遵循自己的學說時給出了一個極為惡劣的例子，因為它容許自己違背它所頒布的那條規則，即概念應當是推導出來的，而科學的命題（包括「有如此這些類型的概念」之類命題）也應當得到證明。——在這件事情上，康德哲學陷入了一種更嚴重的自相抵觸：它從主觀邏輯那裡**借來**一些以經驗方式獲得的所謂的「根本概念」，將其當作**先驗邏輯**的範疇。既然康德哲學承認這一點，我們就難以理解為什麼先驗邏輯決定從主觀邏輯那裡借取內容，而不是乾脆自己求助於經驗。

這裡不妨列舉幾個例子，比如概念主要是按照它們的**清晰性**來劃分的，亦即劃分為**清晰的**和**晦澀的**、**明白的**和**不明白的**、**充分的**和**不充分的**概念等等。這裡也可以假設**完整的**、**冗餘的**概念以及諸如此類的廢話。——如果是按照**清晰性**來劃分，那麼很顯然，這個視角以及那些與之相關聯的區別都是取材於**心理學**的規定，而不是取材於**邏輯**的規定。所謂的「**清晰的**」（klarer）概念應當足以把一個對象和另一個對象區分開；但這樣的東西還不能叫做概念，它無非是一個**主觀的表象**。據說，「**晦澀的**」（dunkler）概念必須永遠保持原狀，否則它就不是晦澀的概念，而將是一個明白的概念了。——「**明白的**」（deutlicher）概念應當是一個能夠為其列舉出一些**特徵**的概念。就此而言，它其實是**已規定的概念**。如果人們正確理解把握了特徵，那麼特徵無非是概念的**規定性**，或者說當概念區別於普遍性形式時，其單純的**內容**。但**特徵**起初恰恰不具有這個更確切的含意，而是一般說來只是一個規定，被某個**第三者**拿來標記對象或

[290]

概念；因此它有可能是一個非常偶然的狀況。總的說來，特徵並未表達出規定的內在性和本質性，而是表達出規定與一個**外在的**知性的關聯。如果這個知性確實是知性，那麼它就面對著概念，並且只能藉助**包含在概念裡的東西**來標記概念。但是，倘若特徵與概念是有區別的，那麼它就是一個**符號**或別的什麼規定，屬於事情的**表象**，而不是屬於事情的概念。—— 至於「**不明白的**」概念之類畫蛇添足的東西，這裡可以忽略不談。

　　但「**充分的**」（adäquater）概念是一個更高的東西；這裡眞正浮現出來的，是概念與實在性的一致，而這就不是嚴格意義上的概念，而是**理念**。

　　假若明白的概念的**特徵**確實是概念規定本身，那麼邏輯在面對那種按照另一種劃分法而與**複合的**概念相對立的**單純的**概念時，就會束手無策。因爲，如果要爲單純的概念列舉出一個眞正的，亦即內在的特徵，那麼人們就不再把它看作是一個單純的概念；但如果不能爲它列舉出任何特徵，它就不再是明白的概念。好在這件事情可以求助於**清晰的**概念。統一體、實在性以及諸如此類的規定應當是**單純的**概念，而其理由僅僅在於，邏輯學家沒有辦法找出這些概念的規定，因此只好滿足於一個單純**清晰的**概念，也就是說，根本不具有一個概念。一般而言，爲了**定義**或說明一個概念，需要指出種和屬差。因此定義不是把概念當作某種單純的東西，而是將其分割爲**兩個**數得出來的**組成部分**。但這樣一個概念不應當因此就是**一個複合的東西**。—— 關於單純的概念，人們想到的似乎是一個抽象的單純性，即這樣一個統一體，它既未在自身內包含著區別和規定性，也不是附著在概念上面。就對象存在於表象中，尤其是存在於記憶中而言，或者說，就對象也是一個抽象的思想規定而言，它能夠是完全單純的。哪怕是那些在自身內最豐富的概念，比如精神、

[291]

自然界、世界，甚至上帝，如果人們完全脫離概念，僅僅把它們理解爲「精神」、「自然界」、「世界」、「上帝」之類單純表述的同樣單純的表象，——那麼它們當然是某種單純的東西，意識也可以止步於此，無需強調什麼眞正的規定或特徵；但意識的對象不應當始終是這些單純的概念、表象或抽象的思想規定，而是應當得到**概念把握**，也就是說，這些對象的單純性應當由它們的內在區別來規定。——至於**複合的概念**，無非是「木質的鐵」〔之類荒謬的東西〕。誠然，對於某種複合的東西，人們能夠具有一個概念，但「複合的概念」卻是某種比**唯物主義**更糟糕的東西，後者僅僅假設**靈魂實體**是一個複合的東西，同時卻認爲**思維**是**單純的**。粗俗的反思總是看到複合，把它當作是完全**外在的關聯**，而這是用來考察事物的最惡劣的形式；因爲哪怕是最低級的自然事物也必然是一個**內**

[292]

在的統一體。最令人料想不到的是，有些人竟然把這個最不眞實的定在形式套用到自我和概念身上，而這必須被看作是一種笨拙的和粗鄙的做法。

此外，概念主要劃分爲**相反的**（konträre）概念和**矛盾的**（kontradiktorische）概念。——假若人們研究概念的目的只是在於指出有哪些**已規定的**概念，那就必須列舉全部可能的規定了——因爲**全部**規定都是概念，隨之是已規定的概念，——而且**存在**的全部範疇和**本質**的全部規定都必須按照概念的類型列舉出來。同樣，很多邏輯研究也是指出有**肯定的**、**否定的**、**同一的**、**有條件的**、**必然的**概念等等，只不過它們根據各自的喜好，有的敘述得**多些**，有的敘述得**少些**。由於這樣一些規定已經落在**概念本身的本性**後面，所以當它們在概念那裡被列舉出來，而不是出現在它們的眞正的位置，就只會導致各種膚淺的詞語解釋，並且顯現爲毫無趣味的東西。——**相反的概念**和**矛盾的概念**——這裡主要考察的是這個區

別——把**差異性**和**相互對立**等反映規定當作根據。它們被看作是兩個特殊的**屬**，也就是說，每一個概念本身都是堅如磐石的，與別的概念漠不相關，毫不理睬這些區別的辯證法和內在的虛無性，彷彿**相反**的東西並非必須被規定**為矛盾的**似的。關於它們所表達出的反映形式的本性和本質性過渡，已經在相應的地方考察過了。在概念裡，同一性演變**為普遍性**，區別演變**為特殊性**，那個返回到根據中的相互對立演變**為個別性**。差異性和相互對立等反映規定既在這些形式裡，也在它們的概念裡。普遍者已經表明自己不僅是同一的東西，而且同時是有差異的東西，或者說與特殊東西和個別東西**相反****的東西**，進而也是與它們相互對立或**矛盾的**東西；但在這個相互對立裡，普遍者與它們是同一的，並且是它們的眞實根據，讓它們在其中被揚棄。同樣的情況也適用於特殊性和個別性，它們同樣是反映規定的總體性。

　　概念進而劃分**為從屬的**（subordinierte）概念和**並列的**（koordinierte）概念，——這個區別（亦即普遍性與特殊性的對比關係）與概念規定的關係更為密切，而我們此前也已經順帶提到那兩個術語。通常說來，它們同樣被看作是完全固定的對比關係，並據此提出許多關於它們的毫無用處的命題。這方面最冗長的論述又涉及相反性和矛盾性與從屬和並列的關聯。由於**判斷是一些已規****定的概念的關聯**，所以只有在判斷那裡才會得出眞正的對比關係。人們對這些規定進行**比較**，卻沒有想到它們的辯證法及其規定的持續的改變，或更確切地說，只想到相互對立的規定在它們那裡明擺著的結合，而這個方法使整個考察——即去考察什麼東西在它們那裡是**一致的**抑或不是一致的，彷彿這種一致或不一致是某種孤立的和常駐的東西——變得毫無成果和空洞無物。——偉大的，在理解

[293]

和整合代數大小的更深層次的比例關係方面無比卓越和敏銳的**歐拉**①，尤其是枯燥知性式的**蘭伯特**②和另外一些人，都已經嘗試過用線條、形狀和諸如此類的東西來**標示**概念規定的這類比例關係；總的說來，人們的意圖是把邏輯的關聯方式**提升**爲（而實際上是貶低爲）一種**計算**。只要人們把符號和其標示的東西放在一起，比較一下它們的本性，就會立即發現標示的嘗試是一個自在且自爲的虛無東西。誠然，普遍性、特殊性和個別性之類概念規定是**有差異的**，就和線條或代數的字母一樣；── 此外它們也是**相互對立的**，並在這個意義上也容許**加號**和**減號**。── 但這些概念規定本身，尤其是它們的關聯 ── 哪怕只是限於**蘊含**和**附屬** ── 相較於字母和線條及其規定、大小的等同或差異性、**加**和**減**、線條相互重疊的位置乃至它們與它們包含著的角度和空間位置的連繫等等，都在本質上具有完全不同的本性。相比概念規定，這類對象的獨特之處在於，它們是彼此**外在的**，具有一個**固定的**規定。現在，假如概念和這些符號是對應的，那麼在這種情況下，它們就不再是概念。概念的規定不像數和線條（它們的關聯不屬於它們自身）那樣是一種僵死的東西；它們是活生生的運動；這個方面的區分開的規定性直接地也位於那個方面之內；那在數和線條那裡全然是矛盾的東西，對於概念的本性而言是本質性的。── 高等數學也推進到了無限者，並且容許矛盾，但它不再能夠用它以前的各種符號來呈現概念的規定；爲了標示兩條縱座標線的**無限接近**這一跟概念風馬牛不相及的表象，或者

[294]

---

① 歐拉（Leonhard Euler, 1707-1783），瑞士數學家。── 譯者注
② 約翰·蘭伯特（Johann Heinrich Lambert, 1728-1777），德國數學家、物理學家和啓蒙運動主義者。他在科學史上的最大成就在於證明了圓周率是一個無理數。── 譯者注

說，爲了讓一條無限長的曲線等同於一些無限小的直線，高等數學所做的無非是畫出兩條**彼此外在的**直線，把直線拉成一條曲線，但又讓前者**有別於**後者；至於作爲關鍵之所在的無限者，它卻訴諸於**表象活動**。

　　追根溯源，人們之所以被誤導著去從事那個嘗試，主要是以爲**普遍性**、**特殊性**和**個別性**處於量的比例關係中；普遍者比特殊東西和個別東西**更廣泛**，而特殊東西又比個別東西**更廣泛**。概念是**具體的和最豐富的東西**，因爲它是此前那些規定（存在的範疇和〔本質的〕反映規定）的根據和**總體性**；所以，這些規定確實也會在概念那裡顯露出來。但與此同時，如果人們堅持在抽象的意義上理解概念身上的那些規定，並且以爲普遍者的**更廣泛的範圍**意味著它是一個比特殊東西和個別東西**更多的東西**或更大的**定量**，這就完全誤解了概念的本性。作爲絕對的根據，概念既是**量的可能性**，也是**質的可能性**，也就是說，它的各種規定同樣在質上是區分開的；因此如果只是把這些規定放置到量的形式下面，這就已經是在違背它們的眞理的情況下考察它們。再者，反映規定是一個**相對的東西**，其反面也在其中映現；它不像定量那樣處於一個外在的比例關係中。但概念比所有這一切都更豐富；它的各種規定是已規定的**概念**，在本質上本身就是全部規定的**總體性**。所以，企圖藉助數和空間的比例關係來理解把握這種內在的總體性，乃是一種完全不合適的做法，因爲在那些比例關係裡，全部規定都是外在於彼此的；毋寧說，這是人們所能夠使用的最末位的、最惡劣的手段。相比之下，自然界裡面的比例關係，比如磁性、顏色的比例關係等等，都可以說是一些無限更高和更眞實的象徵。人類所掌握的語言就是理性獨有的標示手段，既然如此，再去搜尋一個不太完滿的呈現方式，並爲此飽受煎熬，這簡直是一個閒得發慌的臆想。嚴格意義上的概念在本

[295]

質上只能藉助精神來理解把握，而概念不僅是精神的所有物，而且
是精神的純粹的自主體。企圖藉助於空間形狀和代數符號，以便透
[296]　過**外在的眼睛**和一種**無概念的、機械的處理方式**或**計算**來把握概念，
這是徒勞的。除此之外，任何別的可以用作象徵的東西也至多能夠
像上帝的象徵那樣激起概念的憧憬和迴響；但如果企圖透過它們來
嚴肅地表達和認識概念，那麼全部象徵的**外在本性**對此都是不合適
的。毋寧說，真正的關係是反過來的，即：那在象徵裡是一個更高
規定的迴響的東西，只有透過概念才被認識到，而且唯有透過**抽離**
那個本應表達出概念的感性附屬物，才能接近概念。

C 個別東西

如前所述，**個別性**已經是由特殊性所設定的；特殊性是**已規定
的普遍性**，亦即與自身相關聯的規定性，或者說**已規定的已規定的東
西**（das bestimmte Bestimmte）。

1. 所以個別性首先顯現為概念從它的規定性而來的**自身內反
映**。它是概念的**自身中介活動**，因為概念的**異在**重新轉變為一個**他
者**，於是概念作為自身等同者被製造出來，但卻是處於**絕對的否定
性**的規定中。—— 普遍者由於自身那裡的否定者而成為一個**特殊東
西**，這個否定者此前曾經被規定為雙重映像；透過**向內**映現，特殊
東西始終是一個普遍者；透過**向外**映現，特殊東西是一個**已規定的
東西**；後一方面作為向著普遍者的回歸，乃是一個雙重的回歸：
要麼透過**抽象**（即丟棄特殊東西，攀升到**更高的和最高的種**）而回
歸，要麼透過**個別性**（普遍者本身在規定性之內下降到這裡）而回
[297]　歸。—— 但在這裡，抽象誤入歧途，偏離了概念的道路，離開了真
理。抽象把自己提升到更高的和最高的普遍者，但這個普遍者只不

過是一個變得愈來愈空無內容的表面；它所蔑視的個別性是一種深厚的東西，在其中，概念自己把握自己，並且被設定爲概念。

　　一方面，**普遍性**和**特殊性**顯現爲個別性的**轉變形成**的環節。但我們已經指出，前二者本身就是總體式的概念，因此在**個別性**裡面不是過渡到一個**他者**，而是僅僅被設定爲它們自在且自爲的樣子。**普遍者是自爲的**，因爲它本身是一個絕對的中介活動，僅僅把自己當作絕對的否定性而與之相關聯。如果這個揚棄活動是一個**外在的**行動，隨之**丟棄**了規定性，那麼它就是一個**抽象的**普遍者。就此而言，這個否定性確實屬於抽象的東西，但它始終**外在於**這個東西，僅僅是其單純的**條件**；它是抽象本身，始終與它的普遍者**相對立**，因此普遍者並未在自身內具有個別性，毋寧始終是一個無概念的東西。—— 抽象之所以沒有能力理解把握生命、精神、上帝等純粹的概念，就是因爲它把個別性 —— 這是個體性和人格性的本原 —— 和它的產物割裂開來，於是只能得出一些無生命和無精神的、無顏色和無內涵的普遍性。

　　但概念的統一體是如此地不可分割，以至於即便抽象的這些產物應當拋棄掉個別性，但仍然是**個別的東西**。當抽象把具體東西提升到普遍性，又把普遍者僅僅理解爲已規定的普遍性，這恰恰就是個別性，而且是作爲一個與自身相關聯的規定性而體現出來。因此抽象意味著具體東西的**分離**及其各種規定的**個別化**；透過抽象，這些規定僅僅被看作是**個別的**特性或環節，因爲抽象的產物必須包含著抽象本身所是的東西。但抽象的產物的個別性和概念的個別性的區別在於，在那些產物裡，個別東西（作爲**內容**）和普遍者（作爲**形式**）是彼此有差異的，—— 因爲那個內容恰恰不是絕對的形式，不是**概念**本身，而這個形式也不是形式的總體性。—— 但這個更詳細的考察表明，抽象的東西本身是個別內容和抽象普遍性的統一

[298]

體，從而是**具體的東西**，即它希望所是的東西的反面。

　　特殊東西僅僅是已規定的普遍者，基於同樣的理由，它也是**個別東西**，反過來，因為個別東西是已規定的普遍者，所以它同樣是一個特殊東西。如果人們堅持這個抽象的規定性，那麼概念就具有三個特殊的規定：普遍者、特殊東西和個別東西；而在這之前，我們僅僅指出普遍者和特殊東西是特殊東西的兩個屬。由於個別性是概念（作為否定者）的自身回歸，所以這個回歸本身可以被抽象（它在這個過程中其實已經被揚棄了）當作一個漠不相關的環節而與其他環節**並列**，並且進行計數。

　　如果說個別性是眾多**特殊的**概念規定之一，那麼特殊性就是一個把全部概念規定都包攬在自身之內的**總體性**；作為這個總體性，特殊性恰恰是這些概念規定的具體表現，或者說是個別性本身。但從之前指出的那個方面來看，特殊性只有作為**已規定的普遍性**才是具體的東西；在這個意義上，特殊性是一個**直接的**統一體，在其中，沒有哪一個環節是區分開的或被設定為進行規定者，而在這個形式下，特殊性將構成**形式推論的中項**。

　　很顯然，透過迄今對於概念的展示而得出的每一個規定都直接
[299]　瓦解了，消失在它的其他規定之內。每一個區分都消融在那個應當將其孤立出來並加以堅持的考察中。區分是為了表象而把抽離活動孤立出來，而只有單純的**表象**才能夠堅持區分普遍者、特殊東西和個別東西；在這種情況下，它們是可計數的，而為了作出進一步的區別，表象執著於**存在的那個完全外在的區別**，即量，殊不知沒有什麼東西比量與這裡更加風馬牛不相及的了。—— 在個別性裡，那個真實的對比關係，即諸概念規定的**不可分割性**，**被設定下來**；因為作為否定之否定，它既包含著這些概念規定的對立，也包含著在其根據裡的對立或統一體，即所有概念的融合在一起的存在。因為普遍

性自在且自為地位於這個反映之內，所以它在本質上是諸概念規定的否定性，但這不是指它僅僅是一個與它們有差異的第三者，而是指「已設定的存在是自在且自為的存在」或「每一個屬於區別的規定本身都是總體性」這件事情被設定下來。已規定的概念回歸自身，而這意味著它具有一個規定，即在它的規定性中作為整個概念而存在。

　　2. 但個別性不僅是概念的自身回歸，而且直接地是概念的喪失。透過個別性，概念既是在自身之內，也來到自身之外，進入現實性。抽象作為個別性的靈魂乃是否定者與否定者的關聯，而如我們看到的，它不是什麼位於普遍者和特殊東西之外的東西，而是內在於它們，而它們則是透過它而成為具體的東西、內容、個別東西。但個別性作為這個否定性，乃是已規定的規定性，是嚴格意義上的區分活動；透過它的這個自身內反映，區別轉變為一個固定的區別；只有個別性才能夠去規定特殊東西，因為個別性就是抽象，而從現在起，這個抽象作為個別性，恰恰是已設定的抽象。

　　因此，個別東西作為一個與自身相關聯的否定性，是否定者 [300] 的直接的自身同一性；它是自為存在者。換言之，個別東西是這樣一個抽象，它按照概念的存在的觀念性環節，把概念規定為一個直接的東西。—— 在這種情況下，個別東西是一個質的單一體或「這一個」。基於這個質，第一，個別東西是一個自身排斥，於是預先設定了其他許多單一體；第二，它和這些預先設定的他者之間是一個否定的關聯，並在這個意義上排斥著個別東西。當普遍性把這些個別東西當作漠不相關的單一體而與之相關聯 —— 它必須與它們相關聯，因為它是個別性概念的一個環節 ——，就僅僅是它們的共同者。如果人們把普遍者理解為諸多個別東西共有的東西，那麼這就是從這些個別東西的漠不相關的持存出發，把存在的直接性和概念規定混淆在一起。人們關於「普遍者」所能夠具有的最低級的表

象，就是讓普遍者與個別東西相關聯，並讓前者作為一個單純**共有**的東西而與後者處於這個外在的對比關係中。

個別東西在實存的反映層面相當於「**這一個**」，它與其他具有質的自為存在的單一體之間不是一個**排他的**關聯。單獨看來，「**這一個**」作為一個**反映回自身之內**的單一體，並不進行排斥；換言之，排斥在這個反映裡已經與抽象合為一體，是一個反映著的**中介活動**，這個中介活動屬於「**這一個**」，使之成為一個**已設定的**，由一個外在東西**展現出**的直接性。「**這一個**」存在著；它是**直接的**；但它只有在**被展現出來**時才是「**這一個**」。「展現」（Monstrieren）是一個反映運動，它在自身內統攝自身，設定直接性，但卻是將其設定為一個外在於自身的東西。——誠然，個別東西如今作為一個透過中介活動而製造出來的直接的東西，也是「**這一個**」，但它不是在自身之外具有這個中介活動，——它本身是一個排斥著的切割，**已設定的抽象**，但在進行切割的時候又是一個肯定的關聯。

首先，個別東西的這個抽離活動作為區別的自身內反映，把那[301] 些區分出的東西設定為**獨立的**、反映回自身之內的東西。它們直接地**存在著**；但其次，這個分割是一般意義上的反映，即**一方在另一方那裡的映現**；因此它們處於本質性關聯之中。再者，它們不是彼此對立的單純**存在著的**個別東西；這樣的多樣性屬於存在；**個別性**把自己設定為已規定的東西，但它不是在一個外在的東西那裡設定自己，而是在概念區別中設定自己；因此它本身就排斥**普遍者**；但普遍者是個別性本身的一個環節，於是在本質上同樣與個別性相關聯。

概念作為它的各種**獨立的**規定的關聯，已經消失了；因為在這種情況下，它不再是這些規定的**已設定的統一體**，而這些規定也不再是它的**環節**，不再是它的**映像**，而是自在且自為地持存著。——作為個別性，概念在規定性裡回歸自身；這樣一來，已規定的東西

本身已經轉變爲總體性。因此概念的自身回歸是一個絕對的、原初的**自身分割**，換言之，概念作爲個別性被設定爲**原初分割**或**判斷**（Urteil）。

第二章　判斷

　　判斷是在**概念**自身那裡所**設定的**概念**規定性**。各種概念規定或已規定的概念（我們已經表明二者是同一個東西）已經單獨得到考察；但這個考察不再是一個主觀的反映或主觀的抽象。但概念本身就是這個抽離活動；它自己的規定活動就在於把它的各種規定對立起來。所謂**判斷**，就是這樣透過概念本身去設定已規定的概念。

[302]　　因此，相較於概念把握活動，判斷活動是**另一個**功能，或更確切地說，相較於概念的**自身規定活動**，判斷是概念的**另一個**功能，而判斷之所以繼續推進到判斷的差異性，這也是概念的持續規定。**存在著哪些已規定的概念？**概念的這些規定如何必然出現？這些問題必須在判斷中展現出來。

　　就實在性標示著進入**定在**（作為一般意義上的**已規定的存在**）而言，判斷可以被稱作概念的最初的**實在化**。確切地說，這個實在化的本性已經這樣體現出來：**一方面**，概念的諸環節透過概念的自身內反映或它的個別性而成為一些獨立的總體性，**另一方面**，概念的統一體是它們的**關聯**。這些已經反映回自身之內的規定是**已規定的總體性**，既透過交互的中介活動而相互結合，也在本質上處於一種漠不相關的、無概念的持存中。規定活動本身僅僅是總體性，因為它包含著上述總體性及其關聯。這個總體性是判斷。——也就是說，它首先包含著兩個獨立的東西，分別叫做**主詞**和**述詞**。嚴格說來，我們還不能指出二者究竟是什麼東西；它們尚且是無規定的，因為它們只有透過判斷才得到規定。由於判斷作為概念而言是已規定的概念，所以二者相互之間暫時只有一個普遍的區別，即判斷包

含著一個與仍然**無規定的**概念相對立的**已規定的**概念。因此主詞和
述詞的對立首先可以被看作是個別東西和普遍者的對立，或者也可
以說是特殊東西和普遍者的對立，或個別東西和特殊東西的對立，
因爲總的說來，它們僅僅是作爲較具體的東西和較普遍的東西而相
互對立。

　　因此，〔第一，〕當我們賦予判斷規定以「**主詞**」和「**述詞**」
這兩個**名稱**，這既是合適的，也是必要的；作爲名稱，它們是某種
無規定的東西，後來才應當獲得各自的規定；換言之，它們僅僅是
一些名稱，此外什麼都不是。一方面，基於這個理由，概念規定本　　　　[303]
身不應當被當作判斷的兩個方面來使用，但另一方面，更重要的原
因在於，概念規定的本性表明它們不是一種抽象的和固定的東西，
而是在自身之內具有它們的對立面，並且自在地將其設定下來；由
於判斷的兩個方面本身是概念，亦即是概念的諸規定的總體性，所
以它們必須貫穿所有這些規定，並展現出後者自在的樣子，無論是
用抽象的形式還是用具體的形式。但在它們的規定已經發生變化
的情況下，爲了按照一個普遍的方式堅持判斷的兩個方面，那些保
持不變的名稱是最有用處的。 —— 但名稱與事情或概念相對立；這
個區分出現在嚴格意義上的判斷本身那裡；但由於一般意義上的
主詞是已規定的東西，隨之更像是直接的**存在者**，而述詞表達出的
是**普遍者**、本質或概念，所以嚴格意義上的主詞起初僅僅是一類**名
稱**；因爲只有述詞才表達出**是其所是**（was es ist），即概念意義上
的**存在**所包含的東西。這是什麼東西？或者說，這是一株什麼樣的
植物？ —— 人們經常將這裡所追問的「**存在**」或「**是**」理解爲一個
單純的**名稱**，而當他們了解了這個名稱，就得到滿足，並且知道事
情**是**什麼。這就是主詞意義上的**存在**。但只有概念，或在最低限度
上說，只有本質或一般意義上的普遍者，才給出述詞，而人們所追

問的就是判斷意義上的述詞。—— 所以，上帝、精神、自然界，或不管什麼東西，作為一個判斷的述詞而言，起初都僅僅是一個名稱；至於這樣一個主詞就概念而言**是**什麼，只能由述詞來說明。假若人們想知道，這樣一個主詞具有怎樣一個述詞，那麼這個評判必定已經以一個**概念**為根據；但只有述詞才說出這個概念。正因如此，其實是單純的**表象**構成了主詞所預先設定的意義，並促使人們進行名稱解釋，而在這種情況下，究竟應當怎樣理解一個名稱，這[304]只不過是一個偶然的歷史事實。就此而言，那些關於某個主詞是否具有某個述詞的鋪天蓋地的爭吵無非是詞語之爭，因為它們都是以那個形式為出發點；「載體」（das Zugrundeliegende, subjectum, ὑποκείμενον）①無非是一個名稱。

　　第二，現在需要更詳細地考察，主詞和述詞在判斷中的**關聯**是怎樣的，以及它們本身如何恰恰因此首先得到規定。判斷總是把總體性當作它的兩個方面，後者作為本質性東西，起初是獨立的。因此概念的統一體起初只是兩個獨立的東西的**關聯**，尚且不是一個**具體的**，從這個實在性那裡回歸自身，**得到充實的**統一體，毋寧說，它們在這個統一體**之外**作為**並未在其中被揚棄的端項**持存著。——現在，對於判斷的考察可以要麼從概念的統一體出發，要麼從端項的獨立性出發。判斷是概念的自身分裂；因此**這個統一體**是一個根據，從它出發，我們可以按照其真正的**客觀性**來考察判斷。在這個意義上，判斷是原初的「某一」的**原初分割**；這樣一來，「**判斷**」這個詞語就與它自在且自為地所是的那個東西相關聯。至於概念的諸環節在判斷裡獲得了獨立性，隨之概念在**判斷**中相當於**現**

---

① 括弧裡的三個外文詞分別是「主體」（「實體」）或「主詞」的德語、拉丁語和古希臘語原文。——譯者注

象，——這個**外在性**方面毋寧是**表象**所堅持的東西。

　　因此，按照這個**主觀的**考察，主詞和述詞各自都被看作是無需對方而現成存在著的東西：主詞被看作是這樣一個對象，它哪怕不具有這個述詞，也存在著；述詞被看作是這樣一個普遍的規定，它哪怕不依附於這個主詞，同樣也存在著。就此而言，判斷活動是與一個反思結合在一起的，也就是說，這個或那個位於**頭腦**中的述詞究竟是否能夠和應當**添附**到一個**在外面**自爲存在著的對象身上？判斷活動本身意味著，只有透過它，一個述詞才與一個主詞**結合**，但與此同時，哪怕沒有發生這個結合，主詞和述詞本身仍然始終是各自所是的東西，前者是一個實存著的對象，後者是頭腦中的一個表象。——但那個添附到主詞身上的述詞也應當**歸屬於**主詞，也就是說，述詞應當自在且自爲地與主詞是同一的。就「**添附**」意味著「**歸屬於**」而言，判斷活動的**主觀**意義以及主詞和述詞的漠不相關的、外在的持存又被揚棄了：這個行動**是**善的；這個繫詞表明，述詞屬於主詞的**存在**，而不是僅僅外在地與之結合在一起。在**語法的**意義上，那個主觀的對比關係，即那個以主詞和述詞的漠不相關的外在性爲出發點的考察，具有其完整的有效性；因爲這裡只有一些**詞語**外在地結合在一起。——藉這個機會，我們也可以順帶指出，**命題**雖然在語法的意義上具有主詞和述詞，但並不因此就一定是**判斷**。判斷意味著，述詞和主詞的對比關係所遵循的是概念規定的對比關係，即一個普遍者與一個特殊東西或個別東西的對比關係。如果關於個別主詞的敘述本身僅僅表達出某個個別東西，那麼這就是一個單純的命題。比如「亞里斯多德在他 73 歲亦即第 115 屆奧林匹克運動會的第 4 年去世」就是一個單純的命題，不是判斷。除非有人對這位哲學家的去世時間或年齡感到懷疑，但出於某個理由又主張那幾個數字，如此才可以說這是一個判斷。因爲在這種情況

[305]

下，人們假定這些數字是某個普遍者，即一個哪怕沒有「亞里斯多德去世」這一已規定的內容，也仍然持存著的，由別的東西所充實的，或乾脆空洞的時間。同理，「我的朋友 N 去世了」也是一個命題，除非有人質疑他是眞的死了抑或只是裝死，如此這才是一個判斷。

[306]　　　　如果像通常所說的那樣，判斷是**兩個概念的結合**，那麼人們確實可以用「**結合**」這一無規定的表述去替代外在的繫詞，再者，那些相結合的東西至少**應當**是概念。但除此之外，這個解釋是極爲膚淺的，且不說比如在選言判斷裡就有**兩個**以上的概念結合在一起，更何況這個解釋簡直是避實就虛；因爲它意謂中的東西根本就不是概念，不是概念規定，毋寧僅僅是**表象規定**；在談到一般意義上的概念和已規定的概念時，我們已經指出，人們通常如此稱謂的東西根本就配不上概念這一名稱，既然如此，判斷裡的概念又是從哪裡冒出來的呢？——關鍵在於，這個解釋忽略了判斷的本質性東西，即它的各種規定的區別，更沒有考慮到判斷和概念的對比關係。

　　　　至於主詞和述詞的進一步的規定，剛才已經指出，它們眞正說來只有在判斷中才獲得它們的規定。但就判斷是概念的已設定的規定性而言，主詞和述詞是以**直接的**、**抽象的**方式具有上述區別，即分別作爲**個別性**和**普遍性**。——而就判斷總的說來是概念的**定在**或**異在**而言（這時概念尚未把自己重建爲統一體，隨之成爲**作爲概念**的概念），那個無概念的規定性，即**存在**和反映或**自在存在**的對立，也顯露出來。但由於概念構成了判斷的本質性**根據**，所以那些規定至少是彼此漠不相關的，也就是說，當其中一個規定歸屬於主詞，另一個規定歸屬於述詞，這個對比關係反過來同樣也會發生。**主詞**作爲**個別東西**，按照個別東西的已規定的規定性，首先顯現爲**存在者**或**自爲存在者**，顯現爲一個現實的對象，哪怕這僅僅是表象

的對象——比如勇敢、法、和諧一致等等，——然後人們對它作出
判斷；反之**述詞**作爲**普遍者**則是顯現爲一個關於對象的**反映**，或更　　[307]
確切地說，顯現爲對象的自身內反映（這個反映超越了那個直接
性，把各種規定性當作單純存在著的規定性而予以揚棄），——顯
現爲**對象的自在存在**。如果說個別東西作爲最初的、直接的東西從
自身出發，並透過判斷而被**提升到普遍性**，那麼反過來，那個僅僅
自在地存在於個別東西之內的普遍者則是下降到定在，或者說轉變
爲一個**自爲存在者**。

　　判斷的這個意義，作爲判斷的**客觀**意義，同時必須被看作是早
先那些過渡形式的**真正**意義。存在者發生**轉變**和**變化**，有限者在無
限者裡**沒落**；實存者從它的**根據**那裡**顯露**到現象中，並且**消滅**（走
向根據）；偶性同時**展現**實體的**豐富性**和**權力**；存在裡面有向著他
者的**過渡**，而本質裡面有在一個他者那裡的映現，於是**必然的**關聯
啓示自身。現在，這個過渡和映現已經過渡到**概念的原初分割**，而
當概念把個別東西重新帶回到它的普遍性的**自在存在**之內，就同
樣把普遍者規定爲**現實的東西**。「個別性被設定到它的自身內反映
中」和「普遍者被設定爲已規定的東西」這兩個情況是同一回事。

　　這個客觀的意義同樣意味著，當上述規定在概念的規定性裡
重新顯露出來，同時僅僅被設定爲顯現者，在這種情況下，它們不
是什麼僵化的東西，而是既歸屬於這一個概念規定，也歸屬於另一
個概念規定。因此，主詞同樣必須被看作是**自在存在**，反之述詞必
須被看作是**定在**。**沒有述詞的主詞**相當於現象裡的**沒有特性的物**，即
自在之物，而這是一個空洞的、無規定的根據；在這種情況下，它
是**內在於自身的概念**，只有透過述詞才獲得一個區分和規定性；就
此而言，述詞構成了主詞的**定在**這一方面。透過這個已規定的普遍　　[308]
性，主詞與外在的東西相關聯，接受其他事物的影響，並因此對它

們展開行動。**實存者**走出自己的**內化存在**，進入連繫和對比關係的**普遍**要素，進入各種否定的關聯和現實性的交互作用，而這個交互作用是個別東西到其他東西的**延續**，因此是普遍性。

儘管如此，以上揭示出的同一性（即主詞的規定也歸屬於述詞，反之亦然）並不是僅僅落入我們的考察；它不僅**自在地**被設定下來，而且也在判斷中被設定下來，因為判斷是主詞和述詞的關聯；繫詞表明**主詞就是述詞**。主詞是已規定的規定性，而述詞是主詞的這一個**已設定的**規定性；主詞只有在它的述詞裡才是已規定的，或者說它只有在述詞裡才是主詞；它在述詞那裡回歸自身，成為普遍者。——現在，就主詞是獨立的東西而言，剛才所說的那個同一性具有這樣一個對比關係，即述詞並非本身就具有一個獨立的持存，而是僅僅在主詞裡具有它的持存；它**附著於**主詞。接下來，就述詞與主詞區分開而言，它僅僅是主詞的一個**個別化的**規定性，僅僅是主詞的諸多特性**之一**；主詞本身是**具體的東西**，是諸多規定性的總體性，而述詞僅僅包含著**一個**規定性；主詞是普遍者。——但另一方面，述詞也是獨立的普遍性，反之主詞僅僅是述詞的一個規定；就此而言，述詞**歸攝**著主詞；個別性和特殊性不是自為的，而是在普遍者裡具有它們的本質和實體。述詞表達出那個在自己的概念中的主詞；個別東西和特殊東西是主詞身上的偶然規定；主詞是它們的絕對的可能性。如果人們一方面把**歸攝**（subsumieren）理解為主詞和述詞的一個外在關聯，另一方面把主詞想像為一個獨立的東西，那麼歸攝就涉及到剛才提到的那種以**二者**的獨立性為出發點的主觀判斷活動。就此而言，歸攝只不過是把普遍者**應用到**一個特殊東西或個別東西上面，亦即按照一個無規定的表象，把特殊東西或個別東西設定為一種具有較少的量的東西，並將其置於普遍者**之下**。

[309]

如果人們這樣看待主詞和述詞的同一性，即**一方面**，前者獲得某一個概念規定，後者獲得另一個概念，**另一方面**，反過來同樣也是如此，那麼同一性在這種情況下就始終只是一個**自在存在著的**同一性；鑑於判斷的兩個方面的獨立的差異性，它們的**已設定的**關聯也具有這兩個方面，起初作爲有差異的方面。眞正說來，這個**無區別的同一性**構成了主詞和述詞的**眞實的**關聯。概念規定在本質上本身就是**關聯**，因爲它是一個**普遍者**；這樣一來，主詞和述詞所具有的規定同樣也是它們的關聯本身所具有的規定。概念規定是**普遍的**，因爲它是二者（主詞和述詞）的肯定的同一性；但它也是**已規定的**，因爲述詞的規定性是主詞的規定性；再者，概念規定也是**個別的**，因爲獨立的端項把它當作它們的否定的統一體，在其中被揚棄了。── 但在判斷裡，這個同一性還沒有被設定下來；繫詞相當於一般意義上的**存在**這一仍然無規定的關聯，即「A **是** B」；因爲在判斷裡，概念的規定性（或者說端項）的獨立性是概念透過判斷而具有的**實在性**。假若繫詞「是」已經**被設定**爲主詞和述詞的那個已規定的和得到充實的**統一體**，被設定爲它們的**概念**，那麼它就已經是**推論**了。

判斷**運動**的目標，就是重新製造出，或更確切地說，重新**設定**概念的這個**同一性**。那在判斷中已經**現成地存在著的東西**，一方面是獨立性（而這也是主詞和述詞彼此之間的規定性），另一方面卻是它們的**抽象的**關聯。判斷首先陳述出一個事實，即「**主詞是述詞**」；但由於述詞**不應當**是主詞所是的那個東西，所以這裡有一個**矛盾**，而這個矛盾必須**瓦解**，並**過渡**到一個結果。但眞正說來，由於主詞和述詞**自在且自爲地**就是總體性，而且由於判斷就是概念的實在性，所以判斷的持續推進僅僅是一個**發展過程**；那在判斷中顯露出來的東西，已經現成地存在於其中，而在這個意義上，**證明**

[310]

（Demonstration）僅僅是一個**展現**（Monstration），一個反映，即把那在判斷的端項中已經**現成地**存在著的東西**設定下來**；但這個設定活動本身同樣已經現成地存在著；它是端項的**關聯**。

第一，判斷，按照其**直接地**所是的樣子，是**定在**判斷；它的主詞直接地是一個**抽象的、存在著的個別東西**；述詞是主詞的一個**直接的規定性**或特性，一個抽象的普遍者。

當主詞和述詞的這個質揚棄自身，其中一方的規定首先**映現**在另一方那裡；**第二**，判斷現在是**反映**判斷。

但這個主要偏於外在的整合過渡到實體式的、**必然的連繫**，亦即**本質上的同一性**；在這種情況下，**第三**，它是**必然性**判斷。

第四，由於在這個本質上的同一性裡，主詞和述詞的區別已經轉變為一個**形式**，所以判斷成為**主觀的**；它包含著**概念**和它的**實在性**的對立，以及二者的**比較**或**一致化**；它是**概念判斷**。

概念的這個顯露活動奠定了**從判斷到推論的過渡**。

A 定在判斷

[311]

在主觀的判斷裡，人們將會看到**同一個對象**的**雙面性**，它時而處於它的個別的現實性裡，時而處於它的本質上的同一性或它的概念裡：個別東西提升到它的普遍性中，或者同樣的意思也可以說，普遍者個別化到它的現實性中。透過這個方式，判斷成為**真理**；因為它是概念和實在性的一致。但判斷**起初**並不是這樣的；因為它**起初**是一個**直接的東西**，在它那裡還沒有出現各種規定的反映和運動。這個**直接性**使起初的判斷成為**定在判斷**，後者也可以稱作**質的**判斷，而這僅僅是因為，**質**不僅歸屬於**存在**的規定性，而且其中也包含著一個抽象的普遍性，這個普遍性由於其單純性的緣故，同樣

具有**直接性**形式。

定在判斷也是**依附性**的判斷；因為直接性是它的規定，而在主詞和述詞的區別裡，主詞是直接的東西，隨之在這個判斷裡是第一位的東西和本質性東西，所以述詞具有非獨立者的形式，並且把主詞當作它的根基。

a 肯定判斷

1. 正如此前指出的，主詞和述詞首先是一些名稱，只有透過判斷的演變才獲得它們的現實規定。判斷是**已設定的**和已規定的概念，而主詞和述詞作為判斷的兩個方面，被規定為判斷的環節，而由於直接性的緣故，它們仍然是完全**單純的**環節，一方面並沒有透過中介活動而變得更加豐富，另一方面則是首先按照抽象的對立而被規定為**抽象的個別性**和**抽象的普遍性**。 —— 首先可以說，述詞 [312]
是**抽象的**普遍者；但由於抽象的東西是以揚棄個別東西或特殊東西這一中介活動為條件，所以中介活動在這種情況下僅僅是一個**預先設定**。在概念的層面裡，只可能有一個**直接性**，即那個**自在且自為地**包含著中介活動，並且只有透過揚棄中介活動才產生出來的直接性，亦即**普遍的**直接性。就此而言，**質的存在**本身**在其概念中**是一個普遍者；但在這種情況下，直接性尚未**被設定為存在**；只有作為**普遍性**，直接性才是一個概念規定，並且本身就包含著一個**設定**，即「否定性在本質上屬於直接性」。這個關聯在判斷中是現成已有的，這時直接性是一個主詞的述詞。 —— 但主詞同樣是一個**抽象的**個別東西，或者說一個應當**作為直接的東西**的直接的東西；因此，它作為個別東西，應當是一般意義上的**某東西**。就此而言，主詞構成了判斷的抽象方面，從這個方面來看，概念在判斷裡已經過渡到**外在性**。 —— 既然主詞和述詞這兩個概念規定是已規定的，那麼判

斷就是它們的關聯，即繫詞「**是**」；與此同時，這個關聯同樣只能意味著一個直接的、抽象的**存在**。如果這個關聯尚未包含著中介活動或否定性，判斷就叫做**肯定**判斷。

2. 因此肯定判斷的最貼切的純粹表述是「**個別東西是普遍的**」這一命題。

這個表述不應當被理解為「A 是 B」；因為 A 和 B 是兩個完全無形式的，隨之無意義的名稱；但全部判斷（定在判斷當然也不例外）都是把概念規定當作自己的端項。「A 是 B」既可以代表一個**判斷**，也可以代表任何一個單純的**命題**。在每一個判斷（包括那些就其形式而言具有豐富規定的判斷）裡，命題都是主張「**個別東西是普遍的**」這一已規定的內容，而在這個意義上，每一個判斷都可以說是抽象的判斷。至於那種在這個意義上同樣屬於這個表述的

[313]
否定判斷，馬上就會談到。——誠然，很多人並不知道每一個判斷（至少是肯定判斷）都主張「**個別東西是一個普遍者**」，而究其原因，一個是因為他們忽視了那個把主詞和述詞區分開的**已規定的形式**——據說判斷無非是**兩個**概念的關聯——，另一個是因為「卡烏斯是博學的」或「玫瑰是紅的」之類判斷的尋常**內容**浮現在他們的意識裡，而意識只關心「卡烏斯」等等的表象，卻沒有對形式進行反思，——哪怕那個經常被用作例子的**邏輯上的卡烏斯**是一個非常平淡無奇的內容，但邏輯之所以要挑選這樣平淡無奇的內容，恰恰是為了防止人們把注意力放在內容而不是形式上面。

此前我們已經順帶指出，從客觀的意義來看，「**個別東西是普遍的**」這一命題一方面標示著個別事物的變動不居，另一方面也標示著它們在全部概念裡的肯定的持存。概念本身是不朽的，但那些在概念的分割中從概念那裡顯露出來的東西卻是屈從於變化，並且必須回到概念的**普遍**本性中。反過來，普遍者也給予自己一個**定**

在。正如本質在它的規定中走向**映像**，根據走向實存的**現象**，實體
走向啓示，走向它的偶性，普遍者也**決心**走向個別東西；判斷是它
的這個**揭示**，是它自在地已經所是的那個否定性的**發展過程**。——
後面這一點是透過相反的命題「**普遍者是個別的**」而表達出來的，
這個命題在肯定判斷中同樣已經陳述出來。主詞起初是**直接的個
別東西**，在判斷中本身就與它的**他者**（即普遍者）相關聯；於是它
被設定爲**具體的東西**，—— 從存在來看，是一個**具有許多質**的某東
西，而從反映來看，則是**一個具有諸多特性的物**，一個**具有諸多可能
性的現實東西**，一個具有諸多**偶性**的**實體**。在這些地方，因爲這個
雜多性屬於判斷的主詞，所以某東西或物等等在它的質、特性或
偶性裡面反映回自身之內，或透過這些東西而**延續**自身，既在它們
之內維繫著自身，也在自身之內維繫著它們。已設定的存在或規
定性屬於自在且自爲的存在。因此主詞在其自身就是**普遍者**。——
反之，述詞作爲這個非實在的或非具體的普遍性，作爲**抽象的普遍
性**，相對於主詞而言，就是**規定性**，並且僅僅包含著主詞的總體性
的**一個環節**，同時把其他環節揭示出來。由於這個否定性（它同時
作爲判斷的端項而與自身相關聯）的緣故，述詞是一個**抽象的個別
東西**。—— 比如在「玫瑰是芬芳的」這一命題裡，述詞僅僅表達出
玫瑰的**諸多特性之一**；這個特性在主詞裡和其他特性本來是交融在
一起的，而述詞把它個別化了，正如當物瓦解時，那些依附於它的
諸多特性由於轉變爲獨立的**質料**，也**個別化**了。因此從這個方面來
看，判斷的命題意味著**普遍者是個別的**。

當我們把主詞和述詞在判斷裡的這個**交互規定**放在一起，就得
出如下雙重的方面：(1)主詞直接地是存在者或個別東西，述詞直
接地是普遍者。但因爲判斷是二者的**關聯**，而主詞被述詞規定爲普
遍者，所以主詞是普遍者；(2)述詞是在主詞裡被規定的，因爲它

[314]

不是**一般意義上的**規定，而是**主詞的**規定；玫瑰是芬芳的；這個芬芳不是某個無規定的芬芳，而是玫瑰的芬芳；因此述詞是**一個個別東西**。——現在，因為主詞和述詞處於判斷的對比關係中，所以它們按照概念規定而言應當始終是相互對立的；正如在因果性的**交互作用**中，在原因和作用達到它們的眞理之前，哪怕雙方具有相同的規定，也仍然應當始終是獨立的和相互對立的。因此，如果主詞被規定爲普遍者，對於述詞就不能也採納其普遍性規定——否則這就不是什麼判斷了——，而是只能採納其個別性規定；反過來，如果主詞被規定爲個別東西，那麼就必須把述詞當作普遍者。——只要我們反思一下那個單純的同一性，就會發現如下兩個同一性命題：

[315]

> 個別東西是個別的；
> 普遍者是普遍的。

在這裡，判斷規定完全四散分離，只有它們的自身關聯被表達出來，而它們的相互關聯卻瓦解了，以至於判斷也被揚棄了。——在最初的那兩個命題裡，前一個命題「普遍者是個別的」所表達的是一個就其**內容**而言的判斷，這個內容在述詞裡是一個個別化的規定，而在主詞裡卻是一個規定的總體性；後一個命題「個別東西是普遍的」所表達的是一個透過內容本身而直接給定的**形式**。——在直接的肯定判斷裡，端項仍然是單純的：因此形式和內容仍然是聯合在一起的。換言之，這個判斷不是由兩個命題組成的；這裡面體現出來的一個雙重關聯直接構成了**同一個**肯定判斷。也就是說，(1)它的端項是獨立的、抽象的判斷規定，(2)每一方都藉助那個把它們關聯在一起的繫詞而受到另一方的規定。但正因如此，判斷**自在地**就包含著形式區別和內容區別，這是顯而易見的；確切地說，

「個別東西是普遍的」這一命題所包含的東西屬於形式，因為這個命題所表達出的是判斷的**直接規定性**。與此相反，「普遍者是個別的」這一命題（其中主詞被規定為普遍者，反之述詞被規定為特殊東西或個別東西）所表達出的對比關係卻涉及**內容**，因為它的各種規定只有透過自身內反映才凸顯出來，而在這種情況下，直接的規定性被揚棄了，相應地，形式轉變為一個返回到自身之內，並與形式區別相對立的同一性。 [316]

3. 現在，這是兩個分別涉及形式和內容的命題：

（主詞）（述詞）

個別東西是普遍的；

普遍者是個別的。

假若它們因為包含在**同一個**肯定判斷之內，所以聯合在一起，以至於主詞和述詞二者都被規定為個別性和普遍性的統一體，那麼二者都將會是**特殊東西**了，而且人們必須承認，這個東西**自在地**是它們的內在規定。但這是不可能的。一方面，這意味著這個結合只是透過一個外在的反映而確立下來的，另一方面，作為其結果的「特殊東西是特殊東西」這一命題也不再是一個判斷，而是一個空洞的同一性命題，就和出現在其中的「個別東西是個別的」、「普遍者是普遍的」等命題一樣。—— 個別性和普遍性不可能聯合為特殊性，因為它們在肯定判斷裡面仍然被設定為**直接的東西**。—— 換言之，我們仍然必須從形式和內容兩方面對判斷進行區分，因為主詞和述詞恰恰區分為直接性和經過中介的東西，或者說因為判斷就其關聯而言是這樣兩個東西：既是相互關聯者的獨立性，也是它們的交互規定或中介活動。

因此，**第一**，判斷就其**形式**來看意味著「個別東西是普遍的」。但實際上，這樣一個**直接的**個別東西並**不是**普遍的；它的述詞具有更大的範圍，因此個別東西與它並不符合。主詞是一個**直接的自為存在者**，因此是那個抽象的東西（即那個透過中介活動而設定的，本應去敘述主詞的普遍性）的**反面**。

第二，判斷就其**內容**來看，或者說作為「普遍者是個別的」這一命題而言，意味著主詞是一個具有許多質的普遍者，一個具體的東西，並且被規定為無限的，而由於它的規定性起初只是質、特性或偶性等等，所以它的總體性是這些東西的**絕對無限的多樣性**。因此這樣一個主詞實際上不是它的述詞所敘述出的那樣一個**個別的**特性。因此兩個命題必須**合為一體**，而肯定判斷必須反而被設定為**否定判斷**。

b 否定判斷

1. 前面已經談到一個慣常的表象，即以為判斷之是否為真僅僅取決於判斷的內容，因為邏輯真理僅僅涉及形式，並且唯一要求的是那個內容不要自相矛盾。至於判斷的形式本身，人們唯一想到的就是**兩個概念的關聯**。但很顯然，這兩個概念並非僅僅具有**數目**這一無對比關係的規定，而是作為**個別東西**和**普遍者**而相互對待。這些規定構成了真正的邏輯**內容**，確切地說，在這個抽象中構成了肯定判斷的內容；至於判斷裡面出現的**其他內容**（比如「太陽是圓的」，「西塞羅是羅馬的一位偉大的演說家」，「現在是白天」等等），跟嚴格意義上的判斷毫不相干；判斷僅僅陳述出這一點，即「**主詞是述詞**」，又因為這些僅僅是名稱，所以確切地說，其陳述出的是：「**個別東西是普遍的，反之亦然。**」——由於這個**純粹邏輯內容**的緣故，肯定判斷**並不是真的**，而是在否定判斷中具有它的真

[317]

理。—— 人們要求內容在判斷中不應當自相矛盾；但正如我們看到的，它在肯定判斷中恰恰是自相矛盾的。—— 儘管如此，究竟是否把那個邏輯內容也稱作形式，並且把內容僅僅理解爲尋常的經驗內涵，這是完全無關緊要的，因爲形式並非僅僅包含著一個空洞的，把內容規定排斥在外的同一性。就此而言，肯定判斷由於它的肯定判斷的**形式**，就不具有眞理；有些人已經把一個**直觀**或**知覺**的**正確性**，把**表象**和**對象**的一致稱作「**眞理**」，於是再也找不到別的什麼表述來稱呼哲學的對象和目的了。人們至少必須把後者稱作「理性眞理」，同時承認諸如「西塞羅是一位偉大的演說家」、「現在是白天」之類判斷算不上理性眞理。但它們之所以不是理性眞理，不是因爲它們彷彿偶然地具有一個經驗內容，而是因爲它們僅僅是一些肯定判斷，其唯一的對象是一個直接的個別東西，並且能夠和應當把一個抽象的規定性當作內容。 [318]

肯定判斷首先在否定判斷中具有它的眞理：**個別東西不是抽象普遍的**，—— **毋寧說**，正因爲個別東西的述詞是這樣一個述詞，或者在不考慮其與主詞的關聯的情況下，正因爲這個述詞是**抽象的普遍者**，所以它本身是一個已規定的東西；因此**個別東西首先**是一個**特殊東西**。再者，按照肯定判斷所包含的另一個命題，否定判斷的意思是：**普遍者不是抽象個別的**，**毋寧說**，正因爲這個述詞是述詞，或正因爲它與一個普遍的主詞相關聯，所以它是一個比單純的個別性更廣泛的東西，於是**主詞同樣首先**是一個**特殊東西**。——這個普遍者作爲主詞，本身就處於個別性這一判斷規定中，既然如此，這兩個命題就歸結爲同一個命題：「**個別東西是一個特殊東西。**」

需要指出的是：(a)**特殊性**在這裡體現爲述詞，而前面已經談到這種特殊性；只不過在這裡，特殊性不是由一個外在的反映所設定

的，而是藉助於那個在判斷裡揭示出來的否定關聯而產生出來的。

[319]　(b)這個規定在這裡僅僅體現為特殊性。在**直接的**判斷亦即定在判斷裡，主詞是一個充當根據的東西；因此**規定**起初看起來在**述詞**那裡**消失了**。但實際上，這個最初的否定仍然不可能是一個規定，或更確切地說，不可能是**個別東西的設定活動**，因為只有第二個東西亦即否定之否定才能夠做到這一點。

　　「個別東西是一個特殊東西」是否定判斷的**肯定**表述。就此而言，這個表述不是肯定判斷本身，因為肯定判斷由於其直接性的緣故，僅僅把抽象東西當作它的端項，而特殊東西恰恰是透過去設定判斷的關聯而體現為第一個**經過中介的**規定。—— 但這個規定不僅應當被看作是「**端項**」這一環節，而且應當被看作是它起初真正所是的東西，即「**關聯**」這一**規定**；換言之，判斷也必須被看作是**否定**判斷。

　　這個過渡是基於全部判斷裡面的端項和其關聯之間的對比關係。肯定判斷是**直接的**個別東西和**直接的**普遍者的關聯，也就是說，在個別東西和普遍者裡，一方**並非**同時是另一方；因此關聯在本質上同樣是**分裂**，或者說是**否定的**；相應地，肯定判斷必須被設定為否定判斷。正因如此，邏輯學家們從來都不反對把否定判斷中的「不」和繫詞連繫在一起。在判斷裡面，那**被規定為端項**的東西，同樣是**已規定的關聯**。判斷規定或端項既不是**直接的**存在的純粹質的規定（這個規定只能與一個**外在於**存在的**他者**相對立），也不是反映的規定（這個規定按照其普遍的形式，表現為肯定的規定和否定的規定，其中每一方都被設定為排他性的，僅僅**自在地**與對方是同一的）。判斷規定作為**概念**規定，本身就是一個普遍者，但被設定為一個將自身**延續**到其他規定那裡的東西。反過來，判斷的**關**
[320]　**聯**和端項所具有的是同一個規定，因為這個關聯恰恰是端項的普遍

性和彼此之內的延續；但就端項是區分開的而言，關聯本身也具有
否定性。

前面指出的從**關聯**的形式到**規定**的形式的過渡造成了一個**直接
的後果**，即繫詞的「不」同樣必須被改造爲述詞，並且這個述詞必
須被規定爲**非普遍者**。但非普遍者透過一個同樣直接的後果，就是
特殊東西。 —— 如果人們堅持按照「直接的非存在」這一完全抽象
的規定來理解**否定者**，那麼述詞就僅僅是一個**完全無規定的**非普遍
者。通常的邏輯是在處理那些**矛盾概念**時討論這個規定，並且特
別強調指出，當涉及到一個概念的**否定者**時，只應當關注否定者
本身，並且把它看作是肯定概念的**他者**這一純粹**無規定的**範圍。比
如，單純的**非白**既可以是黑，也可以是紅、黃、藍等等。但嚴格意
義上的白是直觀的一個**無概念的**規定；這樣一來，白的「非」同樣
是一個無概念的**非存在**，而我們在邏輯的開端已經充分考察過這個
抽象東西，並且認識到它的接下來的眞理是**轉變**。如果人們在考察
這些判斷規定的時候，把這種來自於直觀和表象的無概念的內容
當作例子，並且把**存在**的諸規定和**反映**的諸規定當作判斷規定，那
麼這同樣是一種**非批判**的做法，不啻於康德所說的把知性概念應用
到無限的理性理念或所謂的**自在之物**上面；**判斷**從**概念**出發，也屬
於概念，而概念是眞正的**自在之物**或**理性東西**；但那些規定卻是屬
於**存在**或**本質**，尙且不是推進到樣式和方式的形式，而它們只有在
它們的眞理裡，在**概念**裡，才是這樣的形式。 —— 如果人們止步於
白、紅之類**感性**表象，並且像通常的那樣把某種僅僅是表象規定的
東西稱作概念，那麼非白、非紅當然不是什麼肯定的東西，正如非
三角更是一種完全無規定的東西，因爲這個基於一般意義上的數和
定量的規定在本質上是一個**漠不相關的、無概念的**規定。但無論是**非
存在**本身，還是那樣的感性內容，都應當得到**概念把握**，並且拋棄

[321]

它們在盲目的、靜止不動的表象裡具有的那種漠不相關性和抽象的直接性。哪怕是在定在裡，無思想的**無**都已經轉變爲**界限**，使**某東西**與一個外在於它的**他者相關聯**。但在反映裡，是**否定者**在本質上與一個**肯定者相關聯**，從而是**已規定的**；否定者已經不再是那個**無規定的非存在**；當它與肯定者相對立，就被設定爲單純的存在者；第三者是它們的**根據**；這樣一來，否定者就被固定在一個封閉的層面裡，在其中，一方所**不是**的東西，是某個**已規定的東西**。── 而在概念及其規定的絕對流動的延續性中，「非」更加直接地是一個肯定者，**否定**不僅是規定性，而且被納入普遍性，被設定爲與普遍性是同一的。因此，非普遍者直接地是**特殊東西**。

2. 由於否定涉及判斷的關聯，而**否定判斷**仍然被看作是這樣的判斷，所以它**首先仍然是一個判斷**；於是這裡呈現出主詞和述詞，或個別性和普遍性的對比關係和關聯，即**判斷的形式**。主詞作爲充當根據的直接的東西，是否定所永遠不能觸及的，因此它保留著它的規定（即具有一個述詞）或它與普遍性的關聯。那遭到否定的東西，不是述詞裡的一般意義上的普遍性，而是述詞的抽象或那個針對普遍性而顯現爲**內容**的規定性。── 也就是說，否定判斷並不是總體上的否定；述詞所包含著的那個普遍的層面始終持存著；因此主詞和述詞的關聯在本質上仍然是**肯定的**；述詞的那個保留下來的規定同樣是**關聯**。── 比如，當人們說「玫瑰不是紅的」，這只是否定了述詞的**規定性**，並把它從述詞同樣具有的普遍性那裡分割出去；至於普遍的層面，**顏色**，仍然保留下來；當人們說「玫瑰不是紅的」，這就假定它具有一個顏色，而且是別的顏色；從這個普遍的層面來看，判斷仍然是肯定的。

[322]

「個別東西是一個特殊東西」 ── 否定判斷的這個肯定形式直接表達出這一點；特殊東西包含著普遍性。除此之外，它也表明，述

詞不僅是一個普遍者,而且仍然是一個已規定的東西。否定形式包含著同樣的情況;比如,雖然玫瑰不是紅的,但它不僅應當保留顏色這一普遍的層面作為述詞,而且應當具有**另外某個已規定的顏色**;因此只不過是玫瑰的**個別**規定性被揚棄了,與此同時,不僅普遍的層面保留下來,而且規定性也保留下來,但轉變為一個**無規定的**或普遍的規定性,隨之轉變為特殊性。

3. 當**特殊性**體現為否定判斷的肯定規定,就是一個在個別性和普遍性之間進行中介的東西;因此現在總的說來,否定判斷是一個進行中介的東西,它來到了第三步,即**定在判斷的自身內反映**。否定判斷就其客觀意義而言,僅僅是偶性的變化這一環節,或者說在定在裡,是具體東西的個別化了的特性這一環節。透過這個變化,述詞的完整規定性或已設定的**具體的東西**顯露出來。

根據否定判斷的肯定表述,**個別東西是特殊東西**。但個別東西 [323]
也**不是**特殊東西;因為特殊性比個別性具有更廣泛的範圍;因此特殊性是一個與主詞不符合的述詞,而主詞在特殊性那裡也仍然不具有它的真理。**個別東西僅僅是個別東西**,是一個不與他者相關聯(不管它是肯定的抑或否定的),毋寧僅僅與自身相關聯的否定性。——玫瑰不是**任意一個**有顏色的東西,毋寧說,它僅僅具有一個已規定的顏色,即玫瑰色。個別東西不是一個無規定的已規定的東西,而是已規定的已規定的東西。

從否定判斷的這個肯定形式出發,判斷的否定僅僅再度顯現為**第一個**否定。實則並非如此。毋寧說,否定判斷自在且自為地已經是第二個否定或否定之否定,而這個自在且自為的東西必須被設定下來。也就是說,它**所否定的**是肯定判斷的述詞的**規定性**,而肯定判斷的**抽象的**普遍性,或者說作為內容來看,乃是它透過主詞而包含著的個別的質。但規定性的否定已經是第二個否定,即個別性的

無限的自身回歸。這樣一來，就**製造出**主詞的具體的總體性，或更確切地說，主詞直到現在才**被設定為**個別東西，因為它已經透過否定和否定的揚棄而達到了自身中介。相應地，述詞本身已經從最初的普遍性過渡到抽象的的規定性，並且使自己等同於主詞。就此而言，判斷叫做：「**個別東西是個別的。**」——從另一方面來看，首先，由於主詞同樣被假定為**普遍的**主詞，而在否定判斷裡，那個針對主詞的規定而表現為個別東西的述詞**擴展為特殊性**，其次，由於這個**規定性**的否定同樣是述詞所包含的普遍性的**清除**，所以這個判斷叫做：「**普遍者是普遍者。**」

[324]　　　　在上述兩個透過外在的反映而得出的判斷裡，述詞已經在其肯定性中表達出來。但否定判斷本身的否定首先必須在一個否定判斷的形式中顯現出來。我們曾經指出，在否定判斷中，主詞和述詞的**肯定關聯**以及後者的**普遍層面**仍然有保留下來。因此從這個方面來看，相比起肯定判斷，述詞所包含的普遍性受到更大的限制，因此更應當遭到作為個別東西的主詞的否定。透過這個方式，述詞的**整個範圍**都被否定了，在它和主詞之間不再有肯定的關聯。這就是**無限判斷**。

c 無限判斷

　　否定判斷和肯定判斷一樣，都不是一個真實的判斷。否定判斷的真理應當是無限判斷，而無限判斷就其否定的表述而言是一個**否定的無限者**，在這個判斷裡，判斷的形式被揚棄了。——但這是一個**荒謬的判斷**。它應當是一個**判斷**，從而包含著主詞和述詞的關聯；但這樣一個關聯**同時不**應當存在於其中。——通常的邏輯雖然經常提到「無限判斷」這個名稱，但從來沒有清楚地解釋它究竟是怎麼一回事。——關於否定的一無限判斷，可以輕鬆舉出很多例

子，即以否定的方式把兩個規定拿來跟主詞和述詞結合，其中一個
規定不僅不改變另一個規定的規定性，而且不包含著後者的普遍層
面；比如精神不是紅的、黃的等等，不是酸性的、鹽性的等等，
玫瑰不是大象，知性不是桌子，如此之類。── 如果人們願意，
也可以說這些判斷是**正確的**或**真的**，但如果不考慮這類「**真理**」，
它們毋寧是荒謬的和無聊的。── 或更確切地說，它們根本就**不是
判斷**。── 無限判斷的一個比較實在的例子是**惡**的行為。在**民法訴
訟**中，人們僅僅否認某東西是對方的所有物，與此同時，假若對方
對這個東西具有權利，那麼就必須承認這是對方的所有物，總之一
切都是訴諸於法或權利的名義；因此在這個否定判斷裡，法或權利
這一普遍的層面得到承認和保留。但**犯罪**卻是這樣一個**無限判斷**，
它不僅否定了**特殊**的法，而且同時否定了**法本身**。誠然，說犯罪是
一個現實的行為，這是**正確的**，但因為它完全以否定的方式與倫理
（它構成了這個行為的普遍層面）相關聯，所以是悖理的。 [325]

　　無限判斷或否定之否定的**肯定因素**是**個別性的自身內反映**，唯
有透過這個東西，個別性才被設定為**已規定的規定性**。按照這個反
映，無限判斷就被表述為：「**個別東西是個別的**。」在定在判斷
裡，主詞是**直接的**個別東西，因此無非是一般意義上的**某東西**。只有
透過否定判斷和無限判斷的中介活動，主詞才**被設定為**個別東西。

　　在這種情況下，個別東西**被設定為**一個將自身**延續**到它的述詞
的東西，而且述詞和它是同一的；同理，普遍性也不再是**直接的**普
遍性，而是區分開的東西的一個**總括**。肯定的─無限判斷同樣叫做
「**普遍者是普遍的**」，因此它同樣被設定為一個自身回歸。

　　現在，透過判斷規定的這個自身內反映，判斷已經揚棄自身；
在否定的─無限判斷裡，可以說區別實在是**太大了**，以至於它不再
是一個判斷；主詞和述詞之間根本沒有什麼肯定的關聯；反之，在

肯定的無限者裡，只有同一性，而它由於完全缺乏區別，也不再是一個判斷。

[326]　　確切地說，那揚棄自身的，是**定在判斷**；在這種情況下，判斷的**繫詞**所包含的那個情況被**設定下來**，即質的端項在它們的這個同一性中被揚棄了。但由於這個統一體是概念，所以同一性同樣直接分裂爲它的兩個端項，成爲這樣一個判斷，其規定不再是直接的規定，而是反映回自身之內的規定。**定在判斷**已經過渡到**反映判斷**。

B 反映判斷

在如今產生出來的判斷裡，主詞是嚴格意義上的個別東西，而普遍者也不再是**抽象的**普遍性或**個別的**特性，而是被設定爲這樣一個普遍者，它透過區分開的東西的關聯，把自身統攝爲單一體，或者從全部有差異的規定的內容來看，它是諸多特性和實存的**自身融合**。—— 如果要列舉出反映判斷的述詞的例子，那麼它們必定完全不同於定在判斷的述詞。在反映判斷裡，真正說來只有一個**已規定的內容**，亦即一般意義上的內容，因爲內容是一個反映到同一性中的形式規定，並且不同於那個作爲區分開的規定性的形式（後者仍然是一個判斷）。在定在判斷裡，內容僅僅是一個直接的或抽象的、無規定的內容。—— 因此，「人是**有死的**」、「事物是**隨時消逝的**」、「這個物是**有益的或有害的**」等等可以作爲反映判斷的例子；物體的**硬度**和**彈性**、**幸福**等等就是這類獨特的述詞。它們表達出一個本質性，但這個本質性是**對比關係**裡的一個規定，或者說是一個**總括式**的普遍性。這個普遍性將會在反映判斷的運動裡進一步

[327]　規定自己，它仍然有別於嚴格意義上的**概念普遍性**；它雖然不再是質的判斷的抽象的普遍性，但仍然與它由之而來的那個直接的東西

相關聯，並且把後者當作是它的否定性的根據。——概念首先把定在規定爲**對比關係的規定**，規定爲這些規定在實存的各種雜多性中的自身延續性，——在這種情況下，真正的普遍者誠然是它們的內在本質，但卻**處於現象中**，而這個**相對的**本性或者說**它們的特徵**尚且不是它們的自在且自爲的存在者。

乍看之下，反映判斷可以被規定爲**量的**判斷，正如定在判斷也被規定爲**質的**判斷。但是，正如**直接性**在質的判斷裡不僅是**存在著的**直接性，而且在本質上也是經過中介的和**抽象的**直接性，所以在這裡，那個已揚棄的直接性並非僅僅是已揚棄的質，亦即並非僅僅是量；毋寧說，量和質一樣，都是最爲外在的直接性，從而是一個**最爲外在的**，屬於中介活動的**規定**。

關於那個看起來在反映判斷裡運動著的**規定**，此外需要指出的是，在定在判斷裡，規定的**運動**是在**述詞**那裡體現出來的，因爲這個判斷處於直接性規定中，於是主詞顯現爲載體。出於同樣的理由，在反映判斷裡，規定活動的持續運動是**在主詞那裡**體現出來的，因爲這個判斷把**經過反映的自在存在**當作它的規定。因此在這裡，本質性東西是**普遍者**或述詞；它構成了**載體**，並用這個東西來衡量主詞，對主詞作出相應的規定。——儘管如此，述詞也透過主詞形式的進一步的塑造而獲得了一個進一步的規定，雖然是以**間接的**方式；反之，出於上述理由，主詞形式的那個塑造則是體現爲**直接的**持續規定。

至於判斷的客觀意義，可以說個別東西是透過它的普遍性而進 [328]入定在，但這裡的定在是指一個本質上的對比關係規定，是一個經歷現象的雜多性而保留下來的本質性；主詞**應當**是自在且自爲地已規定的東西；主詞在它的述詞那裡具有這個規定性。另一方面，個別東西反映到它的這個述詞那裡，而述詞是它的普遍的本質；就此

而言，主詞是實存者和顯現者。在這個判斷裡，述詞不再**依附於**主詞；毋寧說，它是**自在存在者**，而那個個別東西則是作爲偶性東西而被**歸攝**到它下面。如果說定在判斷可以被規定爲**依附性判斷**，那麼更可以說，反映判斷就是**歸攝判斷**。

a 單稱判斷

現在，直接的反映判斷仍然是：「個別東西是普遍的。」但主詞和述詞已經具有剛才所說的那些意義；所以確切地說，這個判斷可以這樣表述：「『這一個』是一個本質上的普遍者。」

但「這一個」**並不是**一個本質上的普遍者。總的說來，那個就其普遍形式而言的**肯定**判斷必須被認爲是否定的。但是，由於反映判斷並非僅僅是一個肯定者，所以否定不是直接針對那個非依附的，而是**自在存在者**的述詞。毋寧說，主詞才是可變化的、有待規定的東西。因此在這裡，必須這樣理解否定判斷：**並非「這一個」**是反映的普遍者；這樣一個**自在體**，相比僅僅在「這一個」裡，具有一個更普遍的實存。因此，單稱判斷在**特稱**判斷中具有其最切近的眞理。

[329] b 特稱判斷

主詞的「非個別性」——它在最初的反映判斷裡必須取代主詞的單個性——就是**特殊性**。但個別性在反映判斷中被規定爲**本質上的個別性**；因此特殊性不可能是一個**單純的、抽象的**規定，彷彿把個別東西揚棄了，讓實存者消滅了，毋寧說，它只能是個別東西在外在反映中的拓展；在這種情況下，主詞是「某些這一個」或「特殊數量的個別東西」。

「某些個別東西是反映的一個普遍者」這一判斷乍看起來是

一個肯定判斷，但同樣也是否定的，因爲「**某些**」包含著普遍性；就「**某些**」是普遍性而言，它可以被看作是**全包式的**；但就它是特殊性而言，它同樣也是不符合普遍性的。正如前面指出的，主詞透過單稱判斷而獲得的**否定**規定也是關聯（亦即繫詞）的規定。──「**某些**人是幸福的」這一判斷包含著一個**直接的**結論：「**某些**人不是幸福的。」正因爲**某些**物是有用的，所以**某些**物**不是**有用的。肯定判斷和否定判斷不再落於彼此之外，毋寧說，特稱判斷直接同時包含著二者，而這恰恰因爲它是一個反映判斷。──但既然如此，特稱判斷就是**無規定的**。

　　在特稱判斷的例子裡，如果我們進一步考察「**某些人**」或「**某些動物**」等主詞，就會發現它除了包含著「某些」這一特殊的形式規定之外，也包含著「人」之類內容規定。單稱判斷的主詞可以叫做「這一個人」，而這裡的單個性實際上是屬於一種外在的展現；所以嚴格說來，它應當叫做「卡烏斯」等等。然而特稱判斷的主詞卻不可能叫做「某些卡烏斯」，因爲「卡烏斯」應當是一個嚴格意義上的個人。就此而言，「**某些**」被賦予了一個更普遍的**內容**，比如「**人**」、「**動物**」等等。這並非只是一個經驗的內容，而是由判斷的形式所規定的內容；也就是說，內容是一個**普遍者**，因爲「**某些**」包含著普遍性，與此同時，由於普遍性是以一個經過反映的個別性爲根據，所以必須與個別東西分離。確切地說，普遍性也是**普遍的本性**或「人」、「動物」這樣的**種**，──是這樣一個普遍性，它**預先規定了**反映判斷的結果，正如當肯定判斷以**個別東西**爲主詞時，同樣預先規定了定在判斷的結果。 [330]

　　因此，就主詞包含著個別東西及其與特殊性的關聯，以及普遍的本性而言，已經被設定爲概念規定的總體性。但這個考察其實是一個外在的考察。那在主詞裡已經透過其形式而被首先設定在相互

關聯中的東西，是「這一個」之拓展到特殊性；只不過這個普遍化並不符合「這一個」；因為「這一個」是一個完全已規定的東西，而「某些這一個」卻是無規定的。「這一個」應當得到拓展，也就是說，拓展應當與之契合，成為完全已規定的東西；這樣的拓展就是總體性，或者說首先是一般意義上的普遍性。

這個普遍性以「這一個」為根據，因為個別東西在這裡是一個反映回自身之內的東西；於是個別東西的各種進一步的規定在它自身那裡外在地消散了，因此，正如特殊性把自己規定為「某些」，主詞所獲得的普遍性也把自己規定為全體性，而特稱判斷已經過渡到全稱判斷。

c 全稱判斷

全稱判斷的主詞所具有的普遍性是一個外在的反映普遍性，即全體性（Allheit）；「全部」指全部個別東西；個別東西在這裡沒有發生任何變化。因此這個普遍性僅僅是那些自為持存著的個別東西的一個統攝；它是一個僅僅透過比較而出現在它們那裡的共通性。──通常在談到普遍性的時候，主觀的表象活動首先想到的，就是這個共通性。對於「為什麼一個規定應當被看作是普遍的規定」這一問題，人們首先提出的理由是：「因為它出現在許多東西那裡。」在數學分析裡，人們首先想到的也是這個普遍性概念，比如，為了得出一個更普遍的東西，多項式的函數演算被當作二項式的函數演算，因為多項式比二項式呈現出更多的個別性。人們要求把函數呈現為一個普遍者，而這實際上是要求得到一個全項式，即已窮盡的無限性；但在這裡，那個要求本身就給自己提出一個限制，即在呈現無限的數量時，必須滿足於這個東西的應當，隨之也滿足於一個多項式。但二項式在某些情況下實際上已經是全項式，比如方

[331]

法或**規則**僅僅涉及一個數項對另一個數項的依賴性，而諸多數項對那些先行數項的依賴性並未特殊化，而是始終保持爲同一個位於根基處的函數。**方法**或**規則**必須被看作是眞正的**普遍者**；在演算的推進或在一個多項式的演算中，它僅僅被**重複**；就此而言，它的普遍性並沒有透過數項的擴大了的多數性而有任何增益。此前我們已經談到惡劣的無限性及其謬誤；概念的普遍性是**已達到的彼岸**；而惡劣的無限性卻始終爲著一個不可觸及的彼岸而疲於奔命，因爲它始終是一個單純的無限**演進過程**。如果人們在談到普遍性時僅僅想到**全體性**，即一個應當在全部個別東西裡得到窮盡的普遍性，這就回落到那個惡劣的無限性之中；或者也可以說，他們僅僅把**多樣性**當作**全體性**。然而多樣性無論怎麼龐大，仍然完全只是特殊性，不是全體性。—— 但與此同時，**概念**的自在且自爲地存在著的普遍性也浮現出來；正是概念強硬地逼迫人們超越表象所堅持的個別性，超越表象的外在反映，並且把**作爲總體性**的全體性，或更確切地說，把範疇意義上的自在且自爲的存在置於身後。 [332]

　　除此之外，這一點也已經在通常作爲**經驗**普遍性的全體性那裡體現出來。就個別東西被預先設定爲一個直接的東西，隨之被當作**現成的東西**而外在地**接納下來**而言，那個將其統攝爲全體性的反映同樣也是外在於它的。但因爲個別東西作爲「**這一個**」與這個反映完全漠不相關，所以普遍性和這樣的個別東西不可能聯合爲一個統一體。就此而言，經驗的全體性**始終**只是一個**任務**，一個**應當**，卻不可能呈現爲一個存在。經驗的普遍命題——這類命題確實可以提出很多——立足於一個默契，即如果不能拿出反面的**實例**，那麼事情的**多樣性**就應當被看作是**全體性**，或者說**主觀**的全體性（即**已經認識到的事情的全體性**）可以被看作是一個**客觀**的全體性。

　　如果我們仔細考察現在要討論的**全稱**判斷，就會發現，此前主

詞所包含的自在且自為地存在著的普遍性是**預先設定的**東西，如今這個普遍性卻是在主詞那裡**已設定的**東西。「全部人」首先表達出

[333]

人的**種，其次**表達出這個種的個別化，也就是說，個別東西同時拓展為種的普遍性；反過來，普遍性透過與個別性的這個結合，同樣被完全規定為個別性；這樣一來，**已設定的**普遍性已經**等同於預先設定的普遍性**。

　　但真正說來，我們不應當首先就考慮**預先設定的**東西，而是應當單獨考察形式規定的結果。——當個別性把自己拓展為普遍性，就**被設定**為否定性，即一個同一性的自身關聯。這樣一來，它不再是起初的那個個別性，比如卡烏斯的個別性，而是一個與普遍性同一的規定，或者說是普遍者的絕對的已規定的存在。——**單稱判斷起初的**那個個別性並不是肯定判斷的**直接的**個別性，而是透過全部定在判斷的辯證運動而產生出來的；它已經被規定為單稱判斷的各種規定的**否定的同一性**。這是反映判斷裡的真正的預先設定；相對於那個在反映判斷裡消散的設定活動而言，個別性的**起初的**那個規定性是個別性的**自在體**（Ansich）；相應地，個別性**自在地**所是的那個東西如今是透過反映判斷的運動而**被設定**的，也就是說，如今的個別性是已規定的東西的同一性自身關聯。這樣一來，那個把個別性拓展為全體性的**反映**就不再是外在於個別性，毋寧說，個別性只是因此**自為地**成為它**自在地**已經所是的東西。——因此真正說來，這個結果就是**客觀的普遍性**。在這種情況下，主詞已經剝離了反映判斷的形式規定（這個規定從「**這一個**」經過「**某些**」一直延伸到**全體性**）；從現在起，人們不再說「全部人」，而是說「人」。

　　由此產生出來的普遍性是**種**，——即一個在其自身就是具體東西的普遍性。種並不**依附於**主詞，或者說不是一個**個別的**特性，尤

其不是主詞的一個特性；它在它的實體性充盈狀態中包含著全部個　　[334]
別化的，但已瓦解的規定性。—— 正因爲種被設定爲這個否定的自
身同一性，所以它在本質上是一個主詞，但不再被**歸攝**到它的述詞
之下。這樣一來，反映判斷的本性發生了根本變化。

　　反映判斷在本質上是**歸攝**判斷。過去，述詞被規定爲**自在存在**
著的普遍者，與它的主詞相對立；就其內容而言，述詞可以被看作
是本質性對比關係規定或特徵，—— 而從這個規定來看，主詞僅僅
是一個本質上的**現象**。現在，當述詞被規定爲**客觀的普遍性**，就再
也不能夠**被歸攝**到這些對比關係規定或統攝式反映之下；相對於這
個普遍性而言，這樣的述詞毋寧是一個特殊東西。這樣一來，主詞
和述詞的對比關係顚倒過來了，於是判斷首先遭到揚棄。

　　判斷的這個揚棄與**繫詞規定**的轉變是合爲一體的，我們後面還
會考察這個規定。「判斷規定被揚棄」和「判斷規定過渡到繫詞」
是同一回事。—— 也就是說，就主詞已經提升到普遍性而言，它在
這個規定裡已經等同於述詞，後者作爲經過反映的普遍性，也在自
身內包含著特殊性；因此主詞和述詞是同一的，換言之，它們已經
融合到繫詞裡面。這個同一性是一個物的種或自在且自爲地存在
著的本性。而當這個同一性重新分裂爲一個判斷，它就是**內在的本**
性，使主詞和述詞相互關聯，—— 這是**必然性**的關聯，在其中，那
些判斷規定僅僅是一些非本質性的區別。「同一個種的全部個別東
西所具有的東西，是透過它們的種的本性而具有的」—— 這是剛才
所說的那個情況的一個直接的結論和表述，也就是說，諸如「**全部**
人」這樣的主詞已經剝離了它的形式規定，必須代之以「**人**」這一
說法。—— 這個自在且自爲地存在著的連繫構成了一個新的判斷亦　[335]
即**必然性判斷**的根基。

C 必然性判斷

　　正如我們看到的，普遍性透過持續的自身塑造而獲得的規定，是**自在且自為地存在著的**或**客觀的普遍性**，而在本質的層面上，與之對應的是**實體性**。如今這個普遍性與實體性的區別在於，前者屬於**概念**，因此它不僅是它的各種規定的**內在的**必然性，而且是它們的**已設定的**必然性，換言之，**區別**對它來說是內在的，反之實體只是在其偶性中具有自己的區別，但並沒有把這個區別當作是一個內在的本原。

　　如今，這個客觀的普遍性在判斷裡**被設定下來**，因此，**第一**，它所具有的這個本質性規定性是內在於它的，**第二**，這個規定性作為**特殊性**又有別於它，而那個普遍性構成了特殊性的實體性根基。透過這個方式，它被規定為**種**（Gattung）和**屬**（Art）。

a 直言判斷

　　種分割自身，或者說在本質上把自身排斥到**屬**之中；只有當種把屬包攬在自身之內，它才是種；而只有當屬一方面實存於個別東西之中，另一方面在種裡是一個更高的普遍性，它才是屬。——現在，**直言判斷**把這樣的普遍性當作述詞，而主詞在述詞那裡具有其**內在的**本性。但這個判斷本身是最初的或**直接的**必然性判斷；因此主詞被規定為一個與種或屬相對立的特殊東西或個別東西，隨之屬於外在實存的直接性。——但在這裡，客觀的普遍性同樣起初只是具有其**直接的**特殊化；一方面，它因此本身是一個已規定的普遍性，相對於它而言，存在著一些更高的種；——另一方面，它不一定就是**最近的種**，換言之，它的規定性不一定是主詞的屬差本原。

[336]

在這裡，**必然的**東西是主詞和述詞的**實體式同一性**，與之相對立的
那個把前者和後者區分開的獨特東西，僅僅是一個非本質性的已設
定的存在——或者說僅僅是一個名稱；主詞在它的述詞裡反映回它
的自在且自爲的存在之內。——這樣一個述詞不應當和迄今所說的
各種判斷的述詞放在一起；比如，如果以下判斷

　　　　玫瑰是紅的，
　　　　玫瑰是一株植物。
　　或：這枚戒指是黃的，
　　　　這枚戒指是黃金。

被歸類爲**同一個**類別，並且諸如花的顏色之類外在特性被當作與它
的植物本性相同的述詞，這就忽視了哪怕是最普通的理解把握都必
然會注意到的區別。——因此按照規定而言，直言判斷必定有別於
肯定判斷和否定判斷；在後面兩者這裡，關於主詞所敘述出來的東
西是**個別的、偶然的**內容，反之在前者那裡，內容是反映回自身之
內的形式的總體性。因此，繫詞在直言判斷裡意味著**必然性**，而在
那兩種判斷裡則只是意味著抽象的、直接的**存在**。

　　主詞的**規定性**使得主詞是一個與述詞相對立的**特殊東西**，而
這個規定性起初仍然是一個**偶然的東西**；主詞和述詞並沒有透過
形式或**規定性**而必然地相互關聯；因此必然性仍然是**內在的**必然
性。——但主詞只有作爲**特殊東西**才是主詞，而就它具有客觀的普
遍性而言，它應當在本質上就按照起初那個直接的規定性而具有客
觀的普遍性。當客觀的一普遍者自己**規定**自己，也就是說，當它把 [337]
自己設定到判斷裡面，它在本質上就和這個被它所排斥的嚴格意義
上的**規定性**處於同一性關聯之中，換言之，這個規定性在本質上就

不應當被設定為單純偶然的東西。直言判斷起初是透過它的直接存在這一**必然性**而與它的客觀的普遍性相契合，並且透過方式過渡到**假言判斷**。

b 假言判斷

「如果 A 存在，那麼 B 存在」；換言之，「A 的存在不是它自己的存在，而是一個他者 B 的存在。」—— 在這個判斷裡被設定下來的東西，是兩個直接的規定性的**必然的連繫**，而這個連繫在直言判斷中尚未被設定下來。—— 這裡有**兩個**直接的實存或外在的偶然東西，而它們在直言判斷裡起初只是同一個規定性，即主詞；但由於前者以外在的方式與後者相對立，所以後者同樣直接地以外在的方式與前者相對立。—— 按照這個直接性，雙方的**內容**仍然是一個彼此漠不相關的內容；就此而言，這個判斷起初只是一個具有空洞形式的命題。現在，**第一**，直接性本身是一個獨立的、具體的存在；**第二**，存在的關聯是一個本質性存在；因此前一個存在同樣相當於單純的**可能性**；假言判斷並未包含著「A 存在」或「B 存在」，而是僅僅包含著這一點：**如果 A 存在，那麼 B 存在**；只有端項的連繫被設定為存在著，但端項本身卻沒有被設定為存在著。確切地說，在這個必然性裡，每一方都同樣被設定為**對方的存在**。—— 同一性命題所陳述的是：A 僅僅是 A，不是 B；B 僅僅是 B，不是 A；反之在假言判斷裡，有限事物的存在按照它們的形式化真理而言是由概念所設定的，也就是說，有限者誠然是它自己的存在，但同樣也不是**它自己的**存在，而是一個他者的存在。在存在的層面上，有限者**發生變化**，轉變為一個他者；而在本質的層面上，有限者是**現象**，並且是已設定的，也就是說，它的存在依賴於一個他者在它那裡的**映現**，而**必然性**仍然是**內在的**關聯，尚未被設

[338]

定爲眞正意義上的關聯。但概念卻意味著，首先，這個同一性是**已設定的**，其次，存在者不是抽象的自身同一性，而是**具體的**同一性，並且直接在其自身就是一個**他者**的存在。

　　透過一些更詳細規定的反映對比關係，假言判斷可以被看作是**根據**和**後果**、**條件**和**有條件的東西**之間的**因果性**對比關係。如果說直言判斷包含著實體性，那麼假言判斷則是包含著那個處在其概念形式中的因果性連繫。這個對比關係和其他對比關係一樣，全都從屬於因果性連繫，但它們在這裡不再是**獨立的雙方**之間的對比關係，毋寧說，雙方在本質上僅僅是同一個同一性的環節。── 儘管如此，它們在因果性連繫裡尚未按照概念規定而成爲相互對立的個別東西、特殊東西和普遍者，毋寧起初只是**一般意義上的環節**。這樣看來，假言判斷在形態上更像是一個命題；正如特稱判斷具有無規定的內容，同樣，假言判斷具有無規定的形式，因爲它的內容並不是透過主詞和述詞的規定而表現出來的。── 但**自在地看來**，正因爲存在是一個他者的存在，所以它在這種情況下是**它自身**和**他者**的**統一體**，因而是**普遍性**；但與此同時，它其實只是一個**特殊東西**，因爲它是一個已規定的東西，並且在其規定性中並非僅僅與自身相關聯。但這裡所設定的不是一個**單純的**、抽象的特殊性，毋寧說，透過**規定性所具有的直接性**，特殊性的諸環節是區分開的；與此同時，透過規定性的統一體（這個統一體構成了它們的關聯），特殊性也是規定性的總體性。── 所以，在假言判斷裡面，眞正設定下來的東西是那種意義上的普遍性，即概念的具體的同一性，而概念的各種規定並不具有自爲的持存，毋寧只是一些在普遍性中被設定下來的特殊性。這樣的判斷就是**選言判斷**。 [339]

c 選言判斷

在直言判斷裡，概念相當於客觀的普遍性和一個外在的個別性。在假言判斷裡，概念作為這樣的外在東西，在其否定的同一性中顯露出來；透過這個同一性，概念的各個環節獲得了一個如今在選言判斷裡設定下來的規定性，而它們在假言判斷裡已經直接具有這個規定性。因此選言判斷是同時被設定為與形式相結合的客觀普遍性。**第一**，它包含著具體的普遍性或種，後者在**單純的**形式中表現為主詞；**第二**，種也表現為它的那些區分開的規定的總體性。A 要麼是 B，要麼是 C。這是**概念的必然性**，在其中：**第一**，兩個端項的同一性是同一個範圍、內核和普遍性；**第二**，兩個端項就概念規定的形式而言是區分開的，但由於那個同一性的緣故，這個形式只是**單純的形式**；第三，正因如此，同一的客觀普遍性顯現為一個與非本質性的形式相對立、反映回自身之內的東西，顯現為**內容**，但內容在其自身就具有形式的規定性；有時候是**種**的單純規定性，有時候是這個規定性已經發展出區別的樣子，——在這種情況下，它是**屬**的特殊性及其**總體性**，即種的普遍性。——得到發展的特殊性構成了**述詞**，因為當特殊性包含著主詞的整個普遍的層面，同時又讓這個層面發生特殊分化，這時它就是**普遍者**。

[340] 如果進一步考察這個特殊化，我們就會發現，**第一**，種構成了屬的實體式普遍性；因此主詞**既**是 B 也是 C；這個「**既—也**」標示著特殊東西和普遍者的**肯定的**同一性；這個客觀的普遍者在其特殊性中完全保留下來。**第二**，屬是**相互排斥的**；A 要麼是 B，要麼是 C；因為屬是普遍層面的**已規定的區別**。這個「**要麼—要麼**」是它們的**否定的關聯**。但無論是在這個否定的關聯裡，還是在那個肯定的同一性裡，它們都同樣是同一的；種是屬（作為**已規定的特殊東**

西）的**統一體**。—— 假若種如同在定在判斷裡那樣，是一個抽象的
普遍性，那麼屬也就只能被認為是**一些有差異的**、彼此漠不相關的
東西；然而種並不是那個外在的，透過**比較**和**捨棄**而產生出來的普
遍性，而是屬的內在的和具體的普遍性。經驗的選言判斷不具有
必然性；A 要麼是 B，要麼是 C，要麼是 D，如此等等，因為 B、
C、D 這些屬是**現成已有的**；因此真正說來，這裡不能作出「**要麼—
要麼**」的陳述，因為這些屬僅僅構成一個主觀的完整性；誠然，**其
中一個屬**排斥**另一個屬**，但「**要麼—要麼**」卻排斥**任何更多的屬**，並
且在自身內封閉為一個總體式的層面。這個總體性在客觀的—普遍
者的否定統一體中具有其**必然性**，因為客觀的—普遍者在自身內瓦
解了個別性，並且把它當作內在的、**單純的**區別本原，而在這種情
況下，屬是**已規定的**和**相互關聯的**。與此相反，那些經驗的屬是透
過某個偶然性而具有它們的區別，這個區別是一個外在的本原，或
者說因此根本就不是**它們的**本原，從而也不是種的內在的規定性；
因此它們就其規定性而言也不是相互關聯的。—— 但屬卻是透過
它們的規定性的**關聯**而構成述詞的普遍性。—— 真正說來，所謂的
「**相反的概念**」和「**矛盾的概念**」本應在這裡才找到它們的位置；
因為只有在選言判斷裡，本質性概念區別才被設定下來；但與此同
時，它們在這裡也具有其真理，也就是說，「相反」和「矛盾」 [341]
本身同樣可以區別為相反的和矛盾的。只有當屬是**有差異的**—— 也
就是說，它們透過作為其客觀本性的種而具有一個自在且自為地存
在著的持存—— ，才是相反的，而只有當它們相互排斥，才是**矛盾
的**。但這兩個規定，單獨看來，無論哪一個都是片面的，都不具有
真理；在選言判斷的「**要麼—要麼**」裡，它們的統一體被設定為它
們的真理，也就是說，那個獨立的持存作為**具體的普遍性**，本身也
是否定統一體的**本原**，而這導致它們相互排斥。

　　透過以上揭示出的主詞和述詞從否定統一體來看的同一性，種在選言判斷裡被規定爲**最近的種**。這個表述首先暗示著一個純粹的量的區別，即普遍者相對於一個從屬於它的特殊性而言，包含著「**較多**」或「**較少**」的規定。就此而言，究竟什麼東西是最近的種，這始終是偶然的。如果種被看作是一個僅僅透過捨棄各種規定而構成的普遍者，那麼眞正說來，選言判斷不可能構成最近的種，因爲後者究竟是否仍然保留著那個構成「**要麼—要麼**」本原的規定性，這是偶然的；在這種情況下，種根本不是按照其**規定性**而在屬裡面呈現出來，而且這些屬只能是一個偶然的完整性。在直言判斷裡，種起初只是處在這個抽象的形式中，與主詞相對立，因此並不必然是對主詞而言最近的種，並在這個意義上是外在的。但是，既然種作爲具體的種在本質上是**已規定的**普遍性，那麼它作爲單純的規定性，就是**概念環節**的統一體，這些概念環節在那個單純性中只是被揚棄了，但在屬裡面卻具有它們的實在的區別。所以，種只有在這種情況下才是一個屬的**最近的種**，即屬是透過種的本質性規定性而具有其屬差，而且全部屬都把它們的區分開的規定當作種的本性裡的本原。

[342]

　　以上考察的方面構成了主詞和述詞從一般意義上的**已規定的存在**這一方面來看的同一性；後一個方面是由假言判斷設定下來的，而假言判斷的必然性是直接的有差異的東西的一個同一性，因此在本質上是一個否定統一體。總的說來，正是這個否定統一體分割主詞和述詞，但如今它本身也被設定爲區分開的東西，在主詞裡表現爲**單純的**規定性，而在述詞裡則是表現爲**總體性**。主詞和述詞的那個分割是**概念區別**；但述詞裡的屬的總體性恰恰不可能是**別的概念區別**。—— 透過這個方式，**選言**端項相互之間的**規定**體現出來。這個規定可以歸結爲概念的區別，因爲只有概念才提供選項，並且把它

的否定統一體啓示在它的規定中。除此之外，我們在這裡只是考察屬的單純的概念規定性，而不是考察其**形態**，比如當它擺脫理念，進入接下來的獨立的**實在性**的樣子；誠然，種的單純本原**不具有**這個實在性，但**本質上的**區分卻必須是概念的環節。在這裡考察的判斷裡，眞正說來，如今透過概念**自己的**持續規定而**被設定**下來的是它的**選項**，即那個在概念裡體現爲它的自在且自爲地存在著的規定，那個把概念區分爲諸多已規定的概念的東西。——現在，因爲概念是普遍者，既是特殊東西的肯定的總體性，也是特殊東西的否定的總體性，所以在這種情況下，**概念本身**恰恰也直接地是**它的選言端項之一**；**另一個**選言端項是這個已經瓦解爲**其特殊性**的普遍性，或者說是**作爲規定性**的概念規定性，而恰恰在後者這裡，普遍性呈現爲總體性。—— 如果一個種在屬裡面的選項還沒有達到這個形式，這就證明種還沒有把自己提升到概念規定性，並且沒有從概念 [343] 那裡顯露出來。—— **顏色**要麼是紫的，要麼是靛青的、淡藍的、綠的、黃的、橘黃的、紅的，如此等等；—— 我們必須注意到，這些選項同樣包含著經驗中的混合和非純粹性；單從這個方面來看，我們已經可以稱這些選項是粗俗的。如果顏色被理解爲明和暗的**具體的統一體**，那麼這個種本身就具有一個**規定性**，後者構成了種在屬裡面的特殊化本原。但在這些屬裡面，必定有一個屬是絕對單純的顏色，它不偏不倚地包含著對立，將其封閉在它的凝聚性中，並予以否定；另一方面，明暗對比關係的對立必定會呈現出來，而爲了做到這一點，因爲這件事情涉及到自然現象，所以必須再加上對立的漠不相關的中和性。有些人把紫和橘黃的混合以及靛青和淡藍等度數區別看作是屬，這只能說是一個完全欠考慮的做法，甚至在經驗論看來也太過於漫不經心。—— 除此之外，在自然界的要素或精神的要素裡面，選項分別具有哪些區分開的和更詳細規定的形式，

就不屬於這裡的討論範圍了。

　　選言判斷起初在其述詞中具有選項；但它本身同樣是一個分離的選項；它的主詞和述詞是選項；主詞和述詞作爲概念環節，在其規定性中同時被設定爲同一的：(1)它們在客觀的普遍性中是**同一的**，後者在主詞裡相當於單純的種，而在述詞裡則是相當於普遍的層面，相當於概念環節的總體性；(2)它們在**否定的**統一體亦即必然性的已展開的連繫裡是**同一的**，根據這個連繫，**單純的規定性**在主詞裡分化爲**屬的區別**〔屬差〕，但恰恰因此是屬的本質性關聯，並且是一個自身同一的東西。

[344]　　　　這個統一體，選言判斷的繫詞（在其中，端項已經透過它們的同一性而融合），就是概念本身，而且是**作爲已設定的東西**；在這種情況下，單純的必然性判斷已經提升到**概念判斷**。

D 概念判斷

　　懂得提出「玫瑰是紅的」或「雪是白的」之類**定在判斷**，還不能說展現了多麼強大的判斷力。**反映判斷**更像是一些**命題**；在必然性判斷裡，雖然對象已達到其客觀的普遍性，但只有在當前要考察的概念判斷裡，才會**呈現出對象與概念的關聯**。概念在這裡相當於根據，因爲它在與對象的關聯中是一個**應當**，而實在性既有可能適合，也有可能不適合它。——因此，只有這樣的判斷才包含著一個**真實的評判**；「好」、「壞」、「真」、「美」、「正確」等述詞表明，事情是以它的普遍的**概念**（作爲一個絕對地預先設定的**應當**）爲**尺度**的，或者與其**一致**，或者不然。

　　人們曾經把概念判斷稱作**模態**判斷，並且認爲，首先，它包含著主詞和述詞在一個**外在的知性**中相互關聯時的形式，其次，

它表明繫詞的價值僅僅在於**與思維的關聯**。按照這個觀點，**或然**判斷就在於人們認爲肯定或否定是**任意的**或**可能的**，**實然**判斷在於人們認爲它是**真的**，亦即**現實的**，而**必然**判斷在於人們認爲它是**必然的**。——這裡很容易看出，爲什麼在這類判斷裡，人們必須走出判斷本身，把它的規定看作是某種純粹**主觀的東西**。也就是說，正是概念或主觀東西在判斷那裡重新顯露出來，與一個直接的現實性形成對比關係。只不過這個主觀東西切不可與**外在的反映**混淆起來，後者誠然也是某種主觀的東西，但其意義和概念本身是不同的；概念作爲一個從選言判斷裡重新顯露出來的東西，毋寧是單純的**樣式**和**方式**的反面。在這個意義上，早先那些判斷僅僅是一個主觀的東西，因爲它們立足於一個丟失了概念的抽象和片面性。相比這些判斷，**概念判斷**毋寧是客觀的判斷，是眞理，而這恰恰是因爲它以概念爲根據，但概念在這裡不是處在一個外在的反映中，或與一個主觀的，亦即偶然的**思維相關聯**，而是處在其作爲概念的規定性中。

[345]

在選言判斷裡，概念曾經被設定爲普遍的本性與其特殊化的同一性；在這種情況下，判斷關係已經揚棄自身。普遍性和特殊化的這個**具體東西**首先是一個單純的結果；現在它必須進一步把自己塑造爲總體性，因爲它所包含的那些環節起初已經消滅了，尚未在已規定的獨立性中相互對立。——這個結果的缺陷可以更明確地這樣表述：在選言判斷裡，雖然客觀的**普遍性**已經在**其特殊化**中達到完滿，但特殊化的否定統一體只是返回到**那個否定性之內**，尚未把自己規定爲第三者，即**個別性**。就結果本身是**否定統一體**而言，它已經是這個**個別性**；但在這種情況下，它僅僅是**其中一個**規定性，這個規定性現在必須**設定**自己的否定性，分裂爲**端項**，並且透過這個方式最終發展爲**推論**。

這個統一體的最初的分裂就是判斷，在其中，統一體一方面

被設定爲主詞（即一個**直接的個別東西**），另一方面被設定爲述詞（即它的各個環節的已規定的關聯）。

[346] **a 實然判斷**

概念判斷首先是**直接的**；這時它是**實然**判斷。主詞是一般意義上的具體的個別東西，而述詞則是把主詞表述爲它的**現實性**、規定性或**狀況**與它的**概念**的關聯。（這棟房屋是**壞的**，這個行爲是**好的**。）因此，確切地說，它意味著：(1)主詞**應當**是某東西；它的**普遍的本性**已經把自己設定爲獨立的概念；(2)因爲特殊性不但是一個直接的東西，而且明確有別於它的獨立的、普遍的本性，所以它是**狀況和外在的實存**；這個實存由於概念的獨立性的緣故，本身也和普遍者漠不相關，並且既可能適合普遍者，也不可能不適合。——這個狀況是**個別性**，它凌駕於選言判斷裡的普遍者的必然的**規定**之上，而這個規定僅僅相當於**屬**的特殊化〔屬差〕，相當於種的否定**本原**。在這種情況下，那個從選言判斷裡顯露出來的具體的普遍性就在實然判斷裡分裂爲**端項**的形式，而端項還缺乏一個**已設定的**、把它們關聯起來的統一體，即概念本身。

因此判斷起初只是**實然的**；它的**可靠性**是一個主觀的**保證**。至於某東西是好的抑或壞的，是正確的、恰當的抑或相反，這些都是透過一個外在的第三者而連繫起來的。「它**被設定爲外在的**」和「它起初只是**自在的或内在的**」是同一回事。——如果某東西是好的或者壞的，那麼當然不會有人以爲它僅僅在**主觀的意識**中是好的，但自在地看來或許是壞的，或者說以爲「好」和「壞」、「正確」、「恰當」等等不是對象本身的述詞。因此，這個判斷的實然性的純粹主觀因素在於，主詞和述詞的**自在**存在著的連繫尙未**被設**[347] **定下來**，或者換個同樣意思的說法，在於這個連繫僅僅是**外在的**；

繫詞仍然是一個直接的、**抽象的存在**。

正因如此，相反的保證恰恰有權利與實然判斷的保證分庭抗禮。只要提出「這個行爲是好的」這一保證，那麼相反的保證，「這個行爲是壞的」，就具有同樣的正當權利。——換言之，**自在地**看來，正因爲判斷的主詞是**直接的個別東西**，所以它作爲這個抽象的東西，尚未**在自身那裡**設定規定性，而規定性卻包含著主詞和普遍概念的關聯；這樣的主詞仍然是一個偶然的東西，既可能與概念契合，也可能不契合。因此判斷在本質上是**或然的**。

b 或然判斷

實然判斷必須被認爲既是肯定的也是否定的，而在這個意義上，**或然**判斷就是實然判斷。——從這個質的方面來看，**特稱**判斷同樣是一個或然判斷，因爲它也被認爲既是肯定的也是否定的；——同理，在**假言**判斷那裡，主詞和述詞的存在是或然的；透過這些判斷，一個事實也被設定下來，即單稱判斷和直言判斷仍然是某種純粹主觀的東西。但在嚴格意義上的或然判斷裡，這個設定活動相比在上述判斷裡，是更加內在的，因爲在或然判斷裡，**述詞的內容是主詞與概念的關聯**，因此這裡呈現出來的是**直接的東西作爲一個偶然的東西的規定**。

起初而言，述詞究竟是否應當和某一個主詞相結合，這完全是偶然的，因此繫詞包含著無規定性。從中不可能得出任何對於**述詞**的規定，因爲述詞已經是客觀的、具體的普遍性。因此或然因素和**主詞**的直接性有關，而在這種情況下，直接性被規定爲**偶然性**。——再者，我們不應當因此就抽離主詞的個別性；假若完全清除了這個個別性，主詞就將僅僅是一個普遍者了；述詞恰恰意味著，主詞的概念應當被設定爲與它的個別性相關聯。——我們不能說「**房** [348]

屋本身或一棟房屋是好的」，毋寧只能說「**按照其狀況來看**〔，房屋是好的〕。」—— 主詞的或然因素本身就構成了它的作爲**環節**的**偶然性**，即事情的**主觀性**，這個東西與事情的客觀本性或概念相對立，是單純的**樣式和方式**或**狀況**。

就此而言，主詞本身已經區分爲兩個東西，一個是它的普遍性或客觀本性，它的應當，另一個是定在的特殊狀況。因此它包含著「它是否**是它應當所是**」的**根據**。透過這個方式，主詞和述詞達到了平衡。—— 雖然主詞**自在地**已經是普遍者和特殊東西的統一體，但或然因素的**否定性**卻是針對著主詞的直接性，因此這個否定性僅僅意味著主詞的原初分割，分割爲**它的這些環節**（即普遍者和特殊東西），而這個分割就是**判斷**本身。

此外值得注意的是，主詞的**兩個**方面，它的概念和它的狀況，每一方都可以被稱作它的**主觀性**。**概念**是事情的已然內化的普遍本質，是它的否定的自身統一體；這個統一體構成了事情的主觀性。但事情在本質上也是**偶然的**，並且具有一個**外在的狀況**；這個狀況同樣叫做事情的單純主觀性，與那個客觀性相對立。事情本身恰恰是這樣一個東西，它的概念作爲它的否定的自身統一體，否定了自己的普遍性，並且把自己放逐到個別性的外在性中。—— 判斷的**主詞**在這裡被設定爲這樣的雙重東西；上述兩個相互對立的主觀性意義就其眞理而言是同一回事。—— 主觀東西曾經在直接的判斷裡具[349] 有直接的**規定性**，而一旦它**失去**這個規定性，不再明確地**與述詞相對立**，它的意義本身就成爲或然的。—— 主觀東西的那個相反意義也出現在通常的反思推理中，它就其自身而言至少能夠讓我們注意到，如果只取這些意義**之一**，那麼主觀東西不會具有眞理。雙重意義是一個現象，其背後的原因是，每一個意義單獨看來都是片面的。

因此，當或然因素被設定爲**事情**的或然因素，即事情與其**狀況**

的統一體，判斷本身就不再是或然的，而是**必然的**。

c 必然判斷

必然判斷（「如此這般**狀況**的房屋是**好的**」，「如此這般**狀況**的行為是**正當的**」）的主詞本身**首先**具有普遍者，即它**應當所是的**東西，**其次**具有它的**狀況**；狀況包含著「為什麼**整個主詞**具有或不具有概念判斷的一個述詞」亦即「主詞是否與它的概念相契合」的**根據**。—— 這個判斷現在是**真正客觀的**；換言之，它是全部**判斷的真理**。主詞和述詞相互契合，具有同一個內容，而這個**內容**本身是已設定的**具體的普遍性**；也就是說，內容包含著兩個環節，一個是客觀的普遍者，或**種**，另一個是**個別化的東西**。因此在這裡，普遍者既是**它本身**，也透過**它的反面**而延續自身，並且只有與這個反面形成**統一體**，才是普遍者。—— 這樣一個普遍者，比如「**好**」、「**恰當**」、「**正確**」等述詞，是把一個**應當**當作根據，同時包含著**定在的契合**；**普遍性**不是指那個單獨看來的應當或種，而是指這個**契合**；正是這個意義上的普遍性構成了必然判斷的述詞。

主詞作為**事情**，同樣在**直接的統一體**裡包含著這兩個環節。但事情的真理在於，它在自身內**分裂為它的應當和它的存在**；這是一個**關於全部現實性的絕對判斷**。—— 現實的東西之所以成為**一個事情**，原因在於，這個原初分割，作為概念的**全能**，同樣返回到概念的統一體，以及應當和存在的絕對的相互關聯；原初分割的內在關聯，這個具體的同一性，構成了事情的**靈魂**。 [350]

現在我們更清楚地看到，從事情的直接的單純性到**契合**的過渡（這個契合是事情的應當和事情的存在的**已規定的**關聯），或者說**繫詞**，就包含在事情的特殊**規定性**裡面。種是**自在且自為地存在著的**普遍者，並在這種情況下顯現為無關聯的，—— 但規定性卻是那樣

一個東西，它在那個普遍性中**反映回自身之內**，同時**反映到一個他者那裡**。就此而言，判斷是以主詞的狀況爲**根據**，隨之是**必然的**。因此，現在呈現出來的是一個**已規定的**和**已充實的**繫詞，它過去是立足於抽象的「**是**」，但如今已經把自己拓展塑造爲一般意義上的**根據**。它在主詞那裡起初是**直接的**規定性，但同樣是與述詞的**關聯**，而述詞所具有的**內容**無非是這個**契合**本身，亦即主詞與普遍性的關聯。

這樣一來，判斷形式已經消滅了，原因在於：第一，主詞和述詞**自在地**是同一個內容；第二，主詞透過自己的規定性而超越自身，與述詞相關聯；第三，**這個關聯活動**已經過渡到述詞，僅僅構成述詞的內容，從而是**已設定的**關聯或判斷本身。——在這種情況下，概念的具體同一性（它曾經是選言判斷的**結果**，並且構成了概念判斷的**內在的**根基）就作爲整體而被製造出來，而它起初只是在述詞中被設定下來。

[351]　　　這個結果導致判斷過渡到另一個形式，如果我們仔細觀察其肯定因素，就會發現事情正如我們看到的那樣，在必然判斷裡，主詞和述詞每一方都相當於整個概念。——概念**統一體**相當於**規定性**，後者構成了那個把主詞和述詞關聯在一起的繫詞，同時又**有別於**主詞和述詞。規定性起初只是站在主詞的另一個方面，作爲其**直接的狀況**。但由於它在本質上是**進行關聯者**，所以它不僅是這樣的直接的狀況，而且是一個**貫穿著**主詞和述詞的東西，一個**普遍者**。——既然主詞和述詞具有同一個**內容**，那麼**形式關聯**反過來就是由那樣一個規定性所設定的，即**那個作爲一個普遍者的規定性**，或者說**特殊性**。——因此，規定性在自身內就包含著端項的兩個形式規定，並且是主詞和述詞的**已規定的**關聯；它是判斷的**已充實的**或具有**豐富內容的繫詞**，是那個在**判斷裡**曾經消散爲端項，但重新從中顯露出來的概念統一體。——**透過繫詞的這個充實**，判斷已經轉變爲**推論**。

第三章　推論

　　推論已經體現爲**概念**在**判斷**中的重建，隨之體現爲二者的統一體和眞理。嚴格意義上的概念把它的各個環節當作在**統一體**中已揚棄的東西而予以掌控；在判斷裡，這個統一體是一個內在的東西，或者同樣可以說是一個外在的東西，而那些環節雖然是相互關聯的，但被設定爲**獨立的端項**。在**推論**裡，同樣有著判斷的端項之類概念規定，但與此同時，它們的已規定的**統一體**被設定下來。

　　就此而言，推論是完整地已設定的概念；因此它是**理性東西**。—— 知性被認爲是**已規定的**概念的能力，這類概念由於抽象和普遍性形式的緣故，總是被看作**單獨自爲的**東西。但在理性裡，**已規定的**概念是在它們的**總體性**和**統一體**中被設定下來的。因此，不僅推論是理性的，毋寧說**全部理性東西都是一個推論**。長久以來，推論活動都被判歸理性；但另一方面，人們在談論自在且自爲的理性、理性的原理和規律時，卻沒有搞清楚，那個進行推論的理性和這個作爲規律和其他永恆眞理和絕對思想之源泉的理性相互之間有什麼連繫。假如前者只應當是形式的理性，後者卻應當產生內容，那麼按照這個區別，恰恰在後者這裡，必定不能缺失理性的**形式**，即推論。儘管如此，人們還是經常把二者彼此隔離，在一個那裡對另一個閉口不提，以至於絕對思想的理性彷彿以推論的理性爲恥，而推論看起來也幾乎只是出於慣例才被引述爲理性的一個活動。但正如我們此前已經指出的，如果邏輯理性被看作是**形式化的**理性，那麼從本質上說，我們也必須在在那個與內容打交道的理性裡面認識到這個理性；甚至可以說，全部內容都只有透過理性形式才是理

[352]

性的。對於這一點，人們不能寄希望於那個關於理性的老生常談，因為它拒絕解釋「**理性**」究竟是什麼意思；這種認識本來應當達到理性的高度，但在絕大多數情況下它都是專注於自己的對象，卻忘了去認識理性本身，而且只是透過它所具有的對象去區分和標示理性。據說理性應當是這樣一種認識活動，它對於上帝、自由、權利和義務、無限者、無條件者、超感性者具有知識，或者只是提出它們的表象和感覺；即便如此，一方面，表象和感覺僅僅是一些否定的對象，另一方面，最初的問題始終沒有得到解答，即在所有那些對象裡面，究竟是什麼東西使得它們是理性的？——事實上，理性的無限者不是一個空洞的、抽離了有限者的東西，不是一個無內容和無規定的普遍性，而是已充實的普遍性，亦即概念；概念是**已規定的**，並且本身就透過如下這個真實的方式而具有自己的規定性，即它在自身之內區分自身，並且是它的這些知性式的、已規定的區別的統一體。唯其如此，理性才**超越**了有限者、有條件者、感性東西或諸如此類的東西，並且在這個否定性裡也在本質上**具有豐富的內容**，因為它是已規定的端項的統一體；但在這種情況下，**理性東西僅僅是推論**。

[353]

　　現在，推論和判斷一樣，起初都是**直接的**；這時推論的規定或詞項（termini）是**單純的**、**抽象的**規定性；這就是**知性推論**。誠然，如果人們止步於推論的這個形態，那麼當然看不出其中的合理性，哪怕合理性已經包含在其中，並且被設定下來。推論的本質性因素是端項的**統一體**，即那個把端項聯合起來的**中項**和那個維持著它們的**根據**。抽象堅守著端項的**獨立性**，因此它把這個**統一體**設定為一個同樣堅固的、**自為存在著的**規定性，使之與端項相對立，而在這種情況下，它其實是把統一體理解為**非統一體**，而不是理解為統一體。「**中項**」或「**中詞**」（medius terminus）這個表述取自於空間

表象，而這很容易導致人們止步於規定的**彼此外在**。現在，假如推論就是把**端項的統一體**在它之內**設定下來**，假如這個統一體一方面只是被當作一個自爲的特殊東西，另一方面只是被當作外在的關聯，以至於**非統一體**反而成了推論的本質性對比關係，那麼理性——推論就是理性——也無助於達到合理性。

第一，在**定在推論**裡，各種規定被規定爲這種直接的和抽象的東西，但因爲定在推論和判斷一樣，都是這些規定的**關聯**，所以它本身就表明，它們並不是這樣的抽象規定，毋寧說，每一個規定都**與另一個規定相關聯**，而中項所包含的特殊性不僅與端項的規定相對立，而且在中項那裡已經被設定下來。 [354]

定在推論透過它的這個辯證法，把自己改造爲**第二種**推論，即**反映推論**，——連同這樣一些規定，它們在本質上**映現著其他規定**，換言之，它們被設定爲**經過中介的**規定，即它們按照一般意義上的推論來看本應所是的東西。

第三，當這個**映現**或經過中介的存在反映回自身之內，推論就被規定爲**必然性推論**，而那個在其中進行中介的東西，是事情的客觀本性。當這個推論把概念的端項同樣規定爲總體性，**推論**就達到了它的概念（即中項）和它的定在（即位於兩端的區別）的契合，達到了它的眞理，於是從主觀性轉移到**客觀性**。

A 定在推論

1. 當推論是**直接的**推論時，就把概念規定（作爲**直接的規定**）當作它的環節。因此這些規定是形式的抽象規定性，也就是說，它們尚未透過中介活動而被塑造爲**具體性**（Konkretion），毋寧只是一些**個別的**規定性。因此眞正說來，**第一種**推論是**形式化推論**。推

論活動的**形式主義**就在於止步於這第一種推論的規定。當概念分裂爲它的那些**抽象**環節，就把**個別性**和**普遍性**當作它的端項，而它自己則是顯現爲那個居於端項中間的**特殊性**。正因爲這些環節是直接的，所以它們作爲一些僅僅與自身相關聯的規定性，合起來成爲一

[355]　個**個別的內容**。當特殊性在自身之內把個別性和普遍性這兩個環節**直接**聯合起來，就首先構成中項。由於特殊性的規定性，一方面，特殊性被歸攝到普遍者下面，另一方面，個別東西（特殊性相對於它而言具有普遍性）被歸攝到特殊性下面。但這個**具體性**起初只是一個**兩面性**；中詞在直接的推論中是直接出現的，正因如此，它是**單純的**規定性，而它所構成的**中介活動尚未被設定下來**。唯有中介活動才構成了推論，而定在推論的辯證運動，就是要在推論的各個環節那裡把中介活動設定下來。

a 推論的第一式

E-B-A[①]是已規定的推論的普遍模式。個別性透過特殊性而和普遍性結合在一起；個別東西並非直接地是普遍的，而是以特殊性爲中介；反過來，普遍者也並非直接地是個別的，而是透過特殊性而下降到個別東西。── 這兩個規定作爲**端項**，是相互對立的，並且在一個**有差異的**第三者裡合爲一體。二者都是規定性；在這個意義上，它們是**同一的**；它們的這個普遍的規定性是**特殊性**。但它們作爲相互對立的**端項**，同樣和特殊性是對立的，因爲每一方都處在其**直接的**規定性中。

---

① E 指個別性（Einzelnheit），B 指特殊性（Besonderheit），A 指普遍性（Allgemeinheit）。── 黑格爾原注。譯者按，爲了方便中文讀者的閱讀習慣，接下來的譯文沒有遵循黑格爾的字母縮寫法，而是給出相應的中文概念。

這個推論的普遍意義在於，個別東西嚴格說來是一個無限的自身關聯，因此本來應當僅僅是一個**內在的**東西。現在，它以特殊性爲中介，走出自身，進入定在（相當於進入普遍性），於是它不再僅僅屬於它自己，而是處於**外在的連繫**中；反過來，當個別東西 [356] 把自身分割爲它的那個作爲特殊性的規定性，在這個分離中，它是一個具體的東西，而作爲規定性的自身關聯，它是一個**普遍的**，與自身相關聯的，從而眞正個別的東西；它在普遍性的端項裡已經擺脫外在性，**內化於自身**。—— 在第一種推論裡，推論的客觀意義起初只是擺放在**表面**上，因爲那些規定在其中尚未被設定爲那個構成推論的本質的統一體。就此而言，推論仍然是一個主觀的東西，是它的詞項所具有的一個抽象意義，不是自在且自爲地存在著，而是僅僅在主觀的意識裡如此這般孤立地存在著。—— 除此之外，正如我們看到的，個別性、特殊性和普遍性之間的對比關係是推論的各個規定之間的**必然的、本質性的形式對比關係**；缺陷不是在於形式的這個規定性，而是在於，每一個個別的規定並非**在這個形式之下**同時是**更豐富的**。—— 亞里斯多德主要關注的是單純的**依附性**對比關係，因爲他指出推論的本性在於：「**如果三個規定之間是這樣的關係，即一個端項完全包含在居間的規定中，這個居間的規定又完全包含在另一個端項中，那麼這兩個端項必然會結合在一起。**」[2] 這裡所表述的，與其說是三個詞項相互之間的規定性，不如說是**同一個**依附性**對比關係**的重複，即一個端項依附於中項，而中項又依附於另一個端項。—— 現在，由於推論就是立足於三個詞項相互之間的上述規定性，所以很顯然，其他推論式給詞項提出的其他對比關係，只有在能夠**回溯到**那個原初的對比關係時，才能夠具有作爲知性推論的

---

[2]　《前分析篇》I, 4。—— 黑格爾原注

[357] 有效性；它們不是**別的類型**的式，**與第一式並列**，毋寧說，一方面，就它們應當是正確的推論而言，它們僅僅立足於一般意義上的推論的本質性形式，而這就是第一式；另一方面，就它們與第一式有分歧而言，它們是一些變形，而那個最初的抽象形式〔第一式〕必然過渡到其中，並且透過這個方式把自己進而規定爲總體性。我們將馬上發現，這究竟是怎樣的情況。

　　「個別性－特殊性－普遍性」是推論在其規定性中的普遍模式。個別東西被歸攝到特殊東西下面，特殊東西被歸攝到普遍者下面；所以，個別東西也被歸攝到普遍者下面。換言之，特殊東西依附於個別東西，普遍者依附於特殊東西；**所以**，普遍者也依附於個別東西。特殊東西從這個方面來看，亦即相對於普遍者而言，是主詞；相對於個別東西而言，它是述詞；換言之，它相對於普遍者而言是個別東西，而相對於個別東西而言則是普遍者。因爲這兩個規定在它那裡聯合起來，所以端項是透過它們的這個統一體而結合在一起。「**所以**」顯現爲一個在**主詞**裡進行的推論，這個推論從**主觀**的認識出發，推導出那兩個**直接的**前提的對比關係。既然主觀的反映把中項與端項的兩個關聯當作特殊的、直接的**判斷**或**命題**而陳述出來，那麼推論作爲**經過中介的**關聯，無論如何也是一個特殊的**命題**，而「**所以**」（Daher）或「**因此**」（Also）之類說法已經表明它是經過中介的。但我們千萬不要以爲，這個「**所以**」在這個命題裡是一個外在的規定，彷彿只有在主觀的反映裡才有其根據和地位，毋寧說，「**所以**」立足於端項本身的本性，而端項的**關聯**只是爲了並且透過抽離式的反映，才被當作**單純的判斷**或**命題**而重新陳述出來，但它們的**真正的關聯**是被設定爲中詞。──「因此個別性是普遍性」；這究竟是不是一個**判斷**，完全取決於主觀的心情；但推論

[358] 的意義恰恰在於，這並非僅僅是一個**判斷**，也就是說，這不是一個

透過**單純的繫詞**或空洞的「**是**」，而是透過已規定的，具有豐富內容的中項而造成的關聯。

正因如此，如果僅僅把推論看作是由**三個判斷**組成的，這就是一個形式化的觀點，沒有注意到這些規定的對比關係，而這恰恰是推論的唯一關鍵之所在。總的說來，是純粹主觀的反映把詞項的關聯分割爲兩個孤立的前提，以及一個與之有差別的結論命題：

> 全部人都是有死的，
> 卡烏斯是一個人，
> 因此他是有死的。

當人們聽到得出的是這樣一個結論，就立即感到無聊透頂；這件事情歸咎於那個無用的形式，因爲它透過那些孤立的命題製造出差異性的一個假象，但這個假象在事情本身裡面立即瓦解了。透過這個主觀的形態分化，推論活動基本上表現爲一個主觀的**權宜之計**，當理性或知性不能**直接地**認識什麼時，就把它當作自己的避難所。事物的本性，即理性東西，無論如何不是透過這樣的方式呈現出來的，即首先提出一個大前提（一個特殊性與一個持存著的普遍者的關聯），然後找到一個個別性與特殊性的孤立的關聯，最後從中得出一個新的命題。——這個透過一些孤立的命題而向前推進的推論活動無非是一個主觀的形式；事情的本性在於，事情的那些區分開的概念規定在一個本質性統一體裡面聯合起來。這個合理性不是一個權宜之計，毋寧說，它是**客觀的東西**，與那個仍然出現在判斷中的關聯的**直接性**相對立，至於認識活動的那個直接性，毋寧是一種純粹主觀的東西；與此相反，推論是判斷的眞理。——全部事物都是**推論**，或者說都是一個透過特殊性而與個別性結合在一起的 [359]

普遍者；但它們當然不是一些由**三個命題**組成的整體。

　　2. 在**直接的**知性推論裡，詞項在形式上是一些**直接的規定**；詞項是**內容**，現在我們必須從這個方面出發來考察推論。在這個意義上，它可以被看作是**質**的推論，正如定在判斷同樣具有質的規定這一方面。這個推論的詞項和定在判斷的詞項一樣，都是**個別的**規定性，因為規定性透過其自身關聯而被設定為與**形式**漠不相關，隨之被設定為內容。**個別東西**是一個直接的、具體的對象，**特殊性**是對象的各種規定性、特性或對比關係裡面的一個個別的規定性，而**普遍性**又是特殊東西身上的一個更抽象的、更個別的規定性。——由於主詞作為一個**直接**已規定的東西還沒有在其概念中被設定下來，所以它的具體性並沒有回溯到那些本質上的概念規定；因此，它的那個與自身相關聯的規定性是一個無規定的、無限的**雜多性**。個別東西在這個直接性裡具有無窮多的規定性，它們屬於它的特殊性，因此其中任何一個規定性都能夠在推論中構成個別東西的一個中詞。但**無論**是透過**哪一個**中詞，個別東西都與**某一個**普遍者結合在一起；無論是透過它的哪一個特性，個別東西都與定在接觸，並發生連繫。——再者，相較於普遍者而言，中詞也是一個具體的東西；它本身就包含著諸多述詞，而個別東西又可以透過同一個中詞而和諸多普遍者結合在一起。因此總的說來，在一個事物的諸多特性裡面，究竟應當抓住哪一個特性，並由之出發讓事物與一個述詞結合，這**完全是偶然的和隨意的**；其他中詞是向著其他述詞的過渡，哪怕是同一個中詞也可能過渡到不同的述詞，因為它作為與普遍者相對立的特殊東西，包含著諸多規定。

　　對一個主詞而言，無窮多的推論是可能的，一個個別的推論從內容來說也是**偶然的**；不僅如此，這些涉及同一個主詞的推論也必須過渡到**矛盾**。因為一般意義上的區別（它起初是一個漠不相關的

[360]

差異性）在本質上同樣是**相互對立**。具體東西不再是一個單純的顯現者，毋寧說，它的具體性依賴於對立雙方（它們把自己規定爲概念環節）在概念裡的統一體。現在，基於形式化推論裡的詞項的質的本性，當人們按照具體東西所具有的諸多個別的規定之一來理解它，推論就分配給具體東西一個與這個中詞相對應的述詞；但是，當人們從另一個方面推出相反的規定性，那個結論命題就表明自己是錯誤的，哪怕單獨看來，它的前提和結論都完全是正確的。——如果從「牆面已經被刷成藍色的」這一中詞推出「牆面是藍色的」，這是一個正確的推論；但如果不考慮這個推論，再給牆面刷上一層黃色，那麼牆面也可能是綠色的，儘管從刷黃色這件事情來看，本來應當推出牆面是黃色的。——如果從感性的中詞推出，因爲無論是「善」還是「惡」都不能用來敘述感性東西，所以人既不是善的也不是惡的，那麼這個推論是正確的，但結論命題卻是錯誤的，因爲對於作爲具體東西的人而言，精神性的中詞同樣也是適用的。——從行星、衛星和彗星相對於太陽的重力這一中詞可以正確地推出，這些天體會落到太陽裡面；但它們不會落到太陽裡面，因爲它們本身同樣是一個自足的重力核心，或者如人們所說的，是受離心力所驅動的。同理，從團結性這一中詞可以推出市民的財產公有制，然而從個體性這一中詞（如果我們同樣堅持其抽象的意義）卻可以推出國家的瓦解，比如在德意志帝國就是如此，因爲個體性這一中詞被奉爲圭臬。——再也沒有什麼比這樣一個形式化的推論更粗陋的了，因爲它對於中詞的使用完全是偶然的和隨意的。哪怕這樣一個演繹如此美妙地貫穿各種推論，並且其正確性完全得到承認，也還是得不出任何成果，因爲人們總是可以找到另外一些中詞，然後據此同樣正確地推出針鋒相對的結論。——康德的理性的**二律背反**無非意味著，從概念出發，一方面必須以概念的這一個規

[361]

定爲根據，另一方面同樣必須以概念的另一個規定爲根據。——就此而言，人們不能把一個推論的粗陋性和偶然性僅僅歸咎於內容，彷彿這些缺陷跟形式無關，而唯有形式才是邏輯所關心的。毋寧說，形式推論的形式已經意味著，內容是一個如此片面的質；它是透過那個**抽象的**形式而被規定爲這個片面性。也就是說，在一個具體的對象或概念的諸多質或規定裡面，內容是一個個別的質，因爲它**就形式而言**無非應當是一個如此直接的、個別的規定性。個別性這一端項作爲**抽象的個別性**，是一個**直接的**具體東西，因此是無限的或無規定的雜多東西；中項是同樣**抽象的特殊性**，因此是這些雜多的質裡面的一個**個別的**質，同理，另一個端項是**抽象的普遍者**。也就是說，形式推論在本質上由於其形式的緣故，就其內容而言是一個完全偶然的東西，但這不是指「究竟是**這個**還是**那個**對象從屬於推論」對於推論來說是偶然的，因爲邏輯已經抽離了這個內容，而是指，當一個主詞作爲根據，那麼推論究竟會從它那裡推出怎樣一些內容規定，這是偶然的。

[362]

　　3. 當推論規定是直接的、抽象的、反映回自身之內的規定時，從這一方面來看，它們就是內容規定。但它們的本質性東西毋寧在於，它們不是這樣的反映回自身之內的、彼此漠不相關的規定，而是**形式規定**；就此而言，它們在本質上是**關聯**。第一，這些關聯是端項與中項的關聯，——是一些**直接的**關聯，即**前提命題**（propositiones praemissae），確切地說，一方面是特殊東西與普遍者的關聯，即**大前提**（propositio maior），另一方面是個別東西與特殊東西的關聯，即**小前提**（propositio minor）。第二，端項相互之間的關聯呈現爲一個經過中介的關聯，即**結論**（conclusio）。那些**直接的**關聯（亦即前提）是一般意義上的命題或判斷，並且**與推論的本性相矛盾**，因爲根據其本性，區分開的概念規定不應當直

接相互關聯，毋寧說，它們的統一體同樣應當被設定下來；判斷的
眞理是推論。更何況，除非這些前提是純粹的同一性命題，亦即空
洞的、毫無成果的恆眞句，否則它們不可能是直接的關聯，因爲它
們的內容是一些直接區分開的規定，亦即不是直接地、自在且自爲
地同一的。

　　因此，通常對於前提的要求是，它們應當得到證明，也就是
說，它們同樣應當被呈現爲結論命題。於是兩個前提給出兩個進一步
的推論。但這兩個新的推論合起來又給出四個前提，而這要求四個 [363]
新的推論；它們具有八個前提，其八個推論又爲它們的十六個前提
給出十六個推論，如此等等，並在一個幾何級數中走向無限。

　　這裡再度顯露出那個曾經出現在較低的存在層面裡的無限演進
過程；但在概念的領域亦即那個擺脫了有限者的絕對的自身內反映
裡，在自由的無限性和眞理的範圍內，這樣一個演進過程卻是我們
不願意看到的。我們在存在的層面裡已經指出，無論什麼地方，當
惡劣的無限性發展爲一個演進過程，那裡就有一個質的存在和一個
凌駕於它之上的無力的應當的矛盾；演進過程本身就是針對質的東
西重複提出統一體的要求，同時重複而持續地回落到那個與要求不
一致的限制之內。如今在形式推論裡，直接的關聯或質的判斷的是
根基，反之推論的中介活動則是被設定爲一個更高的眞理。對於前
提的無限推進式的證明並沒有解決上述矛盾，而是不斷重新恢復
矛盾，重複著同一個原初的缺陷。——實際上，無限演進過程的眞
理在於，它本身以及那個由它所規定的有缺陷的形式應當遭到揚
棄。——這個形式就是作爲「個別性—特殊性—普遍性」的中介活
動形式。「個別性—特殊性」和「特殊性—普遍性」這兩個關聯應
當是經過中介的關聯；但是，假若這個情況同樣採取無限演進的方
式，那就只不過是「個別性—特殊性—普遍性」這個有缺陷的形式

一分爲二，如此以至無限。特殊性相對於個別性而言，也具有**普遍者**這一形式規定，相對於普遍性而言，則是具有**個別東西**這一形式規定，因爲這些關聯全都是判斷。也就是說，它們需要一個中介活動；但透過中介活動的那個形態，只會再度出現一個應當遭到揚棄的對比關係。

[364]　　　因此中介活動必須採取另一個方式。個別性是爲了「特殊性—普遍性」的中介活動而存在著的，因此中介活動必須獲得

　　　　「特殊性—個別性—普遍性」

這一形態。普遍性是爲了「個別性—特殊性」的中介活動而存在著的，於是這個中介活動轉變爲這樣一個推論：

　　　　「個別性—普遍性—特殊性」。

如果按照其概念來仔細考察這個過渡，那麼**首先**可以說，正如此前已經指出的，形式推論的中介活動就其內容而言是**偶然的**。直接的**個別東西**在它的規定性裡具有無窮多的中詞，而中詞總的說來有具有同樣多的規定性；這樣一來，推論的主詞究竟應當和怎樣一個普遍者相結合，就完全取決於一個外在的**隨意性**，或者說完全取決於一個**外在的情況**和各種偶然的規定。因此，中介活動就內容而言既不是什麼必然的東西，也不是什麼普遍的東西，它不是基於**事情的概念**；毋寧說，推論的**根據**是那個位於中介活動之外的，亦即**直接的東西**；但在概念規定裡，直接的東西就是個別東西。

　　　從形式來看，**中介活動**同樣必須**預先設定關聯的直接性**；就此而言，中介活動本身就是經過中介的，而且是以**直接東西**（亦即**個別**

東西）爲中介。── 確切地說，透過第一種推論的**結論命題**，個別
東西已經轉變爲進行中介者。結論命題是「個別性─普遍性」；透
過這個方式，**個別東西**被設定爲**普遍者**。在其中一個前提亦即「個
別性─特殊性」這個小前提裡，個別東西已經相當於**特殊東西**；因
此，正是它在自身之內把這兩個規定聯合起來。── 換言之，結論
命題自在且自爲地把個別東西表述爲普遍者，而且不是以一個直
接的方式，而是透過中介活動做到這一點，因此它是一個必然的關
聯。**單純的**特殊性曾經是中詞；在結論命題裡，這個特殊性得到**發
展**，被設定爲個別東西與普遍性的關聯。儘管如此，普遍者仍然是一　　[365]
個質的規定性，是**個別東西**的述詞；當個別東西被規定爲普遍者，
就**被設定爲**端項的普遍性，或者說被設定爲中項；它本身是個別性
這一端項，但因爲它如今被規定爲普遍者，所以它同時是兩個端項
的統一體。

b 第二式：特殊性─個別性─普遍性

1. 第一種質的推論的**眞理**在於，某東西並不是自在且自爲
地，而是透過一個偶然性或在一個個別性中與一個質的規定性（即
一個普遍的規定性）結合在一起。在這樣的質中，推論的**主詞**並未
返回到它的概念之內，而是僅僅在它的**外在性**中形成概念；直接性
構成了關聯的根據，隨之構成了中介活動；因此眞正說來，個別東
西是中項。

再者，推論關聯是直接性的**揚棄**；結論命題不是一個直接的關
聯，而是以一個第三者爲中介；因此它包含著一個**否定的**統一體；
因此中介活動按照其現在的規定而言，在自身內包含著一個**否定的**
環節。

在這第二種推論裡，有兩個前提，即「特殊性─個別性」和

「個別性－普遍性」；只有前一個前提才仍然是一個直接的前提；至於後一個前提，「個別性－普遍性」，已經是一個經過中介的前提，亦即以第一種推論爲中介；因此第二種推論預先設定了第一種推論，正如第一種推論反過來也預先設定了第二種推論。—— 在第二種推論裡，兩個端項分別被規定爲彼此相對立的特殊東西和普遍者；就此而言，普遍者仍然占據著自己的**位置**：它是述詞；但特殊東西已經替換了自己的位置：它是主詞，或者說是**按照個別性這一端項的規定而被設定的**，正如**個別東西**是**按照中項**或特殊性的**規定**而被設定的。因此二者不再像在第一種推論裡那樣是抽象的直接性。儘管如此，它們還沒有被設定爲具體的東西；雖然每一方都處於對方的**位置**，但同時也處於自己的位置，但僅僅是以**外在的方式**，在**另一個**規定中被設定下來。

[366]

　　這個推論的**已規定的**和**客觀的**意義在於，普遍者並非**自在且自爲地**是一個已規定的特殊東西—— 因爲它毋寧是它的各種特殊東西的總體性，—— 而是**透過個別性**而成爲它自己的**各個屬之一**；它的另外那些屬透過直接的外在性而被它排除在外。另一方面，特殊東西同樣並非自在且自爲地是普遍者，毋寧說，否定的統一體剝離了它的規定性，從而把它提升到普遍性。—— 就個別性應當是特殊東西的述詞而言，二者之間是一種**否定的**對比關係；個別性**不是**特殊東西的述詞。

　　2. 但詞項起初仍然是直接的規定性；它們單憑自己不能塑造出任何客觀的意義；其中兩個詞項所獲得的改變了的**位置**是一個起初僅僅外在於它們的形式；因此它們仍然完全像在第一種推論裡一樣，是一個彼此漠不相關的內容，—— 是這樣兩個質，它們不是自在且自爲地結合在一起，而是透過一個偶然的個別性才結合在一起。

　　第一式的推論是**直接的**推論，或者說這樣一種推論，它在其概

念中相當於一個**抽象的形式**，一個尚未在它的各種規定裡達到實在
化的形式。當這個純粹的形式過渡到第二式，從一個方面來看，這
就是概念的已經開始的實在化，另一方面，在諸詞項起初直接的、
質的規定性那裡，也設定了中介活動的**否定環節**，隨之設定了一個
後續的形式規定性。── 但與此同時，這意味著推論的純粹形式**轉
變為一個他者**，而這個在它的諸詞項裡設定下來的規定性則是有別
於那個原初的形式規定。── 只要推論僅僅被看作是一個在外在   [367]
的反映裡進行的主觀推論，它就當作是推論的一個**屬**，而這個屬應
當與種（即「個別性─特殊性─普遍性」這一普遍的模式）相契
合。但推論起初與這個模式並不契合；它的兩個前提是「特殊性─
個別性」（或「個別性─特殊性」）和「個別性─普遍性」；在這
種情況下，中詞兩次被歸攝，或者說兩次都是主詞（這時另外兩
個詞項都依附於它），從而不是真正的中項，因為中項應當一方面
進行歸攝（即作為述詞），另一方面被歸攝（即作為主詞），換言
之，一個詞項應當依附於中項，而中項本身卻應當依附於另一個詞
項。── 這個推論與推論的普遍形式不契合，這件事情的真正意義
是：當普遍形式的真理就在於成為一個主觀的、偶然的結合時，它
已經過渡到推論。如果第二式裡面的結論命題是正確的（這裡不必
求助於馬上就要提到的那個使結論命題成為某種無規定的東西的限
制），那麼這是因為它本身就是正確的，而不是因為它是這個推
論的結論命題。但同樣的情形也適用於第一式的結論命題；它的
這個真理在於，它是由第二式所設定的。有些人認為，第二式只應
當是**一個屬**，只要持這個觀點，人們就必然會忽視從第一個形式到
第二個形式的過渡，只把前者當作是真正的形式。因此，只要在第
二式（在舊的習慣裡，人們總是不由分說把它引述為**第三式**）裡同
樣應當有一個在這個主觀的意義上**正確的**推論，那麼它必須符合第

一種推論；相應地，既然第一個前提「個別性—普遍性」所具有的對比關係是把中詞歸攝到另一個端項下面，那麼第二個前提「特殊性—個別性」就必須獲得一個與它原本具有的對比關係相反的對比關係，把特殊性歸攝到個別性下面。但這樣一個對比關係就將會揚棄「個別性是特殊性」這一已規定的判斷，並且只能出現在一個無規定的判斷（即特稱判斷）裡面；因此結論命題在這個式裡只能是特稱的。但正如前面指出的，特稱判斷既是肯定的，也是否定的，—— 作為一個結論命題，它根本不可能有什麼價值。—— 再者，就特殊東西和普遍者是端項，並且是直接的、彼此漠不相關的規定性而言，它們的關係本身也是漠不相關的；任何一方都可以被隨意當作是大詞或小詞，因此任何一個前提也可以隨意被當作是大前提或小前提。

[368]

　　3. 當結論命題既是肯定的也是否定的，它就是一個與這些規定性漠不相關的、從而**普遍的**關聯。如果仔細觀察，可以說第一種推論的中介活動**自在地**是一個偶然的東西；在第二種推論裡，這個偶然性**被設定下來**。在這個意義上，偶然性是一個揚棄著自身的中介活動，這個中介活動具有個別性和直接性等規定；實際上，那些透過這種推論而結合在一起的東西，必須**自在地**和**自接地**是同一的，因為那個中項，**直接的個別性**，是一個無限雜多的、外在的已規定的存在。因此在中項裡所設定的，毋寧是一個**外在於**自身的中介活動。但個別性是普遍性；那個中介活動透過直接的個別東西而超越自身，指向一個**與它不同的**，亦即透過普遍者而發生的中介活動。—— 換言之，那些應當透過第二種推論而聯合起來的東西，必須**直接地**是結合在一起的；**直接性**作為推論的根據，並不會造成一個已規定的結合。推論所指向的直接性是另一個與推論的直接性相對立的直接性——是存在的已揚棄的最初的直接性，—— 也就是說，

一個反映回自身之內的或**自在存在著的**直接性，一個**抽象的普遍者**。

　　從剛才考察的方面來看，這種推論的過渡和存在的過渡一樣，都是意味著**轉變為他者**，因為這個過渡是以質的東西（亦即直接的個別性）為根據。但從概念來看，特殊東西呈現為這種推論的偶然性，而當個別性**揚棄**了特殊東西的**規定性**，就把特殊東西和普遍者結合在一起。端項並不是透過它們的已規定的關聯（即它們的中詞）而結合在一起的；因此中詞**不是它們的已規定的統一體**，至於它仍然具有的那個肯定的統一體，僅僅是**抽象的普遍性**。這個規定是中項的真理，而當中項在這個規定中被設定下來，這就是推論的另一個形式。　　　　　　　　　　　　　　　　　　　　　　　[369]

c 第三式：個別性－普遍性－特殊性

　　1. 這第三種推論完全不再具有任何直接的前提；「個別性－普遍性」關聯是以第一種推論為中介，而「特殊性－普遍性」關聯是以第二種關聯為中介。因此第三種推論預先設定了前兩種規定；但反過來，二者也預先設定了它，正如任何一種推論都預先設定了其餘兩種推論。因此總的說來，推論的規定在第三種推論裡就完成了。——這個相互的中介活動恰恰意味著，每一種推論雖然本身是一個中介活動，但與此同時，它並非在其自身就是中介活動的總體性，而是具有一個直接性，這個直接性的中介活動位於它之外。

　　本身看來，「個別性－普遍性－特殊性」推論是形式推論的真理；它表明，推論的中介活動是一個抽象的、普遍的中介活動，端項也不是按照它們的本質性規定性，而是按照它們的普遍性而包含在中項之內，也就是說，那些本應得到中介的東西，恰恰沒有透過中項而結合在一起。因此這裡所設定的東西，乃是推論的形式主義的立足之處，因為推論的詞項具有一個直接的，與形式漠不相關的

內容，或者換個同樣意思的說法，它的詞項是一些尚未反映到內容
規定那裡的形式規定。

[370]　　　2. 這種推論的中項雖然是端項的統一體，但由於其規定性已
經被抽離，因此是一個**無規定的**普遍者。但就這個普遍者同時作為
抽象東西區別於端項（作為**已規定的東西**）而言，它本身仍然是一
個與端項相對立的**已規定的東西**，因此整體也是一個推論，至於這
個推論與它的概念的關係，仍然有待考察。中項作為與它的**兩個**端
項相對立的普遍者，是進行歸攝的，或者說是述詞，總之不是被歸
攝的，或者說不是主詞。因此，如果它作為推論的**一個屬**而應當與
推論相契合，那麼這件事情只有這樣才會實現，即當其中一個關聯
「個別性—普遍性」已經獲得應有的對比關係時，另一個關聯「普
遍性—特殊性」也獲得同一個對比關係。這是在一個**否定**判斷裡實
現的，在其中，主詞和述詞的對比關係是漠不相關的。在這種情況
下，推論是合法的，但結論卻必然是否定的。

　　　相應地，在這個命題的兩個規定裡，哪一個被當作述詞或當作
主詞，以及在推論裡，哪一個被當作個別性端項或特殊性端項，隨
之哪一個被當作中詞或大詞，這些都是無關緊要的。因為這些都是
依賴於那個通常的假設，即哪一個前提應當是大前提或小前提，而
在當前的情況下，這些都是無關緊要的。—— 這就是通常所說的，
但亞里斯多德不知道的推論的**第四式**的根據，它尤其涉及到一個完
全空洞的、令人毫無興趣的區別。諸詞項在第四式中的直接位置與
它們在第一式中的位置是**反過來的**；透過從形式上考察判斷，可以
看出，在否定的結論命題裡，主詞和述詞並不具有主詞和述詞的已
規定的對比關係，而是一方能夠占據另一方的位置，既然如此，究
竟哪一個詞項被當作主詞，哪一個詞項被當作述詞，這是無關緊要
的；同樣無關緊要的是，究竟把哪一個前提當作大前提或小前提。

這種無關緊要也是由特稱性的規定（這裡需要特別指出的是，當它 [371]
被認爲具有蘊含的意義時）造成的，並且使那個第四式成爲某種完
全多餘的東西。

　　3. 當普遍者在推論中充當中項，推論的客觀意義就是：進行
中介者作爲端項的統一體，**在本質上**是一個**普遍者**。但由於普遍性
起初只是一個質的或抽象的普遍性，所以其中並沒有包含著端項的
規定性；如果它們應當結合在一起，那麼這個結合必須同樣把一個
位於推論之外的中介活動當作自己的根據，並且就這個根據來看，
就和在推論的前面那些形式裡一樣，是偶然的。但現在，由於普遍
者被規定爲中項，並且沒有包含著端項的規定性，所以這個規定性
就被設定爲一個完全漠不相關的、外在的規定性。——誠然，從這
個單純的抽象來看，起初確實產生出推論的**第四式**，但這是一個**沒
有對比關係**的推論，即「普遍性—普遍性—普遍性」，它抽離了諸
詞項的質的區別，於是把它們的單純外在的統一體（亦即它們的**等
同性**）當作規定。

d 第四式：普遍性—普遍性—普遍性；或數學推論

　　1. 數學推論的意思是：「如果兩個物或規定相對於一個第三
者而言是等同的，那麼它們彼此之間是等同的。」——在這個推論
中，諸詞項的依附性對比關係或歸攝關係被取消了。

　　某個一般意義上的**第三者**是進行中介者；但相對於它的端項而
言，它根本不具有任何規定。因此在這三個東西裡面，每一個都完
全可以是那個進行中介的第三者。至於選取哪一個當作第三者，相
應地，在這三個關聯裡，究竟把哪兩個當作直接的關聯，把另一個
當作經過中介的關聯，這依賴於外部情況和另外一些條件，——也
就是說，取決於其中哪兩個關聯是直接**給定的**。但這個規定和推論 [372]

毫不相干，是完全外在的。

2. 在數學裡，數學推論被看作是一條**公理**，——這是一個**自在且自為地自明的第一命題**，既不能夠、也不需要證明或中介活動，既沒有預先設定任何東西，也不能從中推導出任何東西。——據說它的優點在於它是直接**自明的**，但如果我們細加觀察，就會發現，這個優點是立足於數學推論的形式主義，因為它抽離了規定的全部質的差異性，僅僅接納了它們的量的等同性或非等同性。但正因如此，數學推論並非沒有預先設定什麼東西，或者說並不是未經中介的；它唯一關注的是量的規定，但後者完全是**因為抽離了**質的區別和概念規定。——對於那些被設定為彼此等同的線和形狀，人們僅僅是按照其大小來理解它們；一個三角形被設定為「等同於」一個正方形，但這不是指「三角形」等同於「正方形」，而是僅就大小而言，如此等等。同樣，概念及其各種規定沒有出現在數學推論裡；這裡根本談不上什麼**概念把握**；甚至知性也沒有面對著一些形式上的、抽象的概念規定；因此這個推論的自明性僅僅在於，它在思想規定方面是如此的貧乏和抽象。

3. 然而**定在推論的結果**不僅僅是抽離全部概念規定性；由此顯露出來的那些直接的、抽象的規定，其**否定性**仍然具有另一個**肯定的**方面，也就是說，否定性的**另一個方面被設定**到抽象的規定性中，而它則是因此轉變為**具體的**否定性。

首先，全部定在推論都**預先設定**彼此，而那兩個在結論命題中

[373] 結合在一起的端項只有在**額外透過一個另有根據的同一性而聯合起來時**，才是真正地和自在且自為地結合在一起；在前面考察過的那些推論裡，中詞**應當**是端項的概念統一體，但它實際上只是一個形式上的規定性，並未被設定為它們的具體的統一體。但在剛才所說的那些中介活動裡，每一個中介活動所**預先設定的東西**都不像在數

學推論裡一樣，僅僅是某個一般意義上的**給定的直接性**，毋寧說，這個東西本身對於另外兩種推論而言就是一個中介活動。這裡眞正呈現出來的，不是一個以給定的直接性爲根據的中介活動，而是一個以中介活動爲根據的中介活動。就此而言，這不是一個量的、抽離了中介活動形式的中介活動，而是一個**與中介活動相關聯的中介活動**，或者說**反映的中介活動**。這些推論相互之間所形成的那個相互設定的圓圈，是這個預先設定活動的自身回歸，透過這個方式，預先設定活動構成了一個總體性，而且不是藉助於抽象而**外在地**具有每一個個別的推論所指向的**他者**，而是在圓圈的**內部**把握著那個**他者**。

再者，從**個別的形式規定**這些方面來看，很顯然，在形式推論的這個整體裡，每一個個別的形式規定都來到了**中項**的位置。剛開始的時候，中項被直接規定爲**特殊性**；隨後它透過辯證運動而把自己規定爲**個別性**和**普遍性**。同樣，這兩個規定都經歷過**兩個端項的位置**。如果只看**純粹否定的結果**，那就是各種質的形式規定在單純量的、數學的推論裡瓦解了。但這裡眞正呈現出來的，是一個**肯定的**結果，即中介活動不是透過一個**個別的**、質的形式規定性，而是透過它們的**具體的同一性**而實現的。此前考察的三個推論式的缺陷和形式主義恰恰在於，它們企圖讓這樣一個個別的規定性構成推論的中項。——中介活動已經把自己規定爲直接的或抽象的形式規定的漠不相關性，規定爲其中一個形式規定在另一個形式規定裡的**肯定的反映**。在這種情況下，直接的定在推論已經過渡到**反映推論**。 [374]

注釋

剛才在闡述推論及其不同形式的本性時，也順便提到了通常考察和討論推論時最讓人感興趣的那個東西，即在每一個式裡，

怎樣才能作出一個正確的推論；但那裡只是提出了主要環節，卻略過了某些複雜的情況，而這些情況之所以出現，是因為人們在區分肯定判斷和否定判斷時，牽涉到了量的規定，尤其是牽涉到了特稱性。——因此這裡仍然有必要對通常關於推論的觀點和討論方式略作評論。——眾所周知，這門學說是如此之詳盡，以至於它的所謂的精巧性已經成為一種普遍地令人厭惡和唾棄的東西。**自然知性**在針對那些虛無縹緲的反映形式時，全方位地展現出了自己的精神教養，然後它轉而反對那些關於理性形式的矯揉造作的知識，並且以為能夠基於如下理由而擺脫這樣一門科學，即它從天性出發，無需專門的學習，本身就能夠對這門科學揭示出來的那些個別的思維活動運用自如。假若理性思維必須以辛苦學習各種推論公式為條件，那麼人們實際上當然會對此感到憤怒，好比（如本書序言已經指出的）假若沒有學習解剖學和生理學就不能走路和消化，他們也會對此感到憤怒。雖然學習這些科學對飲食營養可能毫無用處，但對於思維的正確性而言，研究理性形式卻無疑具有一種更為重要的影響；但在這裡，哪怕不考慮這個涉及主觀思維的教化，亦即真正涉及教育學的方面，人們也必須承認，那門以理性的運作方式和規律為對象的科學必定自在且自為地是最值得關切的，——至少不遜色於一門以自然規律和特殊的自然形態分化為對象的科學。假如發現大約 60 種鸚鵡和 137 種婆婆納都不算一件小事，那麼發現理性的各種形式就更不是什麼小事；相比鸚鵡或婆婆納的一個種類，難道推論式不是一個無限高得多的東西嗎？

[375]

　　所以，正如那種全然蔑視理性形式知識的做法只能被看作是一個野蠻的行徑，同樣也必須承認，通常關於推論及其特殊的形態分化的闡述不是一種**理性認識**，也沒有把這些形態分化呈現為**理性形式**，而三段論式智慧之所以咎由自取遭到鄙視，就是由於它的

這種毫無價值。這種智慧的缺陷在於，它完全止步於推論的**知性形式**，而按照這個形式，概念規定被當作是**抽象的**、形式化的規定。至於那種更加自相矛盾的做法，則是堅持認爲概念規定是一些抽象的質，因爲在推論裡，它們的**關聯**構成了本質性東西，而且依附性和歸攝已經意味著，正因爲普遍者依附於個別東西，所以個別東西是普遍者，反過來，正因爲普遍者歸攝個別東西，所以它本身是個別東西；或更確切地說，推論恰恰是這個顯然被設定爲**中項**的**統一體**，而且它的規定恰恰是**中介活動**，換言之，概念規定不像在判斷裡一樣把它們彼此之間的外在性，而是把它們的統一體當作根基。—— 這樣一來，推論的概念已經把形式推論的非完滿性表現出來，因爲這種推論不是把中項當作端項的統一體，而是堅持將其當作一個形式上的，與端項有著質的差異的、抽象的規定。—— 還有一種考察是更加空無內容的，它把這樣一些關聯，或者說甚至把一些包含著漠不相關的形式化規定（如同在否定判斷和特稱判斷裡一樣），因而更接近於命題的判斷，當作完滿的對比關係。—— 總的說來，只要人們把質的形式「個別性—特殊性—普遍性」當作是終極的和絕對的東西，就把對於推論的辯證考察拋到九霄雲外；在這種情況下，其餘的推論也不是被看作那個形式的**必然的變化**，而是被看作**屬**。—— 在這裡，第一種形式推論本身究竟被看作是一個與其餘的屬**並列**的屬，抑或同時被看作是**種**和**屬**，這是無關緊要的；假若後一種情況發生了，那是因爲其餘的推論被回溯到第一種推論。即使這個回溯沒有明確表現出來，這個形式化對比關係也始終是第一式所表達出的那個外在歸攝的根據。

[376]

這種形式化推論是一個矛盾，也就是說，中項應當是端項的已規定的統一體，但它不是作爲這個統一體，而是作爲一個與它們有著質的差異的規定，而它本來應當是端項的統一體。正因爲推

論是這個矛盾，所以它在其自身就是辯證的。它的辯證運動把它在完整的概念環節中呈現出來，也就是說，不僅那個歸攝關係或特殊性，而且否定統一體和普遍性**在本質上都同樣**是結合活動的環節。就它們中的每一個都同樣只是特殊性的一個片面環節而言，它們同樣都是不完滿的中項，但與此同時，它們構成了中項的發展了的規定；貫穿了三個推論式的整個過程在其中每一個規定裡依次呈現出中項，而由此顯露出來的眞正的結果就是：中項不是一個個別的規定，而是規定的總體性。

[377]

　　因此，形式推論的缺陷不是在於**推論形式** —— 它其實是合理性的形式 —— ，而是在於它僅僅作爲一個**抽象的**、隨之無概念的形式。我們已經指出，抽象的規定，由於其抽象的自身關聯的緣故，同樣可以被看作是內容；就此而言，形式推論的成果無非在於，**僅僅從這個中詞出發**，要麼得出，要麼得不出主詞和述詞的關聯。用這樣的推論去證明一個命題，是無濟於事的；中詞是一個無概念的質，而由於其抽象規定性的緣故，同樣可能存在著另外一些中詞，從中得出相反的結論，而且透過更多的推論，甚至從同一個中詞中也可以推導出相互獨立的述詞。—— 形式推論除了沒有多少成果之外，還是某種非常簡單的東西；諸多發明出來的規則是讓人不勝其煩的，一個原因在於，它們和事情的單純本性形成了如此鮮明的對比，另一個原因在於，在那些與它們相關聯的事例中，由於外在的形式規定，尤其是由於特稱性的形式規定（它在這些場合必須被認爲主要具有蘊含的意義），推論的形式內涵遭到嚴重壓縮，而且從形式來看也只能得出一些完全無內涵的結果。—— 三段論所遭受的最公正和最重要的指責，就是它透過如此繁瑣和**無概念的**方式去研究一個對象，殊不知對象的唯一內容卻是**概念**本身。—— 許多三段

[378]　論規則讓人回想起算術師的行爲方式，他們同樣提出一大堆關於算

數運算的規則，而所有這些規則都預先假定人們沒有掌握運算的**概念**。——但數是一種無概念的材料，算數運算是一個外在的整合和分離，一個機械的行為方式，所以人們發明出計算器，讓它們來從事這些運算；最強烈和最刺眼的抵觸，莫過於推論的形式規定原本是概念，卻被當作一種無概念的材料來對待。

像這樣以無概念的方式去對待推論的概念，其最極端的表現，大概就是萊布尼茲（《全集》第二卷，第一部分）把推論置於組合運算之下，並據此計算推論可能有多少排列組合，——也就是說，經過首先考慮肯定判斷和否定判斷的各種區別，然後考察全稱判斷、特稱判斷、無限判斷和單稱判斷的各種區別，他找到 2048 個可能的排列組合，排除那些不可用的之後，還剩下 24 個可用的推論式。——萊布尼茲大量利用了組合分析，目的是不僅找到推論的各種形式，而且找到其他概念的結合方式。為了找到這些東西，其使用的運算和那些用來計算字母表裡有多少種可能的字母組合，骰子遊戲裡有多少種可能的擲法，西班牙紙牌遊戲裡有多少種可能的分牌法等等的方法是一樣的。在這裡，人們把推論的各種規定和骰子以及紙牌的點數歸為**同一類**，把理性東西當作僵死的和無概念的東西，完全不知道概念及其各種規定的獨特之處在於，它們作為精神性本質，**與自身相關聯**，並且透過這個自身關聯揚棄了它們的**直接的**規定。——萊布尼茲把組合運算應用於推論和其他概念的組合的做法與那個聲名狼藉的**呂爾藝術**③的唯一區別在於，前者從**數目**這方

---

③ 雷蒙・呂爾（Raymundus Lullus, 1225-1315）所著《偉大的藝術》（*Ars Magna*）。——原編者注。譯者按，雷蒙・呂爾（亦譯為拉蒙・柳利）為中世紀西班牙邏輯學家和神祕主義者，他在《偉大的藝術》一書中提出，我們能夠從「人類思想字母表」中拿出各種符號進行排列組合，以表達出所有的知識。

[379]　面來看更有方法性，但除此之外，二者都是同樣無意義的。—— 這件事情和萊布尼茲所鍾愛的一個思想有關，他從少年時就萌生出這個幼稚的和膚淺的思想，對其至死不渝，—— 這裡所指的是一種符號語言，在其中，據說每一個概念都應當呈現出它如何來源於其他概念，或如何與其他概念相關聯，—— 這彷彿是說，在理性的結合裡（它們在本質上是辯證的），哪怕一個內容被單獨固定下來，也仍然保留著它所具有的相同的規定。

　　普洛奎特計演算法④無疑掌握了一個最澈底的方式，使推論的對比關係能夠從屬於計算。這種計演算法所依靠的是抽離判斷中的個別性、特殊性和普遍的區別，堅持主詞和述詞的**抽象的同一性**，從而使它們處於**數學的等同**中，—— 恰恰是這樣的關聯，把推論活動改造爲一種完全空無內涵的、恆眞句的命題形式化。—— 在「玫瑰是紅的」這一命題裡，述詞不應當指普遍的「紅」，而是只應當指已規定的「**玫瑰的紅**」；在「全部基督徒是人」這一命題裡，述詞只應當指那些是基督徒的人；這個命題加上另一個命題「猶太人不是基督徒」，就得出一個在孟德爾頌看來足以讓人放棄三段論計算的結論命題：「因此猶太人不是人。」（這個命題的意思其實是：猶太人不是那些是基督徒的人。）—— 作爲上述發明的後果，普洛奎特宣稱：posse etiam rudes mechanice totam logicam doceri,

[380]　uti pueri arithmeticam docentur, ita quidem, ut nulla formidine in ratiociniis suis errandi torqueri, vel fallaciis circumveniri possint, si

---

④ 戈特弗里德·普洛奎特（Gottfried Ploucquet）所著《實體和現象的原理》（*Principia de substantiis et phaenomenis*）。—— 原編者注。譯者按，普洛奎特（1716-1790）爲德國哲學家和同時代最著名的邏輯學家之一，他在任教於圖賓根大學期間發表的諸多邏輯學著作和教材對黑格爾產生了影響。

in calculo non errant.〔我們能夠像教給小孩子算術一樣，以機械的方式把全部邏輯教給那些沒有文化的人，也就是說，只要他們沒有計算錯誤，就不用擔心自己在進行推理的時候可能陷入歧途或遭到矇騙。〕—— 不得不說，在人們發明出的關於邏輯科學的闡述裡，「透過計算而**以機械的方式**把全部邏輯教給沒有文化的人」這一推薦是最糟糕的。

B 反映推論

質的推論的歷程已經揚棄了推論規定的**抽象因素**；在這種情況下，詞項把自己設定爲一個規定性，其中也**映現著**另一個規定性。在推論裡，除了諸詞項以外，還有它們的**關聯**，而在結論命題裡，這個關聯被設定爲一個經過中介的、必然的關聯；因此眞正說來，每一個規定性都不是設定爲個別的、單獨的規定性，而是被設定爲其他規定性的關聯，被設定爲**具體的**規定性。

中項曾經是抽象的特殊性，一個單獨的、單純的規定性，而且它只有外在地相對於獨立的端項而言，才是中項。現在它被設定爲規定的**總體性**；這樣一來，它是端項的**已設定的**統一體，但起初只是它在自身內所包攬的反映的統一體，—— 這個**包攬**作爲直接性的**最初的**揚棄活動和諸規定的最初的關聯活動，尙且不是概念的絕對同一性。

端項是反映判斷的規定；眞正的**個別性**和**普遍性**是對比關係規定，或者說是一個在自身內統攝著雜多東西的反映。但正如我們在反映判斷那裡已經指出的，個別的主詞除了包含著那個隸屬於形式的單純個別性之外，也包含著一個規定性，即一個完全反映回自身之內的普遍性，而作爲預先設定的規定性，它在這裡仍然是一個直 [381]

接假定的**種**。

　　端項的這個規定性隸屬於判斷規定的歷程，從中可以得出**中項**的更詳細的內容，而中項是推論的關鍵之所在，因為是它把推論和判斷區分開。中項包含著：(1)**個別性**；(2)個別性拓展為普遍性，相當於「全部」；(3)那個作為根據的，把個別性和抽象的普遍性在自身內完全聯合起來的普遍性，即種。——只有透過這個方式，反映推論才具有形式的**獨特規定性**，這時中項也**被設定為**規定的總體性；相比之下，直接的推論之所以是**無規定的**推論，原因在於，中項起初仍然是抽象的特殊性，它的概念的諸環節尚未在其中被設定下來。——這個反映推論可以被稱作**全體性推論**。

a 全體性推論

　　1. 全體性推論是完滿的知性推論，此外就乏善可陳了。誠然，對於概念而言有一個根本要求，即推論裡的中項不應當是抽象的特殊性，而是應當發展為它的各個環節，隨之成為具體的特殊性，但**全體性**形式起初只是外在地把個別東西統攝到普遍性裡面，反過來，它所獲得的個別東西仍然是一個在普遍性裡自為地持存著的東西。定在推論的結果是規定的直接性的否定，但這只是**最初的**否定，尚且不是否定之否定或絕對的自身內反映。就此而言，它仍然是那個將諸個別的規定性包攬在自身之內的普遍性的根據，——

[382]　　換言之，全體性還不是概念的普遍性，而是反映的外在的普遍性。

　　過去，定在推論之所以是偶然的，原因在於，它的中詞作為具體主詞的一個個別的規定性，也容許無窮數量的其他這樣的中詞，於是主詞可以和其他無規定的乃至相反的述詞結合在一起。但現在，由於中項包含著**個別性**，從而本身是具體的，所以只有具體的主詞所具有的一個述詞才能夠透過中項而與主詞結合在一起。——

比如，假若從「**綠**」這個中詞可以推出，一幅畫之所以是愜意的，是因爲綠色對於眼睛而言是愜意的，或一首詩、一棟建築物等等之所以是美的，是因爲它們具有**規則性**，那麼即便如此，這幅畫也可能由於其他規定而是醜的，只要我們能夠從那些規定中推出「醜」這一述詞。另一方面，既然中詞具有**全體性**規定，那麼它所包含的「綠」或「規則性」就是**一個具體的東西**，而正因如此，它並非只是一個綠的東西或合乎規則的東西的抽象；現在，只有那些適合於**具體東西的總體性**的述詞，才能夠與這個**具體的東西**相結合。—— 在「綠的東西或合乎規則的東西是愜意的」這一判斷裡，主詞僅僅是「綠」或「規則性」的一個抽象；反之，在「全部綠的東西或合乎規則的東西是愜意的」這一命題裡，主詞是全部現實的、具體的綠的或合乎規則的對象，因此它們被看作是那種在「綠」或「規則性」之外仍然具有**其全部特性**的**具體對象**。

2. 但恰恰是推論的這個反映完滿性，把推論變成了一個單純的幻覺。中詞具有「**全部**」這一規定性；那與主詞相結合的述詞，在大前提裡**直接地**歸屬於這個「全部」。但「**全部**」是**全部個別東**[383]**西**；因此個別的主詞已經直接具有那個述詞，**不需要藉助於推論才獲得它**。—— 換言之，主詞是透過推論而獲得一個述詞，作爲結果；但大前提在自身之內已經包含著這個結論命題；**因此大前提並非單獨而言就是正確的**，或者說不是一個直接的、預先設定的判斷，而是**本身已經預先設定了結論命題**，哪怕它本來應當是結論命題的根據。—— 在如下這個備受偏愛的推論裡：

全部人都是有死的，
卡烏斯是一個人，
因此卡烏斯是有死的；

只有當**結論命題是正確的**，大前提才是正確的；假若卡烏斯碰巧成了不死的，那麼大前提就是不正確的。那個充當結論命題的命題必須直接地、單獨而言已經是正確的，因為否則的話，大前提就不可能包攬**全部**個別東西；在認定大前提是正確的之前，**首先**有一個問題，即那個結論命題本身是不是一個與它相對立的**實例**。

3. 在定在判斷那裡，推論的概念已經表明，前提作為**直接的東西**是與結論命題（亦即推論的概念所要求的那個**中介活動**）相矛盾的，以至於第一種推論預先設定了其他推論，反過來其他推論也預先設定了第一種推論。而在反映判斷這裡，本身就設定了「大前提預先設定了它的結論命題」這一情況，也就是說，大前提包含著個別東西和述詞的結合，但本來只有結論命題才應當是這個結合。

因此這裡實際上呈現出來的東西，首先可以這樣表述：首先，反映判斷僅僅是一個外在的、空洞的**推論假象**；——其次，這個推論活動在本質上是立足於主觀的**個別性**，後者在這種情況下構成了中項，並且必須被設定為嚴格意義上的個別性，——但嚴格意義上的個別性只能在自身那裡外在地具有普遍性。——換言之，從反映推論的更詳細的內容已經可以看出：首先，個別東西和它的述詞的關聯是**直接的**，不是推論出來的；其次，大前提，作為一個特殊東西和一個普遍者的結合，或更確切地說，作為一個形式化普遍者和一個自在的普遍者的結合，是以反映推論中的個別性——作為全體性的個別性——的關聯為中介的。而這就是**歸納推論**。

[384]

b 歸納推論

1. 全體性推論從屬於第一式「個別性—特殊性—普遍性」這一模式，而歸納推論是從屬於第二式「普遍性—個別性—特殊性」這一模式，因為後者重新把個別性當作中項，但這不再是**抽象的**個

別性，而是**完整的**個別性，亦即和它的相反規定（即普遍性）一起
被設定的個別性。——**其中一個端項**是所有這些個別東西共同具有
的一個述詞，而述詞與它們的關聯又構成了直接的前提，其中一個
前提本應是全體性推論的結論命題。——**另一個端項**可以是直接的
種，後者已經出現在全體性推論的中項或全稱判斷的主詞裡，並且
在全部個別東西乃至中項的全部屬裡已經窮盡。就此而言，推論的
形態是：

> 個別東西
> 個別東西
> 普遍性 ——— 特殊性
> 個別東西
> 個別東西
> 如此以至無限。

2. 形式推論的第二式「普遍性－個別性－特殊性」之所以與
上述模式是不契合的，是因為在其中一個前提裡，那構成中項的個
別性，並未進行歸攝，或者說不是述詞。在歸納裡，這個缺陷被克
服了；在這裡，中項是**全部個別東西**；命題「普遍性－個別性」包
含著分裂為端項（亦即主詞）的客觀普遍者或種，這個命題所具有
的述詞和主詞至少有著等同的範圍，從而對於外在的反映而言是同
一的。獅子、大象等等構成了「四足動物」的**種**；就此而言，當**同
一個**內容一方面被設定為個別東西，另一方面被設定為普遍者，這
個區別就完全是一個**漠不相關的形式規定**，——這個漠不相關性是
形式推論在反映推論中的已設定的結果，而且在這裡是由範圍的等
同所設定的。

[385]

因此歸納不像那個與它契合的第二式那樣是單純的**知覺**推論或偶然定在的推論，而是**經驗推論**，── 亦即以主觀的方式把個別東西統攝到種裡面，並且讓種與一個普遍的規定性相結合，因為這個規定性出現在全部個別東西裡面。經驗推論也具有客觀的意義，也就是說，直接的種透過個別性的總體性而把自己規定為一個普遍的特性，並且在一個普遍的對比關係或特徵中具有其定在。── 只不過經驗推論的客觀意義和其他推論的客觀意義一樣，起初只是它們的內在的概念，在這裡尚未被設定下來。

　　3. 確切地說，歸納在本質上仍然是一個主觀的推論。中項是一些直接的個別東西；是一個外在的反映透過全體性而把它們統攝到種裡面。由於個別東西的持存著的**直接性**以及由此流露出的**外在性**的緣故，普遍性僅僅是完整性，或者說始終只是**一個任務**。──

[386] 因此在歸納那裡，惡劣無限的**演進過程**重新浮現出來；**個別性**應當被設定為**與普遍性是同一的**，但由於**個別東西**同樣被設定為**直接的**個別東西，所以那個統一體始終只是一個恆久的**應當**；這是一個**等同統一體**；那些應當是同一的東西，同時**不應當**是同一的。單純無限演進的 a, b, c, d 等等構成了種，並且提供完整的經驗。就此而言，歸納的**結論命題**始終是**或然的**。

　　但歸納既然表明，知覺為了成為經驗，**應當無限地**演進，它就預先設定，種**自在且自為地**和它的規定性是結合在一起的。就此而言，歸納其實是把它的結論命題預先設定為一個直接的東西，正如全體性推論把結論命題預先設定為它的前提之一。基於經驗的歸納被看作是有效的，**儘管**必須承認，知覺是**不完滿的**；人們只能假定，不會出現一與那個經驗**相對立的實例**（就這個實例**自在且自為地**是真實的而言）。因此，歸納推論誠然是基於一個直接性，但不是基於那個它本應建基於其上的直接性，即**個別性**的**存在著**的直接

性，而是基於**自在且自為地存在著**的直接性，即**普遍性**。——歸納的基本規定在於成為一個推論；假若個別性被看作是中項的本質性規定，而普遍性卻僅僅被看作是中項的外在規定，那麼中項就會分裂為兩個未結合在一起的部分，於是根本不存在什麼推論了；毋寧說，這個外在性屬於端項。**個別性**只有作為**與普遍性直接同一的**東西，才可能是中項；真正說來，這樣的普遍性是**客觀的**普遍性，亦即**種**。——上述情況也可以這樣來看：個別性是歸納的中項的根據，普遍性在個別性的規定那裡是**外在的，但卻是本質性的**；這樣的**外在東西**同樣直接地是自己的反面，是**內在的東西**。——因此，歸納推論的真理是這樣一種推論，它把個別性當作中項，而這個中項**本身**直接地、**自在地**是普遍性；——這就是**類比推論**。 [387]

c 類比推論

1. 這種推論把直接推論的第三式「個別性—普遍性—特殊性」當作自己的抽象的模式。但它的中項不再是某一個個別的質，而是一個普遍性，即**一個具體東西的自身內反映**，或者說這個東西的**本性**；——反過來，正因為這是一個具體東西的普遍性，所以它本身同時自在地是這個**具體東西**。——因此在這裡，一個個別東西充當著中項，但這是按照它的普遍本性而言；除此之外，另一個個別東西充當著端項，而且這兩個個別東西具有同一個普遍本性。比如：

> **大地**有居民，
> 月亮是**一個大地**，
> 因此月亮有居民。

　　2. 兩個個別東西在普遍者裡合爲一體，並且按照這個普遍者，一個個別東西轉變爲另一個個別東西的述詞，在這種情況下，普遍者愈是被看作是一個單純的**質**，或像主觀的質一樣被看作是這個或那個**特徵**，以至於二者的同一性被當作是單純的**相似性**，那麼類比就愈是膚淺。當人們把知性形式或理性形式貶低到單純**表象**的層面裡，就會導致這樣的膚淺，但這種膚淺根本不應當出現在邏輯裡面。——除此之外，像這樣表述這種推論的大前提，比如「那在某些特徵裡與客體相似的東西，在另外一些特徵裡也與客體相似」，也是不合適的。透過這個方式，**推論形式**表現爲一個內容的

[388]

形態，而這個經驗的，只能這樣稱呼的內容被一併放置到小前提裡面。在這種情況下，比如第一種推論的整個形式也可以被表述爲它的大前提：「當一個東西被歸攝到第三者所依附的一個他者下面，那麼這個第三者也依附於它；但現在……如此等等。」但在推論本身那裡，關鍵不在於經驗的內容，至於把推論自己的形式當作大前提的內容，彷彿可以把任何別的經驗內容拿過來使用，這是無關緊要的。假若在類比推論那裡，關鍵不在於那個僅僅包含著推論的獨特形式的內容，那麼在第一種推論那裡，就將同樣也是如此了，也就是說，那個使推論成爲推論的東西就將無關緊要了。——但實際上，關鍵始終在於推論的形式，無論推論是把這個形式本身還是把別的什麼東西當作自己的經驗內容，都是如此。就此而言，類比推論是一個獨特的形式，反之，當人們宣稱，因爲類比推論的形式可以成爲一個大前提的內容或質料，但質料與邏輯性無關，所以這種推論不是什麼獨特的形式，這只不過是出於一個完全空洞的理由。——在類比推論以及歸納推論那裡，人們之所以有可能陷入這個錯誤的思想，是因爲在這些推論裡，相比在單純的形式推論裡，中項和端項具有更豐富的規定，而且形式規定既然不再是單純的和

抽象的東西，就必定也顯現爲**內容規定**。但**首先**，「形式把自己規定爲內容」乃是形式東西的一個必然的推進，因此在本質上涉及推論的本性；**其次**，這樣一個內容規定不應當被看作是和其他經驗內容一樣的東西，並從推論那裡抽離出去。

　　剛才提到，類比推論的大前提是這樣表述的：「**如果兩個對象在一個或某些特性裡是一致的，那麼一個對象也具有另一個對象所具有的其他特性。**」從類比推論的這個形式來看，這種推論似乎包含著**四個規定**或所謂的**四詞項**（quaternionem terminorum），——這個情況本身就導致我們難以把類比看作是形式推論的形式。—— 這裡有**兩個**個別東西，**第三**是一個直接的、假定雙方共同具有的特性，**第四**是其中一個個別東西直接具有，而另一個個別東西透過推論才獲得的另一個特性。—— 正如我們看到的，之所以出現這個情況，是因爲在類比推論裡，**中項**被設定爲個別性，但同時**也**被設定爲後者的眞正的普遍性。—— 在**歸納**裡，兩個端項之外的中項是無**窮**數量的個別東西，因此在這種推論裡，本來應當列舉無**窮**數量的詞項。—— 普遍性在全體性推論的中項那裡起初只是相當於全體性的外在的形式規定，反之在類比推論裡則是相當於本質上的普遍性。在前面那個例子裡，中詞「**大地**」被看作是一個具體的東西，但按照其眞理而言，它同樣是一個普遍的本性，或者說是一個作爲個別東西的種。

　　從這個方面來看，**四詞項**並沒有讓類比成爲一個錯誤的推論。但從另一個方面來看，它確實造成了這個後果；因爲，雖然其中一個主詞和另一個主詞具有同一個本性，但不確定的是，前者究竟是憑藉其**本性**還是憑藉其**特殊性**而具有從後者那裡推論出來的規定性，比如「大地」究竟是作爲**一般意義上的**天體還是僅僅作爲這一個**特殊的**天體而有居民。—— 就此而言，類比仍然是一個反映推

[389]

論，因爲個別性和普遍性在它的中項裡是**直接**聯合起來的。由於這個直接性的緣故，仍然存在著反映統一體的**外在性**；個別東西僅僅**自在地**是種，但不是在一個否定性中被設定下來，以至於它的規定性彷彿成了種自己的規定性。正因如此，中項的個別東西所具有的述詞不一定是另一個個別東西的述詞，哪怕二者屬於同一個種。

[390]

　　3.「個別性—特殊性」（月亮有居民）是結論命題；但其中一個前提（大地有居民）同樣是一個「個別性—特殊性」；就「個別性—特殊性」應當是一個結論命題而言，其中已經包含著一個要求，即那個前提也應當是一個結論命題。由此看來，這種推論在自身之內就要求自己去反對它所包含著的直接性；換言之，它預先設定了它的結論命題。一個定在推論預先設定了**其他**定在推論；剛才考察過的那些推論已經包含著這個預先設定，因爲它們是反映推論。因此，既然類比推論要求它的中介活動去反對那個與中介活動糾纏不清的直接性，那麼它所要求的就是揚棄**個別性**環節。在這種情況下，對中項而言，客觀的普遍者（亦即種）始終是一個擺脫了直接性的東西。種在類比推論裡只有作爲**直接的預先設定**，才是中項環節；由於推論本身要求揚棄預先設定的直接性，所以個別性的否定，亦即普遍者，不再是直接的，而是**已設定的**。── 反映推論起初只是包含著直接性的**第一個**否定；如今第二個否定出現了，於是外在的反映普遍性被規定爲自在且自爲地存在著的普遍性。──從肯定的方面來看，結論命題表明自己和前提是同一的，中介活動和它的預先設定融合到一起，達到了反映普遍性的同一性，而普遍性也因此成爲一種更高的普遍性。

　　綜觀反映推論的進程，可以說全部中介活動都是端項的形式規定的**已設定的**或**具體的**統一體；反映就在於像這樣把一個規定設定在另一個規定中；因此進行中介者是**全體性**。但**個別性**表現爲全

[391]

體性的本質性根據，而普遍性僅僅表現爲個別性身上的外在規定，表現爲**完整性**。個別東西作爲進行結合的中項，**本質上**就具有普遍性；因此它必須被看作是**自在**存在著的普遍者。但它並不是以這個純粹肯定的方式與普遍性聯合起來，而是在普遍性中被揚棄，成爲一個否定的環節；相應地，普遍者，這個自在且自爲的存在者，乃是已設定的種，而個別東西作爲直接的東西，毋寧是種的外在性，或者說是**端項**。——總的說來，反映推論從屬於「特殊性—個別性—普遍性」這一模式；在其中，個別東西嚴格說來仍然是中項的本質性規定；但由於它的直接性已經揚棄自身，並且把中項規定爲自在且自爲地存在著的普遍性，所以推論來到「個別性—普遍性—特殊性」這一形式化模式下面，於是反映推論過渡到**必然性推論**。

C 必然性推論

現在，進行中介者(1)不但把自己規定爲**單純的**已規定的普遍性，好比定在推論裡的特殊性，(2)也把自己規定爲**客觀的**普遍性（亦即包含著區分開的端項的整個規定性），好比反映推論裡的全體性，而這是一個雖然**得到充實**，但仍然**單純的**普遍性，——即事情的**普遍本性**，或者說種。

這種推論是**內容豐富的**，因爲定在推論的**抽象的**中項已經把自己設定爲**已規定的區別**，就像它作爲反映推論的中項那樣，但這個區別又反映回單純的同一性之內。——這種推論是**必然性**推論，因爲它的中項不是別的什麼直接的內容，而是端項的規定性的自身內反映。端項在中項裡具有它們的內在的同一性，而這個同一性的內容規定是端項的形式規定。——這樣一來，那把諸詞項區分開的東西，就是**外在的**和**非本質性的**形式，而諸詞項相當於**一個必然的**定在 [392]

的環節。

這種推論起初是直接的推論，從而是形式推論，也就是說，諸詞項的**連繫**是**本質上的本性**，相當於**內容**，這個內容在區分開的詞項那裡僅僅處於**有差異的形式中**，而單獨的端項僅僅相當於一個**非本質性的**持存。——這種推論的實在化必須這樣規定推論，即**端項**同樣**被設定為**中項起初所是的那個**總體性**，而且關聯（它起初僅僅是實體性**內容**）的**必然性**是**已設定的形式**的關聯。

a 直言推論

1. 直言推論把直言判斷當作它的一個或兩個前提。——在這裡，這種推論和判斷一樣，與一個更明確的意義連繫在一起，即它們的中項是**客觀的普遍性**。表面上看來，也可以說直言推論無非是一個單純的依附性推論。

按照其內涵豐富的意義而言，直言推論是**第一種必然性推論**，在其中，主詞透過它的**實體**而與述詞結合在一起。但提升到概念層面的實體是普遍者，並且被設定為一個自在且自為地存在著的東西，而且它不像在其獨特的對比關係裡那樣，把偶附性當作形式，而是把概念規定當作形式，當作它的存在方式。因此，它所包含的區別是推論的端項，或更確切地說，是普遍性和個別性。前者相對於種（亦即得到詳細規定的**中項**）而言，是抽象的普遍性或普遍的[393] 規定性，——它把實體的偶附性統攝到一個單純的規定性裡面，而這個規定性則是它的本質性區別，即**屬差**。——反之個別性是現實的東西，自在地看來是種和規定性的具體的統一體，但在當前的這個推論裡，起初只是直接的個別性，即被統攝到「**自為存在著的持存**」這一形式裡的偶附性。——這個端項與中項的關聯構成了一個直言判斷；但就另一個端項按照上述規定同樣表達出種的屬差或其

已規定的本原而言，這另一個前提也是直言的。

2. 這種推論作爲第一種亦即直接的必然性推論，首先服從第一種形式推論的「個別性—特殊性—普遍性」模式。但由於中項是個別東西的本質上的**本性**，不是個別東西的諸多規定或特性**之一**，同時普遍性這一端項既不是某一個抽象的普遍性，也並非僅僅是一個個別的質，而是普遍的規定性（亦即種的**屬差**），所以「主詞僅僅透過**某一個**中詞而與**某一個質**結合在一起」這一偶然性就被清除了。——既然如此，因爲端項與中項的**關聯**不像在定在推論裡那樣具有一個外在的直接性，所以對於證明的要求也不會像在定在推論裡那樣導致一個無限的演進過程。

再者，這種推論不像反映推論那樣，把它的結論命題預先設定爲它的前提。就實體性內容而言，諸詞項處於同一性關聯或**自在且自爲地**存在著的關聯中；當前存在著的是**一個**貫穿三個詞項的本質，在它那裡，個別性、特殊性和普遍性等規定僅僅是一些**形式化的環節**。

因此在這個意義上，直言推論不再是主觀的；在剛才所說的同一性裡，客觀性開始了；中項是它的端項的內容豐富的同一性，而端項是作爲獨立的東西包含在這個同一性裡面，因爲它們的獨立性是那個實體式普遍性，即種。推論的主觀因素在於端項的那個與概念或中項漠不相關的持存。 [394]

3. 但在這種推論裡，有一件事情仍然是主觀的，即那個同一性仍然是實體式同一性，或者說仍然是**內容**，而非同時是**形式的同一性**。因此概念的同一性仍然是一個**內在的**紐帶，從而作爲關聯而言，仍然是**必然性**；中項的普遍性是充實的、**肯定的**同一性，而非同時是**它的端項的否定性**。

確切地說，這種推論當前呈現出來的直接性尚未**被設定爲**它自

在地所是的東西。推論的真正直接的東西是**個別東西**。這個東西被歸攝到它的種（亦即中項）下面；但種下面還有別的**無窮多**的個別東西；因此，恰恰**這個個別東西被設定為被歸攝者，這是偶然的**。── 進而言之，偶然性不僅屬於**外在的反映**（它透過與別的東西**作比較**，發現這個在推論中被設定的個別東西是偶然的），毋寧說，當它把中項當作它的客觀普遍性而與之相關聯，它就被設定為**偶然的**，被設定為一個主觀的現實性。另一方面，主詞作為一個**直接的**個別東西，包含著一些規定，而這些規定並未包含在作為普遍本性的中項裡面；在這種情況下，主詞也具有一個與中項漠不相關的、單獨已規定的實存，並且具有獨特的內容。反過來，這另一個詞項同樣具有一個漠不相關的直接性和一個不同於主詞的實存。── 同一個對比關係也出現在中項和另一個端項之間；因為後者按照其規定而言同樣是一個直接的東西，從而相對於它的中項而言是一個偶然的存在。

[395]　　　　因此，直言推論中所設定的東西，**一方面**是端項和中項的這樣的對比關係，即它們**自在地**具有客觀的普遍性或獨立的本性，同時又是直接的東西，亦即一些彼此**漠不相關的現實性**。但**另一方面**，端項同樣被規定為**偶然的**，或者說它們的直接性在它們的同一性中已經**被揚棄**。但由於現實性是獨立性和總體性，所以這個同一性僅僅是形式化的、內在的同一性；於是必然性推論已經把自己規定為**假言推論**。

b 假言推論

　　1. 假言判斷僅僅包含著必然的**關聯**，沒有關聯者的直接性。**如果 A 存在，那麼 B 存在**；換言之，A 的存在同樣也是**一個他者 B 的存在**；但這些既沒有表明 A 存在，也沒有表明 B 存在。假言推論

添加了存在的這個**直接性**：

> 如果 A 存在，那麼 B 存在，
> 現在 A 存在，
> 因此 B 存在。

小前提本身就陳述出 A 的直接的存在。

　　但添加到判斷裡的，不止是這個直接的存在。推論包含著主詞和述詞的關聯，但這個關聯不是作爲抽象的繫詞，而是作爲得到充實的、**進行著中介的統一體**。因此，A 的**存在**不應當被看作是**單純的直接性**，而是在本質上應當被看作是**推論的中項**。這一點還需要仔細考察。

　　2. 假言推論的關聯，相對於實存的外在差異性或現象存在彼此之間的漠不相關性而言，首先是**必然性**，或者說是內在的**實體式同一性**，—— 亦即一個內在地充當根據的同一性**內容**。因此，判斷的雙方不是一個直接的存在，而是保持在必然性中的存在，亦即同時是**已揚棄的**存在，或者說僅僅是現象存在。再者，它們表現爲判斷的雙方，表現爲**普遍性和個別性**；一方是內容，相當於諸**條件的總體性**，另一方相當於**現實的東西**。儘管如此，究竟把哪一方當作普遍性，把哪一方當作個別性，這是無關緊要的。因此就條件仍然是一個現實性的**內核**或**抽象因素**而言，它們是**普遍者**，而當它們結合爲一個**個別性**，它們就來到**現實性**中。反過來，條件是一個個別化的、**四散分離**的現象，只有在**現實性**裡才贏得意義和一個**普遍有效**的定在。

　　在這裡，雙方之間的對比關係被進一步看作是條件和有條件者的對比關係，但也可以被看作是原因和作用、根據和後果的對比關係；這些在這裡是無關緊要的；但由於條件在本質上是一個漠不相

[396]

關的實存，反之根據和原因本身就是處於過渡中，所以相比之下，條件對比關係更加契合那個存在於假言判斷和假言推論中的關聯；而且就條件包攬著那些對比關係的雙方而言，它也是一個更普遍的規定，因為正如原因和根據是作用和後果的條件，作用和後果同樣也是原因和根據的條件，如此等等。

　　如今 A 是一個**進行中介的**存在，因為，**首先**，它是一個直接的存在，一個漠不相關的現實性，但**其次**，它同樣是一個**自在地本身就偶然的**、揚棄著自身的存在。條件之所以轉移到新形態的現實性裡，並繼續充當新形態的條件，原因在於，它們作為存在而言，不是抽象的直接的東西，而是**在其概念中的存在**，首先是**轉變**，——但是，既然概念不再是過渡活動，那麼更確切地說，條件作為**個別性**，乃是一個與自身相關聯的**否定統一體**。—— 條件是一個四散分離的、期待和要求得到使用的材料；這個**否定性**是進行中介者，是概念的自由統一體。它把自己規定為一個**活動**，因為這個中項是**客觀普遍性**（或者說同一性內容的總體性）和漠不相關的直接性的矛盾。—— 因此這個中項不再僅僅是內在的必然性，而是**存在著的必然性**；客觀普遍性所包含的自身關聯是**單純的直接性**，亦即存在；—— 在直言推論裡，這個環節起初是端項的規定，但在與中項的客觀普遍性的對立中，它把自己規定為**偶然性**，隨之規定為一個純粹**已設定的東西**，一個已揚棄的東西，亦即一個已經返回到概念或作為統一體的中項之內的東西，而中項本身如今在其客觀性中也是一個存在。

　　結論命題「因此 B 存在」表達出同一個矛盾，即 B 是一個**直接的**存在者，但同樣也是一個以他者為**中介**的存在者。因此結論命題按照其形式而言和中項是同一個概念；只不過它作為**必然的東西**，有別於**必然性**本身，—— 並且在個別性的整個表面形式裡與普

[397]

遍性相對立。A 和 B 的絕對**內容**是同一個內容；對**表象**而言，它們僅僅是同一個根基的兩個不同的名稱，因爲表象堅守著定在的差異形態的現象，並且把定在的必然性與必然的東西區分開；但是，假若這個必然性和 B 是分離的，那麼 B 就不再是必然的東西了。由此看來，這裡存在著**進行中介者**和**被中介者**的同一性。

3. 假言推論起初透過**形式**或**否定統一體**而呈現出**必然的關聯**（即連繫），正如直言推論透過肯定統一體而呈現出充實的**內容**或客觀的普遍性。但**必然性**來到**必然的東西**裡，與之合併；提供條件的現實性轉移到有條件的現實性裡，這個形式活動**自在地**是個別性，在其中，對立的過去那些因爲獲得自由而變成漠不相關的定在的規定性**被揚棄**了，A 和 B 的區別成了一個空洞的名稱。就此而言，個別性是一個反映回自身之內的統一體，—— 從而是一個**同一性**內容，而且這些情況不僅是**自在的**，而且透過假言推論而**被設定下來**，即 A 的存在不是它自己的存在，而是 B 的存在，反之亦然，以至於總的說來，一方的存在是另一方的存在，而在結論命題裡，直接的存在或漠不相關的規定性被規定爲一個經過中介的規定性，——也就是說，外在性已經揚棄自身，而它的**已然內化的統一體被設定下來**。 [398]

這樣一來，推論的中介活動已經把自己規定爲**個別性**、**直接性**和**與自身相關聯的否定性**，亦即一個進行區分，同時從這個區別裡統攝自身的同一性，—— 把自己規定爲絕對的形式，並恰恰因此把自己規定爲客觀的**普遍性**或一個自身同一的、存在著的**內容**。按照這個規定，推論是**選言推論**。

c 選言推論

如果說假言推論是服從於第二式「普遍性—個別性—特殊性」

這一模式，那麼選言推論則是服從於形式推論的第三式「個別性─普遍性─特殊性」這一模式。但中項是一個**透過形式而得到充實的普遍性**；它已經把自己規定爲**總體性**，規定爲**已發展的客觀普遍性**。因此中詞既是普遍性，也是特殊性和個別性。首先，中詞作爲普遍性，相當於種的實體式同一性，其次，中詞是一個包容了**特殊性**，並且**與之等同**的普遍性，即一個包含著自己的全部特殊化的普遍層面，──一個分裂爲屬的種：一個**既是** B，**也是** C，**也是** D 的 A。但特殊化作爲一個區分，同樣是 B，C 和 D 的「**要麼─要麼**」，一個**否定的**統一體，即諸規定的相互排斥。──再者，現在這個排斥

[399]　不只是相互的排斥，規定也不只是一個相對的規定，毋寧在本質上同樣是一個**與自身相關聯的**規定，──即這樣一個特殊東西，它作爲**個別性**，同時排斥**其他**個別性。

> A 要麼是 B，要麼是 C，要麼是 D，
> 但 A 是 B，
> 因此 A 既不是 C，也不是 D。

或者這樣：

> A 要麼是 B，要麼是 C，要麼是 D，
> 但 A 既不是 C，也不是 D，
> 因此 A 是 B。

A 不僅在兩個前提裡，而且在結論命題裡都是主詞。在大前提裡，它是普遍者，並且在其述詞中是一個**普遍的**層面，但已經特殊化爲全部屬；在小前提裡，它被設定爲**已規定的東西**或一個屬；而在結

論命題裡，它被設定爲一個排他的、**個別的**規定性。——換言之，它已經在小前提裡被設定爲排他的個別性，而在結論命題裡則是以肯定的方式被設定爲它所是的那個已規定的東西。

總的說來，那在這裡顯現爲**被中介者**的東西，是 A 和**個別性**的**普遍性**。但進行中介者也是這個 A，它是它的特殊化的**普遍的**層面，並且被規定爲一個**個別東西**。在這種情況下，假言推論的眞理，即進行中介者和被中介者的統一體，就在選言推論裡被**設定下來**，而從這個理由來看，選言推論同樣**不再是一個推論**。換言之，當中項在選言推論中被設定爲概念的總體性，本身就包含著兩個已經達到其完整規定性的端項。就端項區別於這個中項而言，它們本身只是一個已設定的存在，不再具有任何獨特的，與中項相對立的規定性。

如果從一個更明確的角度來看待假言推論，可以說其中包含著一個**實體式同一性**（相當於必然性的**內在的紐帶**）和一個與之區分開的**否定統一體**——即這樣一個活動或形式，它把一個定在轉移到另一個定在裡面。——總的說來，選言推論處於**普遍性**規定中；它的中項是作爲**種**和作爲完全**已規定的東西**的 A；透過這個統一體，此前那個內在的內容也被**設定下來**，另一方面，已設定的存在或形式也不是一個與漠不相關的定在相對立的外在的否定統一體，而是與那個充實的內容達到了同一。概念的整個形式規定在其已規定的區別中，同時在概念的單純同一性中，被設定下來。 [400]

這樣一來，**推論活動的形式主義**，連帶全部推論和概念的主觀性，都被揚棄了。這個形式化因素或主觀因素在於，那個對端項進行中介的東西，是作爲**抽象**規定的概念，而這個規定由於是端項的統一體，所以和它們是**有差異的**。反之，在已完成的推論裡，當客觀的普遍性同樣被設定爲諸形式規定的總體性，進行中介者和被中

介者的區別就消失了。被中介者本身就是它的進行中介者的一個本質性環節，而且每一個環節都相當於被中介者的總體性。

　　各種推論式分別把概念的每一個規定性呈現為一個中項，這個中項作為概念，同時是一個應當，即要求那個進行中介者是它的總體性。推論的不同類型呈現出中項的充實過程或具體化的不同層次。在形式推論裡，只有當全部規定性（但每一個都是個別地）完全具有中介活動的功能，中項才被設定為總體性。而在反映推論裡，中項是一個以外在的方式把端項的規定統攝起來的統一體。最後，在必然性推論裡，中項既把自己規定為已發展的全體式統一體，也把自己規定為單純的統一體，而在這種情況下，那個曾經堅持中項和端項的區別的推論，其形式已經揚棄自身。

[401]

　　相應地，概念總的說來已經實在化了；更確切地說，它所獲得那個的實在性是客觀性。最初的實在性意味著，概念作為內在的否定統一體發生分裂，而作為判斷，則是在已規定的和漠不相關的區別中設定它的各種規定，並在推論裡親自與它們相對立。由於它在這種情況下仍然是它的這個外在性的內核，所以透過推論的發展過程，這個外在性和內在的統一體達到了均衡；各種規定在中介活動裡面起初只能在一個第三者裡合為一體，但透過中介活動，它們返回到這個統一體之內，於是外在性在自身那裡就呈現出概念，而概念因此同樣不再是作為一個內在的統一體而區別於外在性。

　　但反過來，概念的那個曾經被看作是實在性的規定，同樣是一個已設定的存在。因為，不僅概念的內在性和外在性的同一性在這個結果裡呈現為概念的真理，而且概念的諸環節在判斷裡始終是一些雖然彼此漠不相關，但只有在相互關聯時才具有其意義的規定。推論是中介活動，是立足於其已設定的存在的完整概念。概念的運動就是揚棄這個中介活動，在其中，沒有任何東西是自在且自為的，

毋寧說每一個東西都僅僅以一個他者爲中介。因此，現在的結果是
一個透過**揚棄中介活動**而顯露出來的**直接性**，一個同樣與中介活動
達到同一的**存在**，一個從自己的異在出發，並在其中重建自身的概
念。也就是說，這個**存在**是一個**自在且自爲地**存在著的**事情**，── 即
客觀性。

第二篇　客觀性

[402]　　　　　在客觀邏輯的第一卷裡，抽象的**存在**曾經被呈現爲一個過渡到**定在**，但同樣返回到**本質**之內的東西。在第二卷裡，我們看到本質把自己規定爲**根據**，隨之進入**實存**，將自身實在化爲**實體**，但又返回到**概念**之內。現在，我們首先已經表明，概念如何把自己規定爲**客觀性**。很顯然，最後這個過渡按照其規定而言，和通常的**形而上學**所說的**概念推論**（即從**上帝的概念推出他的定在**，或所謂的**關於上帝的定在的本體論論證**），是同一回事。—— 同樣，眾所周知，笛卡兒那個最崇高的思想，即上帝是一個**其概念包含著其存在**的東西，後來墮落爲惡劣的形式推論形式（亦即本體論論證形式），最終慘敗給〔康德的〕理性批判和這樣一個思想：**從概念中不可能刨出定在**。關於本體論論證，我們此前已經有所澄清；在本書第一部分第 88 頁以下①，當談到**存在**在其最近的對立面（即**非存在**）中消失，並表明**轉變**是二者的眞理時，我們已經指出一個混淆，即在一個已規定的定在那裡，人們不是關注其**存在**，而是關注其**已規定的內容**，隨之以爲，只要對**這個已規定的內容**（比如 100 塔勒）和另一個**已規定的內容**（比如我的知覺，我的財產狀況等情景）進行比較，並且在這裡發現那個內容是否添加到這個情景上是有區別的，—— 彷彿只要這樣一來，就說出了存在和非存在的區別，乃

[403] 至存在的概念的區別。除此之外，那裡的第 119 頁②和本書第二部分第 78 頁③也澄清了一個出現在本體論論證那裡的規定，即「**一切實在性的總括**」。—— 至於這個論證的本質性對象，即**概念和定在的**

---

① 參閱黑格爾《邏輯學 I》，先剛譯，人民出版社 2019 年版，第 65 頁以下。——譯者注
② 參閱上冊第 105 頁。——譯者注
③ 參閱本書第 385 頁。——譯者注

連繫，則是透過剛才已經完成的關於**概念**以及它如何把自己規定爲**客觀性**的過程的考察而得以說明。概念作爲絕對地自身同一的否定性，是一個自己規定著自己的東西；我們已經指出，當概念在個別性中揭示出自身是**判斷**，就已經把自己設定爲**實在的、存在著的東西**；這個仍然抽象的實在性在**客觀性**中得以完成。

　　或許在有些人看來，從概念到客觀性的過渡不同於從上帝的概念到其定在的過渡。就此而言，一方面應當認識到，已規定的內容（比如**上帝**）在邏輯進程裡並沒有造成什麼區別，而本體論論證只不過是把這個邏輯進程應用到那個特殊的內容上面罷了。但另一方面，人們務必記住前面已經指出的一點，即主詞只有在它的述詞裡才獲得規定性和內容，而在這之前，無論內容對於感覺、直觀和表象而言是什麼東西，它對於概念把握式的認識活動來說都僅僅是一個**名稱**；但在述詞裡，規定性和一般意義上的**實在化**是同時開始出現的。 —— 但述詞必須被理解爲某種仍然封閉在概念之內的，從而主觀的東西，尚未脫離自身，走向定在；在這個意義上，一方面，概念在判斷裡的**實在化**當然還沒有完成，但另一方面，述詞對於一個對象的單純規定（哪怕這個規定並非同時是概念的實在化和客觀化）始終是某種主觀的東西，也就是說，這種主觀的東西根本不是對於對象的**概念**的真正認識和**真正規定**， —— 而是意味著抽象的反映和未經概念把握的表象。 —— 上帝作爲活生生的上帝，尤其作爲絕對精神，只能在其**行動**中被認識到。早先的人們得到的指示，是在上帝的**作品**中去認識上帝；只有這些作品才會顯露出那些被稱作上帝的**特性**的**規定**，正如他的**存在**也是包含在其中。透過這個方式，那種以上帝的**作用**（亦即上帝本身）爲對象的概念把握式認識活動就在上帝的**存在**中把握到他的**概念**，在他的概念中把握到他的存在。**自爲存在**（更不要說**定在**）乃是一個貧乏而侷促的規定，人

[404]

們之所以很難在概念中找到這個規定，唯一的原因在於，他們沒有仔細想想，**存在**或**定在**本身究竟是什麼東西。——**存在**，作爲完全**抽象的、直接的自身關聯**，無非是概念的一個抽象環節，即抽象的普遍性，而且這個普遍性同樣能夠滿足人們對於存在提出的要求，即在概念**之外**存在著；也就是說，既然概念是與自身相對立的，那麼抽象的普遍性就既是概念的環節，也是概念的區別或抽象判斷。概念，哪怕是作爲形式上的概念，也已經直接包含著**位於一個更真實和更豐富的形式中的存在**，因爲概念作爲一個與自身相關聯的否定性，乃是**個別性**。

　　但是，倘若存在應當是這樣一種東西，它出現在**外在經驗的情景**或**感性知覺的形式**中，如同**我的財產狀況中的** 100 **塔勒**那樣，僅僅是一種用手，而非用精神來把握的東西，並且在本質上是一種用肉眼，而非用精神的眼睛看到的東西，——倘若物作爲感性的、時間性的、轉瞬即逝的東西，其具有的那種存在被稱作實在性和眞理，那麼，企圖在一般意義上的概念乃至上帝的概念之內找到**存在**，這當然是一個不可克服的困難。——如果一種哲學思考止步於存在，不能超越感官，那麼相應地，它在看待概念的時候就會糾纏於純粹抽象的思想；這個思想和存在是對立的。

[405]　　人們已經習慣於把概念僅僅看作是某種和抽象思想一樣的片面東西，這時如果讓他們接受剛才的那個建議，即把從**上帝的概念**到他的**存在**的過渡看作是概念客觀化的上述邏輯過程的一個**應用**，那麼他們當然會感到猶豫。儘管如此，如果人們像通常那樣承認，在認識任何已規定的內容時，邏輯性作爲形式的東西都構成了形式，那麼他們至少必須承認那個應用關係，否則的話，他們就會完全止步於概念和客觀性的對立，止步於非眞實的概念和一種同樣非眞實的實在性，並且把這些當作是終極的東西。——然而在展示**純粹**

概念的時候，我們已經進一步指出，純粹概念就是絕對的、神性的概念本身，因此眞正說來，所謂「上帝自己把自己規定爲存在」，其直接的呈現並不是**應用**關係，而是那個邏輯過程。但這裡需要注意的是，如果概念應當呈現爲上帝的概念，我們就必須把它當作一個已經被接納到**理念**之中的東西來理解它。那個純粹概念之所以貫穿了判斷和推論的有限形式，是因爲它尚未被設定爲自在且自爲地和客觀性合爲一體，而是僅僅處於向著客觀性的轉變中。在這種情況下，這個客觀性同樣仍然不是神性的實存，不是一個在理念中映現著的實在性。無論如何，正如純粹概念在豐富性和崇高性方面遠超「**一切實在性的總括**」這一形而上學的空話，在同樣的程度上，這個客觀性在豐富性和崇高性方面也遠超本體論論證的**存在或定在**。──儘管如此，我打算在另一個場合再詳細揭示那個透過邏輯形式主義而摻雜到本體論論證和其餘所謂的關於上帝的定在的證明裡的多方誤解，以及康德對於這些證明的批判，並且透過恢復它們的眞正意義而重新賦予那些位於根基處的思想以價值和尊嚴④。

[406]

正如我們已經指出的，直接性已經在諸多形式中出現，但處於不同的規定中。在存在的層面裡，直接性是存在本身和定在，在本質的層面裡，它是實存，然後是現實性和實體性，而在概念的層面裡，它除了是抽象的普遍性之外，如今也是客觀性。──如果不考慮哲學概念區別的精確性，這些表述是可以被當作同義詞來使用的，因爲這些規定都是從概念的必然性裡面顯露出來的；──總的說來，**存在**是**最初的**直接性，而**定在**是這個直接性連帶最初的規定

④　參閱《關於上帝定在證明的講演》，《黑格爾著作集》第 17 卷，第 347 頁以下。──原編者註。譯者按，中文本參閱黑格爾《宗教哲學講演錄 II》，燕宏遠、張松、郭成譯，人民出版社 2015 年版，第 255 頁以下。

性。那種與物相伴的**實存**是一個從**根據**裡顯露出來的直接性——來
自於本質的單純反映的揚棄著自身的中介活動。**現實性**和**實體性**是
一個從已揚棄的區別（亦即作為現象的非本質性實存和它的本質性
之間的區別）中顯露出來的直接性。最後，**客觀性**是概念透過揚棄
自己的抽象和中介活動而把自己規定而成的直接性。——哲學有權
利從那種為了表象世界而製造出的日常語言中挑選出一些**看上去更
接近於**概念規定的表述。這裡的關鍵不在於從日常語言中挑選出一
個詞語，然後去**驗證**人們在日常生活中和哲學一樣都是使用同一個
詞語去標示同一個概念，因為日常生活不具有概念，只具有表象，
而哲學的任務恰恰在於去認識常人以為是單純表象的東西的概念。

[407]　就此而言，當表象在它的那些用於哲學規定的表述裡面看到某種和
它們的區別隱約相似的東西，就必須感到滿足了，因為在那些表述
裡可能出現這樣的情況，即人們在其中認識到表象的某些影子與對
應的概念有著更為密切的連繫。——或許人們更難接受的是，某些
東西可能**存在著**，同時並非**實存著**；但他們至少不會把作為判斷繫
詞的「是」和「**實存**」這一表述混淆起來，竟至於不去說「這件貨
物**是**昂貴的、合適的」、「黃金**是**金屬」，反而說「這件貨物**實存
著**昂貴的」，「黃金**實存著**金屬或金屬的」等等⑤。反之，**存在**和**顯
現、現象**和**現實性**，還有那個與**現實性**相對立的單純的**存在**，當然是
明確區分開的，而所有這些表述和**客觀性**的區別還要更大。——哪
怕它們也被當作同義詞來使用，哲學仍然能夠自由地利用這種空洞

⑤　在一篇法文報導中，當司令官宣稱他在島上等待通常在早晨吹起的風，以便駛
　　向大陸時，冒出來這樣一個表述：「le vent ayant été longtemps sans exister.〔風
　　久已不實存著〕。」在這裡，這個區別僅僅是從諸如「il a été longtemps sans
　　m'écrire.〔他久已不給我寫信。〕」這樣的普通說法裡產生出來的。——黑格
　　爾原注

冗餘的語言，因爲後者終歸包含著一些區別。

　　在判斷的完成亦即必然判斷裡，主詞失去了它相對於述詞而言的規定性，而這裡已經讓人回想起**主觀性**的那個由此產生出的雙重意義，即它一方面指概念，另一方面指那個通常與概念相對立的外在性和偶然性。在這種情況下，**客觀性**看起來也具有雙重意義，即一方面與獨立的**概念**相對立，另一方面是一個**自在且自為的存在者**。在前一個意義上，客體與那個在主觀唯心論裡被宣布爲絕對眞相的「我=我」相對立，是一個直接存在著的雜多世界，而自我或概念只能與之進行無限的抗爭，以便透過否定這個**自在地虛無的**他者，從而賦予它的最初的自身確定性以一種**現實的**、**真實的**自身等同。—— 而在一種更不確定的意義上，它意味著主體的某個關切和行動所面臨的一般意義上的對象。 [408]

　　但在相反的意義上，客體意味著一個與限制和對立無關的**自在且自為的存在者**。理性的原理、完滿的藝術作品等等之所以叫做「**客觀的**」，是因爲它們擺脫和超越了全部偶然性。儘管理性的、理論的和倫理的原理僅僅屬於主觀的東西或意識，但後者的自在且自爲的存在者仍然被稱作是「客觀的」；所謂認識到眞理，就是認識到客體如何作爲客體而擺脫了主觀反思，而所謂正當的行爲，就是遵循客觀規律，這些規律不是起源於主觀的東西，而且不允許人們隨心所欲地扭曲它們的必然性。

　　從我們當前論述的立場來看，客觀性首先意味著**概念的自在且自為地存在著的存在**，而且概念已經把那個透過它的自身規定而設定下來的**中介活動**揚棄爲一個**直接的**自身關聯。在這種情況下，這個直接性本身就是直接的，並且完全被概念所滲透，正如它的總體性與它的存在是直接同一的。但接下來，由於概念同樣必須製造出它的主觀性的自由的自爲存在，所以出現了概念作爲**目的**而與客觀

性的對比關係，在其中，直接的客觀性轉變爲一個與概念相對立的否定者，一個應當由概念的活動所規定的東西，進而獲得另一個意義，即它是一個與概念相對立的、自在且自爲的虛無東西。

第一，客觀性在其直接性中是**機械性**。由於客觀性的全部環節的總體性的緣故，這些環節作爲獨立的、漠不相關的**客體**存在於**彼此之外**，並且在它們的對比關係中具有概念的**主觀統一體**（但僅僅作爲**內在的**或**外在的**統一體）。——但是，

[409]

第二，由於那個統一體在機械性之內表現爲客體本身的**內在的**規律，所以客體的對比關係轉變爲它們的**獨特的**，以自己的規律爲根據的差異，和一個在在其中使它們的已規定的獨立性揚棄自身的關聯，——即**化學性**。

第三，諸客體的這個本質性統一體恰恰因此被設定爲有別於它們的獨立性，這個統一體是主觀的概念，但被設定爲本身就自在且自爲地與客觀性相關聯，被設定爲**目的**，——即**目的論**。

當目的是這樣一個概念，即被設定爲在其自身就與客觀性相關聯，並且透過自身就揚棄了它作爲主觀的東西而存在這一缺陷，起初**外在的**合目的性就透過目的的實在化而轉變爲**內在的**合目的性，轉變爲**理念**。

第一章　機械性

　　既然客觀性是概念的已經返回到其統一體中的總體性，那麼一個直接的東西就被設定下來，這個東西不但自在且自爲地是那個總體性，而且**被設定爲**這個總體性，但在其中，概念的否定統一體尚未脫離這個總體性的直接性；——換言之，客觀性尚未被設定爲**判斷**。就客觀性內在地在自身內具有概念而言，它那裡存在著的概念的區別；但由於客觀的總體性的緣故，區分開的東西是**完整的**和**獨立的**客體，於是它們在其相互關聯中同樣僅僅表現爲彼此**獨立的**東西，並且在任何結合中都始終**外在於**彼此。——機械性的特徵在於，無論這些相結合的東西之間是怎樣一個關聯，這個關聯對它們而言都是一個**外來的**關聯，和它們的本性毫不相干，而且，哪怕它披上了單一體的外衣，也仍然無非是**組合、混合、堆積**等等。和**物質的**機械性一樣，**精神的**機械性在於，那些在精神中相互關聯的東西始終外在於彼此，外在於精神自身。**機械的表象方式、機械的記憶、習慣、機械的行爲方式**等等意味著，在精神所把握和所做的事情裡，缺乏精神的獨特的滲透和在場。誠然，精神在理論或實踐上的機械性離不開精神的自主活動、衝動和意識，但其中畢竟缺失了個體性的自由，又因爲這種自由並未在其中顯現出來，所以這樣的行動就顯現爲一個純粹外在的行動。 [410]

A 機械的客體

　　正如我們看到的，客體是一個**推論**，它的中介活動已經達到了

均衡，從而是一個直接的同一性。因此客體自在且自爲地是一個普遍者；這裡的普遍性不是指特性的共通性，而是指這樣一個普遍性，它滲透了特殊性，並在其中是直接的個別性。

1. 因此，首先，客體並未把自身區分爲**質料**和**形式**，否則前者就將是客體的獨立的普遍者，而後者就將是特殊東西和個別東西了。個別性和普遍性的這樣一個抽象的區別，按照其概念而言，並未出現在客體那裡；只要客體被看作是質料，就必須被看作是一個本身自在地已經具有形式的質料。同樣，客體可以被規定爲一個具有各種特性的物，一個由部分組成的整體，一個具有各種偶性的實體，並服從反映的其他對比關係；但總的說來，這些對比關係已經在概念中消亡了；換言之，客體既不具有特性，也不具有偶性，因[411]爲這些東西與物或實體是不可分割的；但在客體裡，特殊性已經完全反映到總體性裡。在一個整體的某些部分裡，雖然有這樣的情況，即客體的各種區別具有獨立性，但與此同時，這些區別在本質上本身就是客體或總體性，而不像部分那樣具有這個與整體相對立的規定性。

就此而言，客體起初是**無規定的**，因爲它本身不具有任何已規定的對立；換言之，它是一個已經融合到直接的同一性裡的中介活動。就概念**在本質上是已規定的**而言，客體本身所具有的規定性是一個雖然堪稱完整，但除此之外卻**無規定的**，亦即**無對比關係的雜多性**，後者構成了一個起初同樣無進一步的規定的總體性；那些能夠在客體那裡區分開的**方面**、**部分**等等，屬於一個外在的反映。因此，那個完全無規定的區別僅僅意味著，存在著**多數**客體，在其中，每一個客體所包含的規定性都已經反映到它的普遍性那裡，每一個客體都不會**向外**映現。——因爲客體在本質上具有這個無規定的規定性，所以它在自身之內就是這樣一個**多數性**，從而必須被看

作是**組合的東西**或一個**堆積**。—— 儘管如此，客體並不是由**原子**組成的，因爲原子不是客體，不是總體性。萊布尼茲的**單子**本來更像是一個客體，因爲它是世界表象的一個總體性，但就它被封閉在它的**內涵的主體性**之內而言，它至少在本質上應當是一個內在的**單一體**。但是，當單子被規定爲**排他的單一體**，就僅僅是一個由**反思所假定**的本原。當然，單子仍然是一個客體，一方面是因爲，它的雜多表象的根據，或者說它的單純**自在**存在著的總體性的已發展的，亦即**已設定**的規定的根據，**位於它之外**，另一方面是因爲，單子根本無所謂是否**和別的單子一起**構成一個客體；也就是說，客體實際上不是一個**排他的、本身自爲地已規定**的東西。

2. 現在，客體是**已規定的存在**的總體性，但因爲它是無規定的和直接的東西，所以它並不是那個存在的**否定統一體**，而在這種情況下，它相對於**諸規定**（作爲**個別的規定**）而言，就是自在且自爲地已規定的東西，正如這些規定本身就是彼此**漠不相關**的。相應地，這些規定既不能透過客體，也不可能透過彼此而得到概念把握；客體的總體性是它的雜多性普遍地反映到全部自在地無規定的個別性之內的存在的形式。誠然，它本身具有的那些規定性都歸屬於它，但那個構成規定性的區別，並將它們聯合爲一個統一體的**形式**，卻是一個外在的、漠不相關的形式；這類聯合可以是各個部分和方面的一個**混合**，甚至是一個**秩序**或某種排列，但它們與那些如此相互關聯的東西全都是漠不相關的。

這樣一來，客體就和一般意義上的定在一樣，在**自身之外**，在**其他客體**裡，具有它的總體性的規定性，而這些客體同樣是在**自身之外**具有它們的總體性的規定性，如此以至無限。誠然，人們同樣必須假定這個無限超越的自身回歸，並把它想像爲一個**總體性**，一個**世界**，但這個世界無非是一個以無規定的個別性爲中介而在自身

[412]

內完結的普遍性，即一個**宇宙**。

因此，當客體在其規定性中同樣與這個規定性漠不相關，就透過自身而為著它的已規定的存在**超越自身**，重新指向一些客體，但與此同時，它是否**規定著**這些客體，這是**漠不相關的**。因此任何地方都不存在自身規定的本原；**決定論**——當認識活動把目前得出的客體當作真相，就處在這個立場上——宣稱客體的任何一個規定都是另一個客體的規定；但這另一個客體無論是相對於它的已規定的存在而言，還是相對於它的主動的行動而言，都同樣是漠不相關的。正因如此，決定論本身也是無規定的，必須無限推進；它可[413] 以隨意停留在任何地方並得到滿足，因為它所過渡到的客體是一個已經在自身內完結的形式總體性，無所謂是不是由另一個客體所規定的。對一個客體的規定的**解釋**，還有這個表象為此作出的推進等等，其之所以是**一句空話**，就是因為在它們推進到的另一個客體裡，沒有自身規定。

3. 現在，既然一個客體的**規定性位於另一個客體之內**，那麼兩個客體之間就沒有已規定的差異性；規定性完全是**雙重的**，時而在這個客體裡，時而在那個客體裡，因此它是一個絕對單純的**同一性東西**，而在這個意義上，解釋或概念把握就是**恆真句**。這個恆真句是一種外在的、空洞的來回徘徊；由於那些與此漠不相關的客體的規定性並未獲得獨特的區分性，從而僅僅是同一的，所以這裡只有**同一個**規定性；當我們說「規定性是雙重的」，就恰恰表達出了區別的這種外在性和虛無性。但與此同時，客體相互之間是**獨立的**；因此它們在那個同一性裡始終絕對地**外在於**彼此。——這樣一來，在客體的完滿的彼此漠不相關性和它們的**規定性的同一性**之間，或者說在它們的完滿的**外在性**和它們的規定性的**同一性**之間，就出現了一個**矛盾**。換言之，這個矛盾是諸多在其中絕對地相互排斥的客體的

否定統一體，——即**機械過程**。

B 機械過程

　　如果客體僅僅被看作是一些在自身內完結的總體性，它們就不可能相互作用。按照這個規定，它們和**單子**是同一個東西，而正因如此，我們不能設想單子相互之間有任何作用。但恰恰在這種情況下，單子概念成了一個有缺陷的反思。因為，**首先**，單子是它的純粹**自在**存在著的總體性的**已規定的**表象；作為它的世界表象的**某種程度上的發展和已設定的存在**，單子是一個**已規定的東西**；現在，它是一個在自身內完結的總體性，因此它和這個規定性也是漠不相關的；因此這不是它自己的規定性，而是由**另一個客體所設定**的規定性。**其次**，就它應當是一個純粹的**表象者**而言，它是一個一般意義上的**直接的東西**；因此它的自身關聯是抽象的普遍性；在這種情況下，它是一個**為其他單子敞開大門的定在**。——有些人為了讓單子贏得實體的自由，就把它想像為一個**內在完整的、無需從外面獲得任何東西的總體性**，但這是徒勞無益的。毋寧說，這種無概念的、純粹進行著表象活動的自身關聯恰恰是一個相對他者而言的**被動性**。——同理，**規定性**無論是被當作一個**存在者**或一個**表象者**的規定性，還是被當作固有的、來自於內核的發展過程的**程度**，都是一個**外在的東西**；——發展過程所達到的**程度**在一個**他者**那裡具有它的**界限**。至於把實體的交互作用推諉給一個**前定和諧**，無非意味著把它當作一個**預先設定**，亦即當作某種被剝離了概念的東西。——人們之所以希望逃避實體的**內在作用**，是因為考慮到一個位於根基處的環節，即絕對的**獨立性**和**原初性**。但由於發展過程的**已設定的存在**或程度不符合這個**自在存在**，所以只能以一個**他者**為它的根據。

[414]

在實體性對比關係那裡，我們已經表明，它過渡到因果性對比關係。但在這裡，存在者不再意味著一個**實體**，而是意味著一個**客體**；因果性對比關係已經在概念裡消失了；一個實體相對於另一個實體而言的原初性表現爲映像，而它的作用活動則是表現爲向著對立面的過渡。因此這個對比關係並不具有客觀性。相應地，即使其中一個客體在主觀統一體的形式中被設定爲發揮作用的原因，這也不再被看作是一個原初的規定，而是被看作是某種**經過中介的東西**；發揮作用的客體只有以另一個客體爲中介，才具有它的這個規定。——**機械性**既然屬於概念的層面，就在自身那裡設定了這樣一個東西，這個東西已經表明自己是因果性對比關係的眞理，即原因雖然應當是自在且自爲的存在者，但在本質上同樣是作用或已設定的存在。因此在機械性裡，客體的原因性直接是一個非原初性；客體與它的這個規定漠不相關；至於它成了原因，這對它來說是一件偶然的事情。——在這個意義上，人們幾乎可以說，諸實體之間的因果性**僅僅是一個被設想的東西**。但這個被設想的因果性恰恰是**機械性**，因爲後者意味著，因果性作爲各種實體的**同一的**規定性，從而作爲它們的獨立性在這個同一性中的消滅，是一個**單純的已設定的存在**；諸客體與這個統一體漠不相關，並且在與統一體的對立中保留下來。但它們的這個漠不相關的**獨立性**同樣是一個單純的**已設定的存在**；因此它們能夠相互**混合**和**堆積**，並作爲**堆積物**而轉變爲一個**客體**。由於這種漠不相關性（即不但與它們的過渡漠不相關，而且與它們的獨立性漠不相關）的緣故，實體就是**客體**。

a 形式上的機械過程

機械過程意味著設定了那個包含在機械性概念裡面的東西，因此起初是設定了一個**矛盾**。

1. 剛才揭示出的那個概念表明，客體的內在作用的結果就是**設定了**它們的**同一性**關聯。這件事情的唯一根據在於那個受作用的規定性獲得**普遍性**形式，——這就是**傳遞**（Mitteilung），它不會過渡 [416] 到對立面。——**精神性傳遞**尤其是在具有普遍性形式的普遍者這一要素裡面發生的，它本身是一個**觀念性**關聯，在其中，**一個規定性**完整地從一個人**延續到**另一個人那裡，並在毫無變化的情況下普遍化，——就好像一陣芬芳在通透的空氣裡擴散。但即使在物質客體之間的傳遞裡，也可以說它們的規定性是以一個同樣觀念性的方式**擴張**；相比客體所具有的強硬性，人格性的**強硬性**更具有無可比擬的張力。一般而言，客體的形式化總體性和規定性是漠不相關的，從而不是一個自身規定，但它把客體和別的客體區分開，隨之首先把內在作用轉化爲一個客體的規定性在另一個客體裡的無障礙的延續。

現在，精神性東西包含著無限雜多的內容，而這個內容是能夠傳遞的，因爲當它被接納到理智裡，獲得普遍性**形式**，就轉變爲一個可傳遞的東西。這個不僅透過形式，而且自在且自爲的普遍者是嚴格意義上的**客觀東西**，無論在精神性東西裡還是在形體東西裡都是如此，與此相反，無論是外在客體的個別性還是人的個別性，都是一個非本質性東西，一個不能對普遍者有任何抵抗的東西。在精神性東西裡，法律、倫理和全部理性觀念都是這樣的可傳遞的東西，它們以一種無意識的方式滲透個體，在他們中間發揮效用。在形體東西裡，則是有運動、熱、磁、電之類東西，哪怕人們希望把它們想像爲材料或質料，也必須把它們規定爲**不可測的**活動者，——這些活動者並不具有那個爲**它們的個別化**提供根據的物質性東西。

2. 現在，如果在客體的交互作用裡，它們的**同一的**普遍性首先被設定下來，那麼同樣必須設定另一個概念因素，即**特殊性**；這 [417]

樣一來，客體也證明瞭它們的**獨立性**，隨之保持爲彼此外在的東西，並在那個普遍性裡製造出**個別性**。這個製造是一般意義上的**反作用**。起初它不應當被理解爲**單純揚棄了**活動和被傳遞的規定性；被傳遞的東西作爲普遍者，以一種肯定的方式存在於特殊客體中，並且僅僅透過它們的差異性而**特殊化自身**。在這個意義上，被傳遞的東西始終是它所是的那個東西；它僅僅把自己**分配給**各個客體，或者說受它們的特稱性所規定。—— 原因在它的他者（亦即作用）中消失了，原因實體的主動性也在它的作用活動中消失了；但那個**發揮作用的客體**僅僅轉變爲一個**普遍者**；客體的作用活動起初不是它的規定性的喪失，而是一種**特殊化**，透過這種特殊化，最初那個完整的、在客體那裡**個別地**存在著的規定性，如今轉變爲規定性的一個**屬**，而**規定性**只有在這種情況下才被設定爲一個普遍者。一方面，個別的規定性透過傳遞而提升爲普遍性，另一方面，規定性發生特殊化，換言之，那曾經的**同一個**規定性降格爲分配的一個**屬**，這兩方面是同一回事。

現在，**反作用**等同於**作用**。—— **第一**，這件事情看起來是這樣的，即另一個客體已經把整個普遍者**納入自身**，轉而對前一個客體發揮作用。於是它的反作用和作用是同一個作用，即**阻礙的相互排斥**。**第二**，被傳遞的東西是客觀東西；因此在預先設定諸客體的差異性的情況下，它**始終**是它們的實體性規定；與此同時，普遍者在客體裡面特殊化自身，因此每一個客體不是僅僅把全部作用交還回去，而是具有它的特殊分額。**第三**，當每一個客體透過**它的獨立性的彈性**把自身內的他者的已設定的存在排除出去，並獲得它的自身關聯，反作用就是**整個否定的作用**。被傳遞的規定性在諸客體裡的
[418]　　細分的**特殊性**，即之前被稱作「屬」的那個東西，返回到**個別性**，於是客體堅持它的與**被傳遞的普遍性**相對立的外在性。透過這個方

式，作用過渡到**靜止**。正如我們看到的，它在客體的內在完結的、漠不相關的總體性那裡僅僅是一個**表面上的**、轉瞬即逝的變化。

3. 這個返回構成了機械過程的**產物**。按照**預先設定**，客體**直接地**是個別東西，其次是一個與其他客體相對立的特殊東西，第三是一個與它的特殊性漠不相關的東西，即普遍者。**產物**是概念的那個**預先設定的**總體性，現在卻是作為一個**已設定的**總體性。那透過客體的特殊性而把被傳遞的普遍性與個別性結合起來的東西，是結論命題；但與此同時，**中介活動**在靜止裡被設定為一個已經**揚棄**自身的中介活動，換言之，產物與它的這個被規定狀態是漠不相關的，而保留下來的規定性在它那裡是一個外在的規定性。

就此而言，產物和那個起初進入過程的客體是同一個東西。但與此同時，它只有透過這個運動才是**已規定的**；**總的說來**，機械的客體**只有作為產物才是客體**，因為它**所是**的那個東西只有**透過一個他者的中介活動**才出現在它那裡。這樣，產物就是它自在且自為地本應所是的那個東西，即一個**組合的**、**混合的東西**，或各個部分的一個**秩序**和**排列**，而總的說來則是這樣一個東西，其規定性不是自身規定，而是一個**已設定的東西**。

另一方面，機械過程的**結果**同樣**並非在它之前就已經存在著**；它的**終點不像**目的那樣在它的**開端**中。產物作為客體那裡的一個規定性，是**外在地**已設定的規定性。因此，從概念來看，這個產物和那個位於開端的客體誠然是同一個東西，但在開端那裡，外在的規定性尚且不是**已設定的**規定性。就此而言，結果**完全不同於**客體的最初的定在，並且對後者而言是某種完全偶然的東西。

b 實在的機械過程

[419]

機械的過程返回到**靜止**。也就是說，客體透過這個過程而獲得

的規定性僅僅是一個**外在的**規定性。對客體而言，這個靜止本身同樣是一個外在的東西，因爲這是一個與客體的**作用活動**相對立的規定性，但每一個規定性都是與客體漠不相關的；因此靜止也可以被看作是一個透過**外在的**原因而產生出來的東西，哪怕客體無所謂是否作爲一個發揮作用者而存在。

再者，由於規定性是一個**已設定的**規定性，而客體的概念**已經透過中介活動而返回到自身那裡**，所以客體所具有的規定性是一個在客體那裡反映回自身之內的規定性。從現在起，諸客體在機械過程裡具有一個更詳細的已規定的對比關係，而這個過程本身就是這樣一個對比關係。它們不僅是有差異的，而且**被規定為**彼此**有區別**。形式上的過程的結果一方面是無規定的靜止，另一方面則是透過這個反映回自身之內的規定性而把全部客體本身就具有的那個**對立分配**給下面的諸多以機械的方式相互對待的客體。一方面，客體作爲無規定的東西，表現爲**無彈性的**和**非獨立的**，另一方面，它具有一個對其他客體而言**堅不可摧的獨立性**。現在，諸客體**相互之間**也具有「**獨立的個別性**」和「**非獨立的普遍性**」這一更明確的對立。——這個更詳細的區別可以被看作是形體東西裡的一個單純的**量**的區別，即**品質**或**內涵性**的不同大小，或者以別的許多方式得到理解把握。但總的說來，這個區別不應當固定在那個抽象中；二者哪怕作爲客體，也是**肯定的**獨立者。

現在，這個實在的**過程**的第一個環節和之前一樣，是**傳遞**。**較弱的東西**只有接納**較強的東西**，並且與之構成**同一個層面**，才能夠被後者所把握和滲透。正如在物質世界裡，弱小的東西在面對太過於強大的東西時反而是安全的（比如一塊輕輕懸掛著的紗布不會被槍彈擊穿，有機體的柔弱的接受性更容易受到微弱的而非強烈的刺激物的傷害），同樣，完全弱小的精神在面對強大的精神時，相比

[420]

一個與後者不離左右的精神，是更安全的；人們能夠設想的至爲愚蠢和卑賤的東西，莫過於那種對崇高的知性和高貴者無動於衷的東西；爲了**反對**理性，唯一澈底的手段是對它不理不睬。——只要非獨立者和獨立者不能融合，只要它們之間不能發生任何傳遞，那麼後者就不可能造成任何**抵抗**，也就是說，被傳遞的普遍者單獨而言是不可能特殊化的。——假若它們不是置身於**同一個**層面，那麼它們的相互關聯就是一個無限判斷，在它們之間也不可能有任何過程。

抵抗環節起初意味著，對被傳遞的普遍者進行分配，並且設定一個與自身相關聯的否定性，一個有待製造出來的個別性，而確切地說，這個環節是指一個客體被另一個客體克服。只要抵抗的規定性**不符合**那個已經被客體接納，並且應當在客體裡面個別化的，被傳遞的普遍者，抵抗就被克服了。它的相對的非獨立性的表現是，它的**個別性**不能容納被傳遞的東西，於是被後者炸裂了，因爲它在這個普遍者身上不能作爲**主詞**而延續自身，不能把這個普遍者當作它的述詞。——只有從這第二個方面來看，針對一個客體的暴力對這個客體而言才是**外來的東西**。**權力**之所以成爲**暴力**，就是因爲它作爲一個客觀的普遍性，雖然和客體的**本性**是**同一的**，但它的規定性或否定性並不是客體自己的**否定的自身內反映**，而客體是由於這個 [421] 自身內反映才成爲一個個別東西。就客體的否定性沒有在權力那裡反映回自身之內，且權力不是客體自己的自身關聯而言，這個否定性在權力面前僅僅是一個**抽象的**否定性，其展現就是消亡。

權力，作爲**客觀的普遍性**和**針對客體的暴力**，就是所謂的**命運**，——當這個概念落入機械性的範圍之內，命運被稱作**盲目的**，也就是說，那個在其特殊的私己性中的主體並沒有認識到命運的**客觀普遍性**。——如果這裡需要少許例子，那麼可以說，全部生物的命運就是**種**，它展現在有生命的個體的轉瞬即逝中，這些個體是**現**

實的個別東西，不是種，因此是轉瞬即逝的。作為單純的客體，這些僅僅有生命的自然事物和其餘低級事物一樣，都不具有命運；它們所遭遇的，是一個偶然性；但它們**按照其概念而言是一些彼此外在的客體**；因此，命運的陌生權力完全只是它們自己的**直接的本性**，即外在性和偶然性本身。唯獨自我意識才具有真正的命運，因為它是**自由的**，從而在它的自我的**個別性**中是絕對**自在且自為的**，並且能夠與它的**客觀普遍性**相對立，甚至針對普遍性而**異化**自身。但透過這個分離本身，自我意識就面臨著一個命運的機械的對比關係。因此，為了讓命運征服自我意識，後者必須給予自己一個與本質性普遍性相對立的規定性，必須做出一個**行為**。透過這個方式，自我意識已經轉化為一個**特殊東西**，而這個定在作為抽象的普遍性，同時是一個敞開的方面，以傳遞它的那個已經異化的本質；在這個方面裡，自我意識被捲入過程。一個碌碌無為的民族是無可指責的；這樣的民族被包裹在客觀的、倫理的普遍性裡面，在其中瓦解，卻不[422] 具有這樣一個個體性，它推動不動者，給予自己一個向外的規定性和一個與客觀普遍性分離的抽象普遍性，但在這種情況下，主體也轉變為一個脫離了它的本質的東西，轉變為一個**客體**，並且違背自己的本性，進入**外在性**對比關係和機械性對比關係之中。

c 機械過程的產物

形式上的機械性的產物是一般意義上的客體，一個漠不相關的總體性，在那裡，**規定性**是已設定的規定性。這樣一來，當客體作為**已規定的東西**進入過程，一方面，在客體的消亡中，**靜止**作為客體的原初的形式主義，作為它的自為的已規定的存在的否定性，就是結果；但另一方面，已規定的存在的揚棄，作為**這個存在的肯定的自身內反映**，是一個已然內化的規定性，或者說是**概念的已設定的**

總體性，即客體的**真正的個別性**。客體首先處在其無規定的普遍性中，然後是一個**特殊東西**，如今又被規定爲**客觀的個別東西**，而在這種情況下，**個別性**的那個**映像**就已經被揚棄了，因爲個別性僅僅是一個與實體式普遍性**相對立**的獨立性。

正如我們看到的，**首先**，這個自身內反映是諸客體的客觀的一體化存在，是個體的獨立性，——即**核心**。**其次**，否定性的反映是普遍性，後者不是一個與規定性相對立，而是在自身內已規定的、理性的命運，——即一個**在其自身就特殊化了**的普遍性，一個靜止的、在客體的非獨立的特殊性及其過程裡巋然不動的區別，亦即**規律**。這個結果是機械過程的眞理，從而也是其根基。

C 絕對的機械性 [423]

a 核心

第一，客體的空洞的雜多性已經匯聚在客觀的個別性裡，匯聚在一個單純的、自己規定自己的**中心點**裡。第二，就客體作爲直接的總體性仍然與規定性漠不相關而言，規定性在客體那裡也是呈現爲非本質性東西，或者說呈現爲諸多客體的**彼此外在**。與此相反，前一個規定性亦即本質性規定性構成了諸多交互作用的客體之間的**實在的中項**，並且是它們的客觀的普遍性，而透過這個中項，諸客體**自在且自爲地**結合在一起。普遍性首先在**傳遞**關係裡表現爲一個僅僅透過**設定活動**才存在著的普遍性；但作爲**客觀的**普遍性，它是一個滲透了諸客體的內在本質。

在物質世界裡，核心是**核心物體**，後者是**種**，同時又是個別客體及其機械過程的**個體的**普遍性。非本質性的個別物體之間是**排斥**

和**擠壓**的關係；但這樣的關係不會出現在**核心天體**和那些以它為本質的客體之間，因為這些客體的外在性不再構成它們的基本規定。也就是說，它們和核心天體的同一性毋寧是靜止，亦即一種**位於其核心中的存在**；這個統一體是它們的自在且自為地存在著的概念。儘管如此，靜止始終只是一個**應當**，因為客體的同時被設定的外在性與那個統一體並不契合。因此它們對於核心的**努力追求**是它們的絕對的普遍性，而不是透過**傳遞**而被設定的普遍性；絕對的普遍性構成了真正的，**本身具體的**，而非**從外面設定的**靜止，而這必定是非獨立性的過程的歸宿。—— 因此，當機械論假定，只要一個設定

[424] 在運動中的物體沒有透過外在的抵抗而失去它的運動，就會沿著直線無限推進，這只不過是一個空洞的抽象。**摩擦**，或者說任何別的抵抗形式，都僅僅是**核心性**的現象；正是核心性把抵抗絕對地帶回到自身那裡；因為那個與運動著的物體發生摩擦的東西唯有透過它與核心的一體化存在才具有抵抗的力量。—— 在**精神性東西**裡，核心以及與核心的一體化存在採納了一些更高級的形式；但即使在這裡，概念統一體及其實在性（目前暫時是機械的核心性）也必須構成基本規定。

在這個意義上，核心物體不再是一個單純的**客體**，因為在後者那裡，規定性是一個非本質性東西；也就是說，核心物體不但具有客觀總體性的**自在存在**，而且具有其**自為存在**。正因如此，它可以被看作是一個**個體**（Individium）。它的規定性在本質上有別於單純的**秩序**或排列，有別於各個部分的**外在的**連繫；這個規定性作為自在且自為地存在著的規定性，是一個**內在的**形式，一個親自作出規定的本原；客體依附於這個本原，並藉此結合為一個真正的單一體。

但這個核心個體起初只是一個**中項**，尚且不具有真正的端項；但作為總體概念的否定統一體，它分裂為端項。換言之，透過概念

的回歸，此前那些非獨立的、彼此外在的客體同樣被規定爲個體；核心物體的自身同一性仍然是一個**努力追求**，與**外在性**糾纏不清，而這個外在性由於已經被接納到核心物體的**客觀的個別性**之內，就透過傳遞而獲得了個別性。當個體被置於那個最初的核心之外，就透過它們自己的這個核心性而成爲那些非獨立的客體的核心。透過那個絕對的中項，第二類核心和非獨立的客體就結合在一起。

　　但這些相對的核心個體本身也構成了**第二種推論**的中項，這個 [425] 中項一方面被歸攝到一個更高的端項（亦即絕對核心的客觀的**普遍性**和**權力**）之下，另一方面把非獨立的客體歸攝到它自身之下，承擔著它們的表面上的或形式上的個別化。── 這些非獨立的客體也是**第三種**推論或**形式推論**的中項，因爲它們是絕對的核心個體性和相對的核心個體性之間的紐帶，而這意味著，後者在它們那裡具有自己的外在性，而透過這個外在性，所謂**與自身相關聯**，就是**努力追求**一個絕對的中心點。諸形式客體把那個與它們直接相關聯的核心物體當作它們的主詞和個別性端項，依附於它，並且把它的同一性**重力**當作它們的本質；透過它們所構成的外在性，這個直接的核心物體被歸攝到絕對的核心物體之下；因此它們是**特殊性**這一形式中項。── 但絕對的個體是客觀普遍的中項，它把相對的個體的內化存在及其外在性牢牢地結合起來。── 在這個意義上，**政府、市民個體**和**需要**（即個人的**外在生命**）也是三個詞項，其中每一個都是另外兩個的中項。**政府**是絕對的核心，把個人端項和他們的外在持存結合在一起；**個人**同樣也是中項，他們把那個普遍的個體改造爲外在的實存，把他們的倫理本質轉移到現實性端項。第三種推論是形式推論，即映像推論，也就是說，個人透過他們的**需要**和外在定在而與這個普遍的、絕對的個體性結合在一起，── 這個推論作爲純粹主觀的推論，過渡到其他推論，並且在它們那裡具有自己的

真理。

[426]　　　這個總體性構成了**自由的機械性**；它的各個環節本身是概念的完整的對比關係，亦即**推論**，在其中，三個區分開的客體每一個都貫穿著中項和端項的規定。在自由的機械性裡，區分開的客體把客觀的普遍性，把那個**滲透著的**、在**特殊化**中保持自身同一的重力當作它們的基本規定。諸如**擠壓**、**排斥**、**吸引**之類關聯，還有**堆積**或**混合**等等，都屬於外在性對比關係，並且導致那三種並列的推論中的第三種推論。**秩序**，作為諸客體的純粹外在的規定性，已經過渡到內在的和客觀的規定；這個規定就是**規律**。

b 規律

　　　規律那裡顯露出一個更明確的區別，即客觀性的**觀念實在性**和它的**外在實在性**之間的區別。客體作為概念的**直接的**總體性，尚未具有一種與那個沒有被單獨設定的**概念**區分開的外在性。當客體在過程中內化於自身，就出現了**單純的核心性**與一個**外在性**的對立，後者現在已經**被規定為**外在性，亦即**被設定為**並非自在且自為地存在著的東西。個體性的那個同一性東西或觀念性東西是與外在性直接相關聯的，因此是一個**應當**；它是概念的自在且自為地已規定的，同時自己規定著自己的統一體，但那個外在的實在性並不契合這個統一體，因此只能是一種**努力追求**。但個體性**自在且自為地是否定統一體的具體本原**，這個本原本身嚴格說來就是總體性，是這樣一個統一體，它分裂為**已規定的概念區別**，同時保持著自身等同的普遍性，於是成為一個在其純粹的理念性（Idealität）內部**透過區別而得以拓展**的中心點。── 這個與概念相契合的實在性是**觀念性的**（ideelle）實在性，有別於那個純粹只是作為努力追求的實在性；

[427]　這個區別起初是客體的多樣性，處在其現實性中，並且被納入純粹

的普遍性。至於這個實在的理念性，則是此前發展起來的客觀總體性的**靈魂**，是體系的**自在且自為地已規定的同一性**。

因此，這個客觀的**自在且自為的存在**在其總體性中更明確地表現爲核心的否定統一體，它把自身分割爲**主觀的個體性和外在的客觀性**，在後者那裡維繫著前者，並且在觀念性區別中規定著前者。這個自己規定著自己，把外在的客觀性絕對地帶回到理念性的統一體，是**自主運動**的本原；這個灌輸靈魂者的**規定性**，作爲概念本身的區別，就是**規律**。——僵死的機械性就是此前考察的客體的機械過程，這些客體起初直接顯現爲獨立的，但正因如此，它們眞正說來是非獨立的，並且是在自身之外具有它們的核心；這個過渡到**靜止**的過程要麼展現出**偶然性**和無規定的非等同性，要麼展現出**形式上的均勻性**。這個均勻性誠然是一個**規則**，但不是**規律**。唯獨自由的機械性才具有一個**規律**，即純粹的個體性或**自爲存在著的概念**自己作出的規定；規律作爲自在的區別，本身就是自發的運動的永恆源泉，因爲它在它的區別的理念性裡僅僅與自身相關聯，是一個**自由的必然性**。

c 機械性的過渡

儘管如此，這個靈魂仍然沉陷在它的軀體之內；客觀總體性的**如今已規定的**，但仍然**內在的**概念是自由的必然性，也就是說，規律尚未與它的客體形成對立；它是**具體的**核心性，即一個**直接**擴散到它的客觀性裡的普遍性。因此，那個理念性並沒有把**客體本身**當作它的已規定的區別；這些客體是總體性的**獨立的個體**，但如果我們回顧一下形式層面，也可以說它們不是個體式的、外在的**客體**。規律誠然是內在於它們的，並且構成了它們的本性和權力，但它的區別被封閉在它的理念性之內，而客體本身並沒有區分爲規律的觀

[428]

念性差異。但客體唯有在觀念性核心性及其規律那裡才具有其本質上的獨立性；因此它無力去抵抗概念的判斷，不能在抽象的、無規定的獨立性和封閉性裡面保存自身。透過那個觀念性的、內在於它的區別，客體的定在是一個**由概念所設定的規定性**。在這種情況下，它的非獨立性不再僅僅是一個對於**中心點**的**努力追求**，但因爲它的關聯僅僅是一個努力追求，所以相對於中心點而言，它在現象中仍然是一個獨立的、外在的客體；實際上，它所**努力追求**的是一個**與它明確相對立的客體**；相應地，核心本身已經發生分裂，而它的否定統一體已經過渡到一個**客觀化了的對立**。因此從現在起，核心性是這兩個相互否定的、處於張力之中的客觀性的**關聯**。於是自由的機械性把自己規定爲**化學性**。

第二章　化學性

　　化學性在整個客觀性裡構成了判斷環節，即客觀化了的差異和過程這一環節。由於它已經以規定性和已設定的存在爲開端，而且由於化學的客體同時是客觀的總體性，所以它接下來的進程是很簡單的，並且完全是由它的預先設定所規定的。

A 化學的客體

[429]

　　化學客體之區別於機械客體的地方在於，後者是一個與規定性漠不相關的總體性；反之在化學客體那裡，**規定性**，還有**他者關聯**以及這個關聯的樣式和方式，都屬於它的本性。——這個規定性在本質上同時是**特殊化**，亦即已經被納入普遍性；因此它是**本原**，——是**普遍的規定性**，不僅是**某一個**個別客體的規定性，而且是**另一個**個別客體的規定性。因此在客體那裡，它的概念就把自身區分爲兩個規定性的內在總體性和那樣一個規定性，這個規定性構成了在其**外在性**和**實存**中的個別客體的本性。由於在這種情況下，客體**自在地**是整個概念，所以它本身就具有**必然性**和**衝動**，即必須去揚棄它的相反的、**片面的持存**，並且把自己改造爲定在中的**實在的整體**，即它按照自己的概念而言所是的東西。

　　關於「**化學性**」（chemismus）這一表述，就當前得出的客觀性的差異關係而言，此外還可以指出，我們沒有必要這樣來理解它，彷彿這個關係只有在元素本性的那個形式（亦即那個眞正號稱化學性的東西）裡才呈現出來。就連氣象學關係也必須被看作是一

個過程，其組成部分更多具有的是物理元素的本性，而非化學元素的本性。在生物界裡，性關係也是遵循這個模式，而這個模式同樣構成了愛、友誼等精神關係的**形式上的**根基。

確切地說，化學客體作爲一般意義上的**獨立的**總體性，起初是一個反映回自身之內的客體，從而有別於它的向外反映的存在，——是一個漠不相關的**基礎**（Basis），一個尚未獲得差異規定的個體；個人（Person）同樣是一個起初僅僅與自身相關聯的基礎。內在的規定性雖然構成了化學客體的**差異**，但**首先**，這個規定性已經反映回自身之內，而且這個把向外關聯收回來的做法僅僅是一個形式上的、抽象的普遍性；也就是說，向外關聯是它的直接性和實存的規定。從這個方面來看，化學客體並非**在其自身**就返回到個體式的總體性之內；否定統一體把兩個**特殊**的**客體**當作它的兩個相互對立的環節。就此而言，化學客體不可能透過自身而得到概念把握，毋寧說一個客體的存在就是另一個客體的存在。——**其次**，規定性已經絕對地反映回自身之內，成爲整體的個體式概念的具體環節，而這樣一個概念是普遍的本質，是特殊客體的**實在的種**。化學客體本身，還有它的直接的已設定的存在與它的內在的個體式概念的矛盾，是一個**努力追求**，即去揚棄它的定在的規定性，並且給予概念的客觀總體性以實存。所以，雖然它同樣是一個非獨立的東西，但與此同時，它反過來透過它的本性本身而處於張力之中，並且以自身規定的方式開啓**過程**。

[430]

B 化學過程

1. 這個過程開始於一個預先設定，即那些處於張力之中的客體對自己有多大的張力，其相互之間起初就有多大的張力，——這

個比例關係叫做它們的**親和性**。由於每一方都透過它的概念而與它的實存固有的片面性相矛盾，從而企圖揚棄這個片面性，所以其中直接設定了一個努力追求，即去揚棄另一方的片面性，並且透過這個相互的均衡和結合而把實在性設定爲符合那個包含著兩個環節的概念。

在這個意義上，每一方都被設定爲一個在其自身就與自身相矛盾，並揚棄自身的東西，於是它們只能透過**外在的暴力**而保持相互孤立，並拒絕彼此的補充。現在，**首先**，那個把兩個端項結合在一起的中項是二者的**自在存在著的**本性，是在自身內維護著二者的整個概念。**其次**，由於它們在實存中是相互對立的，所以它們的絕對統一體也是一個與它們**有區別的**、**實存著的**，仍然形式上的要素 —— 即**傳遞**，而透過這個要素，它們形成了一個外在的**共同體**。既然實在的區別屬於端項，那麼這個中項就僅僅是抽象的中和性，即端項的實在的可能性，—— 好比化學客體的實存，它們的過程及其結果之類**理論要素**；—— 在形體東西裡，**水**具有這個媒介的功能；在精神性東西裡，就其中包含著這樣一個對比關係的類比而言，必須把一般意義上的**符號**乃至**語言**看作是這個媒介。

[431]

客體的對比關係，作爲同一個要素中的單純傳遞，一方面是一種安靜的融合，但另一方面同樣是一個**否定的對比**，因爲具體的概念作爲客體的本性，在傳遞中被設定爲實在的東西，於是客體的**各種實在的區別**被還原到概念的統一體。相應地，由於概念在兩個客體裡是同一個概念，所以客體曾經的獨立的**規定性**就在那個符合概念的聯合中被揚棄了，它們的對立和張力也隨之被磨鈍了，而在這個相互的補充中，那個努力追求也獲得了它的安靜的**中和性**。

透過這個方式，過程**停滯了**；由於概念和實在性的矛盾達到了均衡，推論的端項就失去了它們的對立，隨之不但對彼此而言，而

且對中項而言都不再是端項。**產物是一個中和的東西**，也就是說，

[432] 在這個東西裡，那些已經不能被稱作是客體的成分不再具有它們曾經處於張力中時所具有的張力乃至特性，但與此同時，它們又**能夠**獲得此前的獨立性和張力。換言之，中和的東西這個否定統一體來自於一個**預先設定的**差異；化學客體的**規定性**和它的客觀性是同一的，是原初的規定性。透過以上考察的過程，這個差異起初只是**直接**被揚棄了，但規定性尚且不是絕對地已經反映回自身之內的規定性，於是過程的產物僅僅是一個形式上的統一體。

2. 在這個產物裡，對立的張力和否定統一體作為過程的活動誠然已經停滯了。但是，由於這個統一體是概念的本質性東西，同時本身已經達到了實存，所以它仍然會呈現出來，只不過是出現於中和的客**體之外**。過程不會依靠自己而死灰復燃，因為它只是把差異當作它的**預先設定**，而不是**親自設定了**差異。——這個位於客體之外的、獨立的否定性，作為**抽象的**個別性的實存（它的自為存在是在**無差別的客體**那裡具有其實在性），如今在自身之內與它的抽象處於張力之中，而這是一個內在的躁動不安的活動，它吞噬自己，轉而朝向外面。活動**直接**與客體相關聯，而客體的安靜的中和性對於活動的對立而言，是一個實在的可能性；從現在起，客體是此前單純形式上的中和性的**中項**，在自身之內就是具體的和已規定的。

接下來，**否定統一體的端項**與客體的直接關聯就是：客體受這個統一體所規定，隨之發生分裂。這個分裂首先可以被看作是製造出處於張力中的客體的對立，而化學性就是以這個對立為開端。但這個規定並沒有構成推論的其他端項，而是屬於差異化本原與中項的直接關聯，而這個本原是在中項那裡給予自己直接的實性；它

[433] 是這樣一個規定性，即它除了是對象的普遍本性之外，同時在選言推論中具有一個中項，於是對象既是客觀的普遍性，也是已規定的

特殊性。推論的**另一個端項**與外在的、**獨立的端項**（亦即個別性）相對立；因此它是一個同樣獨立的端項，亦即**普遍性**；因此，中項的實在的中和性在這個端項裡所經歷的分裂，就是它並非分裂爲相互有別的環節，而是分裂爲**無差別的環節**。就此而言，這些環節一方面是抽象的、漠不相關的**基礎**，另一方面是這個基礎的**精神化本原**，而這個本原透過與基礎分離，同樣達到了漠不相關的客觀性這一形式。

這個選言推論是化學性的總體性，在其中，同一個客觀的整體既呈現爲獨立的**否定的統一體**，也在中項中呈現爲**實在的統一體**，——最終呈現出那個瓦解爲其**抽象的**環節的化學實在性。在這些環節裡，規定性不像在中和的東西裡一樣，在**一個他者**那裡達到其**自身內反映**，而是自在地返回到它的抽象，成爲一個**原初地已規定的要素**。

3. 相應地，這些元素客體已經擺脫了化學的張力；在它們那裡，化學性以之爲開端的那個**預先設定**的原初根基已經**被設定下來**。因此接下來的情況就是，一方面，它們的嚴格意義上的內在**規定性**在本質上是它們的**單純的漠不相關的持存**和它們本身作爲**規定性**的矛盾，是一個向外的衝動，它分裂自身，並且在它的客體和**另一個客體**那裡設定張力，**以便具有一個可以當作差別者來對待的東西**，在那裡中和自身，並給予自己的單純的規定性以定在著的實在性，而這樣一來，化學性已經返回到它的開端，在這裡，那些處於張力之中的客體尋求彼此，然後透過一個形式上的、外在的中項而聯合爲一個中和的東西。另一方面，當化學性像這樣返回到它的**概念**，就揚棄自身，並過渡到一個更高的層面。 [434]

C 化學性的過渡

　　普通化學已經展示了化學變化的一些例子，比如，當一個物體分配給它的一部分品質以較高的氧化程度，就會因此降低另一部分品質的氧化程度，這時它就只能和另一個擺放在它面前的有差別的物體造成一個中和的化合；假若它是處在最初那個直接的氧化程度上，那麼它是不會接受這個化合的。這裡發生的情況是：客體不是按照一個直接的、片面的規定性而與另一個客體相關聯，而是按照一個原初的**比例關係**的內在總體性而**設定**它為了達到一個實在的關聯而需要的那個**預先設定**，隨之給予自己一個中項，並藉此把它的概念和它的實在性結合在一起；客體是自在且自為地已規定的個別性，是具體的概念，後者相當於端項的**選項**（分立）本原；這些端項的**重新聯合**是**同一個**否定的本原的活動，這個本原藉此返回到它的最初的規定，但已經**客觀化了**。

　　化學性本身是對**漠不相關的**客觀性和規定性的**外在性**的**第一個否定**；因此它仍然與客體的直接的獨立性，與外在性，糾纏不清。相應地，它本身仍然不是那個從它那裡顯露出來的自身規定的總體性，而它本來應當在其中揚棄自身。——迄今得出的三種推論構成了化學性的總體性；第一種推論把形式上的中和性當作中項，把處[435]於張力之中的客體當作端項，第二種推論把第一種推論的產物（即實在的中和性）當作中項，把分裂活動及其產物（即漠不相關的元素）當作端項；但第三種推論是一個將自身實在化的概念，它為自己設定了一個預先設定，而它的實在化過程就是以這個預先設定為條件，——即一種把普遍者當作它的本質的推論。儘管如此，由於化學的客觀性是立足於直接性和外在性等規定，所以**這三種推論仍**

然是四散分離的。第一個過程——它的產物是處於張力之中的客體的中和性——在它的產物裡停滯了，只有一種外來的差異化才能夠讓它死灰復燃；它把一個直接的預先設定當作條件，在其中窮盡自身。——同樣，無論是把有差異的端項從中和的東西那裡排除出去，還是把它們分解爲它們的抽象要素，都必須從**外來的條件**和活動的刺激出發。過程的兩個本質性環節在於，一方面是中和活動，另一方面是分離和還原，但它們是在同一個過程裡面結合起來的，而且處於張力之中的端項的**聯合**和鈍化同樣就是**分裂爲**端項，就此而言，這兩個環節由於那個仍然位於根基處的直接性的緣故，構成了**兩個有差異的**方面；那些在這個過程裡中排除出去的端項，相較於那些在過程中聯合起來的端項，是另外的客體或質料；就前者重新顯露爲有差別的東西而言，它們必須轉而朝向外面；它們的新的中和活動，相較於第一種推論裡的中和活動，是另一個過程。

　　但這些必然得出的有差異的過程同樣是許多**層次**，在這種情況下，**外在性**和**有條件的存在**就被揚棄了，由此顯露出的概念是一個自在且自爲地已規定的、不以外在性爲條件的總體性。在第一個過程中，相互有別的端項（它們構成了整個實在性）的外在性，亦即 **自在**存在著的已規定的概念和它的**定在著的**規定性的區分狀態，揚棄了自身；在第二個過程中，實在的統一體的外在性，亦即聯合（作爲單純**中和的**聯合），被揚棄了；——確切地說，形式上的活動首先在一些同樣形式上的基礎或無差別的規定性裡揚棄自身，這些規定性的**內在的**概念如今是一個已然內化的、絕對的、在其自身就將自身實在化的活動，也就是說，它在自身內**設定**各種已規定的區別，並且透過這個**中介活動**而把自己建構爲實在的統一體——換言之，這個中介活動是概念**自己的**中介活動，是概念的自身規定，而從概念由此而來的自身內反映這一角度來看，則是一個內在的**預**

[436]

先設定活動。第三種推論一方面是之前兩個過程的重建，另一方面仍然揚棄了**漠不相關**的基礎這一最終的環節，即那個完全抽象的、外在的直接性，並透過這個方式轉變爲概念**自己**的一個環節，亦即它的自身中介活動。在這種情況下，概念已經把它的客觀定在的全部環節當作外在的環節而予以揚棄，並把它們設定在它的單純的統一體之內，隨之完全擺脫了客觀的外在性，僅僅把後者當作一個非本質性的實在性而與之相關聯；這個客觀的、自由的概念就是目的。

第三章 目的論

　　無論人們在什麼地方知覺到**合目的性**，都會假設一個**知性**是它的肇始者，隨之要求目的是概念自己的自由的實存。**目的論**首先與**機械性**相對立，在後者那裡，那些在客體身上所設定的規定性，作爲外在的東西，在本質上是這樣一種規定性，其中沒有展現出任何**自身規定**。單純的**作用因**（causis efficientibus）和**目的因**（causis finalibus）的對立與那樣一個區別有關，後者在具體的形式中，也是那個研究——世界的絕對本質究竟應當被理解爲盲目的自然機械性呢，抑或應當被理解爲一個按照目的來規定自身的知性——的歸宿？**宿命論**以及**決定論**和**自由**的二律背反同樣涉及到機械性和目的論的對立；因爲自由的東西就是在其實存中的概念。 [437]

　　舊的形而上學在對待這些概念時，和對待它的其他概念沒有什麼不同；它一方面預先設定一個世界表象，然後費盡心機表明這個或那個概念與之契合，以及相反的概念是有缺陷的（因爲不能用它們來**解釋**這個世界表象），另一方面在處理機械原因和目的等概念時，不去考察究竟哪一個概念**自在且自為地**具有眞理。如果這件事情本身確定下來，那麼客觀世界或許會呈現出機械原因和目的因；但它們的實存並不是**眞相**的尺度，毋寧說，眞相是衡量這些實存裡面哪一個才是它們的眞實實存的標準。正如主觀的知性在自身那裡展現出一些謬誤，同樣，客觀的世界也展現出眞理的那些方面和層次，它們單獨看來是片面的、不完整的，僅僅是現象的對比關係。既然機械性和目的論是相互對立的，那麼它們恰恰因此不能被當作是**同等有效的**，彷彿每一方單獨看來都是一個正確的概念，

和對方具有同等的有效性，以至於事情的關鍵僅僅在於，什麼地方能夠使用這個或那個概念。二者的這種**同等有效性**的唯一理由是：因爲它們**存在著**，也就是說，因爲我們**具有**二者。但第一個必然的問題是：「正因爲二者是相互對立的，那麼究竟哪一個是真實的概念？」而更高級的、真正的問題則是：「**有沒有一個第三者是它們的真理，或其中一個是另一個的真理？**」——但目的關聯已經表明自己是**機械性**的真理。就目的是一個處於自由的實存中的概念，並且總的說來與概念的非自由狀態（亦即概念之沉陷於外在性中的存在）相對立而言，那個呈現爲**化學性**的東西已經和**機械性**融合；也就是說，機械性和化學性一樣，都被統攝在自然必然性之下，但在機械性裡，概念並不是在客體那裡實存著，因爲客體作爲機械的客體並未包含著自身規定，反之在化學性裡，概念要麼具有一個處於張力之中的、片面的實存，要麼當它作爲統一體顯露出來，就把中和的客體置於端項的張力之中，而當它當揚棄這個分裂，就成爲一個外在於自身的東西。

[438]

目的論本原愈是和一個**位於世界之外的**知性連繫在一起，並在這個意義上受到虔敬人士的稱頌，看起來就愈是遠離真正的自然研究，因爲後者不希望把自然界的各種特性當作異類，而是希望把它們當作**內在的規定性**而加以認識，並且僅僅容許這樣一種認識活動作爲**概念把握**而發揮效用。由於目的是在其實存中的概念本身，所以，假若那種從客體的概念出發去認識客體的活動竟然顯現爲不合法地越界進入一個**異質的**要素，反之機械性——對它而言，客體的規定性位於客體之外，並且是由一個他者所設定的——卻被當作一個比目的論**更具有內在性**的觀點，那麼這就很稀奇了。誠然，機械性，至少是那種普通的不自由的機械性，和化學性一樣，都必須在如下情況下被看作是一個內在的本原，也就是說，那個進行規定的

外在東西本身又**僅僅是這樣一個客體**，即一個外在地已規定的，同時與這種被規定狀態漠不相關的客體，或者說在化學性裡，另一個客體是一個同樣以化學的方式被規定的客體，總而言之，總體性的一個本質性環節始終位於一個外在的東西之內。因此，這些本原始 [439] 終都是侷限於有限性的同一個自然形式的內部；儘管它們不打算超越到有限者之外，並且僅僅用一些本身要求繼續推進的有限原因來解釋現象，但與此同時，它們畢竟把自身拓展爲一個形式化的總體性，這一方面是基於「力」、「原因」之類標示著**原初性**的反映規定的概念，另一方面則是基於「**力的全體**」、「**互爲原因的整體**」這樣的抽象的**普遍性**。當機械性企圖把自然界**單獨**作爲一個**整體**（而且這個整體的**概念**不需要他者）來理解把握，這本身就表明它是對於總體性的努力追求，——但這個總體性並未出現在目的以及那個與之相關聯的位於世界之外的知性裡。

　　現在，合目的性首先表明自己是一個全然**高於知性的東西**，因爲後者是**以外在的方式**，亦即**透過一個自在且自爲地存在著的統一體**來規定客體的雜多性，以便**透過這個關聯**，客體的漠不相關的規定性轉變爲**本質性東西**。在機械性裡，這些規定性之轉變爲本質性東西，是透過**單純的必然性**形式，與此同時，它們的**內容**是漠不相關的，因爲它們應當始終是外在的規定性，而且只有嚴格意義上的知性才應當滿足於認識到它的連繫，即抽象的同一性。反之在目的論裡，內容是非常重要的，因爲目的論預先設定了一個概念，一個**自在且自爲地已規定的**、隨之自己規定著自己的東西，進而從各種區別及其相互規定的存在的**關聯**裡，從**形式**裡，區分出一個**反映回自身之內的統一體**，一個自在且自爲地已規定的東西，即**一個內容**。但是，假若這個內容是一個**有限的**、無關緊要的東西，那麼它就與它應當所是的那個東西相矛盾，因爲目的就其形式而言是一個**內在無**

限的總體性，——尤其當一個按照目的而發揮作用的行動被看作是**絕對的**意志和知性時，就更是如此。目的論之所以經常被指責爲扯淡，就是因爲它所揭示出的那些目的，相較於正常情況而言，要麼誇大其詞，要麼隔靴搔癢，而且因爲客體的目的關聯經常顯現爲一種外在的、隨之偶然的東西，所以這個關聯必定也經常顯現爲一種胡鬧。反之，機械性只容許客體的規定性就內涵而言具有偶然的價值，這些規定性與客體本身漠不相關，無論對客體還是對主觀的知性而言都不應當具有一種更高層次的效用。所以，當這個本原與外在的必然性連繫在一起，就提供了無限自由的意識，反之目的論卻是把自己那些微不足道的乃至可鄙的內容鼓吹爲某種絕對的東西，在其中，更普遍的思想只能感到無比的侷促乃至噁心。

[440]

　　這種目的論首先有一個形式化的缺點，即它僅僅達到了**外在的合目的性**。由於概念在這種情況下被設定爲一個形式化的東西，所以對目的論而言，內容也是一個位於概念之外、在雜多性或客觀世界中被給予的東西，——亦即處於那樣一些規定性中，它們雖然也是機械性的內容，但卻是外在的、偶然的東西。由於這個共通性的緣故，單是**合目的性形式**本身就構成了目的論的本質性東西。從這個角度來看，暫不考慮外在的合目的性和內在的合目的性的區別，可以說全部目的關聯都已經自在且自爲地表明自己是**機械性的真理**。——目的論在普遍者裡具有一個更高的本原，即一個在其實存中的概念，而且這個概念自在且自爲地就是無限者和絕對者，——這就是自由本原，它對它的自身規定完全抱有確定性，並且絕對地擺脫了機械性的**外在的被規定狀態**。

[441]

　　康德在哲學上的偉大貢獻之一，就是把相對的或**外在的**合目的性和**內在的**合目的性區分開來；在後者那裡，他揭示出**生命**的概念，即**理念**，從而**積極地**把哲學提升到形而上學的反映規定和相對

世界之上，而在這件事情上，理性批判僅僅是支離破碎地、矯揉造作地，並且完全**消極地**有所行動。——我們曾經指出，目的論和機械性的對立首先是一個更普遍的對立，即**自由**和**必然性**的對立。康德在理性的**二律背反**之下列出了這種形式的對立，把它當作**關於先驗理念的第三個爭辯**①。——我盡可能簡短地引用之前提到過的他的闡述，因為這個闡述的本質性東西是如此之簡單，以至於根本不需要冗長的辨析；至於康德的二律背反的樣式和方式，我們在別的地方②已經有更詳細的解釋。

這裡要考察的二律背反的**正題**是：「遵循自然規律的因果性不是唯一能夠從中推導出全部世界現象的因果性。為了解釋這些現象，必須再假定一種基於自由的因果性。」

反題：「並沒有自由，毋寧說世界裡的一切東西都僅僅遵循自然規律而發生。」

這裡和在其他二律背反那裡一樣，首先，證明採用了反證法，假定了每一個正題的反面；其次，為了揭示出這個假定的矛盾因素，反過來假定了這個假定的反面（即原本需要得到證明的命題），並預先設定其是有效的；——既然如此，整個證明的彎路其實是可以省略的；這個證明無非是對兩個相互對立的命題作出實然的斷言。

也就是說，為了證明正題，首先應當假定，除了那種遵循**自然規律**（亦即連同化學性在內的機械性的必然性）的因果性之外，**沒有別的因果性**。但這個命題是自相矛盾的，因為自然規律恰恰意　　[442]

---

① 康德《純粹理性批判》第二版，B472 以下。——原編者注
② 參閱黑格爾《信仰與知識》，A 部分「康德哲學」，收錄於「黑格爾著作集」第二卷。——原編者注

著，**假若沒有先天的充分已規定的原因**（即一個在自身內包含著絕對的自發性的原因），那麼任何事情都不會發生；—— 換言之，那個與正題相對立的假定之所以是矛盾的，僅僅因爲它與正題相矛盾。

而爲了證明**反題**，人們**應當**假定，存在著一種特殊的因果性，即**自由**，於是這個狀況能夠絕對地開啓一個因果性序列。但由於這樣的開端**預先設定了**一個與自由的先行狀況完全**沒有因果連繫**的狀況，所以它與**因果性規律**相矛盾，而唯有遵循這個規律，經驗的統一體和全部經驗才是可能的；—— 換言之，人們之所以不能假定那個與反題相對立的自由，僅僅因爲它與反題相矛盾。

從本質來看，同樣的二律背反在目的論判斷力批判裡又作爲這樣一個對立而回歸了，即**物質事物的全部誕生都是遵循純粹機械的規律而發生的**，但**按照這些規律，其中一些誕生又是不可能的**[3]。—— 康德對這個二律背反的解決，和他一般地解決其他二律背反的辦法並無二致，也就是說，理性既不能證明前一個命題，也不能證明後一個命題，因爲事物按照純粹經驗的自然規律有哪些可能性，我們對此**不可能具有先天的進行規定的本原**，—— 進而言之，二者都不應當被看作是**客觀的命題**，而是必須被看作是**主觀的準則**，因此，**一方面，我應當在任何時候都按照純粹的自然機械性本原去反思全部自然事件，但另一方面**，這並不妨礙我在**機緣巧合**中按照**另一個準則**，亦即按照目的因本原，去**追溯**某些自然形式，—— 彷彿現在有**兩個準則**，它們除了僅僅是**人類理性**所必需的之外，並沒有處在那兩個**命題**所置身的對立中。—— 正如前面指出的，這整個立場都沒有去考察那個唯一激發起哲學興趣的東西，即在這兩個本原裡面，究竟哪一個才自在且自爲地具有眞理；從這個觀點來看，本原究竟是**客觀**

[443]

---

③ 康德《判斷力批判》第二版，B314 以下。—— 原編者注

的準則（這裡指自然界的外在實存著的規定），抑或是一個**主觀的**認識活動的單純**準則**，這是毫無區別的；—— 毋寧說，是一個主觀的、亦即偶然的認識活動在**機緣巧合**中應用這個或那個準則，而這取決於它當時覺得哪一個本原適合於給定的客體，但與此同時，它從來沒有追問這兩個規定本身（且不論它們究竟是客體的規定，抑或是認識活動的規定）的**真理**。

簡言之，雖然從根本的觀點來看，康德關於目的論本原的論述是極不充分的，但他爲這個本原所指定的位置卻始終是值得重視的。當康德把這個本原歸之於**反思的判斷力**，就把它改造爲介於**理性的普遍者**和**直觀的個別東西**之間的起結合作用的**中項**；—— 再者，他區分了**反思的**判斷力和**規定的**判斷力，指出後者只是把特殊東西**歸攝**到普遍者下面。這個僅僅起**歸攝**作用的普遍者是一個**抽象的東西**，它只有在一個**他者**亦即特殊東西那裡才轉變爲**具體的**。與此相反，目的是**具體的普遍者**，它在自身之內就具有特殊性和外在性等環節，因此是活動著的，是一個想要自己排斥自己的衝動。誠然，概念作爲目的而言，是一個**客觀的判斷**，其中一個規定是主詞，即那個透過自己規定自己而具體化的概念，而另一個規定不僅是述詞，而且是外在的客觀性。但目的關聯並不因此是一個**反思的**判斷活動，即僅僅按照知性**彷彿為了照顧我們的認識能力**而製造出的一個統一體去考察外在的客體，毋寧說，這個統一體是自在且自爲地存在著的眞相，它作出**客觀的**判斷，絕對地規定著外在的客觀性。就此而言，目的關聯不僅僅是一個**判斷**；它是獨立的、自由的概念的**推論**，即透過客觀性而與自身相結合。[444]

目的已經體現爲機械性和化學性之外的**第三者**；它是它們的眞理。由於它本身仍然侷限於總體式概念的客觀性或直接性層面的內部，所以它仍然受到嚴格意義上的外在性的影響，並且既與一

個客觀世界相關聯，也與之相對立。從這個方面來看，機械性因果性（一般說來也包括化學性）在這個**外在的目的關聯**裡仍然顯現為一個**從屬於目的關聯**的東西，或者說一個自在且自為地已揚棄的東西。至於更進一步的關係，那麼可以說，機械客體作為直接的總體性，與它的已規定的存在是漠不相關的，隨之無所謂是不是一個進行規定的東西。這個外在的已規定的存在如今已經發展為自身規定，因此從現在起，**設定了**一個在客體裡單純**內在的**或單純**外在的**概念（這兩種情況是同一回事）；目的起初恰恰是這個位於機械客體之外的概念本身。因此目的對於化學性而言也是一個自己規定著自己的東西，它雖然以外在的被規定狀態為條件，但把這個狀態帶回到概念的統一體。——從這裡得出了客觀過程此前的兩個形式的從屬關係的本性；在這兩個形式裡，那個處於無限演進過程中的他者是一個起初被設定在它們之外的概念，亦即目的；不僅概念是它們的實體，而且外在性也是它們的本質性環節，並構成了它們的規定性。機械技藝或化學技藝的特性就在於它們是外在地被規定的東西，由於這個特性，它們本身就服從於目的關聯，而我們接下來需要仔細考察這個目的關聯。

[445]

A 主觀的目的

　　主觀的概念起初在客觀層面的那個與規定性漠不相關的**核心性**裡找到並設定了**否定的統一點**，而在化學性裡，它找到並設定的是**概念規定**的客觀性，唯其如此，它才被設定為**具體的、客觀的概念**。從現在起，它的規定性或它的單純的區別本身就具有**外在性的規定性**，而它的統一體因此是一個自己排斥自己，同時又維繫著自己的統一體。因此，目的作為主觀的概念，本質上是一種努力追求和衝

動，即致力於把自己設定爲外在的東西。在這種情況下，它擺脫了
過渡。它既不是一個外化自身的力，也不是一個在偶性和作用中展
現出來的實體和原因。力如果還沒有外化自身，就僅僅是一個抽象
的內核；換言之，力必須被誘導著去外化，也只有在這個外化中，
它才具有定在，而原因和實體同樣也是如此；因爲它們只有在偶性
和作用中才具有現實性，所以它們的活動是一個過渡，而且它們沒
有去反對這個過渡的自由。誠然，目的也可以被規定爲力和原因，
但這些表述僅僅充實了它的意義的一個不完滿的方面；假若要按照
目的的眞理而用這些表述來陳述目的，那麼只能採用一個揚棄了它
們的概念的方式，—— 也就是說，目的是一個誘導自身去外化的
力，是這樣一個原因，它是它自己的原因，或者說它的作用直接就
是原因。

　　如果像前面談到的那樣，把合目的性歸之於**知性**，這就已經考
慮到了一個**已規定的內容**。總的說來，我們必須承認，內容是**在其** [446]
實存中的合乎理性的東西。內容之所以展現出**合理性**，因爲它是具體
的概念，並且**在它的絕對統一體中堅持著客觀的區別**。因此它在本質
上本身就是**推論**。它是一個自身等同的**普遍者**，確切地說，它包含
著一個自己排斥自己的否定性，起初是普遍的活動，並在這個意義
上仍然是**無規定的活動**；但這個活動是一個否定的自身關聯，正因
如此，它直接**規定**自身，並給予自己以**特殊性**環節，而特殊性作爲
形式的同樣反映回自身之內的總體性，是一個與形式的已設定的區別
相對立的**內容**。同樣，這個否定性憑藉其自身關聯直接就是形式的
絕對的自身內反映，是**個別性**。這個反映一方面是**主詞的內在的普遍
性**，另一方面卻是**向外的反映**；就此而言，目的仍然是一個主觀的
東西，而且它的活動是針對著外在的客觀性。

　　也就是說，目的是一個在客觀性那裡達到自身的概念；它在

客觀性那裡給予自身的規定性，是已規定的存在的**客觀的漠不相關性和外在性**；相應地，它的自己排斥自己的否定性是這樣一個否定性，其各個環節僅僅是**概念**本身的規定，所以在形式上是一些客觀的、彼此漠不相關的東西。——在形式化**判斷**裡，**主詞**和**述詞**已經被規定爲彼此獨立的東西；但它們的獨立性起初只是抽象的普遍性；這個獨立性如今已經獲得了**客觀性**規定；但作爲概念的一個環節，這個完滿的差異性被封閉在概念的單純統一體之內。現在，既然目的是客觀性的這個總體式**自身內反映**，而且**直接**就是這個東西，那麼，**第一**，自身規定或特殊性作爲**單純的**自身內反映，有別於**具體的**形式，是一個**已規定的內容**。在這個意義上，目的是**有限的**，哪怕它就其形式而言是無限的主觀性。**第二**，因爲目的的規定性具有客觀的漠不相關性這一形式，所以它就形態而言是一個**預先設定**，而從這個方面來看，它的有限性在於，它面臨一個**客觀的、機械的和化學的世界**，而它的活動是把這個世界當作**現成已有的東西**而與之相關聯；在這種情況下，它的自己規定著自己的活動在其同一性中是直接**外在於自身的**，既是自身內反映，也是向外反映。只要目的仍然具有一個眞正**位於世界之外**的實存，就始終與那個客觀性相對立，反過來，只要客觀性是一個機械的和化學的，尚未由目的所規定和所滲透的整體，就始終與目的相對立。

[447]

因此，目的的運動現在可以這樣表述：它的目標是要揚棄它的**預先設定**（亦即客體的直接性），並且把客體**設定**爲一個由概念所規定的東西。像這樣以否定的方式對待客體，同樣是以否定的方式對待自己，即去揚棄目的的主觀性。在肯定的意義上，這是目的的實在化，亦即客觀存在與目的的聯合，以至於這個存在作爲目的的環節，直接地是一個與目的同一的規定性，但**彷彿是外在的規定性似的**，反過來，客觀的東西與其說是由概念所規定的，不如說彷彿是

被設定為一個**預先設定**。── 目的在其自身之內是一個致力於將自身實在化的衝動；概念環節的規定性是外在性；但在概念的統一體裡，外在性的**單純性**卻不符合外在性所是的那個東西，因此概念自己排斥自己。一般而言，這個排斥是否定統一體的自身關聯的**解除**或**決斷**（Entschluß），於是統一體成為一個**排他的**個別性；透過這個**排他**，個別性**作出決斷**，或者說**開啓**自身（schließt sich auf），因為排他就是**自身規定**或**自身設定**。一方面，當主觀性規定自身時，就把自己改造為特殊性，並給予自己一個內容，但這個內容被封閉在概念的統一體裡，仍然是一個內在的內容；但正如我們看到的，這個**設定活動**或單純的自身內反映直接地同時是一個**預先設定活動**；當目的的主詞在一個環節裡規定**自身**，就在這個環節裡與一個漠不相關的、外在的客觀性相關聯，這個客觀性應當等同於那個內在的規定性，或者說應當被設定為一個**由概念所規定的東西**，亦即被設定為**手段**。

[448]

B 手段

在目的裡，第一個直接的設定活動就是一方面設定一個**內在的東西**，即**已設定的已規定的東西**，另一方面預先設定一個客觀的、與目的規定漠不相關的世界。但目的的主觀性是一個**絕對的否定統一體**；因此它的**第二個**規定活動就是完全揚棄這個預先設定；這個揚棄是一個**自身回歸**，因為透過那個環節，透過**第一個否定**（亦即設定一個與主詞相對立的否定者），外在的客體就被揚棄了。但相對於預先設定或規定活動的直接性而言，相對於客觀世界而言，揚棄起初只是**第一個**否定，一個本身直接的，從而外在的否定。因此這個設定活動仍然不是已實現的目的本身，毋寧只是實現過程的**開**

端。只有這樣規定的客體才是**手段**。

　　目的透過手段而與客觀性相結合，並且在客觀性裡與自身相結合。手段是推論的中項。因為目的是有限的，所以它為了得到實現，需要一個手段，——換言之，目的需要這樣一個手段或中項，後者同時在形態上是一個**外在的**，與目的本身及其實現漠不相關的定在。絕對的概念在自身之內具有這樣一個中介活動，即概念的第一次設定並不是一個預先設定，彷彿在其客體裡，漠不相關的外在性是基本規定似的；毋寧說，世界作為受造物僅僅具有這樣的外在性形式，但實際上，唯有它的否定性和已設定的存在才構成了它的基本規定。——就此而言，目的的有限性在於，它的規定活動完全位於它自身之外，於是如我們看到的，它的第一個規定活動分裂為一個設定活動和一個預先設定活動；相應地，這個規定活動只有從一方面來看才是自身內反映，而從另一方面來看毋寧僅僅是**第一個**否定；——換言之：自身內反映本身也是位於自身之外，是向外反映。

[449]

　　因此手段是一個**形式**推論的**形式**中項；它是一個**外在的東西**，與主觀的目的這一**端項**相對立，隨之也與客觀的目的這一端項相對立；這就好比特殊性在形式推論裡是一個漠不相關的中詞，可以被其他詞項所取代。再者，特殊性之所以是中項，唯一的原因在於，它在與一個端項相關聯時是規定性，但在與另一個端項相關聯時卻是普遍者，因此它只有相對於兩個端項而言才具有進行中介的規定，於是手段也只有在如下情況下才是一個進行中介的中項：第一，它是一個直接的客體；第二，它是透過**外在地**與目的端項相關聯而成為手段，——對於手段而言，這個關聯是一個與它漠不相關的形式。

　　因此在手段裡，概念和客觀性僅僅以外在的方式結合在一起；在這個意義上，手段是一個純粹**機械的客體**。客體與目的的關聯是

一個前提，換言之，直接的關聯（正如我們看到的，它對於目的
而言是一個**自身內反映**），或者說手段，是一個有所依附的述詞；
它的客觀性被歸攝到目的規定下面，後者由於其具體性的緣故，
就是普遍性。現在，透過它本身具有的這個目的規定，手段相對
於另一個端項亦即此前那個仍然無規定的客觀性而言，發揮著歸
攝作用。——反過來，相對於主觀的目的而言，手段作爲**直接的客
觀性**，具有**定在的普遍性**，而目的的主觀的個別性仍然缺少定在。
——由於目的起初只是手段身上的外在的規定性，所以它本身是一 [450]
個位於手段之外的否定統一體，正如手段是一個機械的客體，其本
身所具有的目的僅僅是一個規定性，而不是總體性的單純的具體
性。但中項作爲進行結合者，必須本身就是目的的總體性。我們已
經指出，手段身上的目的規定同時是一個自身內反映；目的規定是
一個**形式化**的自身關聯，因爲**規定性**作爲**實在的漠不相關性**，被設定
爲手段的**客觀性**。但正因如此，這個從一方面來看的純粹的主觀性
同時也是**活動**。——在主觀的目的裡，否定的自身關聯仍然和嚴格
意義上的規定性、內容和外在性等等是同一的。但在目的的正在開
始的客觀化裡，當單純的概念轉變爲一個他者時，那些環節就分道
揚鑣了，或者反過來說，「轉變爲他者」或「外在性」本身就是基
於這個分道揚鑣。

　　由此看來，這整個中項本身就是推論的總體性，在其中，抽象
的活動和外在的手段分別構成了兩個端項，而客體的規定性則是透
過目的而構成了它們的中項，並使客體成爲手段。——再者，**普遍
性**是合目的性和手段的**關聯**。手段是客體，**自在地**就是概念的總體
性；不存在什麼抵抗目的的力，就像以前抵抗一個直接的客體那
樣。因此，目的作爲已設定的概念，完全可以被客體滲透，也可以
接受這個傳遞，因爲客體**自在地**就是和目的同一的。現在客體也確

實**被設定為**一個能夠滲透概念的東西，因為在核心性裡，它是一個努力追求著否定統一體的東西；同樣，在化學性裡，客體作為中和的東西，作為有差異的東西，已經轉變為一個非獨立的東西。——

[451] 它的非獨立性恰恰在於，它僅僅**自在地**是概念的總體性；但概念是自為存在。因此客體在面對目的的時候，具有無力的特性，只能服務於目的；目的是客體的主觀性或靈魂，並且在客體那裡具有它的外在的方面。

當客體以這個方式**直接**從屬於目的，就不是推論的一個端項；毋寧說，這個關聯構成了推論的一個前提。但手段也有一個方面，從這個方面來看，它相對於目的而言仍然具有獨立性。那在手段裡與目的相結合的客觀性仍然是外在於目的，因為這個結合是直接的；**預先設定**也仍然保留著。因此目的透過手段而進行的活動仍然針對著這個預先設定，而恰恰在這種情況下，目的是一個活動，不再是單純的衝動和努力追求，因為在手段裡，客觀性環節在其規定性中被設定為外在的東西，而概念的單純統一體在其自身就具有**嚴格意義上的**客觀性。

C 已實現的目的

1. 當目的與手段相關聯時，已經反映回自身之內；但它的**客觀的**自身回歸尚未被設定下來。目的透過它的手段而進行的活動仍然針對著客觀性，亦即那個原初的預先設定；這個**預先設定**的意思恰恰是，與規定性漠不相關。倘若活動始終只是在於去規定直接的客觀性，那麼產物就將始終只是一個手段，如此以至無限；在這種情況下，頂多只能得出一個合目的的手段，但不會得出目的本身的客觀性。因此，那個在其手段中活動著的目的不應當**作為一個外在的**

東西去規定直接的客體，也就是說，客體必須透過自身而融合爲概念的單純性；換言之，目的的那個透過其手段而進行的外在活動必須把自己規定爲**預先設定**，並揚棄自身。

目的的活動透過手段而與外在客體的關聯起初是推論的**第二個** [452] **前提**，—— 這是中項與另一個端項的**直接的**關聯。關聯之所以是**直接的**，是因爲中項在其自身就具有一個外在的客體，而另一個端項恰恰是這樣一個客體。手段相對於這個端項而言是一個發揮著作用的強大東西，因爲它的客體和自身規定的活動結合在一起，但客體所具有的直接的規定性與客體本身漠不相關。在這個關聯裡，直接規定性的過程無非是一個機械過程或化學過程；而在這個客觀的外在性裡，此前那些對比關係又顯露出來了，但服從於目的的統治。—— 正如我們看到的，這些過程穿越自身，返回到目的。因此，如果說手段與有待改造的外在客體的關聯是一個直接的關聯，那麼這個關聯在前面就已經呈現爲一個推論，因爲目的已經表明自己是它們的真正的中項和統一體。在這種情況下，由於手段就是那個站在目的這一邊，並且在自身之內具有目的的活動的客體，所以這裡出現的機械性同時也是客觀性的自身回歸，亦即回歸概念，但概念已經被預先設定爲目的；在這個意義上，合目的的活動和客體的否定關係不是一個**外在的**關係，而是指客觀性本身發生變化，並且過渡到目的。

首先，目的直接與一個客體相關聯，並把後者當作手段；其次，它透過這個手段又去規定另一個客體；這些情況可以被看作是一種**暴力**，因爲目的顯現爲一個在本性上完全不同於客體的東西，而且上述兩個客體對彼此而言都是獨立的總體性。至於目的設定自己與客體具有**間接的**關聯，在它自己和這個客體**之間塞入**另一個客體，這可以被看作是理性的**狡計**。正如我們已經指出的，合理性的

[453]　有限性具有這樣一個方面，即目的是把自己當作預先設定，當作客體的外在性來對待。假若目的是處於與客體的**直接關聯**中，它本身就會陷入機械性或化學性，隨之從屬於偶然性，並失去「它是自在且自爲地存在著的概念」這一規定。正因如此，目的拿出一個客體作爲手段，讓後者代替它去接受外在的消耗和磨損，而它自己則是藏在客體身後，以躲避機械暴力的鋒芒並保全自己。

　　再者，目的既然是有限的，就具有一個有限的內容；就此而言，它並非一個絕對者，或者說並非絕對地、自在且自爲地是一個**合乎理性的東西**。但手段是推論的外在的中項，而推論是目的的實現；因此在目的那裡，手段中的合理性表現爲這樣的合理性，即它**在這個外在的他者裡**並且**恰恰**透過這個外在性而保全自己。就此而言，手段是一種比外在合目的性的**有限目的更高超**的東西；——犁比直接的享受更爲尊貴，雖然這些享受是由犁造成的，是目的。即便直接的享受消失了，被遺忘了，**工具**仍然保全下來。只要工具在手，人就掌握著支配外在自然界的權力，哪怕他按照其目的而言毋寧是服從於自然界。

　　但目的不但在機械過程的外面，也在其內部保全自己，而且它是這個過程的規定。目的是這樣一個概念，它擺脫了客體及其過程，自由地實存著，並且是一個自己規定著自己的活動；現在，既然目的同樣是機械性的自在且自爲地存在著的眞理，它在機械性裡就僅僅與自身融合。目的對於客體的支配權力是這個自爲地存在著的同一性，而它的活動是這個同一性的展現。目的作爲**內容**，是一個自在且自爲地存在著的**規定性**，但這個規定性在客體那裡是漠不

[454]　相關的和外在的；一方面，客體的活動是過程的**眞理**，另一方面，這個活動作爲否定統一體，意味著**揚棄外在性映像**。抽象地看，這是客體的一個漠不相關的規定性，同樣可以外在地由另一個規定性所

取代；但規定性的這個**抽象**在其**真理**中恰恰是否定者的總體性，即一個具體的，把外在性設定在自身之內的概念。

目的的**內容**是它的否定性，即一個單純的、**反映回自身之內的特殊性**，而這有別於它的作爲**形式**的總體性。這個**單純性**的規定性自在且自爲地是概念的總體性，正因如此，內容顯現爲一個在目的的實在化過程中**保持同一**的東西。所謂目的論過程，就是把那個明確地作爲概念而實存著的概念**轉移**到客觀性之內；很顯然，像這樣轉移到一個預先設定的他者那裡，就是概念**透過自身**而達到的**自身融合**。現在，目的的內容是這個在同一性形式中實存著的同一性。概念在全部過渡中都保全下來；比如，當原因轉變爲作用，那在作用中僅僅與自身融合的東西，是原因；但在目的論過渡裡，嚴格意義上的概念已經**作爲原因**而實存著，而這是一個絕對的、具體的統一體，已經**擺脫**了客觀性及其外在的可規定性。正如我們看到的，當目的被轉移到外在性之內時，外在性本身已經被設定爲概念的一個環節，亦即目的的內在區分這一形式。因此目的把外在性當作**它自己的一個環節**；而內容，作爲具體統一體的內容，是目的的**單純的形式**，後者在目的的那些區分開的環節——「主觀的目的」、「手段」以及「採用手段的活動」、「客觀的目的」——裡不僅**自在地**保持著等同，而且作爲自身等同者實存著。

綜上所述，人們可以這樣描述目的論活動：第一，在它那裡，終點就是開端，後果就是根據，作用就是原因；第二，它是已轉變者的轉變，第三，在它那裡，只有已經實存著的東西才會進入實存，如此等等。簡言之，所有那些屬於反映的層面或屬於直接存在的層面的對比關係規定，都已經失去了它們的區別，而且，無論人們所說的**他者**是指終點、後果、作用抑或別的什麼東西，它在目的關聯裡都不再被規定爲一個**他者**，而是被設定爲與單純的概念同一。

[455]

　　2. 仔細考察目的論活動的產物，可以發現它僅僅具有一個外在於它的目的，因為相對於主觀的目的而言，產物是一個絕對的預先設定，也就是說，它止步於一個事實，即合目的的活動透過其手段，僅僅以機械的方式對待客體，並且不是設定客體的一個漠不相關的規定性，而是設定**另一個**同樣外在於客體的規定性。一般而言，客體透過其目的而具有的這樣一個規定性，其區別於其他純粹機械的規定性的地方在於，客體是一個**統一體**的環節，因此這個規定性雖然是外在於客體，但本身說來畢竟不是一個純粹外在的東西。當客體展現出這樣一個統一體，就是一個整體，至於它的部分，它自己的外在性，卻是和這個整體漠不相關的；這是一個已規定的、**具體的**統一體，它在自身之內把區分開的關聯和規定性聯合起來。這個統一體不可能從客體的特殊本性出發而得到概念把握，而從內容的角度看，其內容也不同於客體的獨特的內容；它**本身**並不是一個機械的規定性，但它在客體那裡仍然是機械的。在合目的的活動的這個產物身上，目的的內容和客體的內容是彼此外在的，同理，在推論的其他環節裡，這個活動的各種規定也是彼此外在的，——在進行結合的中項裡，合目的的活動和客體（亦即手段）是彼此外在的，而在另一個端項亦即主觀的目的裡，無限的形式作為概念的總體性，和概念的內容是彼此外在的。主觀的目的是透過

[456]

一個**關聯**而和客觀性結合在一起，而從關聯的角度來看，無論是這一個前提（即那個被規定為手段的客體與一個仍然外在的客體的關聯），還是那一個前提（即主觀的目的與那個被當作手段的客體的關聯），都是一個直接的關聯。就此而言，推論具有全部形式推論的一個缺陷，即它由之組成的那些關聯本身不是結論命題或中介活動，而是已經預先設定了結論命題，而它們作為手段，其用處就在於產生出結論命題。

　　當我們考察第一個**前提**，即主觀的目的與那個被當作手段的客
體的直接的關聯，就可以發現，前者不可能直接與後者相關聯；因
爲這個客體和另一個端項的客體一樣，都是一個直接的東西，而在
那個端項中，目的應當**透過中介活動**而得以實現。因此，就它們被
設定爲**有差異的東西**而言，必須在這個客觀性和主觀的目的之間塞
入它們的關聯手段；但這個手段同樣是一個已經由目的所規定的
客體；在這個手段的客觀性和目的論規定之間，必須塞入一個新的
手段，如此以至無限。這樣一來，就設定了**中介活動的無限演進過
程**。——至於另一個前提，亦即手段與一個暫時無規定的客體的關
聯，也是同樣的情形。它們既然是絕對獨立的東西，就只能在一個
第三者裡聯合起來，如此以至無限。或者反過來，既然前提已經預
先設定了**結論命題**，那麼後者只能是不完滿的，因爲它是立足於那
兩個純粹直接的前提。結論命題，或者說合目的的行動的**產物**，無
非是一個由外在於它的目的所規定的客體；**在這種情況下，它和手段
是同一個東西**。因此在這樣一個產物裡，**只能得出一個手段**，不能得
出一個**已實現的目的**，換言之，目的在產物裡並沒有眞正達到客觀
性。——既然如此，人們究竟是把一個由外在目的所規定的客體看 [457]
作是已實現的目的，抑或僅僅看作是手段，這完全是無關緊要的；
這是一個相對的、外在於客體自身的規定，不是一個客觀的規定。
也就是說，任何客體都僅僅是目的的手段，只要一個外在的目的在
它們那裡得以實現。那被用於實現一個目的，並在本質上被當作手
段的東西，是一個註定要損耗的手段。但那個包含著已實現的目
的，並且呈現爲其客觀性的客體，同樣是轉瞬即逝的；客體雖然滿
足了它的目的，但這同樣不是透過一個安靜的、自己維繫著自己的
定在，而是僅僅透過它自己的損耗，因爲，只有當它的外在性（亦
即它的客觀性）在概念的統一體中揚棄自身，它才能夠與概念的統

一體契合。──一棟房屋或一個鐘錶，相對於那些爲了生產它們而使用的工具而言，可以顯現爲目的；但磚瓦和梁柱，或者說齒輪和軸等等，雖然構成了目的的現實性，但只有透過它們遭受的壓力，透過它們在日晒雨淋中經歷的，以自己的損耗來換取人類免受其害的各種化學過程，它們才滿足了這個目的。簡言之，它們只有透過自己的使用和磨損來滿足它們的規定或使命，並且只有在被否定的情況下才符合它們應當所是的那個東西。它們不是以肯定的方式與目的聯合起來，因爲它們在其自身僅僅外在地具有自身規定，僅僅是一些相對的目的，或者說在本質上僅僅是手段。

總之，正如前面指出的，這些目的有一個受限制的內容；它們的形式是概念的無限的自身規定，而概念已經透過那個內容而把自己限制爲外在的個別性。受限制的內容使這些目的不符合概念的無限性，使它們成爲不眞實的東西；這樣的規定性已經透過必然性的層面，透過存在，從屬於轉變和變化，並且是一個轉瞬即逝的東西。

[458]　　3. 因此得出的結果是，外在的合目的性起初僅僅具有目的論的形式，眞正說來，它僅僅達到了手段，沒有達到一個客觀的目的，──因爲主觀的目的始終是一個外在的、主觀的規定；換言之，就這個目的是活動著的，並且僅僅在一個手段裡實現自身而言，它仍然是**直接地**與它沉陷其中的客觀性結合在一起；它本身是一個客體，因此人們可以說，目的之所以沒有達到手段，就是因爲目的還沒有來得及透過手段而實現，手段就已經預先需要這個實現。

但實際上，結果不僅是一個外在的目的關聯，更是這個關聯的眞理，即內在的目的關聯和一個客觀的目的。目的預先設定客體具有一個獨立於概念的外在性，但在這個預先設定裡，那個外在性**被設定爲**一個非本質性的映像，而且自在且自爲地已經被揚棄了；因此眞正說來，目的的活動只不過是呈現出這個映像及其揚棄。──

概念本身已經表明，最初的客體是如何透過傳遞而轉變爲手段，因
爲它自在地是概念的總體性，而它的規定性（這個規定性無非是外
在性本身）僅僅**被設定為**外在的東西和非本質性東西，隨之在目的
自身之內是目的自己的一個環節，而不是一個獨立於目的的東西。
這樣一來，當客體被規定爲手段，這完全是一個直接的規定。因此
對於主觀的目的而言，爲了把客體當作手段，不需要對客體採用
任何暴力或別的什麼行動，只需要強化自身即可；諸如「**決斷**」、
「**開啓**」之類自身規定是客體的**純粹已設定的**外在性，與此同時，
客體直接服從於目的，而相對於目的而言，它唯一具有的規定性就
是自在且自爲的存在的虛無性。

　　相比之下，第二種揚棄，亦即客觀性對客觀性的揚棄，是大爲
不同的，也就是說，前一種揚棄，作爲第一次揚棄，是處於客觀的　[459]
直接性中的目的，而第二種揚棄就不是僅僅揚棄最初的直接性，而
是揚棄二者，即揚棄客觀的東西（作爲純粹已設定的東西）和直接
的東西。透過這個方式，否定性這樣回歸自身，即它一方面重建客
觀性，把它當作一個與否定性同一的客觀性，另一方面把客觀性設
定爲一個完全由目的所規定的、外在的客觀性。透過後一方面，這
個產物就和以前一樣，始終是手段；而透過前一方面，它是一個與
概念同一的客觀性，一個實在化了的目的，在其中，作爲手段而存
在這一方面就是目的的實在性本身。在已實現的目的裡，手段消失
了，因爲它起初只是一個彷彿被直接歸攝到目的下面的客觀性，而
這個客觀性在實在化了的目的裡相當於目的的自身回歸；相應地，
中介活動作爲外在東西的表現，也消失了，要麼消失到客觀目的的
具體的同一性裡，要麼消失到定在的抽象的同一性和直接性裡。

　　但這裡也包含著一個中介活動，即第一個前提（目的與客體的
直接關聯）所要求的那個中介活動。已實現的目的也是手段，反過

來，手段的真理恰恰在於，作為實在的目的本身而存在，而且對於客觀性的第一種揚棄已經是第二種揚棄，——正如第二種揚棄表明自己也包含著第一種揚棄。也就是說，概念**自己規定自己**；它的規定性是外在的漠不相關性，後者在決斷中直接被規定為**已揚棄的**，亦即**內在的、主觀的**漠不相關性，同時被規定為**預先設定的客體**。過去我們看到，概念的進一步的自身超越就是把預先設定的客體**直接**傳遞並歸攝到概念之下，現在，這個自身超越一方面揚棄了外在性的那個內在的、**封閉在概念之內的**（亦即被設定為已揚棄的）規定性，另一方面揚棄了預先設定的客體；也就是說，對於漠不相關的客觀性的揚棄表面上看來是第一種揚棄，但實際上已經是第二種揚棄，是一個貫穿了中介活動的自身內反映，一個已實現的概念。

[460]

在客觀性的層面裡，概念的規定性具有**漠不相關的外在性**這一形式；在這裡，概念處於自身交互作用之中，所以要呈現出它的運動乃是一件雙重困難和雙重複雜的事情，因為這個運動本身直接就是雙重的東西，因為第一個東西始終也是第二個東西。在自為的概念裡，亦即在它的主觀性裡，自身區別是**直接的、自為的、同一的**總體性；由於它的規定性在這裡是漠不相關的外在性，所以這裡的自身同一性直接地也是自身排斥，也就是說，那個被規定為外在於同一性，與之漠不相關的東西，其實是同一性自己，而那個被當作是它自己，被當作反映回自身之內的東西，其實是它的他者。只有堅持這一點，人們才會理解把握概念的客觀的自身回歸，亦即概念的真正的客觀化，——也就是說，在這個中介活動所經歷的那些個別環節裡，每一個環節都是中介活動的整個推論。因此，概念的原初的、**內在的**外在性就是直接設定或預先設定一個外在的客體，而這導致概念是一個自己排斥自己的統一體，是目的以及目的對於超越自身而走向客觀化的努力追求；**自身規定**也意味著，由一個並非

由概念所規定的、**外在的**客體所規定，反過來，後面這個規定也是
自身規定，亦即已揚棄的、**作為內在的東西而設定下來的**外在性——
或者說**對於**外在客體的**非本質性的確定性**。——關於第二個關聯（亦
即把客體規定為手段），剛才已經指出，它本身是目的在客體裡的
自身中介活動。——同樣，第三者，亦即機械性（它在目的的統
治下運作，用客體去揚棄客體），一方面是對於手段的揚棄（這
時手段已經被設定為已揚棄的客體），因此是第二種揚棄和自身內
反映，另一方面是第一次對外在客體作出規定。正如我們已經指出
的，後一方面只不過是在已實現的目的裡重新製造出一個手段；當
有限概念的主觀性鄙夷地拋棄手段時，它在它的目標裡並未獲得什
麼更好的東西。但這個反映，即在手段裡達到目的，並在已滿足
的目的裡獲得手段和中介活動，乃是**外在的目的關聯的最終結果**，現
在，這個反映已經揚棄自身，並把這個結果呈現為它的真理。——
此前最後考察的第三種推論之區別於這個結果的地方在於，它首先
是前面幾種推論的主觀的目的活動，但其次也是對於外在的客觀性
的揚棄，隨之是**透過自身**而對於一般意義上的外在性的揚棄，而在
這種情況下，它是一個**在其已設定的存在中的總體性**。

　　在我們看到**主觀性**（亦即概念的**自為存在**）過渡到**客觀性**（亦即
概念的**自在存在**）之後，接下來在客觀性裡，概念的自為存在的否
定性重新顯露出來；在客觀性裡，概念已經如此規定自己，即它的
特殊性是**外在的客觀性**，換言之，概念把自己規定為單純的、具體
的統一體，它的外在性就是它的自身規定。目的的運動已經達到這
個目標，即外在性環節不僅僅是在概念中被設定的，目的也不僅僅
是一個**應當和努力追求**，毋寧說，目的作為具體的總體性，和直接
的客觀性是同一的。這個同一性一方面是單純的概念和同樣**直接的**
客觀性，另一方面在本質上是**中介活動**，而且它只有透過這個自己

[461]

揚棄自己的中介活動，才是那個單純的直接性；所以，概念在本質上是這樣的東西：它作爲自爲存在著的同一性，有別於它的**自在存在著的**客觀性，隨之具有外在性，但在這個外在的總體性裡卻是它的自己規定著自己的同一性。因此概念現在就是**理念**。

第三篇　理念

[462] 　　　　理念是**完善的概念**，即客觀的**真相**或嚴格意義上的真相。當某個東西具有眞理時，它是透過它的理念而具有眞理，換言之，**某東西只有在自己是理念時才具有眞理**。—— 無論是在哲學裡，還是在日常生活裡，人們都經常用「**理念**」這個術語去指代**概念**，甚至去指代一個單純的**表象**；諸如「我對於這場官司、這棟房屋、這個地方暫時沒有**理念**」之類說法，其希望表達的無非是**表象**。康德重新把「理念」這個術語指派給**理性概念**。—— 在他看來，理性概念應當是**無條件者**的概念，但就現象而言又應當是**超驗的**，也就是說，它不可能得到**完善的經驗運用**。理性概念應當用於**概念把握**（Begreifen），而知性概念應當用於對知覺的**理解**（Verstehen）。—— 但實際上，如果知性概念是現實的**概念**，那麼**它們就是概念**，—— 既然人們是透過概念而進行概念把握，那麼透過知性概念去**理解**知覺就將是一種**概念把握**了。但是，假若理解僅僅在於透過整體和部分、力、原因之類規定而對知覺作出規定，那麼它就僅僅意味著透過反映而作出規定，正如人們在談到「理解」的時候，也是僅僅意指一種已規定的**表象活動**，其對象是一種完全已規定的感性內容；好比給一個人指路，叫他在樹林的盡頭必須往左走，他回答「我**理解**了」，而這個「**理解**」無非是指在表象和記憶中的把握。—— 就連「**理性概念**」也是某種笨拙的術語，因爲概念原本就是某種合乎理性的東西；就理性區別於知性和嚴格意義上

[463] 的概念而言，它是概念和客觀性的總體性。—— 在這個意義上，理念是**合乎理性的東西**；—— 理念之所以是無條件者，原因在於，只有那些在本質上與一個客觀性相關聯的東西才是有條件的，但這個客觀性不是由它們本身所規定的，而是和外在目的仍然具有的那種客觀性一樣，亦即在形式上仍然是一種外在於它們，與它們漠不相關的東西。

　　現在，既然「**理念**」這個術語是爲客觀的或實在的概念留置的，並且區別於概念本身，尤其區別於單純的表象，那麼接下來就必須譴責一種關於理念的評價，這種評價把理念當作某種完全非現實的東西，隨之宣稱那些眞實的思想「**僅僅是理念**」。假若**思想**是某種純粹**主觀的**和偶然的東西，那麼它們當然沒有更多的價值，但在這件事情上，那些應景式的、偶然的**現實性**也不遑多讓，因爲它們除了是一些偶然的現象之外，同樣沒有更多的價值。反過來，假若理念之所以不應當具有眞理的價值，是因爲它就現象而言是**超驗的**，因爲它在感性世界裡不可能找到相應的對象，那麼這就是一個奇怪的誤解了，這等於是說，理念之所以被剝奪客觀有效性，是因爲它缺少那個構成現象，構成客觀世界的**非真實存在**的東西。就實踐理性而言，康德認識到：「最有危害，對一位哲學家來說最可恥的事情，莫過於**像庸眾那樣**訴諸一種據說與理念相衝突的**經驗**；比如，假若在適當的時候按照理念來部署國家機構，而不是用**粗糙的概念**去取代理念，那麼這種經驗根本就不會存在；也就是說，**正因為這些概念是汲取自經驗，所以它們使一切美好的意圖破滅。**」[①]康德把理念看作是某種必然的東西或這樣一個目標，即必須爲準則樹立一個**原型**，並且讓現實狀態愈來愈接近它。

[464]

　　既然現在的結果是，理念是概念和客觀性的統一體，是眞相，那麼它就不能僅僅被看作是一個有待接近，但本身始終位於**彼岸**的**目標**，毋寧說，全部現實的東西都只有在自身內具有理念，並表達出理念時，才**存在著**。對象，即整個客觀世界和主觀世界，並非僅僅**應當**與理念**對應一致**，毋寧說，它們本身就是概念和實在性的對應一致；那種不符合概念的實在性是單純的**現象**，是主觀的、偶然

---

① 康德《純粹理性批判》第二版，**B373** 以下。——原編者注

的、任意的東西，這些東西不是眞理。當有些人說，經驗裡面找不
到與**理念**完全對應一致的對象，這就把理念當作一個主觀的尺規，
與現實的東西相對立；但如果一個現實的東西的概念並不在這個東
西之內，如果它的客觀性根本不適合這個概念，那麼它在眞正的意
義上究竟應當是什麼東西，這是很難說的；因爲它大概就是無了。
誠然，機械客體和化學客體，以及無精神的主體和那個僅僅意識到
有限者，卻意識不到自己的本質的精神，按照其各不相同的本性而
言，並不是在自身那裡具有它們的**在其自己的自由形式中**實存著的概
念。但總的說來，只有當它們是它們的概念和實在性的聯合，是
它們的靈魂和它們的軀體的聯合，它們才是某種眞實的東西。諸如
國家和教會這樣的整體，當它們的概念和它們的實在性的統一體瓦
解了，它們就不再存在；至於人或生物，當靈魂和軀體在它們那裡
彼此分離，它們就死了；僵死的自然界、機械世界和化學世界——
在這裡，僵死東西指的是無機世界，否則它就沒有任何肯定的意
義——，當它們被分割爲它們的概念和它們的實在性，它們就無非
是對一個所思考的形式和一個無形式的質料的主觀抽象。假若精神
[465] 不是理念，不是概念的自身統一體，——假若精神不是一個把概念
本身當作它的實在性的概念，那麼它就只是一個僵死的、無精神的
精神，一個質料式的客體。

　　當理念是概念和實在性的統一體時，**存在**就達到了**真理**的意
義；也就是說，從現在起，存在僅僅**是**那個是理念的東西。有限事
物之所以是有限的，就是因爲它們並非在其自身就完整地具有它們
的概念的實在性，而是還需要別的實在性，——或者反過來說，是
因爲它們被預先設定爲客體，隨之在自身那裡把概念當作一個外在
的規定性。從這個有限性的方面來看，有限事物所能達到的最高東
西，是外在的合目的性。「現實事物並非與理念對應一致」，這是

它們的**有限性**和**非真實性**的方面，從這個方面來看，它們是**客體**，每一個都按照其不同的層面，在客觀性的各種對比關係裡，以機械的、化學的方式被規定，要不然就是由一個外在的目的所規定。理念之所以能夠不去完全滲透自己的實在性，並以不完整的方式將這種實在性置於概念之下，原因在於，理念本身具有一個**受限制的內容**，而且它一方面在本質上是概念和實在性的統一體，但另一方面在本質上也是它們的區別；換言之，只有客體才是直接的，亦即僅僅**自在存在著**的統一體。當一個對象，比如國家，**根本不符合它**的理念，或更確切地說，根本不是國家的理念時，當國家的實在性（亦即具有自我意識的個人的實在性）完全與概念不契合時，它的靈魂和它的軀體已經分離了；靈魂逃遁到思想的孤寂之地，而軀體則是分裂為個別的個人；但由於國家的概念畢竟在本質上構成了個人的本性，所以它在他們那裡是一個如此強烈的驅動力，迫使他們將這個概念（即便其在形式上僅僅是外在的合目的性）轉變為實在性，或滿足於它現在的樣子，否則他們就必定會走向毀滅。哪怕是最糟糕的國家，哪怕其實在性與概念最不契合，只要它還實存著，它就仍然是理念；個人仍然得服從於一個掌權的概念。 [466]

　　但理念不僅在更普遍的意義上指**真實的存在**、**概念**和**實在性**的統一體，而且在更明確的意義上指**主觀的概念**和**客觀性**。因為嚴格意義上的概念本身已經是它自己和**實在性**的同一性；而總的說來，「**實在性**」這一不明確的表述無非是指**已規定的存在**；但概念在其特殊性和個別性那裡恰恰具有這種存在。再者，**客觀性**同樣是一個從自己的規定性出發融入到自身**同一性**的概念，一個總體式的**概念**。在那個主觀性裡，概念的規定性或區別是一個**映像**，後者直接被揚棄了，返回到自為存在或否定統一體，成為一個**有所依附的**述詞。反之在這個客觀性裡，規定性則是被設定為直接的總體性，被

設定爲外在的整體。現在，理念已經表明自己是這樣一個概念，它重新擺脫了它在客體裡沉陷其中的直接性，達到了它的主觀性，並在這種情況下與它的客觀性區分開，但後者同樣是由它所規定的，並且僅僅在那個概念裡具有它的實體性。因此有人合理地把這個同一性規定爲**主體—客體**，也就是說，它**既是**形式化的或主觀的概念，**也是**嚴格意義上的客體。但這一點還需要更明確的理解把握。當概念眞正達到自己的實在性，就是這樣一個絕對判斷，其**主詞**作爲一個與自身相關聯的否定統一體，把自己和它的客觀性區分開；它是這個客觀性的自在且自爲的存在，但在本質上又透過自己而與之相關聯，——因此是**自身目的**和**衝動**；正因如此，主詞並非直接在其自身就具有客觀性——否則它就僅僅是嚴格意義上的客體的消失在客觀性中的總體性——，毋寧說，客觀性是目的的實在化，是一個由目的的活動**所設定的**客觀性，它作爲**已設定的存在**，只有在被它的主詞所滲透的情況下，才具有自己的持存和形式。作爲客觀性，它本身就具有概念的**外在性**這一環節，因此總的說來代表著有限性、可變化性和現象這一方面，但這個方面必須毀滅，亦即返回到概念的否定統一體；否定性就是概念本身，由於這個否定性，客觀性的漠不相關的、彼此外在的存在表現爲非本質性東西和已設定的存在。但如果不考慮這個客觀性，那麼理念就是絕對**單純的**和**非質料式的**，因爲外在性僅僅是由概念所規定的，並且被收回到概念的否定統一體中；只要理念是作爲漠不相關的外在性而持存著，它就不但完全遭受著機械性的蹂躪，而且僅僅是某種隨時消逝的、非眞實的東西。——因此，儘管理念是在一個質料性東西中具有自己的實在性，但這個實在性並不是一個抽象的，在概念面前自顧自持存著的**存在**，毋寧僅僅相當於一個**轉變**，即透過漠不相關的存在的否定性而成爲概念的單純的規定性。

[467]

由此得出理念的如下更具體的規定。──**首先**，理念是單純的真理，是概念和客觀性的同一性，亦即**普遍者**，在其中，特殊東西的對立和持存已經瓦解爲它的自身同一的否定性，即一種自身等同性。**其次**，理念是單純概念的自爲存在著的主觀性和它的與之**區分開**的客觀性的**關聯**；主觀性在本質上是一個**衝動**，致力於揚棄這個分裂，客觀性是一個漠不相關的已設定的存在，一個自在且自爲地虛無的持存。理念作爲這個關聯，是一個**過程**，即自身分裂爲個體性及其無機的自然界，然後把這個自然界重新帶回到主體的掌控之下，隨之返回到最初的、單純的普遍性。理念的自身**同一性**和**過程**是合爲一體的；思想把現實性從無目的的、變化的映像中解放出來，並使之昇華爲**理念**，因此它一定不能把現實性的這個真理設想爲僵死的靜止狀態，設想爲一幅單純的、死氣沉沉的、沒有衝動和運動的**圖像**，設想爲一個精靈，一個數，或一個抽象的思想；概念在理念裡達到了自由，而由於這個自由的緣故，理念在自身內也包含著**最尖銳的對立**；它的靜止狀態是基於一種自信和確定性，即它確信自己能夠永恆地製造出對立並永恆地克服對立，能夠在對立中與自身融合。 [468]

但理念起初仍然只是**直接的**，或者說僅僅在其**概念**中；客觀的實在性雖然符合概念，但尚未獲得解放並成爲概念，而概念**單獨而言**並非**作爲概念**而實存著。因此，概念雖然是**靈魂**，但靈魂卻是處於**直接的東西**的樣式中，也就是說，它的規定性不等於它自己，它不知道自己是靈魂，不是在自身之內具有它的客觀的實在性；概念作爲靈魂而言，是一個尚未**充溢著靈魂**的靈魂。

在這種情況下，**第一**，理念是**生命**；亦即這樣一個概念，它區別於自己的客觀性，完全在自身之內滲透自己的客觀性，而作爲自身目的，它在客觀性那裡具有它的手段，把客觀性設定爲它的手

段，但在這個手段裡又是內在的，隨之是一個實在化了的、自身同一的目的。——這個理念由於自己的直接性的緣故，把**個別性**當作它的實存的形式。但它的絕對過程的自身內反映本身就意味著揚棄這個直接的個別性；在個別性裡，概念作為普遍性而言，是**內核**，現在它把外在性改造為普遍性，或者說把它的客觀性設定為自身等同性。

這樣一來，**第二**，理念是**真相**和**善**的理念，相當於**認識活動**和**意願**。它首先是有限的認識活動和有限的意願，在其中，真相和善仍然是區分開的，二者起初都只是作為**目標**。概念解放**自身**，來到自身，並且起初只是給予自己一個**抽象的客觀性**，將其當作實在性。

[469] 但這個有限的認識活動和行動的過程把起初抽象的普遍性改造為總體性，於是普遍性就轉變為**完滿的客觀性**。——或者從另一個方面來看，有限的，亦即主觀的精神把自己**改造為預先設定**，即一個客觀世界，正如生命已經**具有**這樣一個預先設定；但有限精神的活動就在於揚棄這個預先設定，將其改造為一個已設定的存在。所以，有限精神的實在性對它而言就是客觀世界，或者反過來說，客觀世界就是有限精神在其中認識到自己的那個理念性。

第三，精神認識到理念是它的**絕對真理**，是自在且自為地存在著的真理；這是無限的理念，認識活動和行動在它之內達到了均衡，而它自己則是**絕對的自身知識**。

第一章　生命

　　生命的理念涉及一個如此具體的，也可以說如此實在的對象，以至於從邏輯的通常觀念來看，相關討論似乎已經逾越了邏輯的領域。誠然，假若邏輯所包含的無非是一些空洞的、僵死的思想形式，那麼其中絕不可能談到理念或生命之類內容。但是，如果絕對眞理是邏輯的對象，而嚴格意義上的**眞理**在本質上又是**位於認識活動之中**，那麼至少必須討論**認識活動**。　——　通常人們都是在所謂的純粹邏輯後面拿出一種**應用**邏輯　——　這種邏輯討論的是**具體的認識活動**，很多時候並不把**心理學**和**人類學**考慮在內，但經常有人認爲，把它們融入邏輯是非常有必要的。認識活動的人類學和心理學方面所涉及的是認識活動的**現象**，在其中，概念單獨看來本身還沒有把一個等同於它的客觀性當作客體，或者說還沒有把自己當作客體。邏輯考察認識活動，這個部分並不屬於嚴格意義上的**應用邏輯**，否則就必須把全部科學都拉到邏輯裡面來，因爲全部科學都致力於在思想和概念的形式中理解把握它的對象，而在這個意義上，任何一門科學都將是一種應用邏輯了。　——　主觀的概念具有一些在心理學形式、人類學形式以及其他形式中呈現出來的預先設定。但只有純粹概念的某些預先設定才屬於邏輯，因爲它們具有純粹思想和抽象本質性的形式，而這些是**存在**和**本質**的規定。同樣，關於**認識活動**，關於概念的自身把握活動，在邏輯中應當討論的，也不是概念的其他形態下的預先設定，毋寧只有那個本身就是理念的預先設定。現在，這個預先設定是**直接的**理念；因爲，既然認識活動就是概念，那麼在這種情況下，概念本身就是自爲的，同時作爲主觀

[470]

的東西而與客觀的東西相關聯，相應地，它是把理念當作**預先設定的**或**直接的**理念而與之相關聯。但直接的理念就是**生命**。

　　既然如此，當我們說，必須在邏輯中去考察生命的理念，這個必然性似乎就是基於一個在別處已經得到承認的必然性，即必須在這裡對認識活動的具體概念進行討論。但這個理念已經透過概念自己的必然性而呈現出來了；**理念**，自在且自為的**真相**，在本質上就是邏輯的對象；由於理念必須首先在其直接性中得到考察，所以它必須在這個規定性中作為**生命**而得到理解把握和認識，唯其如此，對於它的考察才不是某種空洞的和無規定的東西。唯一需要注意的是，邏輯的生命觀究竟在何種意義上區別於其他科學的生命觀，只不過這裡的要務不是在於那些非哲學的科學如何看待生命，而是僅僅在於，如何區分作為純粹理念的邏輯生命和那個在**自然哲學**裡得[471]到考察的自然生命，以及那個與**精神**結合起來的生命。——自然生命作為自然界的生命，是一種被拋到**持存的外在性**裡的生命，並且以無機自然界為**條件**，好比理念的諸環節是雜多的、現實的形態分化。理念裡的生命沒有這樣一些**預先設定**，亦即不具有現實性的各種形態；它的預先設定是我們已經考察過的那個**概念**，一方面作為主觀的概念，另一方面則是作為客觀的概念。在自然界裡，生命顯現為最高的層次，而為了從自然界的外在性出發以達到這個層次，這個外在性必須內化於自身，並在主觀性裡揚棄自身。在邏輯裡，生命是單純的內化存在（Insichsein），後者在生命的理念裡達到了真正與它自己相契合的外在性；在這之前，當概念作為主觀的概念而出現時，就是生命的靈魂本身；它是這樣一個衝動，即致力於透過客觀性或它自己的實在性而達到自身中介。當自然界從它的外在性出發達到這個理念，就超越了自身；它的終點不是它的開端，而是它的界限，因此它在這裡揚棄自身。——同樣，在生命的理念

裡，生命的實在性的各個環節也沒有獲得外在現實性的形態，而是始終封閉在概念形式之內。

　　但在**精神**裡，生命一方面顯現爲與精神相對立，另一方面被設定爲與精神合爲一體，然後重新透過生命而把這個統一體分娩出去。也就是說，生命在這裡必須在其眞正的意義上被看作是**自然生命**，因爲那個被稱作眞正意義上的**精神生命**的東西，只不過是自然生命的一個獨特方面，與單純的生命相對立；同理，人們也談到精神的**自然界**或**本性**，哪怕精神並不是自然的東西，毋寧是自然界的對立面。因此，首先，嚴格意義上的生命對精神而言是一個**手段**，被精神拿來與自己相對立；其次，精神是活生生的個體，而生命是它的軀體；再者，精神和它的活生生的軀體性的這個統一體被精神自己分娩出去，成爲**理想**（Ideal）。所有這些精神性關聯都和邏輯生命無關，後者在這裡既不能被看作是精神的手段，也不能被看作是精神的活生生的軀體，更不能被看作是「理想」和「美」這樣的環節。——生命在兩種情況下（即要麼作爲**自然生命**，要麼**與精神相關聯**）具有**它的外在性**這一**規定性**，在前一種情況下是基於它的那些預先設定（即自然界的其他形態分化），在後一種情況下則是基於精神的目的和活動。但單獨看來，生命的理念既不依賴於那個預先設定的、提供條件的客觀性，也不依賴於與這個主觀性的關聯。 [472]

　　如果我們在其理念中更具體地考察生命，那麼可以說，它自在且自爲地就是絕對的**普遍性**；它本身所具有的客觀性已經被概念完全滲透，而且這個客觀性僅僅把概念當作實體。那個作爲部分或按照其他外在的反映而區分自身的東西，在自身之內具有整個概念；概念是其中的**無所不在的**靈魂，這個靈魂始終是一個單純的自身關聯，並且與客觀存在所具有的雜多性合爲一體。這個雜多性作爲外在於自身的客觀性，具有一個漠不相關的持存，亦即在空間和時間

裡（倘若這裡可以提到它們的話）表現爲一種完全有差異的、獨立的彼此外在。但外在性在生命裡同時是生命概念的**單純的規定性**；正因如此，靈魂被傾注到這個雜多性裡面，在其中無所不在，同時始終是具體概念的單純的自身一體化存在。——在生命那裡，在生命概念於外在的客觀性中形成的這個統一體裡，在原子式質料的絕對多樣性裡，那個堅持著反映對比關係和形式概念等規定的思維澈底失去了關於生命的任何想法；對於反思而言，說單純的東西在多樣的外在性中的無所不在，這是一個絕對的矛盾，與此同時，反思又必須從對生命的知覺出發，去理解把握這個單純的東西的無所不在，隨之必須給予這個理念以現實性，於是這個「無所不在」成了一個**不可概念把握的祕密**，因爲反思沒有理解把握概念，不知道概念是生命的實體。——但單純的生命不僅是無所不在的，而且完全是它的客觀性的**持存**和**內在的實體**，但作爲主觀的實體，它是一個**衝動**，這個衝動既是**特殊**區別的**特殊衝動**，但在本質上同樣是特殊東西的唯一的普遍的衝動，後者把生命的這個特殊化帶回到統一體，在其中予以維護。生命只有作爲它的客觀性和特殊化的這個**否定的統一體**，才是一個與自身相關聯的、自爲存在著的生命，才是一個靈魂。就此而言，它在本質上是**個別東西**，並且把客觀性當作一個他者（一個無生命的自然界）而與之相關聯。生命的原初**判斷**在於，它分裂爲個體式主體，與客觀的東西相對立，而當它把自己建構爲概念的否定統一體，就**預先設定**了一個直接的客觀性。

[473]

因此，**第一**，生命必須被看作是**有生命的個體**，它本身是主觀的總體性，並被預先設定爲這樣一個東西，它與客觀性相互對立，但彼此都漠不相關。

第二，它是這樣一個**生命過程**，即去揚棄它的預先設定，把那個與生命漠不相關的客觀性設定爲否定的東西，並且實現自身，成

爲客觀性的權力和否定統一體。透過這個方式，它使自己成爲普遍者，即它自己和它的他者的統一體。

　　這樣一來，**第三**，生命就是**種的過程**，即去揚棄它的個別化，把它的客觀的定在當作它自己來對待。就此而言，一方面，這個過程意味著返回到它的概念，重複最初的分裂，意味著一個新的個體性的生成以及最初的直接的個體性的死亡；另一方面，生命的**已然內化的概念**意味著那個自己對待自己，普遍地、自由地、自爲地實存著的概念的生成，即向著**認識活動**的過渡。　　　　　[474]

A　有生命的個體

　　1. 生命的概念或者說普遍的生命是直接的理念，一個與它的客觀性相符合的概念；但之所以有這個符合，唯一的原因是，概念是這個外在性的否定統一體，也就是說，它**設定**外在性與它相符合。概念的無限的自身關聯，作爲否定性，是一個自身規定活動，即自行分裂爲**主觀的個別性**和**漠不相關的普遍性**，且二者都是它**自己**。生命的理念在其直接性中起初只是一個進行創造的、普遍的靈魂。由於這個直接性的緣故，理念在自身內的最初的否定關聯是一個如同**概念**那樣的自身規定，——即一個**自在**的設定活動，這個活動起初作爲自身回歸，是**自爲存在**，一個進行創造的**預先設定活動**。透過這個自身規定活動，**普遍的**生命是一個**特殊東西**；在這種情況下，生命分裂爲判斷的兩個端項，而判斷又直接轉變爲推論。

　　對立的各種規定就是概念的那些普遍的**規定**，因爲概念恰恰會發生分裂；但分裂的**完成**就是理念。概念和實在的**統一體**是理念，而作爲**直接的理念**，它早先已經表現爲**客觀性**。但同樣是這個東西，在這裡卻是處於另一個規定中。在這之前，理念是概念和實在

性的統一體，也就是說，概念已經過渡到理念，完全消失在其中；概念並非與理念相對立，換言之，正因爲概念對理念而言僅僅是**內核**，所以它是一個**外在於**理念的反映。因此那個客觀性直接地就是一個直接的東西。反之在這裡，理念僅僅是一個從概念中顯露出來的東西，因此它的本質是已設定的存在，而它自己則是相當於一個**否定者**。—— 理念必須被看作是**概念的普遍性方面**，隨之被看作是**抽象的普遍性**，在本質上完全**依附於**主詞，同時在形式上是一個直接的、單獨已設定的**存在**，與主詞漠不相關。這樣一來，客觀性所獲得的概念的總體性就彷彿只是一個**借來的**總體性；相對於主詞而言，客觀性所具有的最終的獨立性是**存在**，這個存在眞正說來僅僅是概念的一個環節，而概念在一個**自在**存在著的**設定活動**的最初規定性裡**進行預先設定**，但這尙且不是一個設定活動，不是一個反映回自身之內的統一體。因此，從理念中顯露出來的獨立的客觀性只有作爲判斷的**述詞**，亦即作爲概念的自身規定，才是直接的存在，—— 這個存在雖然有別於主詞，但同時在本質上被設定爲概念的一個**環節**。

[475]

從內容來看，這個客觀性是概念的總體性，但這個總體性又與概念的主觀性或否定統一體相對立，後者構成了眞正的核心性，亦即概念的自由的自身統一體。這個**主詞**是**個別性**形式中的理念，而作爲單純的，但否定的自身同一性，它是**有生命的個體**。

首先，這個個體是生命，但表現爲**靈魂**，或生命自身的內在地完滿已規定的概念，或一個作爲開端的、自己推動自己的**本原**。概念作爲單純的東西包含著已規定的外在性，並把後者當作**單純的環節而封閉在自身之內。—— 其次，這個靈魂**作爲直接的東西**是直接外在的，並且本身具有一個客觀的存在，—— 這個存在是一個服從於目的的實在性，一個直接的**手段**，首先是客觀性（即主詞的**述**

詞），但隨後也是推論的**中項**；靈魂由於自己的軀體性，與外在的客觀性結合在一起。——軀體性首先把生物當作一個直接與概念同一的實在性，就此而言，它完全是從**自然界**那裡獲得實在性。

現在，正因為這個客觀性是個體的述詞，並且被納入主觀的統一體，所以它不具有客體的早先那些規定（比如機械的或化學的對比關係），更不具有整體和部分之類抽象的反映對比關係。作為外在性，它雖然**能夠**具有這樣一些對比關係，但在這種情況下，它就不是一個有生命的定在；假若生物被看作是一個由部分組成的整體，或一個受到機械的或化學的原因影響的東西，或一個機械產物或化學產物（無論它本身就是產物，還是由一個外在的目的規定為產物），那麼概念對它而言就是外在的，而它就將是一個**僵死的東西**了。但既然概念是內在於它的，那麼生物的**合目的性**就必須被看作是**內在的**合目的性；概念在生物裡面是一個已規定的概念，它有別於自己的外在性，在它的區別中滲透了外在性，並且是自身同一的。生物的這個客觀性是**有機體**；它是目的的**手段和工具**，完全合乎目的，因為概念構成了它的實體；但正因如此，這個手段和工具本身就是已實現的目的，在其中，主觀的目的因此與自身結合在一起。從有機體的外在性來看，有機體不是**部分**的多樣性，而是**肢體**的多樣性，也就是說：(a)嚴格意義上的肢體僅僅立足於個體性；就它們是是外在的，並且能夠藉助於這個外在性而得到理解把握而言，它們是可分的；但它們一旦被分開，就重新從屬於普通客觀性的機械對比關係和化學對比關係；(b)肢體的外在性與有生命的個體性的否定統一體相對立；因此後者是這樣一個**衝動**，即力求把概念規定性的抽象環節設定為實在的區別；由於這個區別**直接存在著**，所以它是每一個**個別的、特殊的**環節的這樣一個**衝動**，即力求生產出自身，一方面把自己的特殊性提升為普遍性，揚棄另外一些外

[476]

[477]　　在於它的環節，並以犧牲它們爲代價而讓自己顯露出來，但另一方面又揚棄自身，使自己成爲其他環節的手段。

　　2. 有生命的個體性的這個**過程**被限制在個體性這裡，並且完全侷限於個體性自身之內。——在外在的合目的性的推論裡，第一個前提是：目的直接與客觀性相關聯；此前我們曾經這樣看待這個前提，即目的雖然在其中保持爲自身等同的，並且已經回歸自身，但客觀性**在其自身那裡**尚未遭到揚棄，因此目的在客觀性裡並不是**自在且自爲的**，而是只有在結論命題裡才轉變爲這樣的東西。生物自己的過程就是那個前提，但就它同時是結論命題而言，它也是主詞與客觀性的直接關聯，於是客觀性轉變爲手段和工具，同時還充當自在的概念的**否定統一體**；目的之所以能夠在它的這個外在性裡實現自身，因爲它就是客觀性的主觀的權力，是這樣一個過程，在其中，客觀性揭示出它的自身瓦解，以及它如何返回到目的的這個否定統一體。躁動不安和變化作爲生物的外在方面，是概念的自身展現，而概念作爲自在的否定性本身，僅僅在這種情況下才具有客觀性，即客觀性的漠不相關的持存表現爲一個揚棄著自身的東西。概念是透過它的衝動而進行生產，但由於它是產物的本質，所以產物本身同樣是生產者，換言之，產物只有在作爲一個同樣以否定的方式設定自身的外在性時，或者說只有在作爲生產活動的過程時，才是產物。

　　3. 以上考察的理念就是**有生命的主體及其過程的概念**；處於對比關係中的規定，一個是概念的與自身相關聯的**否定統一體**，另一個是**客觀性**，後者是概念的**手段**，但概念已經在它那裡**回歸**自身。但由於這是生命**在其概念內部**的理念環節，所以它們並不是**有生命**
[478]　**的個體在其實在性中**的已規定的概念環節。生命的客觀性或軀體性是具體的總體性；那些環節是一些方面，是生命性用來建構自身

的；因此它們不是這個已經透過理念而建構成的生命性的環節。
但個體的有生命的**客觀性**恰恰是這樣的生命性，因為它從概念那
裡獲得靈魂，把概念當作實體，並且本身就把**普遍性**、**特殊性**和
個別性等概念規定當作本質上的區別；因此，當這些概念規定在
形態中以外在的方式區分開，形態就按照它們而得到劃分或切割
（eingeschnitten, insectum）。

　　由此看來，**第一個**概念規定是**普遍性**，即生命性的純粹內在的
顫動，或者說**感受性**。正如剛才所述，普遍性概念是單純的直接
性，而這個直接性僅僅是絕對的內在否定性。「**絕對區別**」這一概
念，當它的否定性**在單純性裡瓦解**並等同於自身，就在感受性裡直
觀地呈現出來。感受性是內化存在，但不是作為抽象的單純性，而
是作為一個無限**可規定的**接受性，後者在其**規定性**裡不會轉變為雜
多的和外在的東西，而是完全反映回自身之內。**規定性**在這個普遍
性裡相當於單純的**本原**；個別的、外在的規定性，比如一個所謂的
印象，從它的外在的和雜多的規定出發，返回到**自身感覺**這一單純
性裡。就此而言，感受性可以被看作是內化存在著的靈魂的定在，
因為它把全部外在性都接納到自身之內，同時把它們帶回到自身等
同的普遍性的完滿單純性。

　　第二個概念規定是**特殊性**，即**已設定的**區別這一環節；那個封
閉在單純的自身感覺裡的否定性（它在其中是一個觀念性規定性，
尚且不是實在的規定性），其突破口就是**激動性**。感覺由於抽離了
自己的否定性，因此是一個衝動；它自己**規定**自己；生物的自身規
定是它的判斷或有限化，根據這一點，它把外在的東西當作一個**預
先設定的**客觀性而與之相關聯，並且與之處於交互作用之中。——
從它的特殊性來看，它在某種意義上是**屬**，與生物的其他屬並列；
這個**漠不相關的差異性**的**形式上的**自身內反映是形式上的**種**及其系統

[479]

化；但個體式的反映卻意味著，特殊性是它的規定性（作為一個向外的趨向）的否定性，亦即概念的與自身相關聯的否定性。

　　按照這**第三個**規定，生物相當於**個別東西**。確切地說，這個自身內反映是這樣規定自己的，即生物在激動性裡是它的那個既與自己相對立，也與客觀性相對立的外在性，而且它本身就直接具有這個客觀性，以之為手段和工具，相應地，這個客觀性是外在地可規定的。自身內反映揚棄了這個直接性，—— 一方面成為理論上的反映，也就是說，否定性是一個單純的環節，亦即感受性，後者在否定性中得到考察，並且構成了**感覺**，—— 另一方面成為實在的反映，也就是說，**概念在其外在的客觀性**中的那個統一體把自己設定為否定統一體，設定為**再生性**。—— 前兩個環節，感受性和激動性，是抽象的規定；反之在再生性裡，生命是**具體的東西**和生命性；生命只有在再生性（這是它的**眞理**）裡才具有感覺和抵抗力。再生性也是否定性，相當於感受性這一單純的環節，而激動性完全是一個活生生的抵抗力，也就是說，當與外在的東西發生關係，這就是再生性和個體式的自身同一性。這三個個別的環節，每一個在本質上都是三個環節的總體性；它們的區別是由一個觀念性形式規定造成的，這個形式規定在再生性裡被設定為整體的具體的總體性。因此這個整體一方面看來是第三者，也就是說，它作為**實在的**

[480]　　總體性，與那些已規定的總體性相對立，但另一方面看來，它又是它們的自在存在著的本質性，同時還是這樣一個東西，在其中，這些本質性作為環節被統攝起來，具有它們的主體和持存。

　　憑藉作為個別性環節的再生性，生物把自己設定為**現實的**個體性，即一個與自身相關聯的自為存在，但同時是一個實在的**向外的關聯**，—— 這是**特殊性**或激動性針對**一個他者**，針對客觀的世界，作出的反映。隨著個體把自己設定為**主觀的**總體性，**它的規定性**（作

爲與外在性的**關聯**）這一**環節**也轉變爲**總體性**，而在這種情況下，
封閉在個體內部的生命過程就過渡到與預先設定的嚴格意義上的客
觀性的關聯。

B 生命過程

有生命的個體在自身內發生形態分化，因此與它的原初的預先
設定活動處於張力之中，並作爲一個自在且自爲地存在著的主體與
預先設定的客觀世界相對立。主體是自身目的，是這樣一個概念，
它把那個從屬於它的客觀性當作它的手段，並具有主觀的實在性；
這樣一來，主體就被建構爲自在且自爲地存在著的理念和根本獨立
的東西，相比之下，預先設定的外在世界僅僅具有否定者和非獨立
者的價值。生物在它的自身感覺中，對那個與之對立的**異在**的自在
存在著的**虛無性**抱有**確定性**。它的衝動是一個需要，即必須揚棄這
個異在，並給予那個確定性以真理。個體作爲主體，首先只是生命
理念的**概念**；它的主觀的、內在的過程（它在其中自力更生），還
有直接的客觀性（它將其設定爲一個與它的概念相符合的自然手
段），都是以另外一個過程爲中介，而與後面這個過程相關聯的，是
完整地已設定的外在性，一個**漠不相關地**與個體並列的客觀總體性。 [481]

這個過程開始於一個**需要**，亦即開始於這樣一個環節：**首先**，
生物自己規定自己，從而把自己設定爲一個遭到否定的東西，隨之
與**另一個**與它對立的、漠不相關的客觀性相關聯；**其次**，它並沒有
消失在它的這個自身喪失之中，而是維繫著自身，保持爲自身等
同的概念的同一性，而在這種情況下，它是一個衝動，致力於把那
個與它**不同的、自為的**世界設定爲自身等同的，將其揚棄，並且讓
自己客觀化。這樣一來，它的自身規定在形式上就是一個客觀的外

在性，而由於它同時是自身同一的，所以它是絕對的**矛盾**。直接的形態分化就是在其單純概念中的理念，一個符合概念的客觀性；所以，這個客觀性在本性上就是**好的**。然而當它的否定環節把自己規定爲客觀的特殊性，也就是說，當它的每一個本質性環節各自實在化爲總體性，概念就**分裂為**絕對的自身不等同，而由於概念在發生分裂的時候同樣是絕對同一性，所以生物本身就是這個分裂，並且感覺到這個矛盾，而這個感覺就是**痛苦**。就此而言，**痛苦**是有生命的自然存在者的特權；正因爲這些自然存在者是實存著的概念，所以它們是一種具有無限力量的現實性，而這意味著：首先，它們在自身之內就是**自身否定性**；其次，**它們的**這個**否定性為著它們**而存在著；第三，它們在它們的異在裡面維繫自身。—— 有些人宣稱矛盾是不可設想的，殊不知矛盾在生物的痛苦裡甚至是一個現實的實存。

[482]　　　當生物的這個內在分裂被接納到概念的單純普遍性或者說感受性裡面，就是**感覺**。**需要**和**衝動**開始於痛苦，它們造成一個過渡，即當個體作爲自爲的自身否定時，也轉變爲自爲的同一性 —— 這個同一性僅僅相當於前一個否定的否定。—— 同一性在嚴格意義上的衝動裡是個體的主觀的自身確定性，正因如此，個體把它的外在的、漠不相關地實存著的世界當作一個現象，當作一個自在地無概念的和非本質性的現實性來對待。這樣的現實性應當只有透過主體才在自身內獲得概念，而概念是內在的目的。客觀世界與規定性漠不相關，隨之與目的漠不相關，在這種情況下，它具有一種外在的能力，亦即能夠與主體相符合；無論它本身具有哪些特殊化，它的機械的可規定性，還有它在內在概念的自由方面的缺失，都讓它沒有能力在生物面前維繫自身。—— 客體相對於生物而言，首先是一個漠不相關的外在東西，因此它能夠以機械的方式作用於生物；但在這種情況下，生物並不是作爲一個生物而受到它的作用；客體

在和生物的關係中，不是作爲原因而發揮作用，而是去**刺激**生物。因爲生物是衝動，所以只有當外在性已經自在且自爲地就在生物**之內**，才會抵達並進入生物；因此，所謂客體對主體發揮作用，僅僅意味著主體**相應地發現**一個自行呈現出來的外在性；——哪怕這個外在性並不符合主體的總體性，它至少也必須與主體的一個特殊方面相對應，而這個可能性在於，主體以外在的方式對待自己，因此恰恰是一個特殊東西。

現在，主體透過它的需要而明確地與外在的東西相關聯，隨之本身就是外在的東西或工具；在這種情況下，它對客體施加**暴力**。它的特殊品性，它的全部有限性，都落入到這個關係的更具體的現象中。——主體身上的外在的東西是一般意義上的客觀性的過程，是機械性和化學性。但這個過程直接中斷了，而外在性也轉化爲內在性。外在的合目的性起初是透過主體在漠不相關的客體中的活動 [483] 而製造出來的，但現在被揚棄了，因爲客體相對於概念而言並不是一個實體，因此概念不僅能夠成爲客體的外在形式，而且必須把自己設定爲客體的本質及其內在的、滲透著的規定，與它的原初同一性相契合。

只要掌控了客體，機械過程就過渡到內在的過程，於是個體透過這個方式把客體**據爲己有**：它奪取了客體的獨特情況，使其成爲它的手段，進而把自己的主觀性拿給客體作爲實體。相應地，這個同化活動和剛才考察的個體的再生性過程就合爲一體了；個體在這個過程裡首先是自力更生的，因爲它是把自己的客觀性當作客體；至於它的肢體和外在事物發生機械的和化學的衝突，這是它自己的一個客觀環節。過程的機械因素和化學因素是生物的瓦解的開端。既然生命是這些過程的眞理，隨之作爲生物是這個眞理的實存和這個實存的權力，它就侵吞這些過程，將其滲透，成爲它們的普遍

性，而它們的產物則是透過生命而得到完滿的規定。當它們像這樣轉化爲有生命的個體性，就造成了後者的自身回歸，進而使那個原本應當過渡到一個他者的生產性轉變爲再生性，而在再生性裡，生物**自爲地**把自己設定爲自身同一的。

　　直接的理念也是概念和實在性的直接的同一性，而不是它們的**自爲**存在著的同一性；透過客觀的過程，生物給予自己以**自身感覺**，因爲它在這個過程中把自己**設定爲**它自在且自爲地所是的東西，即在它的被設定爲漠不相關的異在中作爲自身同一者，作爲否定者的否定統一體而存在。當個體與它的起初被預先設定爲與它漠不相關的客觀性融合，它就已經**揚棄了自己的特殊性**，並將自身提升爲**普遍性**，正如它在另一方面已經把自己建構爲現實的個別性。過去它的特殊性是基於分裂，而這曾經導致生命把個體式生命和那個外在於它的客觀性設定爲它的屬。但現在，透過一個外在的生命過程，生命已經把自己設定爲實在的、普遍的生命，設定爲**種**。

[484]

C　種

　　有生命的個體首先從生命的普遍概念中分離出來時，是一個尚未透過自身而得到驗證的預先設定。

　　透過那個與之同時被預先設定的世界的過程，生命已經**自爲地**把自己設定爲它的異在的否定統一體，設定爲它自己的根基；這樣，它就是理念的現實性，也就是說，個體此前只是從**概念**中顯露出來，如今卻是從**現實性**中顯露出來，相應地，它的產生此前是一個**預先設定活動**，如今卻是它的生產。

　　但生命透過揚棄對立而獲得的進一步的規定，卻是成爲**種**，成爲它自己與它的此前漠不相關的異在的同一性。由於個體的這個理

念就是這個本質上的同一性，因此理念在本質上是它自己的特殊化。從理念由之顯露出來的那個總體性來看，理念的這個分裂就是個體的雙重化，——即個體一方面預先設定一個與它同一的客觀性，另一方面作爲生物而把自己當作另一個生物來對待。

這個普遍者是第三個層次，即生命的真理，但生命此時仍然封閉在它的層面之內。**首先**，這個層次是個體的與自身相關聯的過程，在這裡，外在性是個體的內在環節；**其次**，這個外在性本身作爲有生命的總體性，是一個客觀性，或者對於個體而言就是個體本身，而個體則不是把它當作**已揚棄的**，而是當作**持存著的**客觀性，並在其中具有自身確定性。 [485]

現在，因爲種的關係是個體式的自身感覺在某個東西（這個東西同時是另一個獨立的個體）裡的同一性，所以這是**矛盾**；就此而言，生物仍然是衝動。——種雖然是生命理念的完成，但它起初仍然侷限於直接性的層面之內；因此這個普遍性只有在**個別的**形態裡才是**現實的**，——它是一個概念，這個概念的實在性在形式上是一個直接的客觀性。相應地，個體雖然**自在地**是種，但並非**自爲地**是種；那爲著個體而存在著的東西，起初只是另一個有生命的個體；那個與自己區分開的概念具有一個與它同一的對象，但這個對象不是作爲概念的它自己，而是這樣一個概念，後者作爲生物同時具有一個對它而言外在的客觀性，隨之是一個直接互動的形式。

由此看來，個體與另一個個體的同一性或普遍性起初只是**內在的或主觀的**普遍性；因此它要求把這個普遍性設定下來，並讓自己作爲普遍者而實在化。但種的這個衝動只有透過揚棄那些彼此仍然特殊的、個別的個體性，才能夠將自身實在化。起初，當這些個體性**自在地**、普遍地滿足了它們的要求的張力，並且瓦解在它們的種的普遍性裡面，它們的實在化了的同一性就是那個從分裂中反映

回自身之內的種的否定統一體。就此而言，這個否定統一體是生命
的個體性本身，不再是從生命的概念中，而是從**現實的**理念中**產生
出來**。起初它本身只是一個還需要將自身實在化的概念，但已經是
一個**現實的概念**，—— 即**一個有生命的個體的萌芽**。在這個萌芽裡，
那**爲著普通知覺而現成地**存在著的東西，是概念所是的那個東西，是
「**主觀的概念具有外在的現實性**」這一情況。因爲生命的萌芽就是個

[486]　體性的完整的具體化，其中包含著生命的全部有差異的方面、特性
和結構分明的區別，而且全都處於其**整個規定性**中，至於起初那個
非物質性的、主觀的總體性，則是一個未展開的、單純的和非感性
的東西；換言之，萌芽是處於概念的內在形式中的整個生物。

種之所以獲得**現實性**，是因爲否定統一體和個體性等環節在種
裡面被**設定下來**，—— 從這個方面來看，種的自身內反映就是活著
的兩性的繁殖。在這種情況下，那個作爲生命而仍然處於直接性形
式中的理念就落回到現實性之內，而它的這個反映僅僅是一個重
複，一個無限的演進過程，在其中，理念不是從它的直接性的偶然
性裡顯露出來的。理念回歸它的最初的的概念，這個回歸具有一個
更高級的方面，即理念不僅經歷了它的各種過程在直接性內部的中
介活動，而且恰恰因此揚棄了直接性，隨之把自己提升到它的更高
級的定在形式中。

也就是說，在種的過程裡，個別的個體性揚棄了它們的那個
內化到彼此之內的漠不相關的、直接的實存，並在這個否定統一體
裡死去。接下來，這個過程把**實在化了的種**（這個種已經把自己設
定爲與概念是同一的）當作它的產物的另一個方面。—— 在種的過
程裡，個體式生命的那些孤立出去的個別性沒落了；種在否定的同
一性裡回歸自身，這個同一性一方面**產生個別性**，另一方面**揚棄個
別性**，因此是一個自身融合的種，是理念的**自爲地轉變著的**普遍性。

在配種（亦即交媾）的時候，有生命的個體性的直接性死去了；這個生命的死亡意味著精神的顯露。當理念作為**自在的**種時，是**自為的**，因為它揚棄了自己的特殊性（這個特殊性曾經構成兩個有生命的性別），隨之給予自己一個**實在性**，而這個實在性**本身就是單純的普遍性**；在這種情況下，它是一個**把自己當作理念來對待**的理念，一個把普遍性當作其規定性和定在的普遍者，——即**認識活動的理念**。 [487]

第二章　認識活動的理念

　　生命是直接的理念，或者說是作爲其尚未自在地實在化的**概念**那樣的理念。在它的**判斷**裡，理念是一般意義上的**認識活動**。

　　概念作爲概念而言是**自爲的**，因爲它**自由地**作爲抽象的普遍性或作爲種而實存著。所以，概念是它的純粹的自身同一性，後者在自身內區分自身，但這樣區分開的東西不是一個**客觀性**，而是同樣獲得解放，成爲主觀性，或者說成爲單純的自身等同性形式，隨之成爲概念的對象，而這個對象就是概念自己。它的一般意義上的**實在性**是一個**形式**，即**它的定在**；一切的關鍵在於這個形式的規定；這個規定造成了一個區別，即**自在的**或**主觀的**概念與沉陷在客觀性中的概念以及位於生命理念中的概念的區別。誠然，在生命理念裡，概念被設定爲有別於它的外在的實在性，並且是**自爲的**，但它只有作爲同一性才具有它的這個自爲存在；這個同一性是一個自身關聯，但這裡的「自身」要麼是指那個沉陷在它所掌控的客觀性中的概念，要麼是指一個居於內部的實體性形式。當概念提升到生命之上，它的實在性就是一個得到解放的概念形式，即普遍性。透過這個判斷，理念雙重化了，——既成爲主觀的概念（這個概念的實在性就是概念自己），也成爲客觀的、作爲生命那樣的概念。——當理念把自己當作對象，當它的**定在**（亦即它的存在的規定性）就是它自己的自身區別，**思維、精神、自我意識**就成爲它的規定。

[488]　　**精神形而上學**，或那個更常見的說法，**靈魂**的形而上學，圍繞著實體、單純性、非物質性等規定奔忙不休 —— 在談到這些規定時，人們是從作爲主體的**經驗**意識裡得出精神的各種**表象**，將其當

作根據，然後追問哪些述詞與知覺和諧一致，——這種做法的最高成就，無非是像物理學那樣把現象世界歸結爲一些普遍的規律和反映規定，因爲精神也只有在它的**現象**中才充當著根據；實際上，這種做法必定比物理學的科學性還要落後，因爲精神不但比自然界無限豐富得多，而且它的本質更是由相互對立者在**概念**裡的絕對統一體所構成的；在這種情況下，精神在它的現象以及它與外在性的關聯中揭示出一個達到其最高規定性的矛盾，於是對於每一個相互對立的反映規定，人們都必定能夠援引一個經驗，或按照形式推論的方式，從經驗中推導出一些相反的規定。因爲那些透過現象而直接得出的述詞起初仍然屬於經驗心理學，所以眞正說來只剩下一些極爲貧乏的反映規定留給形而上學去考察。——康德在批判**理性靈魂論**的時候[①]就堅持認爲，既然它應當是一門理性科學，那麼只要有一丁點知覺的東西**添附到**自我意識的**普遍表象**上面，這門科學就會轉化爲一門**經驗**科學，而且任何經驗都會敗壞它的理性的純潔性和獨立性。——既然如此，殘留下來的就無非是一個單純的，本身完全空無內容的表象，即**自我**；這個表象根本不能說是一個**概念**，毋寧只是一個**伴隨著全部概念的單純意識**。現在，根據康德隨後的推演，透過這個**自我**，或者說透過它（一個思維物），人們唯一能夠設想的是思想的一個先驗主體，即 x，這個東西只能透過思想（亦即它的**述詞**）而被認識，但如果撇開這些述詞，我們對它就**絕不可能具有任何概念**；按照康德自己的說法，這個自我造成一個「**麻煩**」，即無論我們什麼時候對它作出某種判斷，都**必定已經使用了它**。因爲，如果**表象**也是一種認識，那麼自我就不是**一個**把特殊客體區分開的**表象**，而是表象的**形式**。——〔在康德看來，〕理性靈

[489]

① 康德《純粹理性批判》第二版，B401 以下。——原編者注

魂論所犯的**謬誤推論**（Paralogismus）在於，把自我意識在思維裡的**樣式**當作與客體有關的**知性概念**，把那個「**我思**」當作一個**思維著的本質**，一個自在之物；按照這個方式，就可以從「自我在意識裡始終作為**主體**而出現，而且是作為一個**單個的**，在表象的全部雜多性裡保持**同一**，並且把我和外在的表象區分開的東西」這一前提不合法地推出：首先，自我是一個**實體**；其次，自我是一個就質而言**單純的東西**，一個單一體，一個**獨立於**空間和時間中的物的**實存者**。

我之所以相對更詳細地摘錄以上論述，是因為我們可以由此明確地認識到舊的**關於靈魂的形而上學**的本性，尤其是那個導致其消亡的**批判**的本性。—— 這種形而上學的目標是去規定靈魂的**抽象本質**；它的做法是一開始就從知覺出發，然後把知覺的經驗普遍性和那些**外在於**全部現實的個別東西的反映規定轉化為上述**本質規定**的形式。—— 總的說來，康德所面臨的僅僅是他那個時代的形而上學的狀況，這種形而上學主要糾纏於這樣一些抽象的、片面的，與辯證法毫不相干的規定，舉步維艱；至於古代哲學家為精神的概念提出的那些真正**思辨的**理念，他既不重視，也未加以考察。在康德對於那些規定的**批判**裡，他極其幼稚地模仿休謨的懷疑主義腔調，也就是說，他所關注的是自我如何在自我意識裡顯現，但為了認識自我的**本質**—— **自在之物**——，又必須拋棄它的一切經驗性東西；既然如此，就只剩下「**我思**」這一伴隨著全部表象的現象，—— 但人們對其又**絕不可能具有任何概念**。—— 沒錯，只要人們不是進行**概念把握**，並且僅僅拘泥於單純的、固定的**表象**和**名稱**，那麼必須承認，他們無論對於自我，還是對於別的東西，甚至對於**概念本身**，都絕不可能具有任何概念。有一個思想是非常奇怪的 —— 假如這玩意也稱得上是思想的話 ——，即自我對自我作出判斷時，必定已經**使用了**自我；那個為了作出判斷而把自我意識當作一個手段來**使用**

[490]

的自我，本身是一個 x，而無論是對於這個 x，還是對於這樣的使用關係，人們都絕不可能具有任何概念。更可笑的是，康德居然把自我意識的這個本性——即自我思考著自己，以及除非它是思維著的自我，否則就不可能被思考——稱作「麻煩」，把圓圈稱作是某種有缺陷的東西，——殊不知正是透過這個圓圈關係，自我意識的絕對的、永恆的本性才在直接的經驗自我意識中啓示自身，而之所以有這個啓示，又是因爲自我意識恰恰是**定在著的**，亦即**能夠以經驗的方式知覺到**的純粹**概念**，是一個絕對的自身關聯，這個自身關聯作爲分割式的判斷，把自己當作對象，並且唯一的目標是藉此把自己造成一個圓圈。——石頭就不會具有那個**麻煩**；當我們思考它，或對它作出判斷時，它不會站在那裡橫加阻礙；它不需要辛辛苦苦地使用自己去做這件事情；只有它之外的一個他者才必須承擔這個辛勞。

不得不說，這些想法是非常粗鄙的，至於康德斷言的那個缺陷，即在自我的思維那裡，自我作爲**主體**不可能被拋棄，也可以反 [491]
過來這樣表述，即自我**僅僅作爲意識的主體**而出現，或者說自我只能把自己當作一個判斷的**主詞**來**使用**，並且缺少一個可以讓它作爲**客體**而**被給予**的**直觀**，而如果一個物只能作爲主體而實存著，那麼它的概念就更不可能自帶任何客觀的實在性。——假如客觀性依賴於一個在時間和空間中已規定的外在直觀，而這個直觀又付之闕如，那麼不難想見，客觀性只能意指那樣一個感性實在性，對它的超越是達到思維和眞理的條件。但無論如何，假如人們像在日常意識中談論「我」那樣，以無概念的方式把自我當作一個空洞的、單純的表象，那麼它就是一個抽象的規定，不是一個以自己爲對象的自身關聯；——在這種情況下，它僅僅是兩個端項**之一**，即一個片面的、毫無客觀性的主體，或者甚至也可以說是一個沒有主觀性的

客體，只要這裡不存在剛才所說的那個「麻煩」，即不能把思維著的主體從作爲客體的自我那裡拿走。但實際上，恰恰這個麻煩在前一個規定亦即作爲主體的自我那裡出現了；自我思考著**某東西**，這個東西要麼是它自己，要麼是別的東西。自我在兩個形式裡自己與自己相對立，而這兩個形式的不可分割性屬於「自我」概念以及概念本身的最獨特的本性；但這個不可分割性恰恰是康德想要拒斥的東西，這樣他就可以堅持一個不在自身之內區分自身、隨之完全**無概念的表象**。這樣一個無概念的東西當然能夠與舊的形而上學的那些抽象的反映規定或範疇分庭抗禮，——因爲就片面性而言，二者站在同一條水準線上，儘管後者確實是一種更高級的東西，即思想；反之，相較於古代哲學家爲靈魂或思維的概念提出的更深刻的理念，比如亞里斯多德的那些眞正思辨的理念，它就顯現爲一種極爲貧乏而空洞的東西。假如康德哲學曾經考察過那些反映規定，它就必須更加考察對於空洞自我的固執抽象，以及那個臆想出來的自在之物理念，後者恰恰由於其抽象性的緣故，毋寧表現爲一個完全不眞實的東西；人們經驗到那個備受埋汰的麻煩，但這個經驗本身就是就是一個經驗事實，其中已經說出了那個抽象東西的非眞實性。

[492]

　　康德在批判理性心理學的時候②，僅僅提到了孟德爾頌③關於靈魂的持久性的證明；我在這裡引述康德對這個證明的反駁，主要是想指出那個與證明相對立的奇怪東西。孟德爾頌的證明立足於靈魂的**單純性**，而由於這個單純性的緣故，靈魂不可能在時間裡發

---

② 康德《純粹理性批判》第二版，B414 以下。——原編者注

③ 孟德爾頌（Moses Mendelssohn, 1729-1786），德國啓蒙運動哲學家，其靈魂學說主要體現在他依據柏拉圖對話錄而改寫的《斐多，或論靈魂不朽》（*Phädon oder über die Unsterblichkeit der Seele, 1767*）一書裡，而他因此被同時代人作「德國的蘇格拉底」。——譯者注

生變化並**過渡到一個他者**。質的單純性是此前考察過的一個形式，即一般意義上的**抽象**；作為**質的**規定性，它已經在存在的層面裡得到考察和證明，即質的東西作為這樣一個抽象地與自身相關聯的規定性，毋寧恰恰因此是辯證的，並且僅僅是向著一個他者的過渡。但在概念那裡，我們曾經指出，如果概念是在與持久性、不可摧毀性、常駐性等等的關聯中得到考察，那麼它毋寧是一個自在且自為的存在者和永恆者，因為它不是**抽象的**，而是**具體的**單純性，不是一個抽象地與自身相關聯的已規定的存在，而是**它自己和它的他者**的統一體，也就是說，它不可能這樣過渡到他者，彷彿它在其中發生了變化似的，而這恰恰是因為，**他者**或者說已規定的存在就是**概念自己**，因此概念在這個過渡中只不過是來到自己這裡。 —— 然而康德卻是用**量的**規定去反對概念統一體的那個**質的**規定。他認為，儘管靈魂不是一個雜多的彼此外在，也沒有包含著**外延的**大小，但意識畢竟具有**一個度數**，而且靈魂和**任何實存者**一樣，都具有一個**內涵的大小**；這樣一來，就設定了透過**逐漸消失**而過渡到無的可能性。 —— 試問，這個反駁除了把**存在**的一個範疇亦即**內涵的大小**應用於精神之外，還能幹什麼呢？ —— 這個規定並不具有自在的真理，而是在概念裡被揚棄了。 [493]

形而上學，哪怕是那個限制在固定的知性概念上面，沒有把自己提升到思辨因素以及概念和理念的本性的形而上學，都以**認識真理**為目的，並且按照這個目的去考察它們的對象是不是一個**真實的東西**，究竟是實體還是現象。康德的形而上學批判的勝利毋寧在於他摧毀了這個以**真相**為目的的研究，甚至摧毀了這個目的本身；他的批判根本沒有提出那個唯一值得關切的問題，即一個已規定的主體（這裡指**表象的抽象自我**）是否自在且自為地具有真理？但關鍵在於，如果人們止步於現象，止步於那種在日常意識裡出現於單純

表象面前的東西，這就等於放棄了概念和哲學。在康德的批判裡，那超越了現象的東西叫做某種飛越的東西，而理性根本沒有權利染指其間。現在，概念確實飛越了無概念的東西，至於這個超越的最貼切的理由，部分在於概念本身，而從否定的方面來看，則是部分在於現象、表象，諸如自在之物這樣的抽象東西，以及那個不應當以自己爲客體的自我的非眞實性。

[494] 　　在這個邏輯呈現的背景下，精神理念由之顯露出來的地方，是**生命理念**，或者換個同樣意思的說法，精神理念已經證明自己是生命理念的眞理。作爲這個結果，精神理念本身自在且自爲地具有它的眞理，於是人們也可以把經驗的東西或精神現象拿來與這個眞理進行比較，看看它們是如何和諧一致的；儘管如此，經驗的東西本身仍然可以透過理念並且從理念出發得到理解把握。關於**生命**，我們已經看到它是理念，但它本身同時表明，它尚且不是理念的定在的眞實呈現或眞正的樣式和方式。因爲在生命裡，理念的實在性是**個別性**；普遍性或種是**內核**；因此，生命的眞理作爲絕對的否定統一體，就在於揚棄抽象的（亦即直接的）個別性，並且**作爲同一的東西**達到自身同一，作爲種達到自身等同。現在，這個理念是**精神**。——關於這一點，還可以指出，精神在這裡是依據這個理念所獲得的邏輯形式而接受考察的。也就是說，這個理念還具有另外一些在這裡只能順帶提及的形態，亦即**靈魂**、**意識和嚴格意義上的精神**，而作爲這些形態，理念將在具體的精神科學裡得到考察。

　　「靈魂」這個名稱通常被用於一般意義上的個別的、有限的精神，而唯理論的或經驗論的**靈魂學說**本來應當意指**精神學說**。一提到「靈魂」這個術語，就浮現出這樣一個表象，彷彿靈魂和其他物一樣，是一個物；人們追問它的**位置**這一**空間**規定，彷彿它是從這裡出發施展它的**力量**；更有甚者，人們竟然追問這個物怎樣

才是**常駐的**，彷彿它一方面服從於**時間性**條件，另一方面又擺脫了變化。**單子**體系把物質提升爲一種具有靈魂性質的東西；按照這個觀念，靈魂是一個原子，和任何物質原子一樣；原子，作爲咖啡杯裡升起的香氣，據說在某種幸運的情況下能夠發展爲靈魂，只不過它的表象活動的**更大的晦暗性**使它區別於那個顯現爲靈魂的物。—— 沒錯，**本身就自爲存在著的概念**必然也在**直接的定在**裡；當概念像這樣處於它與生命的實體式同一性中，當它沉陷到它的外在性裡面，就應當在**人類學**裡接受考察。但即便是人類學，也必定會對這種單子論形而上學感到陌生，因爲後者把這個**直接性**形式看作是一個**靈魂物**，看作是一個等同於物質原子的**原子**。—— 人類學只應當接管那個黑暗的領域，在其中，精神受到通常所說的那些來自於**恆星**和**地球**的影響，它作爲一個自然精神，活在與自然界的**通感**（Sympathie）中，在**迷夢**和**憧憬**裡察覺到自然界的變化，並且寓居在大腦、心臟、神經節、肝臟等等裡面，而根據柏拉圖的說法④，神之所以賦予肝臟**預言**的稟賦（而具有自我意識的人已經超越了這個稟賦），是爲了表明，就連**非理性的部分**也能夠蒙受神的善意並分享上界的東西。此外，這個非理性的方面還包括表象活動和高級精神活動的關係，但前提是，後者在個別的主體裡從屬於那些交織在一起的完全偶然的軀體狀態、外在影響和個別處境。

[495]

　　當精神處於具體的形態中，就沉陷到物質性東西裡，而這些形態裡面最低級的那個，在**意識**裡具有其下一個更高的形態。在這個形式裡，自由的概念作爲**自爲存在著的自我**，從客觀性那裡被拉回來，但還是把客觀性當作**它的他者**，當作一個與它對立的對象，而與之相關聯。在這裡，精神不再是靈魂，毋寧說，在精神的自身**確**

---

④　參閱柏拉圖〈蒂邁歐〉，71d。—— 譯者注

定性裡，**存在的直接性**意指**一個否定著**精神的東西。既然如此，精神在對象裡達到的自身同一性就仍然只是一個**映現**，因為對象在形式上也仍然是一個**自在存在者**。這個層次是**精神現象學**的對象，──這門科學介於自然精神科學和嚴格意義上的精神科學之間，去考察那個同時**與它的他者相關聯**的**自為**存在著的精神，而我們曾經提醒過，[496] 在這種情況下，那個他者就既被規定為**自在**存在著的客體，也被規定為遭到否定的客體，──也就是說，精神現象學所考察的精神是一個**顯現著的**，在自己的對立面那裡將自身呈現出來的精神。

　　這個形式的更高真理是**自為的精神**，對它而言，意識的**自在**存在著的對象在形式上是它自己的規定，是一般意義上的**表象**；這個精神把規定當作它自己的規定（即感覺、表象和思想），對其展開行動，而在這個意義上，它在它自身內和在它的形式裡都是無限的。對這個層次的考察屬於真正意義上的**精神學說**，這種學說包含著通常的**經驗心理學**的對象，但為了成為精神科學，它不應當以經驗的方式著手，而是必須以科學的方式得到理解把握。──精神在這個層次上是**有限的**精神，因為它的規定性的**內容**是一個直接的、給定的內容；相關科學必須呈現出這個精神的進程，表明它如何擺脫它的這個規定性，進而把握到它的真理，把握到無限的精神。

　　反之，**精神理念**作為**邏輯**的對象，已經置身於純粹科學的內部；這個理念不需要去關注精神所經歷的那個進程，即它如何糾纏於自然界，直接的規定性和材料、表象等等，因為這些情況是那三門科學⑤的考察對象；它已經把這個進程拋在身後，或者換個同樣意思的說法，它其實是面臨著這個進程，──前者是把邏輯當作**最終的**科學，而後者則是把邏輯當作**最初的**科學，以至於理念還需要

---

⑤ 指自然哲學、精神現象學和精神哲學。──譯者注

從這裡過渡到自然界。正如自我已經由自然界的概念出發而表明自己是自然界的眞理，同樣，在邏輯的精神理念裡，自我立即是一個自由的概念，這個概念在它的判斷裡以自己為對象，是**作為自己的理念**的那個概念。但即便在這個形態裡，理念也仍然沒有完成。

　　當理念是一個自由的，以自己為對象的概念時，它是**直接的**，因為它本來就是直接的，仍然是一個在其**主觀性**中，隨之完全在其有限性中的理念。它是一個應當將自身實在化的目的，或者說是仍然在其**現象**中的**絕對理念**本身。它所尋求的，是**真相**，即概念本身和實在性的同一性，但它起初只是尋求著這個東西；因為當它**最初**處於這個階段的時候，仍然是一個**主觀的東西**。在這裡，那個為著概念而存在著的對象雖然也是一個給定的對象，但當它進入主體時，並不是作為一個發揮著作用的客體，不是作為嚴格意義上的概念本身所是的樣子，或者說不是作為表象；毋寧說，是主體把這個對象轉化為一個**概念規定**；概念在對象裡面展開活動，在對象裡面與自身相關聯，而當它在客體那裡給予自己以實在性，就找到了**真理**。 [497]

　　因此，理念起初是推論的一個端項，亦即概念，後者作為目的，首先把自己當作主觀的實在性；另一個端項是主觀的東西所遭受到的限制，即客觀世界。就兩個端項都是理念而言，它們是同一的；首先，它們的統一體是概念統一體，而概念在一個端項裡僅僅是**自為的**，在另一個端項裡僅僅是**自在的**；其次，實在性在一個端項裡是抽象的，在另一個端項裡則是位於其具體的外在性中。——現在，這個統一體透過認識活動而被**設定下來**；因為主觀的理念是一個從自身出發的目的，所以這個統一體起初僅僅相當於**手段**。——認識者透過其概念的規定性（亦即抽象的自為存在）雖然與一個外在世界相關聯，但具有絕對的自身確定性，力圖把它的自在的實在性或這個形式化的眞理提升為實在的眞理。認識者在它

的概念那裡具有客觀世界的**整個本質性**；它的過程就是把客觀世界的自為的具體內容設定為與**概念**同一，並且反過來把概念設定為與客觀性同一。

　　直接地看來，現象的理念就是**理論的**理念，就是嚴格意義上的**認識活動**。因為直接地看來，客觀世界在形式上就是自為存在著的概念所面對的**直接性**或**存在**，正如這個概念最初只是抽象的，仍然封閉在自身之內的概念；因此它僅僅相當於**形式**；它本身具有的實在性僅僅是**普遍性**和**特殊性**這兩個單純的規定；至於個別性或**已規定的規定性**，亦即內容，則是這個形式從外面獲得的。

A 真相的理念

　　主觀的理念起初是**衝動**。因為它是概念的矛盾，即以自己為**對象**，且本身就是實在性，同時這個對象卻不是**他者**或一個對概念而言獨立的東西，或者說這個自身區別並非同時具有**差異性**和漠不相關的定在這一本質性規定。因此，衝動的規定性在於揚棄它自己的主觀性，把它的起初抽象的實在性改造為具體的實在性，並且用那個由它的主觀性所預先設定的世界的**內容**去充實這個實在性。——從另一個方面來看，衝動的自身規定是這樣的，即概念雖然是絕對的自身確定性，但它的**自為存在**卻與它所預先設定的那個**自在存在**著的世界相對立，而這個世界的漠不相關的**異在**對於自身確定性而言，僅僅具有一個**非本質性東西**的價值；在這個意義上，概念是一個衝動，即力求揚棄這個異在，並在客體裡直觀到自身同一性。當這個自身內反映成為已揚棄的對立和**已設定的**，為了主體而造成的**個別性**，而且，當個別性起初顯現為預先設定的**自在存在**，那麼這個自在存在就是形式從對立裡製造出來的自身同一性——相應地，這

個同一性被規定為與處在區分狀態中的形式漠不相關，並且是**內容**。

　　因此這個衝動是**真理**的衝動，當此之際，真理位於**認識活動**中，也就是說，這時的**真理**是真正意義上的**理論的**理念。——誠然，**客觀的**真理是理念本身，即一個與概念相契合的實在性，而在這個意義上，一個對象本身可能具有、也可能不具有真理，反之在一個更明確的意義上，真理卻是指那個實在性**為著**主觀概念或在主觀概念**之內**存在著，即位於**知識**之內。真理是**概念判斷**的關係，後者已經表明自己是真理的形式化判斷；也就是說，在這個判斷裡，述詞不僅是概念的客觀性，而且是事情的概念和事情的現實性的關聯著的比較。——概念的這個實在化是**理論的**，因為概念作為**形式**，仍然具有一個**主觀**概念的規定或一個對主體而言的規定，即必須讓規定成為概念自己的規定。因為認識活動是作為目的的理念，或者說主觀的理念，所以對那個被預先設定為**自在存在著**的世界的否定是**第一個**否定；在結論命題裡，客觀的東西被設定到主觀的東西裡面，而結論命題起初僅僅意味著，自在存在者只是**被設定為**一個主觀的東西或處在概念規定中，因此並非自在且自為地就是這樣。就此而言，結論命題只不過是達到一個**中和的**統一體或一個**綜合**，亦即那些原本是分離的，僅僅外在地結合起來的東西的統一體。——因此，在這個認識活動裡，當概念把客體設定為**它自己的**客體時，理念起初僅僅給予自己一個內容，這個內容的根基是**給定的**，並且在它那裡，只有外在性形式已經被揚棄。就此而言，這個認識活動在其已實現的目的中仍然保留著它的**有限性**；也就是說，它同時在自身之內**沒有**達到這個目的，並且**在它的真理中仍然沒有達到真理**。因為，只要內容在結果裡仍然被規定為一個**給定的東西**，那麼那個與概念相對立的，被預先設定的**自在存在**就仍然沒有被揚棄；相應地，概念和實在性的統一體，亦即真理，也沒有包含在

[499]

[500]　其中。—— 令人詫異的是，近代人堅持這個**有限性**方面，並且把它當作認識活動的**絕對關係**，—— 彷彿有限者本身就應當是絕對者似的！從這個立場來看，客體被賦予一種未知的、藏在認識活動**背後的自在之物性**，隨之眞理對於認識活動而言也被看作是一個絕對的**彼岸**。全部思維規定，比如範疇，反映規定還有形式概念及其環節，其之所以有其地位，不是因爲它們自在且自爲地是有限的規定，而是因爲它們作爲一種主觀的東西，與那個空洞的**自在之物性**相對立，並在這個意義上是有限的規定；那個在近代已經成爲普遍意見的謬誤，就是把認識活動的這個不眞實的關係當作眞實的關係。

　　有限的認識活動的這個規定立即表明，它是一個自己揚棄自己的矛盾，—— 也就是說，眞理同時不應當是眞理，對於**存在者**的認識同時不認識自在之物。一旦這個矛盾崩潰，它的內容，主觀的認識活動和自在之物，就也崩潰了，亦即表明自己是不眞實的東西。但認識活動必須透過它自己的進程去消解它的有限性，隨之消解它的矛盾；我們對於認識活動作出的那個考察，是一個外在的反映；但認識活動本身就是那個以自己爲目的的概念，因此它透過它的實在化去實現自己，並恰恰在這個實現過程中揚棄它的主觀性和那個預先設定的自在存在。—— 因此我們必須在認識活動自身那裡循著它的積極的活動去考察它。正如前面指出的，這個理念是概念的衝動，即力圖**自爲地**將**自身**實在化，既然如此，它的活動就在於去規定客體，並且透過這個規定活動，在客體裡以同一的方式與自身相關聯。總的說來，客體是絕對可規定的東西，而它在理念裡具有這樣一個本質性方面，即並非自在且自爲地與概念相對立。因爲這個認識活動仍然是有限的認識活動，不是思辨的認識活動，所以對它
[501]　而言，那個預先設定的客觀性尚且不具有這樣一個形態，即客觀性在其自身完全只是**概念**，並且本身不包含任何與概念相對立的特殊

東西。但是，當客觀性被看作是一個自在存在著的彼岸，它在本質上就被規定爲一個**可以由概念所規定的東西**，因爲**理念**是自爲存在著的概念，是絕對的、內在的無限者，在其中，客體已經**自在地**被揚棄了，而目的僅僅是要**自爲地**將其揚棄；因此，雖然客體被認識活動的理念預先設定爲**自在存在著**，但在本質上卻是處於這樣一個關係中，即理念對自身，對這個對立的虛無性，抱有確定性，並且在客體之內達到它的概念的實在化。

在那個把主觀的理念和客觀性結合起來的推論裡，**第一個前提**就是我們在目的關聯裡曾經看到的那個形式，即概念直接掌控著客體並與之相關聯。概念對客體作出的規定活動是一個直接的**傳遞**，即毫無阻礙地將自己**擴散**到客體身上。與此同時，概念始終處於純粹的自身同一性中；但概念的這個直接的自身內反映同樣被規定爲客觀的直接性；那個**對概念而言**是它自己的規定的東西，同樣是一個**存在**，因爲它是對於預先設定的**第一個否定**。因此，已設定的規定同樣被看作是一個僅僅**被發現的**預先設定，或者說對一個**給定的東西**的領會把握，與此同時，概念的活動毋寧僅僅在於以否定的方式對待自己，在面對現成已有的東西時讓自己保持克制，保持被動，如此一來，這個東西就不是由主體所規定，而是能夠自行**展示出**它在自身之內的樣子。

因此，這個認識活動在這個前提裡看上去根本不是邏輯規定的一個**應用**，而是把這些規定當作現成發現的東西，予以接受和領會把握，而它的活動看上去也是侷限於僅僅把一個主觀的障礙或一個外在的護罩從對象身上清除出去。這種認識活動是**分析的**認識活動。 [502]

a 分析的認識活動

人們往往這樣說明分析的認識活動和綜合的認識活動的區別，

即前者是從已知的東西走向未知的東西，後者是從未知的東西走向
已知的東西。但如果人們仔細考察這個區別，就很難在其中揭示出
一個已規定的思想，更不要說揭示出一個概念。人們可以說，所有
認識活動都是開始於未知的東西，因為人們不必去了解他們已經知
道的東西。反過來，認識活動也是開始於已知的東西；這是一個恆
眞句的命題；那個作爲開端的東西，亦即那個被現實地認識到的東
西，恰恰因此是一個已知的東西；至於那尚未被認識到，只有後來
才應當被認識到的東西，仍然是一個未知的東西。就此而言，人們
必須說，只要認識活動已經開始進行，就總是從已知的東西走向未
知的東西。

那個把分析的認識活動區分出來的東西，已經把自己規定爲這
樣的情形，即它作爲整個推論的第一個前提尚且不具有中介活動，
毋寧說，它是概念的直接的、尚未包含著異在的傳遞，在其中，活
動擺脫了自己的否定性。儘管如此，關聯的那個直接性本身仍然是
一個中介活動，因爲它是概念與客體的否定關聯，只不過這個關聯
自己消滅自己，隨之使自己成爲單純的和同一的東西。這個自身內
反映僅僅是一個主觀的東西，因爲在它的中介活動裡，區別仍然只
是呈現爲預先設定的**自在存在著的**區別，呈現爲**客體**的內在的差異
性。因此，這個關聯所確立的規定，是單純的**同一性**或**抽象的普遍
性**等形式。因此總的說來，分析的認識活動是以這個同一性爲它的
[503]　本原，但它本身以及它的活動已經排除了一個向著他者的過渡，排
除了有差異的東西的結合。

現在，如果我們仔細考察分析的認識活動，就會發現，其開
端是一個**預先設定的**、隨之個別的、**具體的**對象，這個對象要麼對
表象而言是**現成已有的**，要麼是一個**任務**，即僅僅在一些情景和條
件中被給予，但還沒有從中凸顯出來，還沒有被呈現爲一個單純的

獨立東西。對這個對象的分析可以這樣進行，即讓它**瓦解**在它所能夠包含的那些特殊**表象**裡面；這樣的瓦解，以及對這個瓦解的理解把握，不是一件屬於認識活動的事務，毋寧僅僅涉及一個較爲具體的**了解**，即**表象活動**層面內部的一個規定。由於分析是以概念爲根據，所以它的產物在本質上是一些概念規定，而且這些規定是**直接包含在**對象之內。認識活動理念的本性本身已經表明，主觀概念的活動在某種意義上必須被看作是**已經存在於客體之內的東西的發展過程**，因爲客體本身無非是概念的總體性。有些人認爲，在進行分析時，對象裡的一切東西都是被**放置進去**的，另外一些人認爲，透過分析而獲得的各種規定僅僅是從對象中**摘取出來**的。這兩個觀點都是片面的。眾所周知，前一個觀點是主觀唯心主義的主張，它在進行分析時，僅僅把認識活動當作一個片面的**設定活動**，而**自在之物**則是始終隱藏在設定活動的彼岸；後一個觀點屬於所謂的實在論，它把主觀概念理解爲一個空洞的同一性，僅僅**從外面**把各種思想規定**接納**到自身之內。── 正如我們看到的，分析的認識活動就是把給定的材料轉化爲邏輯規定，二者是合爲一體的，是這樣一個**設定活動**，它同樣直接把自己規定爲一個**預先設定活動**，因此在預先 [504] 設定活動的意義上，邏輯性可以顯現爲一種在對象裡**現成已有的東西**，正如在設定活動的意義上，邏輯性可以顯現爲一個純粹的主觀活動的**產物**。但這兩個環節是不可分離的；在分析所強調的抽象形式裡，邏輯性確實只能存在於認識活動中，但反過來，它不僅是一個**已設定的東西**，而且是一個**自在存在者**。

就分析的認識活動是以上揭示出來的那個轉化而言，它並沒有貫穿更多的**中介環節**，毋寧說，規定是**直接的**，而且恰恰具有這個意義，即它自在地就是對象所特有的規定，隨之無需主觀的中介活動就能夠從對象出發而得到理解把握。── 但除此之外，認識活

動也應當是各種**區別**的一個**推進**或**發展**。根據剛才的考察，分析的
認識活動是無概念的、非辯證的，正因如此，它只具有一個**給定的**
區別，而且它的推進完全是遵循**材料**的規定。只有當那些推導出來
的思想規定仍然是一個具體的東西，並且能夠再次接受分析，分析
的認識活動才看上去具有一個**內在的**推進；因此這種分析活動的最
高成就或最終結果是一個抽象的最高本質或一個抽象的主觀同一
性，同時與差異性相對立。簡言之，這個推進無非是原初的分析活
動的單純重複，亦即把那個已經被納入抽象形式的東西重新規定為
一個**具體的東西**，對其進行分析，然後把由此顯露出來的抽象東西
重新規定為一個具體的東西，如此以往。—— 但這些思想規定看起
來在其自身之內也包含著一個過渡。假如對象被規定為一個整體，
那麼人們當然可以由之推進到**另一個**規定，即**部分**，或由**原因**推進
到**另一個**規定，即**作用**，如此以往。但在這裡，這些都不是推進，
[505] 因為整體和部分、原因和作用乃是**對比關係**，而且對於這個形式上
的認識活動而言，是這樣一些**現成已有的**對比關係，即一個規定在
本質上已經**現成地**與另一個規定連繫在一起。一旦對象被規定為**原**
因或**部分**，就已經受到**整個**對比關係，受到其兩個方面的規定。儘
管對比關係**自在地**已經是某種綜合的東西，但對於分析的認識活動
而言，這個連繫就和它的材料的連繫一樣，都僅僅是一個給定的東
西，因此不在它的掌控範圍之內。至於這個連繫究竟是被規定為先
天的東西抑或後天的東西，這是無關緊要的，因為它已經被理解
為一個**現成已有的**連繫，或如人們常說的那樣，這是意識的一個**事**
實，即「整體」規定和「部分」規定是連繫在一起的，如此等等。
誠然，康德提出了先天**綜合**原理這一深刻的觀點，並且認識到它的
根源是自我意識的統一體，即概念的自身同一性，但他畢竟是從**形**
式邏輯那裡把這個**已規定的**連繫或者說對比關係概念和綜合原理本

身當作**給定的東西**而接受下來；因此，對這些原理的演繹本來應當
呈現出自我意識的那個單純統一體如何過渡到它的這些規定和區
別；然而康德只是一蹴而就，根本沒有揭示這個眞正的綜合推進過
程以及這個生產出自身的概念。

　　眾所周知，人們主要是把**算術**和那些更一般的以**區間大小**爲對
象的**科學**稱作**分析科學**和**分析**。實際上，這些科學的認識方式是一
種最爲內在的分析，因此我們有必要簡明地考察其根據。──通常
的分析的認識活動以一個具體的，本身具有偶然雜多性的材料爲開
端；內容的全部區別以及向著其他內容的推進都依賴於這個材料。
與此相反，算術的和代數的材料已經是一個完全抽象的、無規定的　　[506]
產物，其中消滅了對比關係的全部獨特性，因此對它而言，任何規
定和連繫都是一種外在的東西。這個產物就是區間大小的本原，即
單一體。這個無對比關係的原子可以增長爲一個**多樣性**，並以外在
的方式被規定或聯合爲一個**數目**；這個增長和限定是一個空洞的推
進和規定活動，並且止步於最初的本原，即抽象的單一體。至於接
下來對**數**的統攝和分割，則是完全依賴於認識者的設定活動。一般
而言，**大小**是一個範疇，上述規定是在其中被製造出來的，──但
它已經成爲一個**漠不相關的**規定性，以至於對象並不具有任何內在
的，亦即可以**給予**認識活動的規定性。認識活動首先提供了數的偶
然的差異性，在這種情況下，數成爲接下來的加工改造和雜多的對
比關係的材料。誠然，這些對比關係的發現和加工改造看起來並不
是內在於分析的認識活動，而是一種偶然的和給定的東西，而且人
們通常也宣稱這些對比關係以及與之相關聯的運算是**前後相繼的、**
有差異的，同時並未指出一個內在的連繫；但我們很容易認識到一
個主導性的本原，即一個內在於分析的同一性──它在有差異的東
西那裡顯現爲**等同**──的東西；推進就是把非等同的東西還原到愈

來愈大的的等同。關於最初的要素，如果要舉一個例子，那麼加法是把完全偶然的、**非等同的**數統攝在一起，反之乘規律是把**等同的**數統攝在一起，於是又出現了**數目**和**單位**〔統一體〕的**等同關係**和**冪方比例**關係。

[507]　　　現在，因爲對象和對比關係等等的規定性是一個**已設定的**規定性，所以接下來的相關運算也是完全分析式的，因此分析科學所具有的不是**定理**，而是**任務**。分析定理所包含的任務本身就是已經得到解答的，它把兩個方面設定爲等同的，其整個外在的區別是如此之無關本質，以至於這樣一個定理僅僅顯現爲平淡無奇的同一性。康德宣稱 5 + 7 = 12 這個命題是一個**綜合**命題，因爲同一個東西這邊在形式上呈現爲多個東西，即 5 和 7，那邊在形式上呈現爲一個東西，即 12。但是，如果分析不應當意味著 12 = 12 之類完全抽象的同一性和恆眞句，而是一般地作爲其中的一個推進，那麼就必須存在著一個區別，只不過這個區別不是基於質，不是基於反映的規定性，更不是基於概念。5 + 7 和 12 完完全全是同一個內容；前一方面也表達出一個**要求**，即 5 和 7 應當被統攝爲**一個**運算式，也就是說，既然「5 個」是統計出來的，而且這個統計既可以隨意中斷，也可以繼續推進，那麼現在就應當以同樣的方式繼續統計，同時補充一個規定，即那些增補的單一體應當是「7 個」。因此 12 是 5 和 7 的一個結果，是這樣一個運算的結果，它已經是被設定的，就其本性而言也是一個完全外在的、無思想的行動，因此也可以由一臺機器來操作。這裡根本沒有向著一個**他者**的過渡，毋寧只是一個單純的延續，亦即**重複**那個讓 5 和 7 產生出來的運算。

　　　假若 5 + 7 = 12 是一個綜合命題，就需要這樣一個定理，但對於這個定理的**證明**只能基於一個運算，即從 5 出發進行統計，並服從 7 的規定，並且認識到這個統計活動和人們通常稱之爲 12 的那

個東西（它無非就是那個已規定的統計活動本身）的和諧一致。
因此人們沒有選擇定理的形式，而是選擇了運算的**任務**或**要求**的形
式，也就是說，只要說出方程式的**一方**，這就構成了定理，其另一 [508]
方也應當被發現。任務包含著內容，並提出一個已規定的，藉助於
內容而進行的運算。運算不是受限於錯綜複雜的材料，而是一個外
在的、主觀的行動，材料接受了這個行動的各種規定，並在自身那
裡將它們設定下來。在任務提出的條件和作為**解答**的結果之間，整
個區別僅僅在於，那在結果裡以已規定的方式**現實地**聯合起來或分
離的東西，在任務裡面已經被提出來。

　　就此而言，在這裡使用那些與綜合命題相關聯的幾何方法的
形式，並且除了任務的**解答**之外還提出一個**證明**，這些都是極為累
贅的擺設。證明無非表達出這樣一個恆真句：「因為人們按照任務
所規定的那樣去運算，所以解答是正確的。」如果任務在於人們
應當把多個數相加，那麼這就已經是解答；人們把這些數相加；證
明僅僅表明：因為任務在於相加，而人們也相加了，所以解答是
正確的。假若任務包含著更複雜的規定和運算（比如十進位數的
相乘），而解答所提供的無非是一個機械的辦法，那麼證明確實是
有必要的；但這樣的證明只能是對那些規定和那個得出解答本身
的運算進行分析，此外無他。透過這個區分，即把**解答**當作一個機
械的辦法，把**證明**當作對於有待處理的對象和運算本身的本性的回
想，分析式任務的那個優點恰恰喪失了，也就是說，**建構**本來是從
任務中直接推導出來，隨之自在且自為地呈現為**獨立的東西**；但如
果換了別的方式，建構就會明確體現出綜合方法所特有的一個缺 [509]
陷。——在高等分析裡，那些伴隨著冪方比例關係而出現的，主
要是區間大小的質的，依賴於概念規定性的比例關係，而任務和定
量確實包含著綜合的規定；在其中，**另外一些**規定和比例關係必須

被當作是中介環節，並且是透過任務或定理而**直接給定的**。除此之外，這些作爲輔助的規定必須屬於這樣一個類型，即它們是立足於對任務或定理的一個方面的考察和展開；只有當任務或定理不再讓這個方面凸顯出來，才會得出一個綜合的外觀。—— 比如，如果任務在於找到一個方程式的根的幂方總和，那麼解答就是去考察那些作爲根的方程式係數的函數，然後將它們連繫在一起。在這裡，係數的函數及其連繫等輔助規定並沒有在任務裡表達出來，—— 更何況這個展開本身完全是分析式的。所以，$x^{m-1}=0$ 這一方程式藉助於正弦而得出的解答，和那個內在的、眾所周知由高斯⑥透過對 m 除以 $x^{m-1}-1$ 的**餘數**和所謂的原始根的考察而發現的解答 —— 這是近代分析最重要的拓展之一 —— 都是一個綜合的解答，因爲這些作爲輔助的規定，即正弦或對於餘數的考察，並不是任務本身的一個規定。

關於這種以變數的所謂的無限差分爲對象的分析，關於微積分計算等等，其本性已經在這部《大邏輯》的**第一部分**裡有更詳細的討論。那裡已經指出，它們所依據的是量的大小規定，而這個規定唯有透過概念才能夠得到理解把握。從嚴格意義上的大小到大小規定的過渡不再是分析式的；直到今天，數學都仍然做不到憑藉自己（亦即以數學的方式）去解釋那些依據於那個過渡的運算，因爲這個過渡在本性上不是數學式的。萊布尼茲獲得的一個讚譽，就是把無限差分的計算改造爲一種**演算**，但正如那裡所引述的，他是以一種最不可靠的方式（亦即完全無概念的，而且非數學的方式）造成過渡；而一旦預先設定了過渡 —— 它在科學的當前局面下無非是一

[510]

---

⑥ 高斯（Carl Friedrich Gauss, 1777-1855），德國數學家、天文學家、物理學家，號稱「數學王子」（Princeps Mathematicorum）。——譯者注

個預先設定——，那麼接下來的進程當然只是一系列通常所謂的分析式運算。

我們曾經指出，只要分析觸及一些不再是由任務本身**所設定的規定**，它就轉變爲綜合的。從分析的認識活動到綜合的認識活動的普遍過渡是基於從直接性形式到中介活動，從抽象的同一性到區別的必然的過渡。總的說來，只要諸規定是與自身相關聯的，分析活動就止步於此；但透過它們的**規定性**，它們在本質上也具有這個本性，即**與一個他者相關聯**。我們已經指出，雖然分析的認識活動所遵循的對比關係不是一個以外在方式給定的材料，而是一些思想規定，但只要這些對比關係對認識活動而言是**給定的**，它就始終是分析式的。這種認識活動只知道抽象的同一性是專屬於它的，但因爲這個同一性在本質上是**區分開的東西的同一性**，所以它必須也作爲這樣的同一性而成爲認識活動的同一性，並且對於主觀概念而言，也必須成爲一個由主觀概念所設定、與主觀概念同一的**連繫**。

b 綜合的認識活動

[511]

分析的認識活動是整個推論的第一個前提，——是概念與客體的**直接關聯**；因此**同一性**是它所認識到的專屬於它的規定，而它僅僅是對於**存在者**的領會把握（Auffassen）。綜合的認識活動致力於對**存在者**的概念把握（Begreifen），亦即在諸規定的統一體中理解把握它們的雜多性。就此而言，綜合的認識活動是推論的第二個前提，**有差異的東西**在其中作爲有差異的東西而相互關聯。所以，它的目標是一般意義上的必然性。——結合在一起的有差異的東西有時候是處於一個**對比關係**中，這時它們既是相互關聯的，也是彼此漠不相關的和**獨立的**；但它們有時候也是在**概念**中連繫在一起，而概念是它們的單純的，但已規定的統一體。現在，就綜合的認識活

動首先從**抽象的同一性**過渡到**對比關係**，或從**存在**過渡到**反映**而言，它並不是概念在其對象中認識到的概念的絕對反映；概念給予自身的實在性是接下來的層次，即剛才指出的有差異的東西作爲有差異的東西的同一性，因此它仍然是**內在的**同一性，僅僅是必然性，不是主觀的、自爲存在著的同一性，隨之仍然不是嚴格意義上的概念。誠然，綜合的認識活動也是把概念規定當作自己的內容，並在這些規定中把客體設定下來；但這些規定起初只是處於彼此的**對比關係**中，或者說處於一個**直接的**統一體中，而在這種情況下，它們恰恰不是處於那個以概念爲主體的統一體中。

　　這個情況構成了綜合的認識活動的有限性；因爲理念的實在方面在其中仍然把同一性當作**內在的**同一性，所以它的各種規定彼此之間仍然是**外在的**；由於理念不是作爲主觀性，所以概念在其對象中特有的那個東西仍然缺少**個別性**，而且這個特有的東西雖然不再是抽象的，而是**已規定的**形式，亦即概念的**特殊東西**，或者說那個在客體中與它契合的東西，但客體的**個別性**仍然是一個**給定的**內容。因此，雖然綜合的認識活動把客觀世界轉化爲概念，但僅僅按照概念規定而賦予客觀世界以形式，並且必須按照客體的**個別性**或者說已規定的規定性去**發現**客體；它仍然不是親自進行規定。同樣，它**發現了**一些命題和規律，並且證明它們的**必然性**，但不是把它們當作自在且自爲的事情本身的必然性，也就是說，不是從概念得出的必然性，而是這樣一種認識活動的必然性，它沿著給定的規定，沿著現象的區別，向前推進，**自爲地**認識到命題是統一體和對比關係，換言之，從**現象**中認識到現象的根據。

[512]

　　以下將考察綜合的認識活動的更具體的環節。

1 定義

　　最基本的一點：起初仍然是給定的客觀性轉化爲單純的，亦

即最初的形式，隨之轉化為**概念**形式；這個領會把握的諸環節無非是概念的諸環節，即**普遍性**、**特殊性**和**個別性**。——**個別東西**是作為**直接表象**的那個客體本身，是應當被定義的東西。個別客體的普遍者在客觀判斷或必然性判斷的規定裡已經體現為**種**，而且是**最近的種**，亦即一個具有規定性的普遍者，與此同時，這個規定性對於特殊東西的區別而言是本原。對象在**屬差**（spezifische Differenz）那裡具有這個區別，而屬差則是使對象成為一個已規定的屬，並且奠定了對象相對於其餘的屬而言的選項或分離。

　　當定義以這個方式把對象回溯到它的**概念**，就清除了對象為了達到實存而必須具有的那些外在性；它抽離了概念在其實在化過程中獲得的那些東西，然而只有透過這些東西，概念才首先達到理念，其次達到外在的實存。**描述**是為**表象**服務的，並且接納了這個更進一步的，屬於實在性的內容。但定義卻是把直觀到的定在的這些豐富的、雜多的規定回溯到單純的環節；至於這些單純要素的形式是怎樣的，它們相互之間有怎樣的規定，這些都包含在概念裡面。在這個意義上，正如已經指出的，對象被理解為普遍者，後者在本質上同時是已規定的東西。對象本身是第三者，是個別東西（種和特殊化在其中被設定為合為一體），而且是一個**直接的東西**，而由於概念仍然不是親自進行規定，所以這個東西被設定在概念**之外**。[513]

　　在那些規定裡，在定義的形式區別裡，概念發現了自己，並且在其中具有與自己相契合的實在性。但因為概念環節的自身內反映，個別性，尚未包含在這個實在性裡面，而且在這種情況下，處於認識活動中的客體尚未被規定為一個主觀的客體，所以認識活動反過來是一個主觀的認識活動，並且具有一個外在的開端，換言之，認識活動之所以是主觀的，是因為它把個別東西當作其外在的

開端。在這種情況下，概念的內容是一個給定的東西，一個偶然的東西。因此具體的概念本身從雙重的方面來看都是偶然的：一方面，它的內容始終是偶然的，另一方面，對象在外在的定在裡具有許多性質，其中哪些內容規定應當被挑選出來用於構成概念的環節，這也是偶然的。

後面這個觀點需要更詳細的考察。也就是說，既然個別性作為自在且自為地已規定的存在，位於綜合的認識活動的獨特的概念規定之外，那麼就沒有什麼本原去決定對象的哪個方面應當屬於它[514] 的概念規定，哪個方面應當屬於外在的實在性。而在進行定義的時候，這個情況就給綜合的認識活動帶來了一個不可克服的困難。儘管如此，這裡還是必須作出區分。

第一：對於自覺的合目的性的產物，很容易找到定義，因為這些產物所服務的目的是一個從主觀決斷中產生出來的規定，它構成了實存者的本質性特殊化或形式，因此是這裡唯一的關鍵之所在。至於它的質料的本性以及另外一些外在的特性，就其與目的相契合而言，都包含在目的的規定中，而其餘的特性相對而言則是非本質的。

第二：幾何學對像是抽象的空間規定；那個位於根基處的抽象東西，即所謂的絕對空間，已經失去了全部進一步的規定，此外僅僅具有一些在絕對空間裡被設定的形態和形狀；因此，幾何學對象在本質上僅僅**是**它們**應當**所是的東西；它們的一般意義上的概念規定，或更確切地說，屬差，在它們那裡具有其單純的、不受阻礙的實在性；就此而言，它們和外在合目的性的產物是同一個東西，正如它們和算術對象在某方面也是和諧一致的，即都是僅僅以那個在它們之內被設定的規定為基礎。——誠然，空間還具有一些進一步的規定，比如它的三個次元，它的延續性和可分性，這些都不是透過其自身那裡的外在規定才被設定下來的。但這些規定並不屬

於被接納的質料，而是一些直接的預先設定；只有當那些主觀的規定與它們所置身的基礎的這個獨特的本性相結合，並糾纏在一起，才產生出綜合的對比關係和規律。——在數的規定那裡，既然它們都是以一個單純的本原亦即單一體爲根基，那麼結合和進一步的規定就完全只是一個已設定的東西；反之，由於空間本身是一個延續的**彼此外在**，所以其中的各種規定仍然會進一步演化，並具有一個 [515] 與它們的概念有差異的實在性，只不過這個實在性不再屬於直接的定義。

　　第三：關於自然界和精神的**具體**客體的定義，看起來完全是兩碼事。總的說來，這樣的對象對表象而言是**一些具有諸多特性的物**。這裡的關鍵，首先是要把握它們的最近的種，其次是要把握它們的屬差。因此這裡必須去規定，在諸多特性裡，哪些屬於作爲種的對象，哪些屬於作爲屬的對象？再者，這些特性裡面那些是本質性的？就後面這一點而言，必須認識到它們相互之間處於怎樣的連繫中，以及其中一個特性是不是由其他特性所設定的，如此等等。但對於這些情況，唯一的標準只有**定在**本身，此外無他。——在定義裡，特性應當被設定爲單純的、未展開的規定性，但特定的本質性對定義而言就是其普遍性。但在定在裡，這個普遍性是時間裡的純粹經驗的普遍性——比如某個特性是綿延的，而其他的特徵卻是表現爲在整體的持存裡轉瞬即逝——或者說這樣一個普遍性，它是透過與其他具體的整體做比較而顯露出來的，因此並未超越共通性。現在，假若比較宣稱那個以經驗的方式呈現出來的總體式面貌是共同的根基，那麼反映就必須把這個面貌整合爲一個單純的思想規定，並且領會把握這樣的總體性的單純特性。有些人信誓旦旦地宣稱，思想規定或個別的、直接的特性構成了對象的單純的、已規定的本質，但這個說法只不過是從具體狀況中**推導出**這樣一個規定。

[516]　這個推導需要一個分析，後者把直接的狀況轉化爲思想，把狀況的具體因素回溯到一個單純的東西；這個分析比之前考察的分析更爲高級，因爲它不是抽離式的，而是在普遍者裡仍然保留著具體東西的規定性，將具體東西聯合起來，同時表明其依賴於單純的思想規定。

　　但這樣一來，直接定在的雜多規定與單純概念的關聯就將是一些需要證明的定理了。爲了作出證明，定義只能使用對象的**直接的**、所謂的特性之一，—— 只能使用感性定在或表象的一個規定，因爲定義作爲最初的，尙未展開的概念，應當領會把握對象的單純規定性，而且這個領會把握應當是某種直接的東西；接下來，那個規定透過抽象而發生的個別化構成了單純性，至於普遍性和本質性，概念只能求助於經驗的普遍性、時過境遷中的常駐者，以及外在定在和表象裡的反映等等，也就是說，在找不到概念規定的地方去尋找概念規定。—— 因此定義活動自己也放棄了那些在本質上應當是對象的本原的眞正的概念規定，轉而滿足於**特徵**，亦即這樣一些規定，在它們那裡，**本質性**與對象本身是漠不相關的，而它們的唯一目的就是成爲對一個外在反映而言的**標記符號**。—— 這樣個別的、**外在的**規定性實在是太不符合具體的總體性，太不符合它的概念的本性了，以至於根本就不能被挑選出來冒充普遍性，彷彿一個具體的整體可以把它當作自己的眞正的運算式和規定似的。——比如，按照布魯門巴赫⑦的注解，耳垂是所有別的動物都缺少的東[517]　西，因此按照通常那些關於共同的和有區別的特徵的言論，它完全可以作爲一個獨特的性質而被用來定義自然人。但我們立即發現，

---

⑦　布魯門巴赫（Johann Friedrich Blumenbach, 1752-1840），德國醫生和自然科學家，尤其擅長比較解剖學和生理學。——原編者注

用這樣一個完全外在的規定來代表自然人的總體式面貌，是多麼不符合那個要求，即概念規定應當是某種本質性東西！如果那些被納入定義的特徵僅僅是這類純粹的信口開河，或只是較爲接近一個本原的本性，那麼它們都是某種完全偶然的東西。很顯然，鑑於它們的外在性，它們也不是概念認識的開端；毋寧說，在尚未發現自然界和精神裡面的種時，已經有一個晦暗的感覺，一個無規定的，但更深沉的領悟，一個對於本質性東西的預感，先行在前，然後才爲知性尋找一個已規定的外在性。——當概念在定在裡進入外在性，就展開爲它的各種區別，而且不可能完全束縛在任何一個個別特性上面。特性作爲物的外在性，本身就是外在於自身；在現象的層面裡，我們在談到一個具有許多特性的物時已經指出，特性正因如此在本質上甚至成爲獨立的質料；從現象的同一個立場來看，精神也成爲許多獨立的力的堆積。在這個立場上，個別的特性或力被設定爲與其他特性或力漠不相關，而正是透過這個立場本身，它們就不再是一個刻畫特性的本原，相應地，規定性作爲概念的規定性也完全消失了。

在具體的物那裡，除了特性彼此之間的差異性之外，還出現了**概念**及其**實現**之間的區別。自然界和精神裡面的概念具有一個外在的呈現，在其中，概念的規定性表現爲對於外觀、轉瞬即逝者和非適宜性的依賴。因此，某種現實的東西誠然自在地已經表明它**應當**是什麼，但按照否定的概念判斷，它同樣可以表明，它的現實性僅僅部分地與這個概念相契合，也就是說，這個現實性是**惡劣的**。現在，既然定義應當透過一個直接的特性而指示出概念的規定性，那麼就不存在什麼與實例無關的特性，以至於整個面貌雖然讓人們認識到那個有待定義的具體東西，但那個被當作其特徵的特性卻表現爲一種不成熟的或萎縮的東西。在一株惡劣的植物、一個惡劣的 [518]

動物種類、一個劣跡斑斑的人或一個惡劣的國家裡，實存的各個方面都是有缺陷的或完全堵塞的，但對於定義而言，它們仍然可以被看作是這樣一個具體東西的實存裡的區分者和本質性規定性。惡劣的植物和動物等等終究仍然是植物和動物。所以，假若惡劣的東西也被納入到定義之中，那麼只要存在著某些缺乏本質特性的畸形實例，經驗的搜尋就失去了全部它以為是本質特性的東西，比如，只要存在著無頭怪的實例，自然人就失去了大腦這一本質性，只要存在著專制國家和暴君統治的實例，國家就失去了保護生命和財產這一本質性。—— 如果人們針對實例而主張概念，並且宣稱實例以概念為標準來看是一個惡劣的樣本，那麼概念就不能把現象當作自己的憑證。但概念的獨立性有悖於定義的意義，因為定義應當是**直接的概念**，於是其對於對象的規定只能取材於定在的直接性，並且只能以現成已有的東西為自己辯護。—— 至於**自在其自為地看來**，定義的內容究竟是真理還是偶然性，這件事情已經超出了它的層面；但是，因為個別的對象也可能是惡劣的，所以得不出形式化的真理，即在定義中以主觀的方式所設定的概念與一個位於概念之外的現實對象的和諧一致。

[519]

總的說來，定義的內容是取材於直接的定在，又因為這個內容是直接的，所以它不需要辯護；這個起源已經消除了對於其必然性的追問；當定義宣稱概念是一個純粹直接的東西時，就放棄了對於概念本身的概念把握。因此定義無非是透過一個給定的內容而呈現出概念的形式規定，但這裡沒有概念的自身內反映，也就是說，**沒有概念的自為存在**。

但任何直接性都僅僅是從中介活動中顯露出來的，因此必須過渡到中介活動。換言之，定義所包含的那個內容規定性正因為是規定性，所以它不僅是一個直接的東西，而且是一個以其他規定性為

中介的東西；因此定義只能透過相反的規定去把握它的對象，隨之必須過渡到**劃分**。

2 劃分

普遍者必須將自身**特殊化**；就此而言，劃分的必然性位於普遍者之內。但由於定義本身已經以特殊東西爲開端，所以它之過渡到劃分的必然性是位於特殊東西之內，而特殊東西本身又指向另一個特殊東西。反過來，特殊東西之所以與普遍者分離，恰恰是因爲規定性需要堅持與其他規定性的區別；在這種情況下，普遍者對於劃分而言是**預先設定的**。誠然，這個過程表明，定義的個別內容是透過特殊性而攀升到普遍性的頂端，但從現在起，普遍性必須被看作是客觀的根基，而從這個根基出發，劃分呈現爲普遍者或最初的東西的析取（Disjunktion）。 [520]

於是過渡出現了，這個過渡是從普遍者走向特殊東西，因此是由概念的形式所規定的。定義本身是某種個別東西；定義的多數性取決於對象的多數性。這個隸屬於概念的推進，亦即從普遍者到特殊東西的推進，是一門**綜合科學**，一個**體系**或**體系式認識活動**的根基和可能性。

正如已經指出的，對此的第一個要求是，應當以一個處於**普遍者**形式下的對象爲開端。如果說在現實性裡（無論是自然界的還是精神的現實性），具體的個別性是作爲最初的東西被給予主觀的、自然的認識活動，那麼反過來，在認識活動裡（它把概念的形式當作根基，因此至少在這個意義上是一種概念把握），**單純的**，從具體東西那裡**分離出來的東西**必須是最初的東西，因爲對象只有在這個形式下才具有「與自身相關聯的普遍者」和「就概念而言的直接東西」的形式。與這個過程相反，科學裡面可能也有這樣一個看法：因爲直觀活動比認識活動更輕鬆，所以可直觀的東西（亦即具

體的現實性）也更容易成為科學的開端，而且這個過程比那樣一個過程**更符合本性**，後者以抽象的對象為開端，反過來推進到對象的特殊化和具體的個別化。—— 但由於我們應當去**認識**，所以認識和**直觀**的比較早就已經了結，並且被放棄，只剩下這樣一個問題：**在認識活動的內部，什麼是最初的東西，以及後續是怎樣的狀況？**這裡所要求的不再是一條**更符合本性**的道路，而是一條**更符合認識**的道

[521] 路。—— 假若只是追求**輕鬆**，那麼對認識活動而言，去把握抽象而單純的思想規定，相比去把握具體的東西，當然更為更輕鬆，因為後者是這類思想規定及其對比關係的繁複的結合；但具體的東西應當透過這個方式，而不是像在直觀裡一樣，得到領會把握。自在且自為地看來，**普遍者**是最初的概念環節，因為它是**單純的東西**，而特殊東西是後續的概念環節，因為它是經過中介的東西；反過來，**單純的東西**是更為普遍的，而具體的東西作為自身內區分開的，隨之經過中介的東西，已經預先設定了一個從最初的東西出發的過渡。—— 這個評注不僅涉及定義、劃分、命題等已規定的形式裡的過程秩序，而且涉及一般而言的認識活動的秩序，即僅僅關注一般意義上的抽象東西和具體東西的區別。—— 比如，在**學習閱讀**的時候，合乎理性的方式不是以閱讀整個詞語或音節為開端，而是以詞語和音節的**元素**和**抽象**音調的符號為開端；在書寫字母時，具體的詞語已經完全分解為抽象的音調及其符號，而正因如此，學習閱讀才是最初與抽象對象打交道的活動。在**幾何學**裡，不是以具體的空間形態為開端，而是以點和線為開端，然後是平面的形狀，而在後者這裡，也不是以多邊形為開端，而是以三角形為開端，並且在各種曲線裡面也是以圓為開端。在**物理學**裡，必須把個別的自然特性或質料從它們的複雜的糾纏狀況中解放出來（它們由於這些糾纏狀況而置身於具體的現實性中），並用一些單純的、必然的條件來闡

述它們；即使它們和空間形狀一樣都是可直觀的，但爲了直觀到它們，也必須有一些預備工作，也就是說，由於它們透過一些外在於它們特有的規定性的情況而發生各種變形，所以必須首先讓它們擺脫這些變形，顯現出來，然後加以堅持。磁、電、各種氣體等等就是這樣的對象，爲了認識到它們的規定性，唯一的辦法是當它們在具體狀況中在現實性裡顯現出來時，把它們從這些具體狀況中抓取出來，予以領會把握。誠然，實驗是透過一個具體的事件而把它們呈現在直觀面前；但一方面，爲了具有科學性，實驗只能採用一些必要的條件，另一方面，爲了表明這些條件的不可分割的具體因素是非本質性的，實驗必須多次進行，也就是說，讓這些條件在一個又一個具體的形態中顯現出來，以至於對認識而言，只剩下它們的抽象的形式。——這裡不妨再舉一個例子，如果我們首先在動物的主觀感官的具體現象裡觀察**顏色**，然後在主體之外把顏色看作是一個幽靈式的、漂浮不定的現象，最後在外在的現實性裡把它看作是固著在客體身上的東西，這些做法可能看起來是合乎本性的和有意義的。實則對於認識活動而言，普遍的，從而眞正最初的形式是上述三種觀察方式裡面的中間那個，即顏色漂浮在主觀性和客觀性之間，作爲著名的光譜而存在著，尚未與任何主觀的和客觀的情況糾纏在一起。在純粹地觀察這個對象的本性時，別的那些情況完全是搗亂，因爲它們表現爲作用因，從而讓人們搞不清楚，顏色的那些已規定的變化、過渡和對比關係究竟是立足於它特有的、專門的本性呢，還是歸咎於那些情況的病態的、專門的狀況，亦即要麼歸咎於主體官能的或健康或病態的、特殊的刺激和作用，要麼歸咎於客體的化學力、植物性的力和動物性的力。——更多其他的例子還可以從對於有機自然界和精神世界的認識中列舉出來；總之無論什麼時候，抽象的東西都必須構成開端和元素，在這個東西之內並且從

[522]

[523]

這個東西出發，各種特殊性和具體東西的豐富形態才擴散開來。

誠然，在劃分或特殊東西那裡，現在眞正出現了特殊東西和普遍者的區別，但這個普遍者本身是已經是一個已規定的東西，隨之僅僅是一個劃分的一個環節。因此對它來說，存在著一個更高的普遍者；但對於這個更高的普遍者來說，又有一個更高的普遍者，如此以至無限。對於這裡考察的認識活動而言，不存在什麼內在的界限，因爲它是從給定的東西出發，而抽象的普遍性是它的最初的東西所特有的形式。因此，當某個對象看起來具有一個基本的普遍性時，就成爲一門已規定的科學的對象，並且是一個絕對的開端，因爲這裡已經**預先設定了表象**對它的熟識，隨之假定它不需要任何推導。定義把它當作是一個直接的對象。

由此出發，接下來的推進首先是**劃分**。對於這個推進而言，大概只需要一個內的本原，亦即一個從普遍者和概念出發的開端；但這裡考察的認識活動卻缺少這樣一個本原或開端，因爲它僅僅遵循概念的形式規定，卻不具有這個規定的自身內反映，因此是從給定的東西裡獲得內容規定性。對於出現在劃分裡的特殊東西而言，沒有任何獨特的根據，既沒有一個應當構成劃分根據的東西，也沒有析取出來的環節相互之間應當具有的已規定的對比關係。從這個角度來看，認識活動的工作僅僅在於，一方面整理那些在經驗材料裡發現的特殊東西，另一方面也透過比較而發現特殊東西的普遍規定。於是這些普遍規定被當作劃分的根據，這些根據可以是多種多樣的，正如以此爲依據的劃分也是多種多樣的。劃分出的環節是

[524] 屬，它們的對比關係僅僅具有這樣一個普遍的規定，即它們是**按照那個假定的劃分根據**而彼此規定的；假若它們的差異性是依據於另一個角度，那麼它們就不會在同一條線上相互嵌合。

由於缺少**自爲地已規定的存在**這一本原，對於這個劃分工作

而言，規律只能立足於一些形式化的、空洞的、毫無用處的規則。── 所以我們看到，人們提出「劃分**應當**窮盡概念」這一規則；但實際上每一個個別的劃分環節都必須窮盡**概念**。這裡真正的意思是，概念的**規定性**應當被窮盡；但對於屬的經驗的、內在無規定的雜多性而言，為了窮盡概念，無論找到多少屬是無濟於事的；比如在找到鸚鵡的 67 個屬之後，是否還能找到 12 個屬，這與種的窮盡是漠不相關的。對於窮盡的要求只能意味著一個恆真句的命題，即全部屬都應當**完整地**列舉出來。── 在擴充經驗認識的時候，如果找到一些與種的假設的規定不符合的屬，這當然是非常有益的，因為人們之所以假定這個種，更多是依據整個面貌的一個晦暗的表象，而不是依據或多或少的個別特徵，但特徵明顯應當服務於種的規定。── 在這種情況下，種必須有所改變，而且這件事情必須得到辯護，即另一個數目的屬被看作是一個新的種的屬，也就是說，種規定自己是由人們原意看作統一體的那個角度組合而成的；在這種情況下，這個角度本身就將是劃分的根據了。反過來，假若人們堅持那個最初假定的規定性，把它當作種的獨特性，那麼當人們把某個某個材料當作屬，企圖將它們與早先的屬組合起來時，這個材料就會排斥自己。這種無概念的奔忙 ── 它一方面假定一個規定性是種的本質性環節，並據此把許多特殊東西放在種之下或將其排斥到種之外，另一方面以特殊東西為開端，並在對其進行組合時又去遵循另一個規定性 ── 看上去就是一個隨心所欲的遊戲，也就是說，具體東西的哪一部分或哪一方面應當加以堅持，並據此進行安排，這些完全都是由它說了算。── 關於劃分的本原，物理自然界本身就呈現出這樣一種偶然性；憑藉其有所依賴的、外在的現實性，自然界處於一個雜多的，對它而言同樣是給定的連繫中；因此這裡能夠找到一定數量的本原，自然界讓自己適應它們，

[525]

在它的某一系列形式中遵循一個本原，而在其他系列的形式中又遵循其他的本原，隨之產生出一些混合式的雌雄同體，與此同時，這些東西從不同的方面來看又消失了。由此造成的結果是，在某一系列的自然物那裡，某些特徵以非常顯著的和本質性的方式顯露出來，而在其他系列的自然物那裡，這些特徵卻是若隱若現的，無目的的，而在這種情況下，根本就不可能堅持這個屬的劃分本原。

經驗的屬的普遍**規定性**只能是這樣，即它們一般而言是彼此**有差異的**，但並不相互對立。此前我們已經揭示出**概念的析取**的規定性；如果特殊性在沒有概念的否定統一體的情況下被當作直接的、給定的東西而接受下來，那麼區別就僅僅止步於早先考察過的那個反映形式，即一般意義上的差異性。概念在自然界裡主要處於外在性中，而外在性導致了區別的整個漠不相關性；所以人們在進行劃分的時候經常採用**數**的規定。

[526]　　　　在這裡，雖然特殊東西相對於普遍者和一般意義上的劃分而言，是一種偶然的東西，但如果人們在認識活動中看到各種劃分的根據和劃分，而且它們在感性特性容許的情況下表明自己屬於概念，那麼這可以算作理性的**本能**。比如在**動物**那裡，撕咬器官（牙齒和爪子）在體系裡就被用作廣泛的劃分根據；它們起初只是被當作這樣一些方面，即據此可以更容易地識別那些對認識活動的主觀目的而言的特徵。但實際上，那些器官不僅包含著一種適用於外在的反映的區分，而且是動物性個體性的關乎生死的點，在這個點上面，動物使自己區別於他者（即外在的自然界），把自己設定為一個與自身相關聯的、切斷了與他者的延續性的個別性。──在**植物**那裡，生殖部分構成了植物性生命的那個最高點，由此暗示出向著性別，隨之向著個體式個別性的過渡。就此而言，體系有權利為了一個根據（這不是割裂的根據，而是一個深遠的劃分根據）而轉向

這個點，隨之把一個規定性當作根基，後者不僅是一個可以被外在的反映拿來做比較的規定性，而且是植物能夠具有的最高的、自在且自爲的規定性。

3 定理

(a) 這個按照概念規定而前進的認識活動的第三個層次是從特殊性到個別性的過渡；個別性構成了**定理**的內容。因此這裡要考察的，是一個**與自身相關聯的規定性**，對象的內在區別，以及區分開的規定性相互之間的關鍵。定義僅僅包含著**單一的規定性**，劃分包含著一個**與其他規定性相對立**的規定性；在個別化過程中，對象在自身內分裂了。如果說定義是止步於普遍的概念，那麼在定理裡則正相反，對象在它的實在性中，在它的實在的定在的各個條件和形式中被認識到。因此定理是和定義一起呈現出**理念**，亦即概念和實在性的統一體。但這裡所考察的，仍然在四處求索的認識活動並沒有達到這個呈現，因爲在這種認識活動裡，實在性尚未從概念中顯露出來，因此它對於概念的依賴性和統一體本身還沒有被認識到。 [527]

從上述規定來看，定理是一個對象的真正的**綜合者**，因爲它的各個規定性之間的對比關係是**必然的**，也就是說，立足於概念的**內在的同一性**。在定義和劃分裡，綜合者是一個從外面接收過來的結合；現成已有的東西被賦予概念的形式，但整個內容作爲現成已有的東西，僅僅得到**展現**（monstriert）；然而定理應當得到**證明**（demonstriert）。由於這個認識活動**沒有演繹出**它的定義和劃分規定的內容，所以乍看起來，也可以省略對於定理表達出的那些對比關係的**證明**（Beweisen），並從這個角度來看同樣滿足於知覺。問題在於，認識活動之所以有別於單純的知覺和表象，是因爲它賦予內容以一般意義上的**概念形式**；這一點在定義和劃分裡已經做到了；但由於定理的內容來自於**個別性**這一概念環節，所以它是立足

於各種實在性規定，後者不再僅僅把單純的和直接的概念規定當作
自己的對比關係；在個別性裡，概念已經過渡到**異在**，過渡到實在
性，隨之成爲理念。在這種情況下，定理所包含的綜合不再用概念
形式爲自己進行辯護；它作爲結合，是**有差異的東西**的結合；因此
那個尚未一起被設定的統一體還需要被揭示出來，於是對於這個認
識活動本身而言，證明在這裡是必不可少的。

[528]

這裡首先呈現出來的困難，是要明確地**區分**，哪些**對象規定**能
夠被接納到**定義**裡面，或者說哪些對象規定必須被移交給**定理**。對
於這件事情，不可能有一個本原；乍看起來，這樣一個本原就在
於：雖然對象直接具有的東西屬於定義，但對於其餘的經過中介
的東西，還需要揭示出中介活動。但定義的內容一般而言是已規
定的，從而在本質上是一個經過中介的內容；它僅僅具有一個**主觀
的直接性**，也就是說，主體造成一個隨意的開端，並把一個對象當
作預先設定。一般而言，由於這是一個內在具體的對象，而且必須
被劃分，所以出現了一定數量的規定，它們就其本性而言是經過中
介的，並且不是透過一個本原，而是僅僅依據主觀的規定而被假定
爲直接的和無需證明的東西。── 歐幾里德作爲自古以來公認的
綜合認識活動的大師，也是在**公理**的名義下爲**平行線**提出一個**預先
設定**，而人們認爲這個東西是需要證明的，並且嘗試以各種不同的
方式彌補這一缺陷。在另外一些定理那裡，人們自認爲發現了一些
預先設定，它們不應當直接被接納，而是需要得到證明。至於平行
線的那個公理，可以這樣說，在這件事情上，我們恰恰應當認識到
歐幾里德的正確心思，看到他是如何恰當地尊重幾何學的要素和本
性；因爲，假若要證明那個公理，那麼只能從平行線的**概念**出發，

[529]

但這樣的證明既不屬於幾何學，也不屬於對概念的定義、公理，乃
至概念的整個對象（亦即空間本身及其最初的規定）的演繹；──

因為這樣的演繹只能從概念引導出來，但概念卻是位於歐幾里德科學的獨特方面之外，因此對於這門科學而言，那些東西必然是**預先設定**，即相對最初的東西。

藉此機會，我們可以談談**公理**。公理和預先設定屬於同一個類型。人們經常錯誤地假定公理是絕對最初的東西，彷彿它們本身自在且自為地不需要任何證明。假若事實上真是如此，那麼它們就將是一些單純的恆真句了，因為只有在絕對同一性裡才不會出現差異性，隨之也不需要任何中介活動。但如果公理不僅僅是恆真句，那麼它們就是**另外一門科學**所提供的**命題**，因為它們對於那門把它們用作公理的科學而言應當是預先設定。因此真正說來，它們是**定理**，而且在絕大多數情況下都是來自於邏輯。幾何學的公理是這樣一類輔助定理或邏輯命題，它們之所以看上去像恆真句，是因為它們僅僅涉及大小，從而在自身之內消解了質的區別；至於那條主要公理，亦即純粹量的推論，前面已經有所討論。——因此，公理和定義以及劃分一樣，本身自在且自為地看來也需要一個證明，並且只有在一種情況下才不被當作定理，即它們作為相對最初的東西被某一個立場假定為預先設定。

就**定理的內容**而言，必須作出更詳細的區分，也就是說，既然區別立足於概念的實在性的**各個規定性**之間的**關聯**，那麼這些關聯就是對象的或多或少不完整的和個別的對比關係，或者說是這樣一個對比關係，它統攝實在性的**整個內容**，並表達出這個內容的已規定的關聯。但**完整的內容規定的統一體**等同於**概念**；因此那個包含著 [530] 統一體的命題本身又是一個定義，但這個定義所表達出的，不只是一個直接接納的概念，而是那個已經展開為已規定的、實在的區別的概念，或者說這個概念的完整的定在。因此二者合在一起呈現出**理念**。

　　　　如果人們仔細比較一門綜合科學**尤其是幾何學**的定理，就會發現一個區別，即它的某些定理僅僅包含著對象的個別的對比關係，而另外一些定理卻是包含著這樣一些對比關係，其中表達出了對象的完整的規定性。有一個極爲膚淺的觀點，它對全部命題的價值一視同仁，而其理由是，每一個命題都包含著一個眞理，並且在形式化的過程裡，在證明的連繫裡，本質上是等同的。定理在內容上的區別與這個過程本身有著最爲密切的連繫；關於這個過程的一些更詳細的評注將會澄清那個區別以及綜合認識活動的本性。首先應當舉出的例子是，長久以來，歐幾里德幾何學作爲綜合方法的代表，提供了這方面的最完滿的模範，而且其最爲令人稱道之處，在於對定理的順序作出妥善安排，使得對於每一個定理而言，那些對於其建構和證明來說必不可少的命題總是已經先行得到證明，成爲現成已有的東西。這個情況涉及形式化的後果；儘管這個後果是如此之重要，但它更多涉及的是合目的性的外在安排，與概念和理念的本質性區別無關，而恰恰在這個區別中，存在著推進的必然性的一個更高的本原。—— 也就是說，作爲開端的定義把感性對象領會把握爲直接給定的東西，並且按照其最近的種和屬差去規定

[531]　　對象，而種和屬差同樣是概念的單純的、**直接的**規定性，亦即普遍性和特殊性，但它們的對比關係並沒有得到進一步的展開。最初的定理本身可以僅僅堅持那些直接的規定（比如那些包含在定義裡面的規定），此外無他；與此同時，它們相互之間的**依賴性**首先只能涉及一件普遍的事情，即某個規定總是由另一個規定**所規定**。正因如此，歐幾里德最初關於三角形的命題僅僅涉及**重合**，也就是說，在一個三角形裡，**必須有多少部分是已規定的**，這樣同一個三角形的**其餘**部分才是已規定的，或者說整體才是**完全已規定的**。拿**兩個三**角形來比較，並且透過**覆蓋**來斷定重合，這是那樣一個方法需要走

的一條彎路，這個方法不應當使用**思想**（亦即**已規定的存在**），而是必須使用**感性的覆蓋**。否則的話，單獨看來，那些定理本身已經包含著**兩個**部分，其中一個可以被看作是**概念**，另一個可以被看作是**實在性**，亦即一個使概念趨於完成而達到實在性的東西。也就是說，完整地進行規定的東西，比如兩條邊和一個封閉的角，**對知性而言**已經是整個三角形：為了達到三角形的完整的規定性，已經不需要更多的東西；其餘的兩個角和第三條邊相對於概念的規定性而言，是多餘的實在性。那些定理所做的事情，真正說來就是把感性的三角形（這個東西確實需要三條邊和三個角）回溯到一些最單純的條件；一般而言，定義只需要提到三條線，它們閉合為一個平面的形狀，隨之造出一個三角形；定理最初明確指出的情況，就是角的**已規定的存在**依賴於邊的已規定的存在，正如其餘的定理也是指出三個另外的部分依賴於三個這樣的部分。—— 但**畢達哥拉斯定理在自身之內**就包含著三角形的邊對三角形的大小的完整的規定性；這個定理最初只是三角形的各條邊的**方程式**，因為之前的那些邊僅僅一般地達到了各個部分相互之間的一個**規定性**，但沒有達到一個**方程式**。因此，這個定理是三角形的完滿的、**實在的定義**，也就是說，首先是那個在其區別中最單純的、最合乎規則的直角三角形的定義。—— 歐幾里德以這個命題為《幾何原本》第一卷的結語，因為它實際上是一個已達到的完滿的規定性。同樣，當他把那些非直角的、各條邊大小懸殊的三角形回溯到等邊三角形，並把長方形回溯到正方形（即自身等同的正方形和自身不等同的長方形之間的一個方程式）之後，就結束了第二卷；因此，那條與自身等同的直角相對應的斜邊在畢達哥拉斯定理裡構成了方程式的一端，而自身不等同的東西亦即**兩條**直角邊則是構成了另一端。正方形和長方形之間的那個方程式成為圓的**第二個**定義的基礎，—— 這仍然是畢達哥

[532]

拉斯定理，只不過是把直角邊當作變數；圓的第一個方程式恰恰是在**感性**規定性的對比關係裡成為**方程式**，而這相當於圓錐體切面的兩個彼此完全不同的定義。

這個真正的綜合推進是從**普遍者**到**個別性**的過渡，亦即過渡到**自在且自為地已規定的東西**，或者說過渡到對象**在自身之內**的統一體，因為對象已經分裂並被區分為它的這些本質上的、實在的規定性。但在其他科學裡，通常那種極為不完滿的推進卻是這樣的，即雖然把普遍者當作開端，但普遍者的**個別化**和具體化只不過是把普遍者**應用**到某些從別的什麼地方拿來的材料上面；按照這個方式，理念的真正的**個別性**只是一個**經驗的**補充。

[533]　　　定理無論具有多麼不完滿抑或多麼完滿的內容，都必須得到**證明**。它是實在的規定的對比關係，而這些規定並不具有概念規定的對比關係；假如它們具有這個對比關係，就像在我們稱之為**第二個定義**（亦即實在的定義）的那些命題裡能夠揭示出來的那樣，那麼一方面看來，它們恰恰因此是定義；與此同時，因為它們的內容是由實在的規定的對比關係組成的，而不是僅僅立足於一個普遍者和一個單純的規定性的對比關係，所以相比第一個定義，它們不但需要證明，而且能夠得到證明。作為實在的規定性，它們在形式上是**漠不相關地持存著的、有差異的**東西；因此它們不是直接合為一體；於是我們必須揭示出它們的中介活動。第一個定義裡的直接的統一體是這樣一個統一體，透過它，特殊東西存在於普遍者之內。

　　　(b) 現在需要詳細考察的**中介活動**可以是單純的，或經歷了更多的中介活動。進行中介的環節與接受中介的環節連繫在一起；但在這個絕不會過渡到對立面的認識活動裡，由於中介活動和定理都不是從概念出發而進行回溯，所以那些進行中介的規定必須無需連繫的概念就作為一種從別的地方拿來的臨時材料而充當證明的框架。

這個準備工作就是**建構**。

　　定理的內容的關聯有可能是極爲雜多的，在其中，只需引述一些具有代表性的關聯，以服務於證明。材料的這種選取只有在證明中才有其意義；但這種選取本身就顯現爲盲目的，與概念無關。此後在進行證明時，人們發現，建構所宣稱的那個做法，比如在幾何形狀那裡延長出這樣一條線，確實是合乎目的的；然而對於建構本身，人們只能盲目地服從；因此，這個操作本身是與知性無關的，因爲那個引導著它的目的還沒有被陳述出來。——建構究竟是服務於一個眞正的定理，抑或是服務於一個任務，這是無關緊要的；同理，當它首先在證明**之前**就顯現出來，它就不是從一個在定理或任務中給定的規定裡推導出來的，隨之對於那個還不知道目的的人而言是一個無意義的行動，總之僅僅是一個受外在目的所指揮的東西。 [534]

　　這個起初仍然祕密的東西在**證明**裡浮現出來。如前所述，證明包含著那個在定理裡被陳述爲結合著的東西的中介活動；唯有透過這個中介活動，這個結合才**顯現爲**一個**必然的**結合。正如建構單獨看來並不具備概念的主觀性，同樣，證明也是一個不具備客觀性的主觀行動。也就是說，正因爲定理的內容規定同時並未被設定爲概念規定，而是被設定爲一些處於雜多的外在對比關係中的、給定的、**漠不相關的部分**，所以只有在一個形式化的、外在的概念裡，必然性才會體現出來。證明並不是那個構成了定理內容的對比關係的**譜系學**；必然性僅僅爲著識見而存在著，而整個證明都是服務於**認識活動的主觀需要**。因此，總的說來，證明是一個**外在的**反映，它**從外面進入內部**，亦即從外在的情況推出對比關係的內在狀況。這些外在的情況是由建構呈現出來的，它們是對象的本性的一個**後果**；在這裡，它們反過來轉變爲**根據**，轉變爲一些**進行中介的**對比關係。在中詞這個第三者裡，那些在定理裡結合起來的東西呈現出

它們的統一體，而中詞則是給出證明的關鍵，因此它僅僅是這樣一個東西，即這個結合在它那裡**顯現出來**，並且是**外在的**。因爲這個

[535]　證明活動所尋求的**後果**其實是事情的顛倒的本性，所以那個在其中被看作是**根據**的東西是一個主觀的根據，從中只有對於認識活動而言才顯露出事情的本性。

迄今所述已經揭示出這種認識活動的界限，而這個界限經常遭到誤解。綜合方法的最光輝的例子是**幾何**科學，——但它以不合適的方式被應用到其他科學乃至哲學上面。幾何學是一門以**大小**爲對象的科學，因此**形式化的**推論活動是它的專利，對它是最合適的；由於它僅僅考察量的規定，並且抽離了質的規定，所以它能夠固守在**形式化的同一性**或無概念的統一體之內，後者作爲**等同**，屬於外在的、抽離式的反映。對象，即空間規定，本身已經是這樣的抽象對象，它們爲了合乎目的，必須具有一個完全有限的、外在的規定性。一方面，幾何學由於其抽象的對象而具有一種崇高性，即在這些虛空寂靜的空間裡，顏色褪盡了，其他感性特性也消失了，甚至所有那些對活生生的個體性都極具誘惑力的興趣也沉寂了。但另一方面，對象無論怎麼抽象，也還是空間，——即一個**非感性的感性東西**；**直觀**上升到抽象，空間是直觀的一個**形式**，但仍然是直觀，——仍然是一個感性東西，即感性本身的**彼此外在**，或者說感性的純粹的**無概念性**。——近代以來，人們從這個方面大談幾何學的優越性，簡直讓人不勝其煩；人們宣稱幾何學的最大優點在於它所依據的是感性直觀，甚至認爲它的崇高的科學性也是基於這一點，而且它的證明都是立足於直觀。針對這種膚淺，有必要膚淺地提醒一下，任何科學都不是透過直觀活動而確立的，而是僅僅**透過**

[536]　**思維**。幾何學透過其感性材料而具有的直觀性，僅僅賦予它那個方面的自明性，即全部**感性東西**對無思想的精神而言具有的自明性。

令人遺憾的是，人們把這種感性材料算作幾何學的優點，殊不知這毋寧標示出幾何學立場的卑微性。多虧這樣的**抽象的**感性對象，幾何學才能夠達到一種更高的科學性，並在那些知識大雜燴面前表現出一個巨大的優點；這些知識大雜燴同樣被人們隨意地稱作「科學」，它們把具體的、可觸摸的感性東西當作內容，僅僅透過它們試圖注入其中的一個秩序，表現出它們對於概念規定的一種飄渺的憧憬和暗示。

　　幾何學的空間是彼此外在的存在的抽象化和虛空化，唯其如此，才有可能在它的無規定性中這樣勾畫各種形狀，讓它們的規定保持在彼此固定的靜止狀態中，不會過渡到對立面。就此而言，幾何學是一門單純的，以**有限者**為對象的科學，而有限者是按照大小來做比較的，其統一體是外在的統一體，即**等同**。但現在的問題是，由於這個勾畫形狀的做法是同時從不同的方面和本原出發，而且這些形狀是獨自產生出來的，所以在對它們進行比較時，確實也會表現出**質的**非等同和**不可通約性**。由於這個不可通約性，幾何學被迫超出它在其中四平八穩地推進著的**有限性**，走向**無限性**，——即把這些有著質的差異的東西設定為等同。在這裡，幾何學的自明性消失了，而過去它之所以具有自明性，是因為它所依據的是堅固的有限性，並且和概念及其現象（即那個過渡）毫不相干。有限的科學在這裡達到了自己的界限，因為綜合性的必然性和中介活動不再僅僅立足於**肯定的同一性**，而是立足於**否定的同一性**。

　　很顯然，無論是幾何學還是代數，都在其抽象的、純粹知性式 ［537］
的對象那裡很快撞上其界限，既然如此，綜合方法對於**其他科學**而言從一開始就更是有缺陷的，對於哲學而言則是最有缺陷的。關於定義和劃分，前面已經得出了相應的結果；這裡只需要再談談定理和證明；接下來，除了證明所要求並預先設定的定義和劃分等條件

之外，缺陷還在於所有這些條件相對於定理而言的**地位**。這個地位之稀奇古怪，尤其體現在當經驗科學（比如物理學）企圖賦予自己以綜合科學的形式時。這條道路是這樣的，即特殊的**力**以及其他內在的、本質性的形式（它們是以分析經驗的方式而顯露出來的，並且只能作爲**結果**而爲自己辯護）之類**反映規定**必須被**置於頂端**，以便在它們自身那裡具有一個普遍的**根基**，然後這個根基被**應用於個別東西**，並在個別東西之內被揭示出來。由於這些普遍的根基就其自身而言並不具有支撐點，所以有時候應當**被放棄**；但只有在推導出的**後果**那裡，人們才發現這些後果構成了那些**根基**的眞正的**根據**。關於出現在定理裡的具體東西，所謂的**解釋**和證明有時候表現爲一個恆眞句，有時候表現爲眞實情況的紊亂，有時候則是用這個紊亂來掩飾認識活動的那樣一個謬誤，即片面地接納經驗，僅僅透過這個方式來獲得它的那些單純的定義和原理，同時爲了消除來自於經驗的反駁，又不把經驗當作具體的總體性，而是將其當作例子，而且是從有利於猜想和理論的方面來對待它。這種讓具體的經驗屈從

[538] 於一些預先設定的規定的做法蒙蔽了理論的根基，並且僅僅從適合理論的方面將這個根基展示出來，以至於人們根本做不到無拘無束地考察具體的知覺本身。只有把這整個過程頭足倒置，整體才獲得正確的關係，才能夠在其中通觀根據和後果的連繫以及知覺在思想中的轉化的正確性。在研究這類科學時，主要困難之一在於**如何進入其中**，——爲了做到這一點，唯一的辦法就是**盲目地放棄**那些預先設定，然後對其並不具有一個概念或哪怕不太明確的表象，而是充其量只具有一個模糊的幻想圖像，再順便把假設的力、質料及其假想出來的形態分化、方向和旋轉等等規定印記到腦海之內。假若人們要求只有掌握了那些預先設定的東西的必然性和概念才會接受並承認它們，那麼他們就不可能越出開端半步。

　　關於綜合方法之不適合應用於嚴格的分析科學，此前已經有機會略作論述。透過沃爾夫，這個應用擴大到他通通稱作哲學和數學的所有可能的知識類型上面，—— 這些知識一部分具有純粹分析的本性，一部分屬於偶然的、匠氣十足的類型。這種易於掌握的，在本性上就不能接受嚴格的科學討論的材料，與打著科學旗號的生硬曲折和喬裝打扮交相輝映，本身就展示出這種應用的笨拙，隨之變得臭名昭彰⑧。儘管如此，這個濫用並沒有剝奪人們的那個信念，即綜合綜合方法對於**哲學**的科學嚴格性來說是有用的、本質性的；斯賓諾莎在闡述其哲學時提供的例子仍然長久地被認為是一個典範。但實際上，經過康德和雅各比的批判，舊的形而上學的整個方式，隨之其方法，都已經被完全拋棄了。康德用他自己的方式表明，那種形而上學的內容透過嚴格的證明會導致**二律背反**，至於二律背反的其餘狀況，我們已經在相應的地方進行澄清；但他並沒有反思這個與有限的內容連繫在一起的證明活動本身的本性，不知道

---

⑧ 比如在克利斯蒂安・沃爾夫的《建築術的初始根據》（即《全部數學科學的初始根據》第一部分，哈勒 1770 年版）裡，**第八條定理**（第二部分）是這樣的：「一扇窗戶必須寬到兩個人能夠舒適地並排倚靠在那裡的程度。」
　　證明：因為人們經常和另一個人一起憑窗遠眺。現在，既然建築師應當在所有方面滿足房主的主要意圖（第 1 節），那麼他必須把窗戶造得這樣寬，使兩個人能夠舒適地並排倚靠在那裡。如此得證。
　　在《築城術的初始根據》（見上書第二部分）裡，**第二條定理**（第五部分）是這樣的：「如果敵人在附近安營紮寨，而人們預測到敵人將會藉助增援部隊而攻占城堡，那麼就必須在整個城堡周圍構築一條環形防線。」
　　證明：環城防線防止任何人能夠從外面侵入營地（第 311 節）。但那些企圖攻占城堡的人要求從外面侵入營地。因此，如果人們希望阻止他們，就必須在營地周圍構築一條環形防線。正因如此，如果敵人在附近安營紮寨，而人們預測到敵人將會藉助增援部隊而攻占城堡，那麼營地就必須封閉在環形防線之內。如此得證。—— 黑格爾原注

[539]

二者是同生共滅的關係。在他的《自然科學的形而上學初始根據》裡，康德自己給出了一個例子，即把他以這個方式臆斷爲哲學的一門科學當作反思科學，並用反思科學的方法加以討論。——如果說康德更多是從物質出發來攻擊舊的形而上學，那麼雅各比則主要是從形而上學的證明方式出發對其展開攻擊，並且以無比清晰和深刻的方式強調指出，一切的關鍵在於，這樣的證明方法完全圍於

[540]

有限者的僵化的必然性，而自由，亦即**概念**乃至**一切真正存在著的東西**，卻是位於這個必然性的彼岸，是其不可觸及的。——按照康德的結果，是形而上學的獨特材料把它導向矛盾，而認識活動的缺陷就在於其**主觀性**；按照雅各比的結果，卻是認識活動本身的方法和整個本性導致它只能理解把握**有條件性和依賴性的連繫**，從而表明自己不適合那個自在且自爲地是絕對眞相的東西。實際上，由於哲學的本原是**無限的、自由的概念**，而且哲學的全部內容都是依據於這個概念，所以眞正說來，是無概念的有限性方法不適合那個內容。這個方法的綜合和中介活動，亦即**證明活動**，最多能夠達到一種與自由相對立的**必然性**，——即那些有所依賴的東西的**同一性**，這個同一性僅僅是**自在的**，哪怕它被當作**內在的**或**外在的**同一性，那些在其中構成實在性的東西，那些區分開的、進入實存的東西，也始終完全是一個**獨立的有差異的東西**，隨之是**有限者**。因此在這裡，這個同一性本身僅僅達到**實存**，始終是**純粹内在的東西**，或者也可以說，它是純粹**外在的東西**，因爲它的已規定的內容對它來說是給定的；——在這兩個觀點下，同一性都是一個抽象的東西，在其自身並不具有實在的方面，而且沒有被設定爲自在且自爲地**已規定的同一性**；而在這種情況下，**概念**就被這種認識活動排除在外，但概念乃是唯一的關鍵之所在，是自在且自爲的無限者。

　　因此在綜合的認識活動裡，理念僅僅在這個程度上到達到自

己的目的，也就是說，概念按照其**同一性**的各個環節和**實在**的規定，或者說按照**普遍性**和**特殊**的區別，進而**作爲同一性**（亦即有差異的東西的**連繫**和**依賴性**），成爲**概念的對象**。但概念的這個對象並不適合概念；因爲概念並未轉變爲**它在它的對象或它的實在性中與它自身的統一體**；在必然性裡，它的對象是它的同一性，但這個對象本身並不是規定性，而是一個位於同一性之外，亦即並非由概念所規定的材料，因此概念並未在其中認識到自己。總的說來，概念不是自爲的，不是按照它的統一體同時被規定爲自在且作爲的東西。正因爲對象不適合主觀的概念，所以理念在這種認識活動裡尚未達到眞理。——儘管如此，必然性的層面已經是存在和反映的巔峰；必然性自在且自爲地過渡到概念的自由，內在的同一性過渡到它的展現，即作爲概念的概念。至於必然性的層面是如何**過渡**到**自在的概念**，我們在考察必然性的時候已經加以揭示，正如本卷的開篇已經把這個過渡呈現爲**概念的譜系學**。在這裡，必然性的地位在於，它是概念的**實在性**或**對象**，而當必然性過渡到概念，從現在起，概念就是概念的對象。但過渡本身是同一個過渡。它在這裡同樣起初只是**自在的**，並且位於我們的反思的認識活動之外，也就是說，過渡是認識活動的仍然內在的必然性本身。對過渡來說，只存在結果。現在，當概念**自爲地**是自在且自爲地已規定的概念，理念就是**實踐的理念**，即**行動**。

[541]

B 善的理念

當概念以它自己爲對象，並且自在且自爲地是已規定的，主體就把自己規定爲**個別東西**。概念作爲主觀的東西，重新預先設定了一個自在存在著的異在；它是一個想要將自身實在化的**衝動**，一

[542] 　　個企圖**透過自己**而在客觀世界裡給予自己以實在性，並實現自身的目的。在理論理念裡，主觀概念作為普遍者，作為自在且自為的**無規定者**，與客觀世界相對立，並從後者那裡獲得已規定的內容和充實性。但在實踐理念裡，主觀概念卻是作為現實的東西而與現實的東西相對立；主體在它的自在且自為地已規定的存在裡具有的自身確定性是對它自己的現實性和世界的**非現實性**的確定性；對主體而言，不僅世界的異在作為抽象的普遍性是虛無的東西，而且世界的個別性以及個別性的各種規定也是虛無的東西。在這裡，主體已經指派給自己一種客觀性；主體的規定性在自身內是客觀的東西，因為後者是普遍性，同時是絕對地已規定的；與此相反，此前的客觀世界仍然只是一個已設定的東西，但因為這個東西僅僅是直接已規定的，所以在自身內缺失了概念的統一體，本身是虛無的。

　　這個包含在概念中，等同於概念，把個別的外在的現實性的要求包含在自身之內的規定性，是**善**。它帶著絕對者的尊貴身分閃耀登場，因為它是概念在自身內的總體性，是客觀的東西，同時在形式上是自由的統一體和主觀性。這個理念高於剛才考察的認識活動的理念，因為它不僅具有普遍者的尊貴身分，而且具有絕對現實東西的尊貴身分。—— 這個理念是**衝動**，因為這個現實的東西仍然是主觀的，自己設定自己，但與此同時，它在形式上並不是一個直接的預先設定；真正說來，它的那個想要將自身實在化的衝動並不是要給予自己一種客觀性 —— 它本身自在地就具有客觀性，—— 而是僅僅想要給予自己一個空洞的直接性形式。—— 所以，目的的活動不是針對著自己，不是企圖把一個給定的規定接納下來並據為己

[543] 有，而是企圖設定它自己的規定，並透過揚棄外在世界的規定而給予自己一種在形式上是外在現實性的實在性。—— 意志理念作為自身規定自身者，**自為地**具有一個內在的**內容**。誠然，這是一個**已規**

定的內容，並在這個意義上是一個**有限者**，一個受限制的東西；自身
規定在本質上是**特殊化**，因為意志的自身內反映作為一般意義的否
定統一體，也是個別性，而個別性在這裡的意思是排斥並預先設定
一個他者。儘管如此，由於內容是概念自己的規定性，所以透過概
念的形式，內容的特殊性起初仍然是無限的，而概念則是在內容那
裡具有它的否定的自身同一性，隨之不僅具有一個特殊東西，而且
具有它的無限的個別性。由此看來，剛才提到的內容的**有限性**在實
踐理念裡是同一個東西，因為它起初仍然是一個未實現的理念；**對
內容來說**，概念是自在且自為的存在者；概念在這裡是理念，但在
形式上卻是一個**自為**存在著的客觀性；一方面，主觀東西因此不再
僅僅是一個**已設定的東西**，亦即隨意的或偶然的東西，而是一個絕
對者；但另一方面，這個**實存**的形式，亦即**自為存在**，仍然不具有**自
在存在**的形式。所以，那從嚴格意義上的形式來看顯現為對立的東
西，在反映到**單純的同一性**的概念形式那裡，亦即在內容那裡，顯
現為內容的單純的規定性；善雖然自在且自為地是有效的，在這種
情況下卻成了一個特殊的目的，但這個目的不必透過實在化才獲得
自己的真理，而是自為地已經是真相。

　　在這裡，直接的**實在化**推論本身不需要更進一步的闡述；它完
全就是之前考察的**外在的合目的性**推論；只有內容構成了區別。內
容在外在的亦即形式化的合目的性裡曾經是一般意義上的無規定
的、有限的內容；而在這裡，它雖然也是一個有限的內容，但作為
有限的內容同時發揮著絕對的效用。但就結論命題或已實現的目的
而言，出現了一個進一步的區別。有限的目的在其**實在化**過程中同
樣僅僅達到**手段**；由於它在自己的開端不是一個已經自在且自為地　[544]
已規定的目的，所以當它得到實現時，也仍然不是一個自在且自為
的東西。當善重新被固定為一個**有限者**，並且在本質上是有限者，

那麼在不考慮它的內在的無限性的情況下，它同樣不能逃避有限性的命運——一個在諸多形式中顯現出來的命運。已實現的善之所以是善的，原因在於，它在主觀的目的裡，在它的理念裡，已經是善的；善透過實現而獲得一個外在的定在；但由於這個定在僅僅被規定為自在且自為地虛無的外在性，所以善在這個外在性中僅僅達到一個偶然的、可摧毀的定在，但沒有達到一個與它的理念相契合的實現。——再者，善就其內容而言是一個受限制的東西，因此也存在著各種各樣的善；實存著的善是可摧毀的，這不只是基於外在的偶然性和惡，而且基於善本身的衝突和爭鬥。善預先設定了客觀世界，同時也預先設定了善的主觀性和有限性，從這個方面來看，善的實現本身就會遭到阻礙，甚至是不可能的。因此善始終是一個**應當**；它是**自在且自為的**，但**存在**作為終極的、抽象的直接性，始終與善相對立，**並且**把善規定為一個**非存在**。「至善」理念雖然是一個**絕對的懸設**，但終究只是一個懸設，也就是說，是一個糾纏於主觀性規定性的絕對者。仍然存在著兩個相互對立的世界，其中一個是通透思想的純粹空間裡的主觀性王國，另一個是外在雜多的現實性要素裡的客觀性王國，或者說一個未開啓的陰暗王國。關於那個不可解決的矛盾，關於那個**絕對的**目的與這個現實性的**限制**的**不可克服的**對立的完整的形成過程，《精神現象學》（第二版）第 453 頁以下[9]已經作出更為詳細的討論。——由於理念在自身內包含著完滿的規定性這一環節，所以當概念在理念中與另一個概念打交道，後面這個概念就在其主觀性中同時具有一個客體環節；於是理念在這裡進入**自我意識**的形態，並且從這個方面來看與自我意識的

[545]

---

[9]　《黑格爾著作集》第二卷，第 442 頁以下。——原編者注。譯者按，此處參閱黑格爾《精神現象學》，先剛譯，人民出版社 2013 年版，第 369 頁以下。

呈現融爲一體。

　　實踐理念所仍然缺少的東西，是眞正意義上的意識本身這一環節，也就是說，現實性環節在自爲的概念裡本來應當達到**外在存在**這一規定。——這個缺陷也可以這樣來看，即**實踐**理念仍然缺少**理論**理念這一環節。因爲在理論理念裡，站在主觀的，被概念在自身內直觀到的概念這一邊的，只有**普遍性**規定；認識活動只知道自己是一種領會把握，是概念的自爲地**無規定的**自身同一性；對於理念理論而言，充實性，亦即自在且自爲地已規定的客觀性，是一個**給定的東西**，而**真正的存在者**卻是那個獨立於主觀的設定活動，現成已有的現實性。反之對於實踐理性而言，這個同時作爲不可克服的限制而與之對立的現實性只不過是自在且自爲的虛無東西，只有透過善的目的才獲得其眞正的規定和唯一的價值。就此而言，意志本身是達到自己目標的道路上的障礙，因爲它脫離了認識活動，而那個對它而言外在的現實性在形式上還不是眞正的存在者；因此，唯有在眞相的理念裡，善的理念才能夠找到自己的補充。

　　但善的理念自己就造成了這個過渡。在行動的推論裡，第一個前提是**善的目的與現實性的直接關聯**，目的掌握了這個關聯，然後在第二個前提裡把它當作外在的**手段**，去反抗外在的現實性。對於主觀概念而言，善是客觀的東西；現實性在其定在裡之所以作爲不可克服的限制而與善相對立，唯一的原因在於，現實性仍然被規定**爲直接的定在**，而不是一個相當於自在且自爲的存在的客觀東西；但實際上，現實性要麼是惡，要麼是漠不相關的、純粹可規定的，並未在自身內具有其價值的東西。但實踐理念本身已經揚棄了這個在第二個前提裡與善相對立的抽象存在；它的行動的第一個前提是概念的**直接的客觀性**，正因如此，目的在毫無阻礙的情況下把自己傳遞給現實性，與之處於單純的同一性關聯之中。就此而言，只需

[546]

要把實踐理念的兩個前提的思想整合起來即可。那在第一個前提裡已經透過客觀概念而直接完成的東西，在第二個前提裡唯一獲得的補充是，它是透過中介活動，隨之是**為著客觀概念**而被設定的。正如在全部目的關聯裡，已實現的目的雖然又只是一個手段，但反過來手段也是已實現的目的，同樣，在善的推論裡，第二個前提已經直接地、**自在地**在第一個前提裡呈現出來；當然，這個直接性仍然是不夠的，而第二個前提已經是第一個前提的懸設；在面對與之相對立的另一個現實性時，善的實現是一個中介活動，後者對於善的直接的關聯和已實現的存在而言是不可或缺的。因為，中介活動僅僅是概念的第一個否定或異在，是一個客觀性，而這個客觀性彷彿是概念之沉陷於外在性中的存在；第二個否定揚棄了這個異在，唯其如此，目的的直接實現才成為善（作為自為存在著的概念）的現實性，因為在這種情況下，概念不是與一個他者同一，而是與自身

[547] 同一，並僅僅因此被設定為自由的概念。現在，假若善的目的在這種情況下仍然沒有得到實現，那麼這就意味著概念回落到概念在其活動之前所處的那個立場上，——這個立場就是把已經被規定為虛無的現實性仍然預先設定為實的東西，——而這個回落作為惡劣無限的演進過程，其唯一的根據在於，它在揚棄那個抽象的實在性時，同樣直接忘記了這個揚棄，或者說忘記了，這個實在性已經被預先設定為自在且自為的虛無東西，而不是一個客觀的現實性。所以，如果目的已經得到現實的實現，又重新預先設定一個未實現的目的，那麼這個規定性就在於，恆久地重新製造出客觀概念的**主觀姿態**，於是善的**有限性**無論是就其內容而言還是就其形式而言都顯現為一個恆常的真理，正如善的實現也始終只是顯現為一個**個別的**行為，而不是顯現為一個**普遍的**行為。——但實際上，在善的實現裡，這個規定性已經揚棄自身；那個仍然**限定著**客觀概念的東西，

是客觀概念對於自己的一個**觀點**，而透過反思善的**自在的**實現，這個觀點就消失了；只是因爲這個觀點，客觀概念才成爲自己道路上的障礙，而它在那裡所反對的並不是一個外在的現實性，而是它自己。

也就是說，第二個前提裡的活動僅僅製造出一個片面的**自爲存在**，而產物因此顯現爲一個**主觀東西**和**個別東西**，於是在這個過程中重複了第一個預先設定；但眞正說來，這個活動同樣設定了客觀概念與直接的現實性的**自在存在著的**同一性。透過預先設定，直接的現實性被規定爲僅僅具有現象的實在性，但自在且自爲地是虛無的，並且完全可以由客觀概念所規定。透過客觀概念的活動，外在的現實性發生變化，它的規定也隨之被揚棄了，而恰恰在這種情況下，它被剝奪了單純顯現著的實在性、外在的可規定性和虛無性，隨之**被設定爲**自在且自爲的存在者。在這個過程中，全部預先設定—— 比如善被規定爲一個單純主觀的，就其內容而言受限制的目的，目的必須透過主觀的活動才得以實在化，還有這個活動本身—— 都被揚棄了。中介活動在結果裡揚棄自身，而結果是一個**直接性**，它不是重新製造出預先設定，而是已經將其揚棄。這樣，自在且自爲地已規定的概念的理念已經被設定爲這樣一個東西，它不再僅僅存在於活動著的主體之內，毋寧同樣是一個直接的現實性，反過來，這個現實性就像在認識活動裡一樣，是眞正存在著的客觀性。主體曾經由於自己的預先設定而糾纏於個別性，如今個別性和這個預先設定一起消失了；因此從現在起，主體是一個**自由的、普遍的自身同一性**，對這個同一性而言，概念的客觀性誠然是一個**給定的**，直接爲著主體而**呈現出來的**東西，但主體同樣知道自己是自在且自爲地已規定的概念。因此在這個結果裡，**認識活動**被製造出來，並與實踐理念聯合在一起；與此同時，現成已有的現實性被規

[548]

定爲已實現的絕對目的，但後者不像在探尋著的認識活動裡一樣僅僅是一個缺乏概念的主觀性的客觀世界，而是這樣一個客觀世界，其內在的根據和現實的持存就是概念。這就是絕對理念。

第三章　絕對理念

　　正如我們看到的，絕對理念是理論理念和實踐理念的同一性，後面兩個理念單獨看來仍然是片面的，並且在自身內把理念本身僅僅當作一個探尋的彼岸和未達到的目標，——因此單獨看來都是**努力追求**的一個**綜合**，即在自身內既具有也**不**具有理念，從前一個情況過渡到後一個情況，但沒有把這兩個思想整合在一起，而是止步於它們的矛盾。絕對理念作為合乎理性的概念，即一個在自己的實在性中僅僅與自身融合的概念，由於具有概念的客觀同一性這一直接性，所以一方面回歸**生命**，但另一方面同樣揚棄了自己的這個直接性形式，並在自身之內具有最高的對立。概念不僅是**靈魂**，而且是自由的、主觀的概念，這個概念是自為的，因此具有**人格性**（Persönlichkeit），——這就是實踐的、自在且自為地已規定的、客觀的概念，它作為個人（Person）乃是一個不可侵入的、原子式的主觀性，但與此同時並不是一個排他的個別性，毋寧自為地就是**普遍性**和**認識活動**，並且在它的他者那裡把**它自己**的客觀性當作對象。一切其餘的東西都是謬誤、渾濁、意見、努力追求、任性和轉瞬即逝；唯有絕對理念是**存在**、永恆常駐的**生命**、**認知著自己的真理**，並且是**全部真理**。

　　絕對理念是哲學的唯一對象和內容。由於它在自身內包含著**全部規定性**，而它的本質就在於透過它的自身規定或特殊化而回歸自身，所以它具有各種各樣的形態分化，而哲學的使命就是在這些形態分化中認識到它。總的說來，自然界和精神是絕對理念呈現**它的定在**的不同方式，而藝術和宗教則是絕對理念把握自身並給予自己

[549]

以合適的定在的不同方式；哲學與藝術以及宗教具有同樣的內容和同樣的目的，但它是理解把握絕對理念的最高方式，因為它的這個最高方式是概念。換言之，哲學在自身內包攬了實在的和觀念性的有限性、無限性、神聖性等形態分化，並對它們和它自己進行概念把握。至於這些特殊方式的推導和認識，則是那些特殊的哲學科學的接下來的任務。絕對理念的**邏輯性**（das Logische）也可以被稱作是絕對理念的一個**方式**；但由於**方式**標示著一個**特殊的屬**，表示著形式的一個**規定性**，所以邏輯性是與之相關的普遍方式，在其中，全部特殊的方式都被揚棄了，並被掩蓋起來。邏輯理念是在其純粹本質中的理念本身，這時它作為單純的同一性，被封閉在它的概念中，尚未在一個形式規定中**映現出來**。因此邏輯僅僅把絕對理念的自身運動呈現為原初的**話語**（Wort），這個話語是一個**外化**或**表達**，但卻是這樣的外化或表達，它作為外在的東西，既存在著，又直接消失了；因此理念的這個自身規定僅僅在於**傾聽自身**（sich vernehmen）①，它位於**純粹的思想**中，在那裡，區別尚且不是**異在**，而是永遠保持為一個完全通透的東西。——相應地，邏輯理念是把作為**無限形式**的自己當作自己的內容，——這個**形式**之所以與**內容**形成對立，乃是因為後者是一個內化於自身，並在同一性中被揚棄的形式規定，而在這種情況下，這個具體的同一性就與那個發展為形式的同一性相對立；內容在形態上是一個與形式相對立的他者，一個給定的東西，而形式嚴格說來完全立足於**關聯**，它的

[550]

---

① 德語的「vernehmen」有「聽見」、「獲悉」、「知悉」等意思，這裡根據語境選取了「傾聽」的譯法。此外需要指出的是，這個字和「理性」（Vernunft）一字具有相同的字根，黑格爾藉此展示理念和理性的本質關係。——譯者注

規定性同時被設定為**映像**。—— 確切地說，絕對理念本身僅僅以這一點為它的內容，即形式規定是絕對理念自己的已完成的總體性，是純粹的概念。現在，理念的**規定性**以及這個規定性的整個過程構成了邏輯科學的對象，而在這個過程中，絕對理念本身**自為地**顯露出來；但作為自為的東西，它表明自己是這種情況，即規定性並不具有**內容**的形態，毋寧只是**形式**，唯其如此，理念才是絕對**普遍的理念**。既然如此，這裡還需要考察的，就不是一個嚴格意義上的內容，而是內容的形式的普遍者，—— 亦即**方法**。

　　方法可以首先顯現為認識活動的單純的**樣式和方式**，而它實際 [551] 上在本性上就是這樣的樣式和方式。但樣式和方式作為方法，不僅是**存在**的一個**自在且自為地已規定的**樣態，而且被設定為由**概念**所規定的認識活動的樣態和形式，因為它是全部客觀性的靈魂，而所有別的已規定的內容都只有在形式中才具有自己的真理。假如內容對方法而言又是給定的，並且具有一個獨特的本性，那麼方法就和一般意義上的邏輯性一樣，被規定為一個單純**外在的**形式。然而事實上並非如此。這裡不僅不能訴諸邏輯性這一基本概念，而且當給定的內容和客體的全部形態在邏輯性的整個過程中浮現出來，這個過程就揭示出它們的過渡和非真實性，也就是說，給定的客體不可能是根基，彷彿絕對形式相比之下僅僅是一個外在的和偶然的規定似的，毋寧說，絕對形式已經表明自己是絕對的根基和最終的真理。在這個過程中，方法表現為那個**認知著自己**、作為絕對者（即既是主觀東西也是客觀東西）而**把自己當作對象的概念**，隨之表現為概念與它的實在性的純粹契合，表現為一個本身就是概念的實存。

　　就此而言，那在這裡被看作是方法的東西，僅僅是**概念**本身的運動，這個運動的本性雖然已經被認識到，但**第一**，它現在的**意思**是，**概念是一切東西**，而它的運動是一個**普遍的**、**絕對的**活動，是一

個自己規定著自己，將自身實在化的運動。因此我們必須承認，方法既是一個不受限制的、普遍的、內在的和外在的方式，也是一個絕對無限的力，針對這個力，任何客體只要呈現爲一個外在的、遠離理性並獨立於理性的東西，都不可能加以抗衡，既不能具有一個特殊的本性，也不能避免被其滲透。正因如此，方法是**靈魂和實**

[552] **體**，任何東西都只有在**完全服從方法**的情況下，才能夠得到概念把握，並在其眞理中被認知；方法是每一個事情本身自己的方法，因爲它的活動是概念。這一點也是它的**普遍性**的更眞實的意義；從反映的普遍性來看，它僅僅被當作適用於**一切東西**的方法；但從理念的普遍性來看，它既是認識活動（亦即**主觀地**認知著自己的概念）的樣式和方式，也是**客觀的**樣式和方式，或更確切地說，是**物的實體性**，──亦即那些對**表象**和**反思**而言起初顯現爲**他者**的概念的實體性。就此而言，方法不僅是理性的最高的**力**，或更確切地說，唯一的和絕對的力，而且是理性的最高的和唯一的**衝動**，即**力求透過自己而在一切東西中發現並認識自己**。──因此，**第二，方法與嚴格意義上的概念的區別**，即方法的**特殊性**，也體現出來。過去我們單獨考察概念的時候，它是顯現爲一個直接的東西；**反映**，或者說**那個考察著概念的概念，屬於我們的**知識。方法就是這個知識本身，對它來說，概念不僅是對象，而且是對象自己的主觀的活動，這個活動作爲認識活動的**工具**和手段，區別於認識活動，但又是認識活動自己的眞理。在探尋式的認識活動裡，方法同樣呈現爲**工具**，呈現爲一個站在主觀方面的手段，並透過這個方式而與客體相關聯。在這個推論裡，主體是一個端項，客體是另一個端項，前者透過自己的方法而與後者**結合**，同時本身並不是**與自己**結合。這兩個端項始終是有差異的，因爲主體、方法和客體並未被設定爲**同一個概念**；因此推論也始終是形式化的推論；當主體在一個前提裡把形式設定爲它

自己那邊的方法，這個前提就是一個**直接的**規定，並因此包含著形式的各種規定，即我們看到的定義、劃分等等，而這些都是作為**主體裡面現成已有的**事實。反之在眞正的認識活動裡，方法不僅是一定數量的規定，而且是概念的自在且自爲地已規定的存在，而概念之所以是中項，只不過是因爲它同樣意味著客觀的東西，後者因此在結論命題裡不僅透過方法而獲得一個外在的規定性，而且被設定爲達到了與主觀概念的同一性。　[553]

1. 因此，那構成了方法的東西，是概念本身的各種規定及其關聯，現在這些規定應當作爲方法的規定，並在這個意義上接受考察。——**第一**，這件事情應當從**開端**開始。關於這個開端，我們在邏輯本身的開端以及此前的主觀認識活動那裡已經有所討論，並且指出，如果開端不是以任意的方式在一種直白的無意識狀態中造成的，那麼它雖然看起來造成很多困難，但在本性上仍然是極其簡單的。正因爲它是開端，所以它的內容是一個**直接的東西**，但這個東西具有**抽象普遍性**的意義和形式。此外，無論它是**存在的**、**本質**的抑或**概念**的內容，只要它是一個**直接的東西**，就始終是一個**被接納的**、**現成已有的**、**實然的東西**。但**首先**，它不是**感性直觀**或**表象**的直接東西，而是**思維**的直接東西，而由於其直接性的緣故，人們也可以稱其爲一個超感性的、**內在的直觀活動**。感性直觀的直接東西是一個**雜多東西**和**個別東西**。但認識活動是一種概念把握式的思維，因此它的開端同樣**僅僅位於思維的要素**之內，——是一個**單純的**和**普遍的**東西。——關於這個形式，此前在定義那裡已經討論過了。在有限的認識活動的開端那裡，普遍性同樣被承認爲本質性規定，但僅僅被當作與存在相對立的思維規定和概念規定。實際上，這個**最初的**普遍性是一個**直接的**普遍性，因此同樣意味著**存在**；因爲存在　[554]
恰恰是這樣一個抽象的自身關聯。存在不需要任何推導，彷彿它之

所以屬於定義的抽象東西，只不過是因爲它來自於感性直觀或別的什麼地方，於是得到展現似的。這個展現活動和推導涉及一個**中介活動**，後者不止是一個單純的開端，而是這樣一個中介活動，它不屬於思維著的概念把握，而是把表象，把經驗的、推理式的意識提升到思維的立場。按照那種流行的把思想或概念與存在對立起來的做法，看上去有一個重要的眞理，即前者本身並不具有任何存在，反之後者卻是具有它自己的獨立於思想本身的根據。但自在地看來，**存在**的單純規定是如此之貧乏，以至於單憑這一點，就可以說它那裡沒有多少可揚棄的東西；普遍者本身直接就是這個直接的東西，因爲它作爲抽象的東西，僅僅是抽象的自身關聯，而這個關聯就是存在。人們要求揭示出存在，這個要求實際上有一個更深的內在意義，即這並不僅僅是一個抽象的規定，而是要求**概念**的完全的**實在化**，而這個實在化不是位於**開端**自身之內，毋寧說，它是認識活動的整個進一步的發展的目標和事務。再者，由於開端的**內容**應當透過內在的或外在的知覺裡的展現而得到辯護，並讓人相信它是某種眞實的或正確的東西，所以這裡所意謂的不再是普遍性的**形式**，而是普遍性的**規定性**，關於這一點，必須馬上予以討論。關於那個構成開端的**已規定的內容**，論證看起來落在開端**後面**，但實際上，如果這個論證屬於概念把握式認識活動，那麼它就必須被看作是先行的東西。

[556] 　　因此，開端對於方法而言，其唯一具有的規定性在於它是單純的普遍者；這個情況本身就是**規定性**，而正因如此，開端是有缺陷的。普遍性是純粹的、單純的概念，而方法作爲對於這個概念的意識，知道普遍性僅僅是一個環節，且概念在其中尚且不是自在且作爲地已規定的。這個意識僅僅出於方法的緣故企圖推進開端，而一旦有了這個意識，方法就是一個形式化的，在外在反映裡已設定

的東西。因為方法是客觀的、內在的形式，所以直接的開端必定**在其自身**就是有缺陷的，同時具有一個想要推進自身的**衝動**。在絕對的方法裡，普遍者不是被當作單純抽象的東西，而是被當作客觀的普遍者，亦即一個**自在地具體的總體性**，但這個總體性尚未**被設定下來**，尚且不是**自為的**。哪怕是抽象的嚴格意義上的普遍者，在概念裡，亦即從它的真理來看，也不僅僅是**單純的東西**，毋寧說，它作為**抽象的東西**，已經**被設定**為與一個否定糾纏在一起。正因如此，無論是在**現實性**裡還是在**思想**裡，都**沒有**人們通常設想的那種單純的普遍者。這樣的單純東西是一個單純的**意謂**，後者的唯一根據在於，它沒有意識到那在事實上呈現出來的東西。——在這之前，開端的東西被規定為直接的東西；**普遍者的直接性**和這裡表現出來的那種缺乏**自為存在**的**自在存在**是同一個東西。——因此人們誠然可以說，**絕對者**必定是一切東西的開端，正如就**自在存在者**是概念而言，一切推進都僅僅是開端的呈現。但是，正因為絕對者起初僅僅是**自在的**，所以它既不是絕對者，也不是已設定的概念，更不是理念；因為後面這些說法恰恰意味著，自在存在僅僅是一個抽象的、片面的環節。因此，推進並不是一種**流溢**（Überfluß），除非開端的東西真的已經是絕對者；毋寧說，推進在於普遍者自己規定自己，並且**自為地**成為普遍者，亦即同樣是一個個別東西和主體。絕 [556] 對者只有在自己的完成中才是絕對者。

　　這裡有必要提醒，當開端**自在地**是具體的總體性，那麼它嚴格說來也能夠是**自由的**，而它的直接性也能夠被規定為一個**外在的定在**；總的說來，**生物的萌芽**和**主觀目的**已經表明自己是這樣的開端，因此二者本身就是**衝動**。與此相反，非精神性東西和非生物只有作為**實在的可能性**才是具體的概念；**原因**是最高的層次，在其中，具體的概念作為開端，在必然性的層面裡具有一個直接的定在；但原

因仍然不是一個嚴格意義上的主體，因為主體能夠在自己的現實的實在化裡維繫著自身。比如，**太陽**和全部非生物都是一些已規定的實存，在其中，實在的可能性始終是一個**內在的**總體性，這個總體性的各個環節又在主觀的形式中**被設定下來**，而當它們將自身實在化時，就透過**其他**具有形體的個體而獲得一個實存。

2. 那個構成開端的具體的總體性，嚴格說來在自身之內也具有推進和發展的開端。它作為具體的東西，具有一個**內在的區別**；但由於其**最初的直接性**的緣故，最初區分開的首先是**有差異的東西**。直接的東西作為一個與自身相關聯的普遍性，作為主體，也是這些有差異的東西的統一體。—— 這個反映是推進的第一個層次，—— 是**差別**（Differenz）的顯露，是判斷，或者說一般意義上的**規定活動**。關鍵在於，絕對的方法是在普遍者自身之內找到和認識到普遍者的**規定**。在這裡，知性的、有限的認識活動採取的做法是一方面拋棄某些東西，以抽象的方式得出那個普遍者，另一方面又以外在的方式從具體的東西那裡把那些拋棄的東西接收過來。與此相反，絕對的方法並不是表現為一個外在的反映，而是從它的對象自身那裡取來已規定的東西，因為它本身就是對象的內在本原和靈魂。—— 這就是柏拉圖對於認識活動提出的要求，即**必須考察自在且自為的事物本身**，一方面從它們的普遍性出發，另一方面並不偏離事物，僅僅去關心各種情況、樣本和比較等等，而是應當僅僅盯著這些事物，並在意識裡呈現出那個內在於它們的東西。—— 在這個意義上，絕對認識活動的方法是**分析的**。至於它完全只是在起初的普遍者裡**找到**其進一步的規定，則是基於概念的絕對客觀性，而方法是對於這個客觀性的確定性。—— 但這個方法同樣是**綜合的**，因為它的對象直接被規定為**單純的普遍者**，並透過其在自己的直接性和普遍性之內本身具有的規定性，表現為一個**他者**。對象在自身

[557]

內是一個有差異的東西的關聯，但這個關聯不再是有限的認識活動
所意謂的那種綜合；一般而言，對象同樣具有一個分析的規定，即
關聯是**概念**裡的關聯，單憑這一點，這個關聯已經完全區別於那種
綜合。

　　透過**判斷**的這個兼具綜合性和分析性的環節，最初的普遍者從
自身出發，把自己規定為**自己的他者**，因此這個環節可以被稱作**辯
證的**環節。**辯證法**是最經常遭到誤解的古代科學之一，不但在現代
的形而上學裡是如此，在全部古代和近代的通俗哲學裡也是如此。
關於柏拉圖，第歐根尼‧拉爾修曾經說過，正如泰利斯是自然哲學
的創始人，蘇格拉底是道德哲學的創始人，而柏拉圖則是第三種哲
學科學亦即**辯證法**的創始人，── 自古以來，這件事情都被算作是
柏拉圖的最高功績，但恰恰是那些言必稱柏拉圖的人始終對此無動
於衷。人們經常把辯證法看作是一種**技藝**，就好像它是依賴於一個
主觀的**天賦**，而不是屬於概念的客觀性似的。在康德哲學裡，辯證　[558]
法具有怎樣的形態，得到了怎樣的結果，這些已經在那些以他的觀
點為特定例子的地方加以揭示。就康德重新承認辯證法必然歸屬於
理性而言，這必須被看作是一個無限重要的進步，儘管由此必然得
出一個與康德的結論正好相反的結果。

　　通常說來，辯證法除了看上去是某種偶然的東西之外，還具
有一個更明確的形式，即對於任何對象（比如世界、運動、點等
等），它都能指出其具有某一個規定，比如按照上述對象的秩序而
言，這個規定是空間或時間裡的有限性，在**這個**地方，空間的絕對
否定等等，── 但接下來，它同樣必然也指出相反的規定，比如空
間或時間裡的無限性，不在這個地方，與空間相關聯，隨之具有空
間性等等。古老的埃利亞學派主要是用辯證法來反對運動，而柏拉
圖則是經常用辯證法去反對他那個時代的觀念和概念（尤其是智

者的觀念和概念），但也用來反對那些純粹的範疇和反映規定；學養深厚的後期懷疑主義不僅把辯證法推廣到直接的，所謂的意識事實和日常生活準則之上，而且推廣到全部科學概念之上。一般而言，這種辯證法導致的結果，就是各種立論的**矛盾**和**虛無性**。但這件事情可以具有雙重的意義：要麼在客觀的意義上，那些如此自相矛盾的**對象**揚棄自身，成為虛無的東西——比如按照埃利亞學派的結論，世界、運動、點的**真理**都被否認了，——要麼在主觀的意義上，**認識活動是有缺陷的**。就後面這個結論而言，同樣可以有兩種

[559]　理解：要麼認為這種辯證法僅僅是一種障眼法，而這是所謂的健全人類知性的慣常觀點，它執著於感性的**自明性**和**日常的觀念和說法**，有時候比較平靜——比如犬儒第歐根尼就是用沉默的來回踱步去揭露運動辯證法的愚蠢——，但更多的時候卻是表現為揭竿而起的宣戰，而它所反對的，或者只是一件蠢事，或者在涉及一些重要的倫理對象時，是那種企圖動搖那些本質上堅實的東西，為惡行提出各種辯護理由的無恥罪行，——這個觀點出現在蘇格拉底的辯證法與智者的辯證法的對立中，而這個憤怒反過來甚至讓蘇格拉底付出了生命的代價。像第歐根尼那樣作出的庸俗的反駁，即把思維與**感性意識**對立起來，以為在後者那裡具有真理，人們必須聽其自便，但是，倘若辯證法推翻了倫理規定，人們就必須信任理性，因為理性知道如何重建這些倫理規定的真理，讓人們意識到它們的正當性，哪怕它們也具有侷限性。——要麼認為主觀虛無性的結果並不涉及辯證法本身，而是涉及它所反對的認識活動，——並在懷疑主義（比如康德哲學之流）的意義上認為其涉及的是**全部認識活動**。

　　這裡的根本成見是，辯證法**只有一個否定的結果**，而這個結果馬上就會獲得其更具體的規定。關於辯證法的上述經常顯現出來的**形式**，首先需要指出的是，從這個形式來看，辯證法及其結果所

涉及的是信手拈來的**對象**和主觀的**認識活動**，它宣稱認識活動或對象是虛無的，但與此同時，那些在作為**第三者**的對象那裡揭示出來的**規定**卻始終沒有被注意到，並且被預先設定為本身就是有效的。康德哲學的一個無比重要的貢獻在於讓我們注意到這種非批判的方法，隨之在考察**自在且自為的思維規定**的名義下，激勵我們重建邏輯和辯證法。如果沒有思維和概念，對象就是一個表象，或者說只是一個名稱；只有在思維規定和概念規定裡，對象才**是**其所**是**。實際上，關鍵就在於思維規定和概念規定；它們是理性的真正對象和內容，至於人們通常理解的那種與之有別的對象和內容，只有透過這些規定並且在這些規定裡才算得上是對象和內容。因此，當這些規定透過狀況和外在的連繫而表現為辯證的，這一定不能看作是對象或認識活動的過錯。透過這個方式，這個或那個東西被設想為主體，其中塞滿了各種**規定**，它們在形式上是述詞、特性、獨立的普遍者，但只有在一個第三者之內並且從這個第三者出發，當它們透過一個外在的和偶然的連繫而處於辯證的對比關係和矛盾中，它們才被設定為固定的和自為地正確的東西。表象和知性的這種外在的、固定的主體，和那些抽象的規定一樣，都不應當被看作是**終極的**、穩當地位於根基處的東西，毋寧說，它們作為直接的東西，恰恰應當被看作是一個預先設定的、剛開始的東西，而正如前面指出的，這個東西必須自在且自為地服從於辯證法，因為它必須被當作是**自在的概念**。所以，全部假定的對立，比如有限者和無限者的對立，個別東西和普遍者的對立等等，都不是透過一個外在的連繫而陷入矛盾，毋寧說，正如我們在考察它們的本性時已經揭示的，它們本身自在且自為地就是過渡；那在過渡中顯現出來的綜合和主體，是它們的概念的自己的反映的產物。只要無概念的考察止步於它們的外在的對比關係，把它們當作孤立的和固定的預先設定，那

[560]

個緊盯著它們的概念就會作為它們的靈魂而推動它們，並召喚出它們的辯證法。

[561]　　　以上所述本身就是我們此前已經標示出的那個立場，也就是說，**自在且自為地來看**，第一個普遍者表明自己是自己的他者。在最一般的意義上，這個規定可以這樣理解，即第一個**直接的東西**在這裡隨之被設定為**經過中介的東西**，與一個他者**相關聯**，或者說普遍者被設定為一個特殊東西。由此產生出來的**第二個東西**，就是第一個東西的否定者，而當我們預先考慮到接下來的過程，可以說它是**第一個否定者**。從這個否定的方面來看，直接的東西在他者那裡沉沒了，但他者在本質上不是**虛空的否定者**，不是辯證法的那個通常的結果，亦即**無**，毋寧說，**它是第一個東西的他者**，是**直接東西的否定者**；因此它被規定為**經過中介的東西**，—— 並且在自身之內完全**包含著第一個東西的規定**。就此而言，第一個東西在本質上也在他者那裡**保存**並**保留**下來。—— 在理性的認識活動裡，最重要的一點就是必須堅持那個在**它**的否定者裡，在預先設定的內容裡，在結果裡的肯定者；人們只需要作出一些最簡單的反思，就會對這個要求的絕對真理和絕對必然性深信不疑，至於相關證明的**各種例子**，整個邏輯都在那裡面了。

　　因此現在呈現出來的，是**經過中介的東西**，但在最初或同樣直接的意義上，也是一個**單純的**規定；因為，既然第一個東西在它那裡沉沒了，那麼就只剩下第二個東西。現在，因為第一個東西也**包含**在第二個東西裡，而且後者是前者的真理，所以這個統一體可以被表述為一個命題，在其中，直接的東西被放在主詞的位置，經過中介的東西被放在其述詞的位置，比如「有限者是無限的」、「一是多」、「個別東西是普遍者」等等。但這類命題和判斷的不完善的形式是顯而易見的。在**判斷**那裡，我們已經指出，它的整個形

式，尤其是**肯定**判斷的直接形式，沒有能力在自身之內把握思辨性 [562]
和眞理。它至少必須得到一個立即的補充，即一個**否定**判斷。在判
斷裡，第一個東西作為主詞揚棄了「獨立的持存」這一映像，因為
它實際上在它的述詞亦即它的他者那裡被揚棄了；這個否定確實包
含在那些命題的內容裡，但它的肯定形式與內容相矛盾；在這種情
況下，那個包含在內容裡面的東西就沒有被設定下來，——而這本
來應當是使用一個命題時的意圖。

　　接下來，第二個規定，亦即**否定的**或**經過中介**的規定，同時是
進行中介的規定。它起初可以被看作是一個單純的規定，但眞正說
來，它是一個**關聯**或**對比關係**；因為它是否定者，**但卻是肯定者的否**
定者，並且在自身內包含著肯定者。也就是說，它並非一方面與某
東西漠不相關，另一方面卻是這個東西的**他者**——否則它就既不
是一個他者，也不是一個關聯或對比關係——，而是**自在的他者**本
身，是**一個他者的他者**；正因如此，它在自身內就包含著**它自己的**
他者，從而**作為矛盾而言**，就是它自己的**已設定的辯證法**。——因為
第一個東西或直接的東西是**自在的概念**，隨之也僅僅是**自在的**否定
者，所以它那裡的辯證環節在於，它**自在地**包含著的那個**區別**在它
那裡被設定下來。反之第二個東西本身就是**已規定的東西**，即區別
或**對比關係**；因此它那裡的辯證環節在於，把那個包含在它裡面的
統一體設定下來。——因此，如果否定者、已規定的東西、對比關
係、判斷乃至全部從屬於第二個環節的規定都並非自為地已經是矛
盾，並顯現為辯證的，那麼唯一的缺陷就在於思維不能夠把自己
的各種思想整合在一起。因為材料，即**同一個關聯**中的**相互對立的規**
定，已經**被設定下來**，並且對於思維而言是現成的。但形式化的思
維把同一性當作規律，聽任它所面對的相互矛盾的內容落入表象的 [563]
層面，落入空間和時間，讓相互矛盾的東西**彼此外在地**處於並列關

係和相繼關係中，隨之在互不接觸的情況下出現在意識面前。意識
為此制定了一條特定的原理：矛盾是不可思議的；但實際上，矛盾
思維是**概念**的本質性環節。形式化思維事實上也思考了矛盾，只不
過立即把視線從矛盾那裡移開，並依據那條原理僅僅從矛盾過渡到
抽象的否定。

　　以上考察的否定性構成了概念運動的**轉振點**。否定性是一個**單
純的點**，即**否定的自身關聯**，它是全部活動（亦即活生生的和精神性
的自身運動）的最內在的源泉，是辯證法的靈魂，全部真相在其自
身就具有這個靈魂，並且唯有透過它才是真相；因為，唯有以這個
主觀性為依據，才能夠揚棄概念和實在性之間的對立，才會得出那
個作為真理的統一體。——我們所達到的**第二個**否定者，即否定者
的否定者，是矛盾的揚棄，但它和矛盾一樣，不是**一個外在反映的
活動**，而是生命和精神的**最內在的、客觀的**環節，唯其如此，才會
有一個**主體、個人、自由者**。——**否定者的自身關聯**必須被看作是整
個推論的**第二個前提**。當人們把「分析」和「綜合」當作兩個相互
對立的規定來使用時，可以把**第一個前提**看作是**分析的**環節，因為
直接的東西在其中**直接地**與它的他者打交道，隨之**過渡到**他者，或
更確切地說在他者那裡沉沒了，——儘管如我們已經提醒的那樣，
這個關聯也是綜合的，因為關聯所過渡到的那個東西是關聯的**他
者**。這裡考察的第二個前提可以被規定為**綜合的**前提，因為它是**區
分開的東西本身與它的區分開的東西的關聯**。——第一個前提是**普遍
性**和**傳遞**等環節，既然如此，第二個前提就是由**個別性**所規定的，
而個別性首先是排他的，然後作為自為的、有差異的東西，與他者
相關聯。否定者顯現為**進行中介者**，因為它在自身之內包含著它自
己和它所否定的那個直接東西。當這兩個規定按照某一個對比關係
而被看作是外在地相互關聯的，否定者就僅僅是進行中介的**形式化**

[564]

東西；但作爲絕對否定性，絕對的中介活動這一否定的環節就是統一體，而這個統一體就是主觀性和靈魂。

在方法的這個轉捩點裡，認識活動的過程同時回歸自身。這個否定性，作爲揚棄著自身的矛盾，就是**製造出第一個直接性**或單純的普遍性；因爲他者的他者，否定者的否定者，直接就是**肯定者**、**同一性東西**、**普遍者**。如果人們願意**計數**的話，可以說在整個過程裡，這**第二個**直接的東西是繼第一個直接的東西和經過中介的東西之後的**第三者**。但相對於第一個否定者（即形式化的否定者）第二個否定者（即絕對的否定性）而言，它也是第三者；現在，由於第一個形式化的否定者已經是第二個詞項，所以那個被計數爲**第三者**的東西也可以被計數爲**第四者**，於是抽象的形式就不會採用**三分法**，而是會採用**四分法**。—— 總的說來，第三者或第四者是前兩個環節（亦即直接的東西和經過中介的東西）的統一體。—— 至於這個**統一體**以及方法的整個形式採用了**三分法**，這雖然完全只是認識方式的一個膚淺的、外在的方面，但哪怕只是揭示出了這個方面的特定的應用 —— 因爲眾所周知，抽象的數位形式本身已經很早就被提出來了，但沒有概念，隨之沒有結果，—— 這同樣必須被看作是康德哲學的一個無比重要的功績。自古以來，**推論**乃至三重性東 [565] 西就被認識到是理性的普遍形式，但一方面，它總是被當作一個完全外在的，並未規定著內容的本性的形式，另一方面，由於它在形式化的意義上完全迷失在**同一性**的知性規定中，因此缺少一個本質性的、**辯證的環節**，即**否定性**；但這個環節在規定的三分法裡出現了，因爲第三者是前兩個規定的統一體，而這兩個規定既然是有差異的，那麼在統一體裡就只能**作爲已揚棄的**規定。—— 誠然，形式主義同樣掌握了三分法，並且死抓住三分法的空洞**範型**不放；現代哲學所謂的**建構活動**（Konstruieren）無非就是把那個沒有概念和內

在規定的形式化範型四處張貼，並當作一個外在的安排來使用，但它的膚淺的胡鬧和貧乏已經讓這個形式變得無聊透頂，聲名狼藉。但三分法不會因爲這種乏味的使用而失去其內在的價值，哪怕這裡找到的起初只是理性東西的未經概念把握的形態，這一點也仍然應當得到高度評價。

確切地說，**第三者**是**透過揚棄中介活動**而成爲直接的東西，透過**揚棄區別**而成爲單純的東西，透過揚棄否定者而成爲肯定者；它是概念，即透過異在而將自身實在化，並透過揚棄這個實在性而與自身融合，隨之製造出它的絕對的實在性或它的**單純的**自身關聯。這個**結果**因此是**真理**。它**既是**直接性，**也是**中介活動；—— 但「第三者**是**直接性和中介活動」或「它**是**二者的**統一體**」等判斷形式沒有能力把握這個結果，因爲結果並不是一個靜止的第三者，毋寧說，它作爲這個統一體，是一個自己對自己進行中介的運動和活動。—— 如果說開端的東西是**普遍者**，那麼結果則是**個別東西、具體東西、主體**；現在，前者**自在地**所是的東西，同樣是後者**自爲地**是所是的東西，也就是說，普遍者在主體中**被設定下來**。三分法的前兩個環節是**抽象的**、非眞實的環節，正因如此，它們是辯證的，並且透過它們的這個否定性而把自己改造爲主體。起初**對我們而言**，概念本身**既是**自在存在著的普遍者，**也是**自爲存在著的否定者，**並且是**第三個自在且自爲的存在者，即那個貫穿了推論的全部環節的**普遍者**；但第三者是結論命題，在其中，概念透過自己的否定性而達到了自身中介，隨之**自爲地**被設定爲**它的各個環節的普遍者和同一性東西**。

[566]

現在，這個結果作爲一個內化於自身，與自身**同一的**整體，重新給予自己以直接性形式。在這種情況下，它本身就是**開端的東西**曾經把自己規定爲的那個東西。作爲單純的自身關聯，它是一個普

遍者，而那個曾經構成普遍者的辯證法和中介活動的**否定性**，則是在這個普遍性裡同樣融合為一個能夠重新成為開端的**單純規定性**。乍看起來，為了認識到這個結果，必須對其進行分析，隨之將其重新分解為那些規定及其已經得到考察的進程，因為結果是透過這個進程而產生出來的。但如果真的以分析的方式來處理對象，這個處理方式就屬於此前考察過的理念層次，屬於探尋式的認識活動，這種認識活動對於自己的對象只能指出什麼東西**存在著**，卻不知道對象的具體同一性的必然性及其概念。誠然，我們已經指出，那個對對象進行概念把握的真理方法本身是分析的，因為它完全位於概念之內；但這個方法同樣也是綜合的，因為透過概念，對象轉變為辯證的，並且被規定為另一個對象。結果作為現今的對象，構成了一個新的根基，在這裡，方法和在之前的對象那裡是一樣的。區別僅僅涉及嚴格意義上的根基的對比關係；現在，雖然根基同樣是對比關係，但它的直接性僅僅是**形式**，因為它同時是結果；因此，它的規定性，作為內容而言，不再是一個單純被接納的東西，而是一個**推導出來的**和**得到證實的**東西。 ［567］

　　只有在這裡，認識活動的嚴格意義上的**內容**才進入我們的考察範圍，因為它作為推導出來的內容，如今屬於方法。透過這個環節，方法本身拓展為一個**體系**。——起初對於方法而言，開端從內容來看必定是完全無規定的；在這種情況下，方法顯現為一個單純形式化的靈魂，對於這個靈魂而言，並且透過這個靈魂，開端只有從它的**形式**來看才是已規定的，亦即被規定為直接的東西和普遍者。透過以上揭示出來的運動，對象本身自為地獲得了一個**規定性**，而這個規定性是一個**內容**，因為那個已經融入單純性的否定性是已揚棄的形式，而作為單純的規定性，它的發展過程，尤其是它的對立，本身就與普遍性相對立。

現在，由於這個規定性是無規定的開端的緊接著的眞理，它就不但指責開端是某種不完滿的東西，而且指責那個從開端出發的方法本身僅僅是形式化的。這一點可以表述爲當前的一個明確的要求，也就是說，既然開端相對於結果本身的規定性而言是一個已規定的東西，那麼它就不應當被當作直接的東西，而是應當被當作經過中介的、推導出來的東西；這看起來就是要求在證明活動和推導活動裡有一個無限回溯的過程，—— 正如從一個新獲得的開端那裡，同樣可以透過方法的過程而得出一個結果，以至於推進過程同樣可以無限地向前移動。

[568]

我們已經多次指出，一般而言，無限演進過程屬於無概念的反映；但那個以概念爲其靈魂和內容的絕對方法不可能導致這種無限演進過程。乍看起來，諸如**存在**、**本質**、**普遍性**之類開端已經具有一個完全形式化的開端所必須具有的整個普遍性和無內容性，因此它們作爲絕對最初的開端不可能要求或允許任何進一步的回溯。既然它們是純粹的自身關聯和直接的、無規定的東西，那麼它們本身確實不具有任何區別，而在別的開端那裡，其形式的普遍性和其內容之間的區別是立即被設定下來的。那些邏輯開端把無規定性當作它們的唯一內容，但恰恰是這個無規定性本身構成了它們的規定性；也就是說，這個規定性在於，它們的否定性是已揚棄的中介活動；規定性的特殊性同樣給予它們的無規定性以一個特殊性，使**存在**、**本質**和**普遍性**能夠彼此區分開。現在，它們所獲得的規定性是它們自己的規定性，而如果單純拿出來看，則是一個**直接的規定性**，和任何一個內容的規定性都毫無區別，因此也不需要一個推導；對於方法而言，規定性究竟是被當作**形式**的規定性，還是被當作**內容**的規定性，這是無關緊要的。因此實際上對於方法而言，當一個內容透過方法的最初結果而得到規定，這並不是什麼新的開

端；也就是說，它的形式化程度和從前相比，既未增加，也未減少。但由於方法是絕對的形式，是一個把自己和全部東西都認知爲概念的概念，所以沒有任何內容能夠與它對立，並把它規定爲一個片面的、外在的形式。正如那些開端的無內容性並沒有使它們成爲絕對的開端，同樣，內容就其自身而言也不會讓方法陷入向前或向後的無限演進過程。從一個方面來看，那個在方法的結果中製造出自身的**規定性**是這樣一個環節，透過它，方法達到了自身中介，並且使**直接的開端成爲一個經過中介的開端**。但反過來，恰恰是透過這個規定性，方法的這個中介活動消失了；方法把**內容**當作它自己的一個可以映現出來的**他者**，將其**貫穿**，隨之返回到它的開端，也就是說，它並非僅僅把內容當作一個**已規定的**內容重新製造出來，毋寧說，結果也是一個已揚棄的規定性，而這意味著把方法以之爲開端的那個最初的直接性重新製造出來。方法只有作爲**一個總體性體系**才做到這一點。就這個規定而言，方法還需要接受考察。

[569]

　　正如我們已經指出的，那曾經是結果的規定性，由於融入到單純性形式中，因此本身是一個新的開端；正是由於這個規定性，這個開端區別於之前的開端，於是認識活動從一個內容轉移到另一個內容。這個推進過程首先對自己作出這樣的規定，即從一些單純的規定性出發，然後得出**愈來愈豐富和具體的**規定性。也就是說，結果包含著自己的開端，而它的過程又用一個新的規定性豐富了開端。**普遍者**構成了根基；正因如此，推進過程不應當被看作是從一個**他者**到另一個**他者**的**流動**。在絕對的方法裡，概念在自己的異在裡**維繫**自身，普遍者在自己的特殊化（亦即判斷和實在性）裡維繫自身；普遍者在後續規定的每一個層次上都提升了它之前的全部內容，既沒有因爲它的辯證的推進過程而失去任何東西，也沒有丟下任何東西，而是本身就承載著全部收穫，並且讓自己變得愈加豐富

和密實。

這個**拓展**可以被看作是內容的環節，並在整體上被看作是第一個前提；普遍者**被傳遞給豐富的內容**，直接在其中保留下來。但對比關係也有第二個方面，即否定的或辯證的方面。拓展遵循著概念的**必然性**，受控於概念，而每一個規定都是一個自身內反映。**外化**（亦即**進一步的規定**）的每一個新的層次也是**內化**，而**更大的外延**同樣是**更高的內涵**。因此，最豐富的東西是最具體和最主觀的東西，而那個把自己收回到最深處的東西則是最強大和最具統治力的東西。最高的、最銳利的尖端是**純粹的人格性**，後者僅僅透過自己的本性亦即絕對辯證法而在**自身之內把握**並掌控著**一切東西**（因為它使自己成為最自由的東西），——成為單純性，而這個單純性就是最初的直接性和普遍性。

透過這個方式，**推進過程**在繼續進行規定時，每一個步伐都既是遠離開端，也是**後退靠近開端**，於是那起初看上去有差異的東西，即開端的**回溯式奠基活動**和開端的**前進式繼續規定活動**，就交織在一起，成為同一個東西。那個因此纏繞在一個圓圈裡的方法，不可能在一個時間性的發展過程中被預見到，開端本身已經是一個推導出來的東西；直接的開端已經足以成為一個單純的普遍性。只要開端是這樣的東西，它就已經具有其完整的條件；至於人們只能以**權宜的假設方式**把它當作開端，這件事情是無可厚非的。無論人們用什麼理由來反對這個開端——比如訴諸人類認識的侷限性，或要求人們在走向事情本身之前必須首先批判地考察認識工具——，這些本身都是一些**預先設定**，它們作為**具體的規定**，本身就需要中介活動，需要得到論證。相比它們所抗議的事情的**開端**，它們在形式上並不具有任何優越性，毋寧說，它們作為具體的內容，反而需要一個推導；就此而言，我們只能認為它們是一些虛妄的舉措，更應

[570]

當提防它們，而不是去提防別的東西。它們具有一個不眞實的內容，因爲它們把一個衆所周知有限的、不眞實的東西，亦即把一個 [571] 受限制的認識活動（而且這個認識活動被規定爲與它的內容相對立的形式和工具）當作一個顚撲不破的絕對者；這個不眞實的認識活動本身也是形式，是一個回溯式的奠基活動。—— 眞理的方法也知道，開端正因爲是開端，所以是一個不完滿的東西，但這個不完滿的東西無論如何都是必然的，因爲眞理只是透過直接性的否定性而來到自身（Zu-sich-selbst-Kommen）。有些人僅僅急於超越已規定的東西（無論這個東西叫做開端、客體、有限者，還是採取別的什麼形式），企圖直接投身於絕對者的懷抱，但這種急躁心態作爲認識，其面對的無非是空洞的否定者、抽象的無限者，—— 或者說一個意謂中的絕對者，這個絕對者僅僅存在於意謂中，因爲它還沒有被設定下來，還沒有被理解把握；理解把握只能基於認識活動的中介活動，普遍者和直接的東西是中介活動的一個環節，但眞理本身卻是僅僅位於拓展過程中，位於終點。誠然，爲了滿足那個急於認識未知事物的主觀需要，可以預先給出整體的一個概觀，—— 透過一個對反映而作出的劃分，即從普遍者出發，按照有限的認識活動的方式指出特殊東西是現成已有的，在科學裡應當期待的東西。然而這種做法所提供的無非是表象的一幅圖像；因爲從普遍者到特殊東西，再到自在且自爲地已規定的整體這一眞正的過渡（在其中，那個最初的普遍者本身按照其眞正的規定而言又是一個環節）根本不理睬那個劃分方式，毋寧說，它僅僅是科學自身的中介活動。

　　基於方法的上述本性，科學呈現爲一個在自身內纏繞的圓圈，而中介活動則是把終點繞回到圓圈的開端（即單純的根據）；這樣一來，這個圓圈就是諸多圓圈形成的一個圓圈；因爲每一個個別的環節，作爲被方法賦予靈魂的東西，都是自身內反映，而當這個反映

[572]　返回到開端，就成了一個新的環節的開端。這條鍊條的片段是各門
　　　　科學，其中每一門科學都具有一個**先行者**和一個**後繼者**，或更確切
　　　　地說，每一門科學僅僅**具有**先行者，然後在它的終點自身之內才**展
　　　　示出**它的後繼者。

　　　　　　這樣一來，絕對理念裡的邏輯也返回到它的開端，亦即這個
　　　　單純的統一體；在存在裡，起初全部規定看起來都已經瓦解了或
　　　　透過抽象而被拋棄了，但存在的純粹的直接性是一個透過中介活動
　　　　（亦即中介活動的揚棄）而達到與自己相應的自身等同性的理念。
　　　　方法是純粹的，僅僅自己對待自己的概念；因此它是**單純的自身關
　　　　聯**，而這個關聯就是**存在**。但現在它也是**已充實的**存在，是對自己
　　　　進行概念把握的概念，是作為一個**具體的**，同樣又絕對**有內涵的總體
　　　　性**的存在。—— 關於這個理念，還需要提出一點作為結語，即在它
　　　　之內，**第一**，**邏輯科學**已經把握到自己的概念。在**存在**或者說邏輯
　　　　科學的**內容**的開端那裡，這門科學的概念顯現為主觀反思裡的一個
　　　　外在於內容自身的知識。但在絕對認識活動的理念裡，概念已經轉
　　　　變為理念自己的內容。理念本身是純粹的概念，這個概念把自己當
　　　　作對象，而當它把自己當作對象時，又貫穿了它的各種規定的總體
　　　　性，把自己塑造為它的實在性的整體，塑造為科學的體系，隨之結
　　　　束了以下活動，即去把握它的這個自身概念把握，進而揚棄它的作
　　　　為內容和對象的地位，最終認識到科學的概念。—— **第二**，這個理
　　　　念仍然是邏輯的，它封閉在純粹的思想之內，是一門僅僅以神性的
　　　　概念為對象的科學。體系的具體展開雖然本身是一個實在化，但仍
　　　　然侷限於思想的層面之內。正因為認識活動的純粹理念被封閉在主
　　　　觀性之內，所以這個理念是一個想要揚棄主觀性的**衝動**，而純粹的
　　　　真理作為最終的結果，也成為**另一個層面和另一門科學的開端**。關於
　　　　這個過渡，這裡只需要略加提示即可。

也就是說，當理念把自己設定爲純粹概念及其實在性的絕對**統一體**，隨之使自己凝聚爲一個直接的**存在**，它就是這個形式下的**總體性 —— 自然界**。但這個規定並不是一個**轉變而來的存在**和**過渡**，不像此前所說的主觀概念那樣在其總體性中轉變爲**客觀性**，也不像**主觀目的**那樣**轉變爲生命**。在純粹理念裡，概念自身的規定性或實在性已經提升爲概念，而純粹理念毋寧是一個絕對的**自由化**，對它而言，任何一個直接的規定都同樣是**已設定的**，是概念；因此在這個自由裡，不會發生任何過渡；理念把自己規定爲單純的存在，這個存在對於理念而言始終是完全通透的，是一個在其規定中停留在自身那裡的概念。也就是說，這裡的過渡毋寧應當這樣理解，即理念**自由地釋放**自己，具有絕對的自信，並安息在自身之內。基於這個自由，**理念的規定性的形式**同樣是絕對自由的，—— 是沒有主觀性的、絕對自爲地存在著的**空間和時間的外在性**。—— 這個外在性僅僅遵循存在的抽象直接性，並被意識所把握，而在這個意義上，它就是單純的客觀性和外在的生命；但在理念裡，自在且自爲地看來，這個外在性始終是概念的總體性，是一門處在神性的認識活動與自然界的對比關係之間的科學。純粹理念接下來作出的決斷，就是把自己規定爲外在的理念，但這個決斷僅僅爲自己設定了一個中介活動，在這個活動中，概念把自己提升爲一個自由的，從外在性內化到自身之內的實存，**在精神科學裡**依靠自己而完成自己的自由化，並在邏輯科學（即一個對自身進行概念把握的純粹概念）裡找到它自己的最高概念。

譯後記

　　關於本書在黑格爾哲學乃至整個西方哲學中的重要性和歷史地位，這裡無需贅言。眾所周知，《精神現象學》是整個黑格爾哲學體系的導論和入門之徑，但只有基本掌握了《大邏輯》，才可以說真正能夠窺探黑格爾哲學的堂奧。因此對任何一個學習和研究黑格爾哲學的人來說，《精神現象學》和《大邏輯》的研讀都應當是一項連貫的工作，而黑格爾本人亦指出，《大邏輯》是《精神現象學》的「第一個續篇」①。

　　嚴格說來，本書的書名應當叫做《邏輯科學》（*Wissenschaft der Logik*），但考慮到《大邏輯》這一書名在學界早已根深蒂固，我們就沿用了舊的名稱。此外需要指出，黑格爾除了這部《大邏輯》外，還有一部《小邏輯》，即後來的《哲學科學百科全書》第一部分「邏輯學」。《大邏輯》和《小邏輯》的區別，當然主要不是在於篇幅的單純大小，而是在於前者透過空前絕後的縝密精深的推演，將辯證法的本質特徵呈現到了極致——這對黑格爾的作為概念發生史的邏輯學來說是至關重要的——，相較之下，後者作為一份用於授課的「綱要」（Grundriss），更像是一系列具有獨斷論色彩的「保證」。就此而言，要真正理解和領會黑格爾的邏輯學，《大邏輯》是唯一的選擇。之前學界有一種論點，以為《小邏輯》相對而言容易理解，是進入黑格爾的最佳入門書，但這其實是一個

---

① 參閱黑格爾《精神現象學》，先剛譯，人民出版社 2013 年版，第 506 頁；黑格爾《邏輯學 I》，先剛譯，人民出版社 2019 年版，第 7 頁。

誤解。因爲《小邏輯》中眞正算得上通俗易懂的，只有「思想對待客觀性的三種態度」這一部分（該書第 26-78 節），相當於一部小型哲學史，至於涉及嚴格意義上的邏輯學的部分，則是非常簡略和晦澀難懂，遠遠不及《大邏輯》的詳盡論證，因此很難幫助我們掌握黑格爾的邏輯學思想。而要了解黑格爾的哲學史觀，我們還不如直接讀他的《哲學史講演錄》更爲合適。

《大邏輯》最初分爲三卷（即〈存在論〉、〈本質論〉、〈概念論〉），分別於 1812、1813、1816 年由紐倫堡的希拉克（Schrag）出版社陸續出版。黑格爾憑藉此書名聲大振，於 1816 年獲得海德堡大學教授席位，隨後於 1818 年赴柏林大學任教，逐步登上德國哲學界的王座。1831 年，黑格爾準備出版該書第二版，並首先修訂〈存在論〉卷，爲其增補了大量內容，只可惜他在當年底因爲身染霍亂而突然去世，而寫於 11 月 7 日的該書第二版序言也成了他的絕筆。這一卷〈存在論〉於 1832 年由斯圖加特—圖賓根的柯塔（Cotta）出版社出版之後，完全取代了 1812 年版〈存在論〉，後者直到 20 世紀 60 年代才重新得到人們某種程度上的關注，但從客觀的思想影響史來看無法與前者相提並論。正因如此，我們今天研究《大邏輯》，最基礎的文本仍然是由 1832 年版〈存在論〉加上黑格爾沒來得及修訂的 1813 年版〈本質論〉和 1816 年版〈概念論〉構成的這個整體。由於《大邏輯》篇幅巨大，所以大多數通行的版本都是將該書分爲上下兩卷出版，上卷包含〈存在論〉（1832 年版），下卷包含〈本質論〉和〈概念論〉。我們這個新譯本的底本，即莫爾登豪爾（E. Moldenhauer）和蜜雪兒（K. M. Michel）於 1972 年重新整理出版的 20 卷本「黑格爾著作集」或

所謂的「理論著作版」（Theorie-Werkausgabe）[2]，也是採用了這個編排方法，其中第五卷《邏輯學 I》相當於《大邏輯》上卷，而第六卷《邏輯學 II》則是相當於《大邏輯》下卷。

需要承認，雖然我此前已經翻譯了《精神現象學》，但翻譯《大邏輯》對我來說是一個更爲巨大挑戰。首先是因爲，《大邏輯》在思想的抽象和艱深晦澀程度上比《精神現象學》猶有過之而無不及，再就是，前者對於大量概念術語的使用也比後者嚴格和精緻得多，比如 Sein，Dasein 和 Existenz 在《精神現象學》或其他著作裡可以通譯爲「存在」，但在《大邏輯》裡則必須嚴格地分別譯爲「存在」、「定在」和「實存」。類似的，諸如 Realität（實在性）和 Wirklichkeit（現實性），Unterschied（區別）、Differenz（差別）和 Verschiedenheit（差異性），Bestimmtheit（規定性）和 Bestimmung（規定），Eines（某一）、Eins（單一體）和 Einheit（統一體）等等通常被簡單當作同義詞來使用的概念術語，在《大邏輯》裡也必須嚴格地區分開並在概念發生過程中加以定位。又比如，同一個詞 Verhältnis 在《大邏輯》的不同階段，必須分別譯爲「比例關係」和「關係」。以上所有這些譯法都不是隨意決定的，而是取決於每一個概念術語在文本中出現時的位置和意義，以及譯者對此的理解把握。這裡要求譯者一方面必須尊重學術傳承，而不是處處標新立異以彰顯自己的無聊個性，另一方面必須基於對黑格爾哲學的更深理解，指出並糾正前人的疏漏和錯誤。准此，我在翻譯《大邏輯》的時候參考了賀麟、楊一之、梁志

---

[2] Georg Wilhelm Friedrich Hegel, *Werke In 20 Bänden*. Auf der Grundlage der *Werke* von 1832-1845 neu edierte Ausgabe. Redaktion Eva Moldenhauer und Karl Markus Michel. Frankfurt am Main: Suhrkamp, 1972.

學、楊祖陶、薛華等前人的工作，經過對照和斟酌，在總體上主要採納賀麟的譯法，但在某些概念術語上有所改動，比如把 Etwas 譯爲「某東西」而非「某物」，把 Eines 譯爲「某一」而非單純的「一」，把 Idealität 譯爲「理念性」而非「觀念性」等等。熟悉我的翻譯的讀者可能早就發現，《精神現象學》新譯本已經做了一些類似的工作，比如重新揭示出 das Ansich（自在體）和 das Selbst（自主體）這一對長久被消弭的重要概念，並嚴格區分 das Wahre（眞相）和 Wahrheit（眞理），或將 Er-Innerung 譯爲「深入內核過程」等等。這些新的譯法建立在我對黑格爾哲學多年的研究和理解把握之上，而且我確信它們是必要的、至關重要的。至於這些新譯法的理由，讀者可參閱我的相關研究[3] 或我在譯著的序言或相應註腳中給出的解釋。

藉此機會，我就自己的翻譯理念再作一番簡單告白。自從新譯本《精神現象學》於 2013 年首次出版以來，雖然其中還是不免有一些錯誤（這些錯誤大多數已經或即將在重印或再版的時候得到修正），但總的說來，學術界仍然對其多有肯定，其中經常談到的一點，就是認爲新譯本的文筆流暢通達，大大減輕了讀者在研讀黑格爾時的無謂負擔。假若這個讚譽多多少少符合一點事實，那也不是因爲我個人有什麼特別本事，而是因爲黑格爾本人的文風就是如此，而我恰好精通德語，看懂了原文，然後在力所能及的前提下清楚而準確地將其轉化爲中文而已 —— 需要強調的是，這裡的「準

---

[3] 尤其是以下幾篇論文：先剛〈黑格爾《精神現象學》中的「眞相」和「眞理」概念〉，載於《雲南大學學報》（社會科學版）2016 年第 6 期；先剛〈黑格爾論「理念性」和「觀念性東西」〉，載於《廣西大學學報》（哲學社會科學版），2017 年第 6 期；先剛〈「回憶」和黑格爾精神現象學的開端〉，載於《江蘇社會科學》，2019 年第 1 期。

確」不是指拘泥於原文句子的外在形式（當然我對此也是盡量遵守的），更不是指硬譯死譯（有翻譯經驗的人都知道，這其實是最容易的，哪怕譯者德語水準並不過關），而是指緊緊抓住原文句子內部的邏輯關係，按照我們中國人正常的思維和說話方式將原文的意思忠實地加以再現。我翻譯的謝林著作同樣也是遵循這個翻譯理念。人們常說，譯者要讓黑格爾「說中文」，依我看，當務之急毋寧是讓黑格爾「說人話」，像一個正常人（尤其是正常的中國人）那樣說話。至於有人竟然將這種正常的，本應如此的流暢通達等同於「通俗」，進而等同於「不嚴謹」，那我對這個批評意見只能敬謝不敏了。實際上，德國古典哲學四大家裡，暫撇開康德不論，不管是費希特、謝林，還是黑格爾，他們的艱深都是體現在思想本身上面，而不是因為他們只會寫不知所云的文字。熟悉黑格爾德文原文的人都知道，黑格爾的文字尤其是一種典型的樸實無華中充滿閃光點的文風，而這是我在翻譯《精神現象學》及本書的過程中努力想要加以忠實傳達的。當然，由於個人能力畢竟有限，新譯本《大邏輯》必定也會存在著錯誤之處，在此敬請各位方家指正，以俟將來再做修訂。

先剛
2021 年 8 月於北京大學外國哲學研究所、
北京大學美學和美育研究中心

索

引

人名索引

（說明：下列頁碼爲德文原版的頁碼，見本書邊碼）

主要譯名對照及索引

（說明：下列頁碼爲德文原版的頁碼，見本書邊碼）

253, 255, 258, 260-261, 273,
275, 278-288, 290, 292-300,
306-308, 311-312, 314-316,
320-350, 352-357, 359, 363-
371, 373, 376, 380-387, 389-
400, 404, 406, 410-412, 414-
423, 425-427, 429-430, 433,
439, 446, 449-450, 467-469,
472, 474-476, 478, 481, 483-
487, 489, 494, 498, 502, 512,
515-516, 520, 523, 531, 540,
542, 545, 549, 552-557, 564,
566-568, 570

Allheit 全體性 330-333, 381-382,
384-386, 389-391

Analyse 分析 43, 129, 331, 502-
511, 515-516, 537-538, 563,
566

analytisch 分析的 502-506, 510-
511, 538, 557, 563, 566

Anderes 他者 13-15, 17-19, 22-
26, 28-29, 31-35, 37-41, 44-
48, 51, 53, 56-59, 64-68, 70-
72, 77, 81, 86-93, 98, 105-
106, 112-114, 115-118, 120,
123, 125-127, 130-134, 137,
139-141, 143-144, 150-152,
154, 156-157, 160, 162, 164-

167, 170, 173, 181-182, 185-
186, 194-197, 201, 203-212,
215-216, 218-219, 223-224,
226, 232-237, 239, 246-248,
251-253, 274-278, 280-281,
284-285, 296-297, 319-321,
337-338, 366, 373, 414, 417-
418, 453-455, 473, 480, 492,
507, 526, 552, 557, 561-564,
569

Anderssein 異在 14, 19, 25, 35,
38, 45-46, 48, 57-58, 68,
102-103, 113, 124-126, 133,
140, 157-158, 161-163, 169,
173, 180, 184, 197, 199, 204,
211-214, 216-217, 231, 234,
239, 248, 265, 274, 276, 296,
306, 401, 480-481, 483-484,
498, 502, 527, 541-542, 546,
550, 565, 569

Anfang 開端 13, 24-27, 29, 32,
44, 69, 84-85, 97, 159, 170,
173, 177, 180, 183, 190, 194,
196-197, 211-212, 223, 231-
232, 259-261, 272, 285, 288,
320, 418, 428, 432-433, 442,
448, 454, 471, 475, 483, 502-
503, 505, 513, 517, 519-521,

黑格爾年表

Georg Wilhelm Friedrich Hegel，1770—1831

年　代	生　平　記　事
1770年	8月27日，生於德國西南部符騰堡公國斯圖加特城。
1775年	母親開蒙。
1777年	進拉丁學校學習古典語文。
1780年	進文科中學，愛好希臘悲劇，喜歡植物學、物理學。
1781年	母親病故。
1785年	讀《伊里亞德》、亞里斯多德《倫理學》。
1787年	8月撰寫《論希臘人和羅馬人的宗教》。
1788年	寫《古代詩人的某些特徵》、《論希臘、羅馬古典作家的著作給我們的若干教益》。 夏季中學畢業。 10月27日考取圖賓根新教神學院。
1789年	爆發法國大革命，積極參加活動。
1790年	9月進行哲學學士論文答辯。 10月，謝林與黑格爾、荷爾德林同住一個寢室。
1791年	春末仲夏病假返家，期間讀林奈著作，萌發對植物學的興趣。
1792年	開始撰寫《人民宗教與基督教》至1794年止，未終篇。
1793年	6月進行神學論文答辯。 9月20日，神學院畢業。 10月前往瑞士伯爾尼，在施泰格爾家當家庭教師。
1794年	暫停寫《人民宗教與基督教》。 12月在書信中批評雅各賓專政。
1795年	5月日內瓦一遊，寫《耶穌傳》。 11月寫《基督教的實證性》（1996年4月29日完稿）。
1796年	夏季寫《德國唯心義最早的系統綱領》。 秋季，辭去施泰格爾家庭教師工作，返鄉小住。
1797年	1月在美國法蘭克福商人戈格爾家任家庭教師。

年　代	生　平　記　事
1798年	春季出版由法文翻譯、評注法國吉倫特黨人、律師卡特（1748～1813）的《關於瓦德邦（貝德福）和伯爾尼城先前國法關係的密信》（匿名）。 秋季撰寫《基督教精神及其命運》和《論符騰堡公國內政情況，特別是關於市議會之缺陷》。
1799年	1月14日，父親去世。 2、3月評述詹姆斯·斯圖亞特《政治經濟學原理》。 夏秋時間撰寫《基督教及其命運》。
1800年	9月撰寫《體系札記》、《基督教的權威性》。 春、夏開始寫《德國法制》。
1801年	1月辭去戈格爾家庭教師工作，離開法蘭克福到耶拿。 7月發表《費希特哲學體系與謝林哲學體系的差異》。 8月27日擔任耶拿大學編外講師。 9月在《愛爾蘭根文獻報》上，發表《論布特維克哲學》。 10月21日在耶拿第一次會見歌德。
1802年	1月和謝林合辦《哲學評論雜誌》出版，第1期刊出《論哲學批判的本質及其與哲學現狀的關係》與《普通人類理智如何理解哲學——對克魯格先生的著作的分析》 3月《懷疑論和哲學的關係》刊於《雜誌》第1卷第2期。 7月《論信仰與知識，或主體性的反思哲學》刊於《雜誌》第2卷第1期。 冬季撰寫《倫理體系》。 12月《論自然法的科學研究方法》刊於《雜誌》第2卷第2期。
1803年	12月接歌德從威瑪送來徵求意見的文稿。
1804年	1月應耶拿礦物學會聘為鑑定員。 8月加入威期特伐侖自然研究會成為正式會員。 夏、秋季撰寫《邏輯、形上學、自然哲學》。

年　代	生　平　記　事
1805年	3月得到歌德力薦，由私講師晉升為副教授。 5月，撰寫《精神現象學》。 從符騰堡當局得到批准：可在外邦正式領受職務。 冬季開始寫《精神現象學》。
1806年	2月，《精神現象學》第一部分稿件完成。 10月13日，拿破崙軍隊進占耶拿，14日夜《精神現象學》全部完稿。
1807年	1月擔任海德堡物理學會名譽會員。 2月5日非婚生子路德維希（1807～1831）誕生。 3月《精神現象學》出版。 應《班堡日報》之聘，擔任編輯，直到1808年11月。發表《誰在抽象思維？》
1808年	11月初，在紐倫堡任文科中學校長（直到1816年10月），為高年級講哲學，為中年級講邏輯，兼教古典文學和高等數學。
1809年	撰寫《哲學入門》（1811年完稿）。 9月9日，發表學年年終演講。
1810年	為中年級講邏輯，為低年級講法律、倫理、宗教。 柏林大學創立。 給中高年級講宗教學。
1811年	4月，紐倫堡元老院議員卡爾·封·圖赫爾之女瑪麗（1791～1855）允婚。 9月16日結婚，撰寫《邏輯學》。
1812年	春季《邏輯學》（即《大邏輯》）第一部分出版。 8月，女兒誕生後夭折。 10月謝林來訪，不談哲學。 秋季，起草關於中學哲學教學的意見書。

年　代	生　平　記　事
1813年	6月9日長子卡爾誕生。 《邏輯學》第1卷第2部分出版。
1813年	12月15日任紐倫堡市學校事務委員會督導。
1814年	次子伊曼努爾誕生。
1815年	秋季遊慕尼黑，會見謝林。
1816年	秋初，《邏輯學》第2卷出版。 8月，辭去文科中學校長職務，到奧地利、法國、荷蘭度假。 冬季《邏輯學》第2卷出版。 10月遷居海德堡，任教海德堡大學。
1817年	1月《評雅可比著作第三卷》發表。 6月，《哲學全書》出版。 11、12月《評（1815～1816）符騰堡王國等級議會的辯論》刊於《海德堡文獻年鑑》第67～68、73～77期。
1818年	3月12日，普魯士國王任命黑格爾為柏林大學教授。 9月18日辭去海德堡大學教職，去柏林大學任教。 9月23日在威瑪歌德處作客。 10月22日在柏林大學發表就職演說。
1819年	3月撰寫《法哲學原理》。
1820年	與叔本華展開動物行為是否有意識的爭論。 7月14日任布蘭登堡科學考試委員會委員。 8月至9月初，至德勒斯登旅行。 10月《法哲學原理》出版。
1823年	9月，荷蘭學者組織「和睦」社吸收為社員。
1826年	1月發表《論宗教改革者》刊於《柏林快郵報》第8至9期。 7月在家和友人聚會商議開展學術活動，籌備出版《科學評論年鑑》雜誌。

年　代	生　平　記　事
1827年	1月，黑格爾主編《科學評論年鑑》創刊。第1期發表評洪堡〈論摩訶羅多著名詩篇〈薄伽梵歌〉〉一文。 7月，《哲學全書》第二版出版。
1828年	3月至6月《年鑑》（第51～54期、第105～110期）發表〈關於佐爾格的遺著和書信〉文章。 4月至6月發表評哈曼著作的文章。刊於《年鑑》（第77～80期、第109～114期）。
1829年	1月、2月、6月刊於《年鑑》（第10～11期、第13～14期、第37～40期、第117～120期）發表評匿名作者〈論黑格爾學說，或絕對知識與現代泛神論〉和評匿名作者〈泛論哲學並專論黑格爾〈哲學全書〉〉兩篇論文。 5月、6月發表評論舍爾〈與基督信仰認識相似的絕對「知」與「無知」泛論〉一文。刊於《年鑑》（第99～102期、第105～106期）。 8至9月，遊布拉格和卡爾期巴德，最後一次會見謝林。 10月當選為柏林大學校長，10月18日用拉丁文發表就職演說。
1830年	夏季，普魯士科學院通過院士時，由於物理學家、數學家的反對，黑格爾未能進入普魯士科學院。 10月，《哲學全書》第三版出版。 柏林大學改選校長，黑格爾發表演說。
1831年	威廉三世授予三級紅鷹勳章。 4月，發表《論英國改革法案》部分章節刊於《普魯士國家總匯報》第115、116、118期，後被迫未能全文發表。 夏季，在克勞次貝格修訂《邏輯學》。 6月評 A‧奧勒特《理想實在論》的第一部分刊於《年鑑》（第106～第108期）。 9月，評 J‧格雷斯〈論世界歷史分期與編年之基礎〉一文刊於《年鑑》第55～58期。

年　　代	生　平　記　事
1831年	11月7日寫《邏輯學》第二版序言。 修訂《精神現象學》三十餘頁，並寫第二版序言。 11月13日感染霍亂，終止修訂《精神現象學》。 11月14日病逝於柏林寓所，葬於柏林市中央區。 11月17日馬海奈克、舒爾茨等七人組成故友遺著編委，搜集著作手稿、學生聽講筆記、來往信札，編輯出版《黑格爾全集》。

經典名著文庫 152

大邏輯 下
Wissenschaft der Logik

作　　　者	——	〔德〕黑格爾（Hegel）著
譯　　　者	——	先剛
發　行　人	——	楊榮川
總　經　理	——	楊士清
總　編　輯	——	楊秀麗
文庫策劃	——	楊榮川
副總編輯	——	蘇美嬌
封面設計	——	姚孝慈
著者繪像	——	莊河源
出　版　者	——	五南圖書出版股份有限公司
	地　　　址 ——	臺北市大安區 106 和平東路二段 339 號 4 樓
	電　　　話 ——	02-27055066（代表號）
	傳　　　眞 ——	02-27066100
	劃撥帳號 ——	01068953
	戶　　　名 ——	五南圖書出版股份有限公司
	網　　　址 ——	https://www.wunan.com.tw
	電子郵件 ——	wunan@wunan.com.tw
法律顧問	——	林勝安律師事務所　林勝安律師
出版日期	——	2022 年 4 月初版一刷
定　　　價	——	620 元

國家圖書館出版品預行編目資料

大邏輯 / 黑格爾（Hegel）著；先剛譯.導讀. -- 初版. --
　臺北市：五南圖書出版股份有限公司，2022.04
　冊；　公分. — (經典名著文庫；151-152)
　譯自：Wissenschaft der Logik
　ISBN 978-626-317-628-7 (上冊：平裝). —
　ISBN 978-626-317-629-4 (下冊：平裝)

1.CST：辯證邏輯

154　　　　　　　　　　　　　　　　　111001790